安徽省规划教材
安徽省一流教材
安徽师范大学教材建设基金资助项目
安徽师范大学国家级一流本科专业（法学）建设点系列成果

刑法学分论

汪维才◎主　编

安徽师范大学出版社
ANHUI NORMAL UNIVERSITY PRESS
· 芜湖 ·

图书在版编目(CIP)数据

刑法学分论 / 汪维才主编. — 芜湖 : 安徽师范大学出版社, 2021.11
ISBN 978-7-5676-5365-8

Ⅰ. ①刑… Ⅱ. ①汪… Ⅲ. ①刑法—分则—中国 Ⅳ. ①D924.301

中国版本图书馆CIP数据核字(2021)第205468号

刑法学分论　　　　汪维才◎主 编

责任编辑: 陈贻云
责任校对: 祝凤霞
装帧设计: 丁奕奕
责任印制: 桑国磊
出版发行: 安徽师范大学出版社
芜湖市北京东路1号安徽师范大学赭山校区　　邮政编码: 241000
网　　址: http://www.ahnupress.com/
发 行 部: 0553-3883578　5910327　5910310(传真)
印　　刷: 安徽联众印刷有限公司
版　　次: 2021年11月第1版
印　　次: 2021年11月第1次印刷
规　　格: 787 mm × 1092 mm　1/16
印　　张: 28.75
字　　数: 550千字
书　　号: ISBN 978-7-5676-5365-8
定　　价: 88.00元

编写说明

自2011年全国人大常委会出台《刑法修正案（八）》以来，2015年、2017年、2020年又相继通过《刑法修正案（九）》《刑法修正案（十）》《刑法修正案（十一）》，刑法内容日渐丰富，刑事司法解释的规模日趋庞大，刑事司法实践在习近平法治思想指引下也出现了许多新气象，国家刑事法治建设得到蓬勃发展。

与此相应，我们编写的《刑法学》教材自2011年出版以来，因社会时势变迁，历经两轮修订，数次重印，在本科生、研究生、继续教育等不同类别学生中使用已逾10年，深受读者垂爱。本教材先后被评为安徽师范大学优秀教材、安徽省“十二五”规划教材、安徽省一流教材。本教材最近一次重印是在2019年8月根据《刑法修正案（十）》的内容修订出版的。2020年12月26日全国人大常委会通过了《刑法修正案（十一）》，自2021年3月1日起施行。这是在新时代推进全面依法治国的重大时代背景下对刑法作出的重要修订。

为了适应《刑法》特别是《刑法修正案（十一）》的内容和精神，更好地满足刑法学教学需要，我们对2019年出版的《刑法学》（第2版第5次印刷）作出了以下修订：一是在结构上，鉴于该教材内容越来越多，体量愈来愈大，故而将其拆分为《刑法学总论》和《刑法学分论》两册出版，便于阅读和携带。二是在内容上，及时增补了《刑法修正案（十一）》和最新的刑事司法解释的内容，补充了最新的刑法学研究成果。三是在写作体例上，在正文中加入了大量解释性、辅助理解的案例，这些案例主要取材于近年来法律职业资格考试（司法考试）案例，以及最高人民法院、最高人民检察院发布的指导性案例；在章末设置了“思考题”“阅读书目”，并增加了二维码，内容涵盖“理论前沿”“指导性案例”“典型案例”等，供学有余力的学生拓展学习。

《刑法学分论》由汪维才担任主编，由主编统改定稿。具体写作分工如下：

汪维才：第一章、第四章、第九章；

张磊：第二章、第三章、第八章、第十一章；

陈银珠：第五章、第十章；

李光宇：第六章、第七章。

本书难免有不足之处，祈望读者批评指正。

编　者

2021年10月

目　录

第一章　刑法学分论概述

刑法典的体系是由总则、分则和附则三个部分组成的。其中，刑法总则是关于犯罪、刑事责任和刑罚的一般性规定，而刑法分则是对各类各种不同的犯罪与刑罚的具体规定。总则以分则为依托，同时制约、指导分则。与此相应，刑法学体系由刑法学总论与刑法学分论两大部分组成。刑法学总论是对刑法总则犯罪与刑罚理论一般原理和原则的阐述与研究，刑法学分论是对具体犯罪及其刑事责任的分析与解释。它们之间的关系，可以对应于刑法总则与刑法分则的关系，是一般与特殊、抽象与具体、共性与个性的关系。

第一节　学习研究刑法学分论的意义

在刑法学总论的基础上学习研究刑法学分论，对于推进刑事立法、司法实践的发展和刑法理论的完善，都具有十分重要的意义。

首先，有利于推进刑事立法。刑法学分论通过对具体犯罪问题的探讨，可以发现刑法在适用中存在的问题与缺陷，并提出修改和完善建议，从而有利于实现刑法立法的科学化。例如，1997年《刑法》第219条“侵犯商业秘密罪”第2款规定：“明知或者应知前款所列行为，获取、使用或者披露他人的商业秘密的，以侵犯商业秘密论。”对于此处的“应知”，刑法理论上多有诟病。一方面，根据刑法原理，故意犯罪皆为“明知”，而“应知”实际上是指在认定行为人主观上是否处于“明知”状态时的一种推理依据和方法，而这种推理未必是可靠的；另一方面，如果行为人应当知道而事实上不知道，此种情形应当归结为过失，而不是故意，如此就与侵犯商业秘密罪作为故意犯罪相抵牾。基于此，《刑法修正案（十一）》将此处的“明知或者应知”修改为“明知”，这样修改后既符合刑法法理，也与刑法对其他罪名的表述相协调。

其次，有利于正确适用刑法。刑法分则对各种具体犯罪的概念、构成要件及其刑事责任作了具体的规定，明确了各种具体犯罪的定罪量刑标准，从而有利于对具体案件的正确定罪与量刑。例如，刑法理论的通说认为，对于牵连犯，在刑法分则没有明文规定的情况下，应当适用"从一重罪处断"原则定罪处刑。但对于具体犯罪的适用，还得遵照刑法分则的具体规定，而不能主观臆断。如《刑法》第399条第4款规定，司法工作人员收受贿赂，有前3款行为，同时又构成本法第385条规定之罪（受贿罪）的，依照处罚较重的规定定罪处罚。又如，最高人民法院《关于审理挪用公款案件具体应用法律若干问题的解释》第7条规定，因挪用公款索取、收受贿赂构成犯罪的，或者挪用公款进行非法活动构成其他犯罪的，依照数罪并罚的规定处罚。

最后，有利于刑法理论的丰富和发展。当下刑法分则的内容日益丰富，刑法学分论理论研究面临许多新情况、新问题，这不仅推进了刑法学分论本身的研究，同时也丰富和深化了刑法学总论的内涵，促成了刑法理论研究的繁荣之势，实现了刑法理论研究与刑事立法、司法实践的有效互动。例如，《刑法》第287条之二规定的帮助信息网络犯罪活动罪："明知他人利用信息网络实施犯罪，为其犯罪提供互联网接入、服务器托管、网络存储、通讯传输等技术支持，或者提供广告推广、支付结算等帮助，情节严重的，处三年以下有期徒刑或者拘役，并处或者单处罚金。"学理上一般认为，该条规定属于中立帮助犯，但对于中立帮助犯与传统帮助犯的区别，以及中立帮助犯成立的条件及其限制，刑法理论上尚待进一步拓展研究。再如，最高人民法院《关于审理交通肇事刑事案件具体应用法律若干问题的解释》第5条规定："交通肇事后，单位主管人员、机动车辆所有人、承包人或者乘车人指使肇事人逃逸，致使被害人因得不到救助而死亡的，以交通肇事罪的共犯论处。"交通肇事罪属于过失犯罪，而该规定突破了共同过失不能成立共同犯罪的传统刑法理论的藩篱，对传统刑法理论提出了挑战。关于共同过失能否成立共同犯罪，以及共同过失犯罪成立的范围及其限制，同样需要刑法理论的深入研究。

第二节　刑法分则的体系

刑法分则体系，是指立法者按照一定的标准和原则将具体犯罪进行分类，并依一定次序规定于刑法典分则之中，由此而形成的犯罪分类及其序列。刑法分则体系的构建涉及类罪划分与次序排列两个基本问题，掌握刑法分则体系是研究刑法学分论以及具体犯罪的基础。科学的刑法分则体系的构建，不仅表明了立法者对各类和各种具体社会关系进行刑事保护的价值取向，体现了刑法打击的重点，也有利于司法实务人员把握各类及各种犯罪的危害性质与程度，正确区分各类罪及各种罪之间的界限，从而正确适用刑法。

一、犯罪的分类排列

我国刑法分则将犯罪分为十类，每一章规定一类犯罪，其排列顺序依次为：危害国家安全罪，危害公共安全罪，破坏社会主义市场经济秩序罪，侵犯公民人身权利、民主权利罪，侵犯财产罪，妨害社会管理秩序罪，危害国防利益罪，贪污贿赂罪，渎职罪，军人违反职责罪。其中，刑法分则第三章破坏社会主义市场经济秩序罪又分为八小节，第六章妨害社会管理秩序罪又分为九小节，每一节规定一小类犯罪。

二、犯罪分类排列的依据

首先，原则上依据犯罪侵犯的同类客体对犯罪进行分类。刑法分则原则上将犯罪的同类客体归纳为十类：①国家安全；②公共安全；③社会主义市场经济秩序；④公民的人身权利和民主权利；⑤公私财产权利；⑥社会管理秩序；⑦国家的国防利益；⑧国家公职人员公务活动的廉洁性；⑨国家机关的正常活动；⑩国家军事利益。与此相对应，犯罪也分为十大类。如背叛国家罪、叛逃罪、间谍罪等具体犯罪，侵犯的客体都是国家的安全，因此归入危害国家安全罪；故意杀人罪、强奸罪、绑架罪等具体犯罪，侵犯的客体都是公民的人身权利，因此归入侵犯公民人身权利、民主权利罪；等等。

其次，总体上依据各类犯罪的危害性质及程度对类罪进行排列。刑法分则对类罪进行排列时，主要根据各类犯罪社会危害性质及程度的不同，采取由重及轻的排列顺序。危害国家安全罪侵犯的同类客体是国家安全，而国家安全是我国的根本利益，是最重要的社会关系，因此将危害国家安全罪列为首章。危害公共安全罪侵犯的同类客体是社会的公共安全，其社会危害程度仅次于危害国家安全罪，因此这类犯罪紧随危害国家安全罪之后，在刑法分则中列于第二章。刑法分则其他章节的排列，基本上也是遵循上述原则。

再次，大体上依据犯罪的危害程度以及犯罪之间的内在联系对类罪中的具体犯罪进行安排。刑法分则对类罪中的具体犯罪进行排列时，首先考虑的是具体犯罪社会危害程度的大小，如将背叛国家罪、放火罪、故意杀人罪、抢劫罪等分别规定在各章之首，就是因为这些犯罪的社会危害性在各章之中最为严重。但是，具体犯罪在各类犯罪中并不是绝对按照各罪社会危害性的大小进行排列的，刑法分则同时还相应考虑了具体犯罪之间的内在关系，从而将危害程度差别较大的罪规定在一起。如在故意杀人罪之后规定过失致人死亡罪，在重婚罪之后规定破坏军婚罪等。

最后，基本上依据犯罪侵犯的主要客体对犯罪进行归类。一些犯罪所侵犯的客体为复杂客体，刑法分则根据该犯罪侵犯的主要客体将其归入不同的类罪。如将抢劫罪归入侵犯财产罪，将非国家工作人员受贿罪归入破坏社会主义市场经济秩序罪等。

第三节　刑法分则条文的结构

刑法分则条文通常由罪状与法定刑构成。例如，《刑法》第133条之二第1款规定："对行驶中的公共交通工具的驾驶人员使用暴力或者抢控驾驶操纵装置，干扰公共交通工具正常行驶，危及公共安全的，处一年以下有期徒刑、拘役或者管制，并处或者单处罚金。"这个条文前半部分的规定是罪状，后半部分的规定是法定刑。

一、罪　状

罪状，是指刑法分则条文对某种犯罪行为构成特征的具体描述。在刑法理论上，通常根据刑法条文对罪状的描述方式的不同，将罪状分为四种：

（1）简单罪状。即在条文中仅写出犯罪名称，不具体描述犯罪构成特征。例如，《刑法》第232条中的"故意杀人的"，《刑法》第234条中的"故意伤害他人身体的"等，都是简单罪状。采用简单罪状，往往是因为这些犯罪的特征众所周知，无须具体描述，其特点是概括简练，避免烦琐。

（2）叙明罪状。即在条文中对具体犯罪的基本构成特征作详细的描述。例如，《刑法》第276条之一规定，"以转移财产、逃匿等方法逃避支付劳动者的劳动报酬或者有能力支付而不支付劳动者的劳动报酬，数额较大，经政府有关部门责令支付仍不支付的"，该规定对拒不支付劳动报酬罪的客观特征作了详细的描述，属于叙明罪状。在我国刑法中，叙明罪状占多数，其特点是要件明确，避免歧义。

（3）引证罪状。即引用刑法的其他条款来说明和确定某一犯罪的构成特征。例如，《刑法》第119条第1款规定了破坏电力设备罪的罪状与法定刑，其第2款规定的"过失犯前款罪的"，便是引用第1款的罪状，来说明和确定过失损坏电力设备罪的罪状。采用引证罪状是为了避免条款间文字上的重复。

（4）空白罪状。即在条文中指明要参考其他法律、法规中的规定，来确定某一犯罪的构成特征。例如，《刑法》第343条规定，“违反矿产资源法的规定，未取得采矿许可证擅自采矿，擅自进入国家规划矿区、对国民经济具有重要价值的矿区和他人矿区范围采矿，或者擅自开采国家规定实行保护性开采的特定矿种，情节严重的”，该条款指明在确定非法采矿罪的构成特征时应当参照矿产资源法的规定，因此属于空白罪状。对空白罪状，必须与其他相关法律、法规相结合，才能正确认定该种犯罪的特征。在我国刑法中，空白罪状占有一定比重，究其原因，主要有两点：第一，这些犯罪基本属于法定犯，其行为的具体特征在其他法律、法规中已有规定，刑法条文无须重述也难以作简要陈述；第二，空白罪状所涉及的其他法律、法规对经济、社会发展变化的反应较快，如果刑法直接陈述罪状将可能使刑法朝令夕改，不利于保持刑法的相对稳定。

应当注意的是，有些刑法分则条文采用了两种以上的罪状描述方式，主要表现为同一罪状中既有空白罪状，又有叙明罪状，理论上称之为混合罪状。例如，《刑法》第338条规定，“违反国家规定，排放、倾倒或者处置有放射性的废物、含传染病病原体的废物、有毒物质或者其他有害物质，严重污染环境的”，在该罪状中，规定了污染环境罪的主要行为方式（叙明罪状），而“违反国家规定”则属于空白罪状。

二、罪　名

（一）罪名的概念和作用

罪名，即犯罪名称，是对具体犯罪本质或主要特征的高度概括。罪名以罪状为基础，是对罪状所表述的犯罪本质特征的高度概括。在简单罪状的情况下，对罪状的表述就是罪名。

罪名虽然只是犯罪的名称，但有重要的作用。罪名是对形形色色的犯罪现象所作的高度概括。人们能够通过罪名来把握具体的犯罪，从而准确区分罪与非罪、此罪与彼罪以及一罪与数罪的界限。学理上一般认为，罪名具有如下四个方面的功能：概括功能、个别化功能、评价功能和威慑功能。

（二）罪名的分类

根据不同标准，可以对罪名进行不同分类。根据确定罪名的主体及罪名的法律效力，罪名可分为立法罪名、司法罪名与学理罪名；根据罪状所含罪名个数，罪名可分为单一罪名、选择罪名与概括罪名；根据罪名的适用范围，罪名可分为类罪名、分类罪名与具体罪名。

1. 立法罪名、司法罪名与学理罪名

立法罪名，是指国家立法机关在刑法分则条文中明确规定的罪名（如贪污罪、受贿罪、行贿罪等）。例如，《刑法》第382条对贪污罪下了明确定义，从而使得贪污罪成为一个立法罪名。立法罪名具有普遍适用的法律效力。

司法罪名，是指国家最高司法机关通过司法解释所确定的罪名。例如，《刑法》第133条之二系《刑法修正案（十一）》第2条新增条文。最高人民法院、最高人民检察院联合发布的《关于执行〈中华人民共和国刑法〉确定罪名的补充规定（七）》（以下简称《罪名补充规定（七）》）将本条罪名确定为“妨害安全驾驶罪”。“妨害安全驾驶罪”就属于司法罪名。根据我国司法传统，绝大多数刑法罪名都是由最高人民法院、最高人民检察院确定的。司法罪名对司法机关办理刑事案件具有法律约束力。

学理罪名，是指刑法理论界根据刑法分则条文规定的内容概括出的罪名。如《刑法》第293条之一系《刑法修正案（十一）》第34条新增条文。对于该条，起初考虑罪名确定为“非法讨债罪”，《罪名补充规定（七）》将其确定为“催收非法债务罪”。在理论上，“非法讨债罪”就属于学理罪名。学理罪名没有法律效力，但对司法罪名的确定具有指导和参考作用。

2. 单一罪名、选择罪名与概括罪名

单一罪名，是指罪状所包含的具体犯罪构成的内容单一，只能反映一个犯罪行为的罪名，如劫持航空器罪。我国刑法分则中的大部分罪名属于单一罪名。

选择罪名，是指罪状所包含的具体犯罪构成的内容比较复杂，反映出多种犯罪行为，既可以概括使用，也可以分解使用的罪名。如引诱、容留、介绍卖淫罪，拐卖妇女、儿童罪，非法制造、买卖、运输、邮寄、储存枪支、弹药、爆炸物罪等。

概括罪名，是指罪状包含的具体犯罪构成内容复杂，反映出多种犯罪行为，但只能概括使用，不能分解使用的罪名。如《刑法》第196条规定的四种犯罪行为，统一表述为“信用卡诈骗罪”；《刑法》第116条规定的“火车、汽车、电车、船只、航空器”五种犯罪对象，统一概括为“交通工具”。

3. 类罪名、分类罪名与具体罪名

类罪名，是指某一类犯罪的总的名称。如《刑法》分则第三章规定的“破坏社会主义市场经济秩序罪”就属于类罪名。实际上，类罪名相当于章罪名。

分类罪名，又称为亚类罪名，是指在类罪名内，根据犯罪某一方面的特征，对类罪再一次进行分类的罪名。如《刑法》分则第三章第五节规定的“金融诈骗罪”属于分类罪名。实际上，分类罪名相当于节罪名。

具体罪名，是指各种具体犯罪的名称，如集资诈骗罪。

（三）罪名确定的原则

1.最高人民法院和最高人民检察院确定罪名的原则

第一，罪名法定原则。法定原则是确定罪名时应遵循的首要原则，确定罪名必须严格按照刑法条文的具体规定进行，既不能超越具体条文的含义，也不能遗漏犯罪的重要特征和性质。例如，《刑法》第219条之一主要是关于商业间谍的犯罪，与侵犯商业秘密罪不同，应当单独确定罪名；又如，负有特殊职责的人员与已满14周岁未满16周岁的女性发生性关系的，其构成要件与强奸罪不同，应当单独确定罪名。

第二，罪责刑相适应原则。这主要体现在刑法同一条款中规定了数个行为，在罪名确定上是将其认定为一个选择罪名还是数个罪名，直接关系到司法适用中如何进行罪数处断、是否需要数罪并罚，进而影响刑罚的轻重。在确定此类条文的罪名时，应以体现罪责刑相适应为重要考虑因素。特别是对于一些行为方式通常交织在一起的犯罪，如买与卖、收购与运输等，一般确定为选择罪名而非不同罪名。

另外，确定罪名要力求准确，即罪名要尽可能反映有关犯罪的基本性质和核心要件；力求精练，即在不影响理解的情况下适度概括，避免烦琐、冗长等[①]。

2.司法实践中确定罪名的原则

在司法实践中，确定罪名时应注意以下几点。

第一，确定罪名要合法。在有法律或者司法解释的情况下，确定罪名必须以法律或者司法解释的规定为依据，不能乱定罪名，如不能使用“打击报复罪”“过失杀人罪”“国家工作人员受贿罪”之类的名称。此外，除非刑法有特别规定，刑法总则中的一些情节或者某种犯罪的具体情节，仅对量刑产生影响，并不影响定罪，故不能根据情节确定罪名。如对防卫过当，不能定“防卫过当罪”；对教唆犯罪，不能定“教唆罪”；对强奸致人死亡，不能定“强奸致死罪”；等等。

第二，确定罪名须具体。由于现实中的犯罪都是具体的，因而罪名也必须具体，不能用类罪名作为具体犯罪的罪名。如不能以危害公共安全罪这一类罪名直

---

① 参见李静、姜金良：《〈最高人民法院、最高人民检察院关于执行《中华人民共和国刑法》确定罪名的补充规定（七）〉的理解与适用》，载《人民司法》2021年第10期。

接指称交通肇事罪。

第三，对选择罪名，既可概括使用，也可拆开使用。例如，拐卖妇女、儿童罪，它是一个罪名，但它包括了拐卖妇女的行为与拐卖儿童的行为，于是可以分解为两个罪名。当行为人只拐卖妇女时，定拐卖妇女罪；当行为人只拐卖儿童时，定拐卖儿童罪；当行为人既拐卖妇女，又拐卖儿童时，定拐卖妇女、儿童罪，不实行数罪并罚。选择罪名大致分为以下三种情况：一是行为方式具有选择性，即罪名中包括了多种行为方式，因而形成选择罪名。如出售、购买、运输假币罪，包括了三种行为方式。二是行为对象具有选择性，即罪名中包括了多种行为对象，因而形成选择罪名，如损害商业信誉、商品声誉罪。三是行为方式与对象同时具有选择性，即罪名中包括了多种行为方式与多种行为对象，因而形成选择罪名。如盗窃、抢夺枪支、弹药、爆炸物、危险物质罪，包括两种行为方式和四种行为对象，可以分解成诸多罪名。选择罪名的特点是可以包括许多具体犯罪，又避免具体罪名繁杂。

三、法定刑

法定刑，是指刑法分则条文对具体犯罪所规定的适用刑罚的规格和标准，包括对具体犯罪所适用的刑罚种类（刑种）和刑罚幅度（刑度）两个方面的内容。

（一）法定刑的种类

根据立法实践，以法定刑的刑种和刑度是否确定为标准，可以将法定刑分为绝对确定的法定刑、绝对不确定的法定刑、相对确定的法定刑和浮动法定刑。

（1）绝对确定的法定刑。即法律条文对某种犯罪或某种犯罪的某种情形只规定单一的刑种和固定的刑度。比如《刑法》第121条规定，以暴力、胁迫或者其他方法劫持航空器，致人重伤、死亡或者使航空器遭受严重破坏的，处死刑。绝对确定的法定刑过于机械，不利于贯彻区别对待的政策。

（2）绝对不确定的法定刑。即法律条文对某种犯罪不规定具体的刑种和刑度，只规定对该种罪处以刑罚，具体如何处罚完全由法官掌握。绝对不确定的法定刑使法官的自由裁量权过大，难以保障公正、合理地适用刑罚，所以当前我国刑法没有规定绝对不确定的法定刑。

（3）相对确定的法定刑。即法律条文对某种犯罪规定了相对具体的刑种和刑度。相对确定的法定刑克服了前两种法定刑的弊端，既有利于法制的协调统一，又有利于刑罚个别化的实现，因而被世界各国刑法普遍采用。

我国刑法分则条文中的法定刑绝大多数为相对确定的法定刑，其表现方式有以下几种：①刑法分则条文仅规定最高限度的法定刑，其最低限度根据刑法总则的规定确定。比如《刑法》第448条规定："虐待俘虏，情节恶劣的，处三年以下有期徒刑。"结合《刑法》第45条关于有期徒刑的最低期限为6个月的规定，该罪的法定刑应为6个月以上3年以下有期徒刑。②刑法分则条文仅规定最低限度的法定刑，其最高限度根据刑法总则的规定确定。比如《刑法》第447条规定："私放重要俘虏、私放俘虏多人或者有其他严重情节的，处五年以上有期徒刑。"结合《刑法》第45条关于有期徒刑的最高期限为15年的规定，该罪的法定刑就是5年以上15年以下有期徒刑。③刑法分则条文同时规定法定刑的最高限度和最低限度。比如《刑法》第236条规定："以暴力、胁迫或者其他手段强奸妇女的，处三年以上十年以下有期徒刑。"④刑法分则条文规定两种以上主刑或者同时规定主刑和附加刑，各主刑除死刑、无期徒刑以外也有明确的幅度。比如《刑法》第232条规定："故意杀人的，处死刑、无期徒刑或者十年以上有期徒刑。"该条规定了三种主刑，对其中的有期徒刑又规定了最低限度，人民法院在量刑时可以在三种刑罚中选择其一适用。由于这种法定刑有可供选择的几种刑罚，故理论上称为选择法定刑。⑤刑法分则条文规定援引其他条款的法定刑进行处罚。比如《刑法》第386条规定："对犯受贿罪的，根据受贿所得数额及情节，依照本法第三百八十三条的规定处罚。索贿的从重处罚。"由于这种法定刑属于援引刑法分则其他条款的法定刑，理论上称为援引法定刑。

（4）浮动法定刑。浮动法定刑，也称浮动刑、机动刑，是指法定刑的具体期限或具体数量不确定，可以根据一定的标准升降，处于一种相对不确定的游移状态，一般适用于罚金刑。例如，《刑法》第158条规定："申请公司登记使用虚假证明文件或者采取其他欺诈手段虚报注册资本，欺骗公司登记主管部门，取得公司登记，虚报注册资本数额巨大、后果严重或者有其他严重情节的，处三年以下有期徒刑或者拘役，并处或者单处虚报注册资本金额百分之一以上百分之五以下罚金。"浮动法定刑不同于相对确定的法定刑。在刑法规定浮动法定刑的情况下，只有查清了刑法规定的特定事实，才能得知刑罚的具体幅度；而在刑法规定相对确定的法定刑的情况下，不管案件发生与否，人们都可以事先得知刑罚的具体幅度。

（二）法定刑与宣告刑、执行刑

法定刑不同于宣告刑。前者是立法者针对具体犯罪的性质和危害程度所确定的量刑标准，它着眼于该罪的共性；后者是前者的实际运用，是审判机关对具体犯罪的犯罪人依法判处并宣告的应当实际执行的刑罚，它着眼于具体犯罪及犯罪人的特殊性。可见，法定刑是立法上的规定，宣告刑是司法中的适用。

法定刑也不同于执行刑。法定刑是刑法规定的刑种和刑度，执行刑是犯罪分子实际被执行的刑罚。执行刑的基本依据是宣告刑，在刑期上，执行刑既可能与宣告刑相等，也可能因减刑而少于宣告刑。

思考题

1. 如何理解刑法总则和刑法分则之间的关系？
2. 如何理解空白罪状与罪刑法定原则的关系？
3. 如何理解法定刑与宣告刑之间的关系？

阅读书目

1. 魏东：《刑法分则解释论要》，北京大学出版社2020年版。

2. 张明楷：《刑法分则的解释原理 上下》（第二版），中国人民大学出版社2011年版。

3. 赵廷光、张正新：《论罪名、罪行与法定刑》，法律出版社2012年版。

第二章　危害国家安全罪

在刑法理论上，危害国家安全罪属于国事犯罪，这类犯罪侵害的是国家的政权、社会制度和安全，而国家安全关涉国家的根本利益，是最重要的社会关系，因此刑法分则将危害国家安全罪列为首章。

第一节　危害国家安全罪概述

一、危害国家安全罪的概念和特征

危害国家安全罪，是指故意危害中华人民共和国的政权、主权、领土完整与安全，颠覆国家政权，推翻社会主义制度的行为。本类犯罪的主要特征包括以下几个方面。

（1）本类犯罪侵犯的客体是国家的安全。国家安全是指国家政权、主权、统一和领土完整、人民福祉、经济社会可持续发展和国家其他重大利益相对处于没有危险和不受内外威胁的状态，以及保障持续安全状态的能力[①]。国家安全是全国各族人民的根本利益之所在，是保障改革开放和社会主义现代化建设顺利进行，实现中华民族伟大复兴的根本，因而我国刑法把危害国家安全犯罪放在首要位置，并予以严厉的制裁。

（2）本类犯罪在客观方面表现为危害中华人民共和国国家安全的行为。危害国家安全的犯罪和其他刑事犯罪虽然都是危害社会的行为，但其表现形式和内容各不相同，危害国家安全的行为是足以侵害国家和人民根本利益的严重犯罪行为。本类犯罪在行为方式上既可以是作为，也可以是不作为。

（3）本类犯罪的主体多数为一般主体，即达到刑事责任年龄、具备刑事责任

① 参见《中华人民共和国国家安全法》第2条。

能力者均可构成本类犯罪主体。无论是中国公民还是外国公民或无国籍人，无论是有特定身份者还是无特定身份者，均可成为本类犯罪主体。但是少数犯罪要求为特殊主体，如背叛国家罪、投敌叛变罪、叛逃罪、资敌罪的主体只限于中国公民，其中叛逃罪的主体只限于中国公民中的国家机关工作人员或者掌握国家秘密的国家工作人员。本类犯罪中除了资助危害国家安全犯罪活动罪的主体可以是境内外机构、组织或者个人之外，其他犯罪的主体均为自然人主体。

（4）本类犯罪的主观方面表现为故意，即明知自己的行为会产生危害中华人民共和国国家安全的结果，并且希望或者放任这种结果产生的心理态度，其中多数犯罪为直接故意。

二、危害国家安全罪的种类

危害国家安全罪规定于我国《刑法》第102条至113条，包括以下12个具体罪名：背叛国家罪，分裂国家罪，煽动分裂国家罪，武装叛乱、暴乱罪，颠覆国家政权罪，煽动颠覆国家政权罪，资助危害国家安全犯罪活动罪，投敌叛变罪，叛逃罪，间谍罪，为境外窃取、刺探、收买、非法提供国家秘密、情报罪，资敌罪。

三、危害国家安全罪的刑事责任

（1）本章是刑法中死刑罪名所占比例最高的一章。在本章12个罪名中，除第103条第2款（煽动分裂国家罪）、第105条（颠覆国家政权罪、煽动颠覆国家政权罪）、第107条（资助危害国家安全犯罪活动罪）、第109条（叛逃罪）外，其他7种罪行，对国家和人民危害特别严重、情节特别恶劣的，可以判处死刑。

（2）刑法对本章犯罪没收财产刑的适用作了专门规定。《刑法》第113条第2款规定，犯本章之罪的，可以并处没收财产。

（3）刑法对本章犯罪重视剥夺政治权利刑的适用。《刑法》第56条规定，对于危害国家安全的犯罪分子应当附加剥夺政治权利。

第二节　危害国家安全罪罪名分述

一、背叛国家罪

（一）背叛国家罪的概念和特征

背叛国家罪，是指勾结外国或者与境外机构、组织、个人相勾结，危害国家主权、领土完整和安全的行为。本罪的主要特征是：

（1）本罪侵犯的客体是国家主权、领土完整和安全。

（2）本罪在客观方面表现为勾结外国或者与境外机构、组织、个人相勾结，危害国家的主权、领土完整和安全的行为。勾结，是指与外国或者境外机构、组织、个人进行不正当的联系和结合。勾结方式既可以是公开的，也可以是秘密的；既可以是主动的，也可以是被动的；既可以是直接接触，也可以是间接接触。外国，主要是指对我国怀有侵略、控制、颠覆野心的外国政府，也指外国敌视和破坏我国社会主义制度的政党、政治集团以及其他反动势力，包括外国机构、组织和个人。境外机构、组织包括境外机构、组织在中华人民共和国境内设立的分支（代表）机构和分支组织。境外个人包括居住在中华人民共和国境内不具有中华人民共和国国籍的人。这里的“危害”并不要求行为人已经着手实施各种具体的危害国家主权、领土完整和安全的行为，只要行为人故意实施了勾结行为，足以危害国家主权、领土完整和安全的，即构成本罪。

（3）本罪的主体是年满16周岁并具有辨认和控制自己行为能力的中华人民共和国公民。一般是党政军机关内，有较高职位，掌握一定权力或者有较高社会地位和影响的人，但是不排除一般公民在特定情况下构成本罪的可能性。

（4）本罪的主观方面是故意，即具有勾结外国或者境外机构、组织、个人，危害祖国的主权、领土完整和安全的目的。

（二）背叛国家罪的认定

（1）本罪与偷越国（边）境罪的界限。本罪具有危害国家安全的故意，后者没有。

（2）本罪与军人违反职责罪中军人叛逃罪的界限。军人叛逃罪不具有危害国家安全的故意。

（3）本罪与投敌叛变罪的界限。本罪具有勾结外国的内容；投敌叛变，不仅指投靠国内敌对势力，而且包括投靠外国与国家为敌，两者具有竞合关系。

（4）本罪的罪数问题。行为人在勾结外国，危害中华人民共和国主权、领土完整和安全的过程中，又实施了其他危害国家安全犯罪的，一般应以本罪定罪处罚。例如，行为人在勾结外国危害国家安全过程中，为境外窃取、刺探、收买、非法提供国家秘密、情报，也构成为境外窃取、刺探、收买、非法提供国家秘密、情报罪的，通常属于想象竞合犯，因本罪处罚更重，对行为人应以本罪论处。

（三）背叛国家罪的刑事责任

依照《刑法》第102条、第113条第1款的规定，犯本罪的，处无期徒刑或者10年以上有期徒刑；对国家和人民危害特别严重、情节特别恶劣的，可以判处死刑。依照《刑法》第56条的规定，对于危害国家安全的犯罪分子，应当附加剥夺政治权利。依照《刑法》第113条第2款的规定，犯本罪的，可以并处没收财产。

二、分裂国家罪

（一）分裂国家罪的概念和特征

分裂国家罪，是指组织、策划、实施分裂国家、破坏国家统一的行为。本罪的主要特征包括：

（1）本罪侵犯的客体是国家统一和民族团结。

（2）本罪在客观方面表现为组织、策划、实施分裂国家、破坏国家统一的行为。组织，是指为分裂国家而安排分散的人使之具有一定的系统性或整体性，既包括预备过程中的组织，也包括实施中的组织。策划，是指为分裂国家而暗中密谋、筹划。实施，是指已经着手、正式开始实行分裂国家、破坏国家统一的活动。分裂国家，是指推翻地方政府，拒绝接受中央领导，割据一方，分裂我们统一的、多民族的国家的行为。破坏国家统一，是指将统一的国家予以瓦解、分裂，或者阻碍国家统一进程。其中，阻碍国家统一进程的行为，是分裂国家的一种特殊形式。组织、策划、实施分裂国家、破坏国家统一的行为可以表现为两种形式：一是行为人利用自己窃取的重要权力或者利用自己的社会地位或影响，公然组织力量，策动政变，对抗中央，进行地方割据，或是组织民族反叛力量，策动民族分裂，企图建立“独立王国”，破坏国家统一；二是行为人虽然本身没有力量进行分裂国家的活动，但是明知他人进行分裂国家、破坏国家统一的活动而参加。本罪是行为犯，只要行为人实施了组织、策划、实施分裂国家、破坏国家统一的行为，就可以构成本罪的既遂，而不要求产生实际的危害结果。

(3) 本罪的主体为一般主体，即年满16周岁并具有刑事责任能力的自然人。不论是中国公民，还是外国公民或者无国籍人，都可以成为本罪的主体。

(4) 本罪在主观方面是故意，即行为人明知自己的行为会产生分裂国家、破坏国家统一的结果，并且希望或者放任这种结果的产生。

（二）分裂国家罪的认定

(1) 罪与非罪的界限。认定分裂国家罪要注意以下两点：一是行为人是否具备分裂国家、破坏国家统一的故意，二是是否具有组织、策划、实施分裂国家、破坏国家统一的行为。如果出于狭隘的民族主义或地方主义情绪，或者出于对党和国家某些民族政策的误解而实施了一些过激的行为，或者虽有一些思想上的分裂倾向，但缺乏任何具体的组织、策划、实施分裂国家、破坏国家统一的行为，都不应以本罪论处。

(2) 本罪与背叛国家罪的界限。本罪与背叛国家罪的区别主要表现在以下几个方面：①犯罪主体不同。本罪的犯罪主体是一般主体，无论是中国公民、外国公民，还是无国籍人均可构成，没有特别限制；而背叛国家罪的主体是特殊主体，只能由中国公民构成。②犯罪主观故意的内容不同。本罪行为人具有分裂国家、破坏国家统一的故意；而背叛国家罪的行为人具有勾结外国，危害国家主权、领土完整和安全的故意。③犯罪客观方面的行为不同。首先，本罪并不要求将"勾结外国"作为客观方面的要件内容；背叛国家罪则将"勾结外国"作为客观方面不可或缺的必要内容。其次，本罪是通过将中华人民共和国的一部分领土分离出去，脱离中央政府的领导，制造地方"独立"的割据局面而危害国家领土完整，是对国家统一的侵害而危害国家安全；背叛国家罪则是通过勾结外国，以对国家主权、领土完整和安全的侵害而危害国家安全。

（三）分裂国家罪的刑事责任

依照《刑法》第103条、第113条第1款的规定，犯本罪的，对首要分子或者罪行重大的，处无期徒刑或者10年以上有期徒刑；对积极参加的，处3年以上10年以下有期徒刑；对其他参加的，处3年以下有期徒刑、拘役、管制或者剥夺政治权利；对国家和人民危害特别严重、情节特别恶劣的，可以判处死刑。依照《刑法》第113条第2款、第56条的规定，犯本罪的，可以并处没收财产，应当附加剥夺政治权利。依照《刑法》第106条的规定，与境外机构、组织、个人相勾结，实施本罪的，从重处罚。

三、煽动分裂国家罪

煽动分裂国家罪，是指煽动群众分裂国家、破坏国家统一的行为。本罪在客观方面表现为煽动群众分裂国家、破坏国家统一的行为。本罪在客体、主体、主观方面与分裂国家罪相同。煽动，是指行为人以语言、文字、图像等方式对他人进行鼓吹煽动，意图使他人接受或相信所煽动的内容或去实行所煽动的分裂国家的行为，而并非行为人自己实行，这是煽动分裂国家罪与分裂国家罪的根本区别。煽动的对象，可以是一人或众人。煽动的方式多种多样，可以是发表言论，散布文字，制作、传播音像制品等。例如，利用新型冠状病毒感染肺炎疫情，制造、传播谣言，煽动分裂国家、破坏国家统一的，应当以煽动分裂国家罪定罪处罚[①]。

依照《刑法》第103条第2款、第113条第1款的规定，犯本罪的，处5年以下有期徒刑、拘役、管制或者剥夺政治权利；首要分子或者罪行重大的，处5年以上有期徒刑。依照《刑法》第113条第2款、第56条的规定，犯本罪的，可以并处没收财产，应当附加剥夺政治权利。依照《刑法》第106条的规定，与境外机构、组织、个人相勾结，实施本罪的，从重处罚。

四、武装叛乱、暴乱罪

（一）武装叛乱、暴乱罪的概念和特征

武装叛乱、暴乱罪，是指组织、策划、实施武装叛乱或者武装暴乱的行为。

本罪侵犯的客体是我国人民民主专政的政权和社会主义制度，在客观方面表现为组织、策划、实施武装叛乱或者武装暴乱的行为。“组织”“策划”“实施”，其含义基本与上述分裂国家罪中所释相同。武装，通常是指行为人备有大规模杀伤性、破坏性的器械。叛乱，是指行为人以投靠或者意图投靠境外组织或者境外敌对势力为背景而反叛国家和政府的行为。这种行为一般表现为使用武器装备公开袭击党政机关，杀害、绑架国家机关工作人员、武装部队人员、人民群众，抢夺、抢劫武器弹药，焚烧、毁坏档案和其他公共财物等活动。暴乱，是指行为人直接以武力与国家或政府相对抗的暴力骚乱。本罪的主体为一般主体，即任何达到刑事责任年龄并具有刑事责任能力的自然人，中国公民、外国公民和无国籍人都可以成为本罪的主体。本罪在主观方面是故意。

① 参见2020年最高人民法院、最高人民检察院、公安部、司法部《关于依法惩治妨害新型冠状病毒感染肺炎疫情防控违法犯罪的意见》。

（二）武装叛乱、暴乱罪的认定

（1）罪与非罪的界限。在此问题上，特别应注意划清本罪与一般群众闹事的界限。本罪的行为人具有破坏人民民主专政的政权和社会主义制度的目的，而一般群众闹事的起因往往是对党和国家的某些政策不了解，或者提出的某些要求和愿望未能得到满足，或者有关部门对某些问题处理不当致使矛盾激化等，但都不具有危害国家安全的目的。有的群众闹事事件也会出现一些冲击国家机关，殴打国家机关工作人员或者毁坏财物等过激行为，甚至还会混入个别具有危害国家安全意图的犯罪分子借机煽动，进行犯罪活动。对此情况，要明确整个事件的性质，做到区别对待。对于闹事群众应以说服教育为主，对于个别借机进行犯罪活动并已构成犯罪的行为人，依法予以惩处。

（2）本罪的罪数问题。在武装叛乱、暴乱犯罪过程中，往往同时具有杀人、伤害、抢劫、放火等破坏活动，这些行为已被涵盖于本罪武装叛乱、暴乱的实行行为之中，尽管形式上触犯了其他罪名，但并不构成数罪，而只能按本罪一罪处罚。但是如果叛乱、暴乱分子在叛乱、暴乱之外又实施其他危害国家安全行为的，如投敌叛变等，则构成数罪并应予以并罚。

（三）武装叛乱、暴乱罪的刑事责任

依照《刑法》第104条、第113条第1款的规定，犯本罪的，对首要分子或者罪行重大的，处无期徒刑或者10年以上有期徒刑；对积极参加的，处3年以上10年以下有期徒刑；对其他参加的，处3年以下有期徒刑、拘役、管制或者剥夺政治权利；策动、胁迫、勾引、收买国家机关工作人员、武装部队人员、人民警察、民兵进行武装叛乱或者武装暴乱的，依照上述法定刑从重处罚；对国家和人民危害特别严重、情节特别恶劣的，可以判处死刑。依照《刑法》第113条第2款、第56条的规定，犯本罪的，可以并处没收财产，应当附加剥夺政治权利。依照《刑法》第106条的规定，与境外机构、组织、个人相勾结，实施本罪的，从重处罚。

五、颠覆国家政权罪

（一）颠覆国家政权罪的概念和特征

颠覆国家政权罪，是指组织、策划、实施颠覆国家政权、推翻社会主义制度的行为。

本罪侵犯的客体是人民民主专政的政权和社会主义制度。本罪在客观方面必

须具有组织、策划、实施颠覆中华人民共和国政权的行为。颠覆国家政权、推翻社会主义制度，是指以除武装暴动之外的各种非法手段推翻国家政权，改变人民民主专政的政权性质和社会主义制度的行为。对于以武装暴乱形式颠覆国家政权的，应当按照武装叛乱、暴乱罪处理。本罪的主体是一般主体，主要指我国党政军机关内部具有较高职位或有重要影响的人，但是也不排除其他人成为本罪的主体。本罪在主观方面是故意，其犯罪的目的是颠覆国家政权、推翻社会主义制度。

（二）颠覆国家政权罪的刑事责任

依照《刑法》第105条第1款和第106条的规定，犯本罪的，对首要分子或者罪行重大的，处无期徒刑或者10年以上有期徒刑；对积极参加的，处3年以上10年以下有期徒刑；对其他参加的，处3年以下有期徒刑、拘役、管制或者剥夺政治权利；与境外组织、机构、个人相勾结犯本罪的，从重处罚。依照《刑法》第113条第2款、第56条的规定，犯本罪的，可以并处没收财产，应当附加剥夺政治权利。

六、煽动颠覆国家政权罪

（一）煽动颠覆国家政权罪的概念和特征

煽动颠覆国家政权罪，是指以造谣、诽谤或者其他方式煽动颠覆国家政权、推翻社会主义制度的行为。本罪的主要特征是：

（1）本罪侵犯的客体是人民民主专政的政权和社会主义制度。

（2）本罪在客观方面表现为以造谣、诽谤或者其他方式煽动颠覆国家政权、推翻社会主义制度的行为。造谣，是指为了达到颠覆国家政权、推翻社会主义制度的目的而无中生有，捏造虚假事实，迷惑群众。诽谤，是指为了达到颠覆政权、推翻社会主义制度的目的，而散布有损于国家政权和社会主义制度的言论，以损害国家政权的形象。行为人只要具有以造谣、诽谤或者其他方式煽动颠覆国家政权、推翻社会主义制度的行为，不管其所煽动的对象是否相信或接受其所煽动的内容，也不管其是否实行所煽动的有关颠覆活动，均不影响犯罪的构成。如利用新型冠状病毒感染肺炎疫情，制造、传播谣言，煽动颠覆国家政权、推翻社会主义制度的，应当以煽动颠覆国家政权罪定罪处罚①。

---

① 参见2020年最高人民法院、最高人民检察院、公安部、司法部《关于依法惩治妨害新型冠状病毒感染肺炎疫情防控违法犯罪的意见》。

【案例2-2-01】刘某某因对社会主义制度及国家领导人不满，在互联网上多次发表推翻国家政权、诋毁社会主义制度的文章，共计11篇，其客观上实施了煽动颠覆国家政权的行为，构成煽动颠覆国家政权罪。

（3）本罪的主体为一般主体，即年满16周岁并具有刑事责任能力的自然人。

（4）本罪在主观方面表现为故意，具有颠覆或者煽动颠覆国家政权、推翻社会主义制度的恶意。

（二）煽动颠覆国家政权罪的刑事责任

依照《刑法》第105条、第106条的规定，犯本罪的，处5年以下有期徒刑、拘役、管制或者剥夺政治权利；首要分子或者罪行重大的，处5年以上有期徒刑；与境外机构、组织或者个人相勾结犯本罪的，从重处罚。依照《刑法》第113条第2款、第56条的规定，犯本罪的，可以并处没收财产，应当附加剥夺政治权利。

七、资助危害国家安全犯罪活动罪

资助危害国家安全犯罪活动罪，是指境内外机构、组织或者个人资助境内组织或者个人实施背叛国家罪、分裂国家罪、煽动分裂国家罪、颠覆国家政权罪、煽动颠覆国家政权罪和武装叛乱、暴乱罪的行为。

本罪侵犯的客体为人民民主专政的政权和社会主义制度。本罪在客观方面表现为资助他人实施危害国家安全的犯罪活动。本罪行为仅限于资助。资助，是指向实施危害国家安全犯罪的组织或者个人提供资金、通讯器材、交通工具或者其他物品的帮助。危害国家安全犯罪活动，是指《刑法》第102条规定的背叛国家罪，第103条规定的分裂国家罪、煽动分裂国家罪，第104条规定的武装叛乱、暴乱罪，第105条规定的颠覆国家政权罪、煽动颠覆国家政权罪。本罪的主体为一般主体，境内外机构、组织或个人均可成为本罪的主体。本罪在主观方面表现为故意，即明知他人实施危害国家安全的行为，仍给予资助。本罪以资助行为的实施作为犯罪既遂的标准，至于被资助者是否实施危害国家安全犯罪活动的行为，在所不问。例如，丁某资助林某从事危害国家安全的犯罪活动，但林某尚未实施相关犯罪活动即被抓获，丁某构成资助危害国家安全犯罪活动罪既遂。

依照《刑法》第107条、第113条第1款的规定，犯本罪的，对直接责任人员，处5年以下有期徒刑、拘役、管制或者剥夺政治权利；情节严重的，处5年以上有期徒刑。依照《刑法》第113条第2款、第56条的规定，犯本罪的，可以并处没收财产，应当附加剥夺政治权利。

八、投敌叛变罪

投敌叛变罪，是指中国公民投奔敌方或者敌对营垒，或者在被捕、被俘或者由于其他原因被敌方控制以后投降敌人，危害中华人民共和国国家安全的行为。

本罪侵犯的客体是人民民主专政的政权和社会主义制度。本罪在客观方面表现为投敌叛变的行为。行为的具体表现形式主要有两种：一是投奔敌人营垒，即主动投靠与我国处于敌对关系的势力。二是在被敌人抓捕、被俘后投降变节，实施危害中华人民共和国国家安全的活动。对投敌叛变后，参加了间谍组织，又被派遣回我国境内进行危害国家安全活动的，应以投敌叛变罪和其他罪名实行数罪并罚。本罪的主体只能是中国公民，外国人和无国籍人可以成为本罪的共犯。投敌叛变可以由单个人实施，也可以率众叛变。本罪在主观方面是故意，且具有危害国家安全的目的，过失不构成本罪。

依照《刑法》第108条、第113条第1款的规定，犯本罪的，处3年以上10年以下有期徒刑；情节严重或者率领武装部队人员、人民警察、民兵投敌叛变的，处10年以上有期徒刑或者无期徒刑；对国家和人民危害特别严重、情节特别恶劣的，可以判处死刑。依照《刑法》第113条第2款、第56条的规定，犯本罪的，可以并处没收财产，应当附加剥夺政治权利。

九、叛逃罪

（一）叛逃罪的概念和特征

叛逃罪，是指国家机关工作人员在履行公务期间，擅离岗位，叛逃境外或者在境外叛逃，以及掌握国家秘密的国家工作人员，叛逃境外或者在境外叛逃的行为。

本罪侵犯的客体是中华人民共和国的国家安全。本罪在客观方面表现为两种情形：一种是国家机关工作人员在履行公务期间，擅离岗位，叛逃境外或者在境外叛逃；另一种是掌握国家秘密的国家工作人员叛逃境外或者在境外叛逃，不要求必须在履行公务期间。履行公务期间，是指在职的国家机关工作人员在执行公务期间，如国家机关出访的代表团、我国派驻国外使领馆的外交人员，以及国家派驻国外进行公务活动或者执行某项工作任务的人员在执行公务或职务期间等。国家机关工作人员离职在境外学习，或者到境外探访亲友的，不属于“履行公务期间”。本罪的主体是特殊主体，只能是国家机关工作人员或者掌握国家秘密的国家工作人员。因此，国家机关工作人员以外的没有掌握国家秘密的国家工作人员，以及其他一般公民，不能成为本罪主体。本罪的主观方面是故意，且只能是直接故意。

（二）叛逃罪的认定

（1）本罪与投敌叛变罪的界限。本罪与《刑法》第108条规定的投敌叛变罪的区别有以下几点：①客观方面不同。本罪不要求投奔敌人营垒与向敌人投降，不要求实施其他危害国家安全的活动；投敌叛变罪则是投奔敌人营垒、向敌人投降并进行危害国家安全活动的行为。②主体要件不同。本罪的主体必须是国家机关工作人员或掌握国家秘密的国家工作人员；而投敌叛变罪的主体是一般公民。

（2）本罪与偷越国（边）境罪的界限。本罪与《刑法》第322条规定的偷越国（边）境罪的区别有以下几点：①客观方面不同。前者既可由国内逃往国外，又可在国外叛逃，后者只能是非法偷越国（边）境。②主体不同。前者是国家机关工作人员或者掌握国家秘密的国家工作人员，后者是一般主体。

（三）叛逃罪的刑事责任

依照《刑法》第109条的规定，犯本罪的，处5年以下有期徒刑、拘役、管制或者剥夺政治权利；情节严重的，处5年以上10年以下有期徒刑；掌握国家秘密的国家工作人员叛逃境外或者在境外叛逃的，从重处罚。依照《刑法》第113条第2款、第56条的规定，犯本罪的，可以并处没收财产，应当附加剥夺政治权利。

十、间谍罪

（一）间谍罪的概念和特征

间谍罪，是指参加间谍组织或者接受间谍组织及其代理人的任务，或者为敌人指示轰击目标的行为。本罪的主要特征是：

（1）本罪侵犯的客体是中华人民共和国的国家安全。

（2）本罪在客观方面表现为，行为人参加间谍组织或者接受间谍组织及其代理人的任务，或者为敌人指示轰击目标的行为。具体包括三种行为：一是参加间谍组织，即行为人通过某种程序或渠道加入敌视我国的间谍组织而成为其成员。二是接受间谍组织及其代理人的任务，即接受间谍组织的命令、派遣、指使、委托，为间谍组织服务，从事危害中华人民共和国国家安全的活动。三是为敌人指示轰击目标，即为军事侵略我国的敌对势力提供有关我国国家安全的重大军事设施、建设工程、城市等目标的行为。行为人只要实施上述三种行为之一的，就可构成间谍罪；实施三种行为的，不实行数罪并罚。

【案例2-2-02】黄某为获取非法金钱利益，通过网络主动联络某国间谍组织，与之建立情报关系。2002年6月至2011年9月，黄某先后多次与该间谍组织代理人会面，并接受任务和指示，向该间谍组织提供其非法收集、窃取的我国国家秘密。经鉴定、评估，黄某提供绝密级国家秘密、机密级国家秘密、秘密级国家秘密共几百项。本案中，黄某参加间谍组织，并接受该间谍组织及其代理人的任务，提供的国家秘密数量大、密级高，其行为对国家和人民危害特别严重，情节特别恶劣，构成间谍罪。

（3）本罪的主体为一般主体，即任何年满16周岁并具有刑事责任能力的自然人。本罪主体既可以是中国人，也可以是外国人或无国籍人。

（4）本罪在主观方面是故意，表现为明知是间谍组织而参加，或者明知是间谍组织及其代理人而接受其任务，或者明知是敌人而有意为其指示轰击目标。

（二）间谍罪的认定

（1）罪与非罪的界限。行为人是否具有危害中华人民共和国国家安全的故意，并实施了具体危害国家安全的间谍行为，是划分本罪与非罪行为界限应把握的基本问题。因此，对于那些不知道是间谍组织而加入，知道后又退出的；未履行加入间谍组织手续，在间谍组织中从事一般性勤杂、医务、传达等单纯服务性活动的，不能以本罪论处。

（2）本罪与叛逃罪的界限。本罪与叛逃罪的主要区别在于：①犯罪主体不同。本罪的主体为一般主体，即任何达到刑事责任年龄并具有刑事责任能力的自然人，无论是中国人、外国人，还是无国籍人，均可以成为本罪的主体；而叛逃罪的主体则只能是特殊主体。②犯罪客观方面的行为不同。本罪表现为行为人实行了参加间谍组织，或者接受间谍组织及其代理人的任务，或者为敌人指示轰击目标的行为；而叛逃罪则表现为叛逃境外或者在境外叛逃的行为。国家机关工作人员叛逃后又参加间谍组织或接受间谍任务的，成立叛逃罪与间谍罪，数罪并罚。

【案例2-2-03】某国家机关工作人员甲借到M国探亲的机会滞留不归。一年后甲受雇于N国的一个专门收集有关中国军事情报的间谍组织，随后受该组织的指派潜回中国。甲找到其在某军区参谋部工作的战友乙，以1万美元的价格从乙手中购买了3份军事机密材料。本案中，甲是在出国探亲期间滞留境外不归，而不是在“履行公务期间，擅离岗位，叛逃境外或者在境外叛逃”，因此甲不构成叛逃罪，应当以间谍罪论处。

（三）间谍罪的刑事责任

依照《刑法》第110条、第113条第1款的规定，犯本罪的，处10年以上有期徒刑或者无期徒刑；情节较轻的，处3年以上10年以下有期徒刑；对国家和人民危害特别严重、情节特别恶劣的，可以判处死刑。依照《刑法》第113条第2款、第56条的规定，犯本罪的，可以并处没收财产，应当附加剥夺政治权利。

根据《中华人民共和国反间谍法》第27条第2款的规定，实施间谍行为，有自首或立功表现的，可以从轻、减轻或者免除处罚；有重大立功表现的，给予奖励。根据《中华人民共和国反间谍法》第28条的规定，在境外受胁迫或者受诱骗参加敌对组织、间谍组织，从事危害中华人民共和国国家安全的活动，及时向中华人民共和国驻外机构如实说明情况，或者入境后直接或者通过所在单位及时向国家安全机关、公安机关如实说明情况，并有悔改表现的，可以不予追究。

十一、为境外窃取、刺探、收买、非法提供国家秘密、情报罪

（一）为境外窃取、刺探、收买、非法提供国家秘密、情报罪的概念和特征

为境外窃取、刺探、收买、非法提供国家秘密、情报罪，是指为境外的机构、组织、人员窃取、刺探、收买、非法提供国家秘密或情报的行为。本罪的主要特征是：

（1）本罪侵犯的客体是中华人民共和国国家安全。

（2）本罪在客观方面表现为为境外机构、组织、人员窃取、刺探、收买、非法提供国家秘密或者情报的行为。窃取，是指通过盗取文件或者使用计算机、电磁波、照相机等取得国家秘密或者情报。刺探，是指使用探听或者一定的侦察技术获取国家秘密或者情报。收买，是指利用金钱、物质或其他利益换取国家秘密或者情报。非法提供，是指违反法律规定，直接或者间接使境外机构、组织或者个人知悉国家秘密、情报，或通过互联网将国家秘密或者情报非法发送给境外的机构、组织、个人。行为的对象是国家秘密或者情报。国家秘密，是指关系国家

安全和利益，依照法定程序确定的在一定时间内只限一定范围内的人员知悉的事项。国家秘密分为绝密、机密与秘密三个密级。情报，是指关系国家安全和利益，尚未公开或者依照有关规定不应公开的事项。

【案例2-2-04】甲系海关工作人员，被派往某国考察。甲担心自己放纵走私被查处，拒不归国。为获得庇护，甲向某国难民署提供我国从未对外公布且影响我国经济安全的海关数据。甲构成为境外非法提供国家秘密、情报罪，同时构成叛逃罪，应当数罪并罚。

（3）本罪主体为一般主体，即凡年满16周岁并具备刑事责任能力的中国公民。外国人、无国籍人不构成本罪。

（4）本罪在主观方面表现为故意。

（二）为境外窃取、刺探、收买、非法提供国家秘密、情报罪的认定

（1）罪与非罪的界限。首先，应查明行为人所窃取、刺探、收买、非法提供的信息是否属于国家秘密或者情报的范围，不能把一切未公开的情况、信息都列入国家秘密或者情报的范围。其次，应与正常的信息、情报交流区别开，根据《中华人民共和国保守国家秘密法》的规定，在对外交往与合作中经国家有关部门依照法定程序审批，与境外机构、组织、人员互换情报、交流资料和信息的行为是合法行为。

（2）本罪与间谍罪的界限。二者的主要区别表现在行为方式上。本罪的行为方式表现为为境外的机构、组织、人员窃取国家秘密或者情报；而间谍罪的行为表现为参加间谍组织，或者接受间谍组织及其代理人的任务，或者为敌人指示轰击目标。如果行为人接受间谍组织及其代理人的任务而实施本罪的行为的，应按牵连犯的处理原则，择一重罪论处。如果行为人不是接受间谍组织及其代理人的任务而为境外机构、组织、人员窃取、刺探、收买、非法提供国家秘密或者情报的，则构成本罪。

（3）本罪与故意泄露国家秘密罪的界限。故意泄露国家秘密罪，是指违反《中华人民共和国保守国家秘密法》的规定，故意泄露国家秘密，情节严重的行为。本罪与故意泄露国家秘密罪具有一定的相似性，客观方面均可表现为泄露国家秘密的行为。两者的区别主要表现在：第一，犯罪对象不同。本罪的对象是国家秘密或者情报，故意泄露国家秘密罪的对象仅限于国家秘密。第二，犯罪目的

不同。故意泄露国家秘密罪对犯罪目的没有特定要求，行为人只要实施了故意泄露国家秘密的行为，即可构成故意泄露国家秘密罪；本罪的犯罪目的是为境外的机构、组织、人员窃取、刺探、收买、非法提供国家秘密。如果行为人是为境外的机构、组织、个人实施故意泄露国家秘密行为的，则构成本罪，而不再以故意泄露国家秘密罪定罪处罚。

【案例2-2-05】某国间谍戴某，结识了某国家机关机要员黄某。戴某谎称来华投资建厂需了解政策动向，让黄某借工作之便为其获取密级为“机密”的《内参报告》四份。戴某拿到文件后送给黄某一部手机，并为其子前往某国留学提供了六万元资金。本案中，黄某为境外人员提供国家秘密，构成为境外窃取、刺探、收买、非法提供国家秘密、情报罪。因受贿而进行违法活动构成其他罪的，依照数罪并罚的规定处罚。故黄某构成为境外窃取、刺探、收买、非法提供国家秘密、情报罪与受贿罪，应当数罪并罚。

（4）本罪与非法获取国家秘密罪的界限。非法获取国家秘密罪，是指以窃取、刺探、收买方法，非法获取国家秘密的行为。本罪与非法获取国家秘密罪在客观方面均可表现为窃取、刺探、收买国家秘密的行为。两者的区别主要表现为两个方面：第一，犯罪对象不同。本罪的对象既包括国家秘密，又包括情报；非法获取国家秘密罪的对象仅限于国家秘密。第二，犯罪目的不同。非法获取国家秘密罪对犯罪目的没有特定要求，行为人只要实施了窃取、刺探、收买国家秘密的行为，即可构成非法获取国家秘密罪；本罪的犯罪目的是为境外的机构、组织、人员窃取、刺探、收买国家秘密或情报。如果行为人窃取、刺探、收买国家秘密的行为是为了向境外提供国家秘密而实施的，则构成本罪，而不再以非法获取国家秘密罪定罪处罚。

（三）为境外窃取、刺探、收买、非法提供国家秘密、情报罪的刑事责任

依照《刑法》第111条、第113条第1款的规定，犯本罪的，处5年以上10年以下有期徒刑；情节特别严重的，处10年以上有期徒刑或者无期徒刑；情节较轻的，处5年以下有期徒刑、拘役、管制或者剥夺政治权利；对国家和人民危害特别严重、情节特别恶劣的，可以判处死刑。依照《刑法》第113条第2款、第56条的规定，犯本罪的，可以并处没收财产，应当附加剥夺政治权利。

十二、资敌罪

（一）资敌罪的概念和特征

资敌罪，是指战时供给敌人武器装备、军用物资资敌的行为。

本罪侵犯的客体是人民民主专政的政权和社会主义制度。本罪在客观方面表现为向敌人提供武器装备或者军用物资的行为。根据《刑法》第451条的规定，战时是指国家宣布进入战争状态、部队受领作战任务或者遭敌突然袭击时。部队执行戒严任务或者处置突发性暴力事件时，以战时论。本罪的主体为一般主体，即凡年满16周岁并具备刑事责任能力的中国公民。构成本罪主体的只能是中国公民，外国人、无国籍人不能成为本罪主体。本罪在主观方面为故意。

（二）资敌罪的刑事责任

依照《刑法》第112条、第113条第1款的规定，犯本罪的，处10年以上有期徒刑或者无期徒刑，情节较轻的，处3年以上10年以下有期徒刑；对国家和人民危害特别严重、情节特别恶劣的，可以判处死刑。依照《刑法》第113条第2款、第56条的规定，犯本罪的，可以并处没收财产，应当附加剥夺政治权利。

思考题

1. 对在武装叛乱、暴乱犯罪过程中，同时实施杀人、伤害、抢劫、放火等行为的，应当如何认定？

2. 间谍罪的行为方式有哪些？

3. 为境外窃取、刺探、收买、非法提供国家秘密、情报罪与故意泄露国家秘密罪、非法获取国家秘密罪的区别是什么？

阅读书目

1. 陈兴良：《判例刑法学（教学版）》（第二版），中国人民大学出版社2018年版。

2. 阮齐林、方鹏：《刑法分则案例研习》（第二版），中国政法大学出版社2018年版。

3. 赵秉志、李希慧：《刑法各论》（第三版），中国人民大学出版社2016年版。

4. 中华人民共和国最高人民法院刑事审判第一、二、三、四、五庭：《中国刑事审判指导案例02》（增订第3版），法律出版社2017年版。

第三章　危害公共安全罪

相对于危害国家安全罪这类国事犯罪而言，刑法分则第二章至第十章规定的犯罪，属于普通犯罪。其中，危害公共安全罪危害的是社会的公共安全，其社会危害程度仅次于危害国家安全罪，因此这类犯罪紧随危害国家安全罪之后，而位列各类普通犯罪之首。

第一节　危害公共安全罪概述

一、危害公共安全罪的概念和特征

危害公共安全罪，是指故意或者过失地实施危害不特定或者多数人的生命、健康或者重大公私财产安全的行为。本类犯罪的主要特征包括以下几个方面。

（1）本类犯罪侵犯的客体是公共安全。公共安全，是指不特定或多数人的生命、健康或重大公私财产的安全。“不特定”是相对于“特定”而言的，是指犯罪行为可能侵害的对象和可能造成的危害结果事先无法确定，行为人对此既无法具体预料也难以实际控制。多数，是相对于其他犯罪只能危害到少数对象而言的。例如，在公共交通工具上安放爆炸装置，可能造成乘车的多人伤亡；在水源中投毒，可能会使饮用该水的无数人畜中毒死亡；对建筑物放火，可能会导致多人伤亡或重大财产损失等。如果犯罪行为指向特定的人身或者财产，而不直接危及不特定或者多数人的生命、健康和重大公私财产的安全，则不构成危害公共安全罪，而应当分别属于侵犯人身权利或者侵犯财产权利的犯罪。

应当注意的是，行为人的具体行为是否构成危害公共安全罪，不能以行为人主观上有无确定的侵犯对象或者侵犯目标作为依据，也不能以行为是否产生实际的严重后果作为依据，而应当以行为在一定条件下是否具有产生不特定严重后果的可能性和危险性来认定，即应当根据行为在客观上是否有危害公共安全的本质属性来具体认定。如果行为人所侵害的是特定对象，并且有意识地把损害结果控制在特定对象的范围内，没有并且实际上也不可能造成不特定或者多数人的伤亡、公共财产或其他公共安全利益的重大损失的，即使行为人采取了通常属于危害公共安全的方法，如放火、投毒等，也不应当认定为本章所规定的危害公共安全犯罪。

【案例3-2-01】甲雇凶手乙杀丙，言明不要造成其他后果。乙几次杀丙均未成功，后来采取爆炸方法，对丙的住宅（周边没有其他人与物）进行爆炸，结果将丙的妻子丁炸死，但丙安然无恙。本案中甲教唆乙杀人，是故意杀人罪的教唆犯，乙是实行犯。丙的住宅周边没有其他人与物，对其进行爆炸未危害公共安全，乙的行为构成故意杀人罪，而非危害公共安全的爆炸罪。

（2）本类犯罪在客观方面表现为实施危害公共安全的行为，可以是作为，也可以是不作为。例如放火罪，既可以用直接点燃的作为方式实施，也可以是在有发生火灾危险时，有责任并有能力防止而不防止，故意使火灾发生的不作为方式构成。危害公共安全罪除了过失犯罪必须要求有危害结果发生外，对于故意危害公共安全的犯罪行为，一般不要求造成实际的危害结果，只要是“足以”危害公共安全的，即可成立犯罪。

（3）本类犯罪的主体多数是一般主体，但也有少数是特殊主体。这里的特殊主体，包括国家工作人员以及其他业务上、职务上的特定人员。例如重大飞行事故罪，其主体只能是航空人员，而铁路运营安全事故罪的主体只能是铁路职工等。本章所规定的某些犯罪的主体可以是已满14周岁不满16周岁的未成年人，如放火罪、爆炸罪等。

（4）本类犯罪在主观方面可能是故意，也可能是过失。有些罪只能由故意构成，例如劫持航空器罪，非法制造、买卖、运输、邮寄、储存枪支、弹药、爆炸物罪等；有些罪只能由过失构成，例如重大飞行事故罪，消防责任事故罪，交通肇事罪等。但也有特别情形，如《刑法》第129条丢失枪支不报罪规定，“依法配备公务用枪的人员，丢失枪支不及时报告，造成严重后果的”方可成立犯罪，这里以“造成严重后果”为客观要件，但不以对该后果有故意（明知）为要件，其并不属于典型的故意犯或过失犯。

二、危害公共安全罪的种类

危害公共安全罪共有54个罪名，依据犯罪行为方式、对象、罪过形式的不同，具体可以划归五类：

（1）以危险方法危害公共安全的犯罪。包括放火罪，决水罪，爆炸罪，投放危险物质罪，以危险方法危害公共安全罪，失火罪，过失决水罪，过失爆炸罪，过失投放危险物质罪，过失以危险方法危害公共安全罪。

（2）破坏特定设施、设备的犯罪。包括破坏交通工具罪，破坏交通设施罪，破坏电力设备罪，破坏易燃易爆设备罪，破坏广播电视设施、公用电信设施罪，过失损坏交通工具罪，过失损坏交通设施罪，过失损坏电力设备罪，过失损坏易燃易爆设备罪，过失损坏广播电视设施、公用电信设施罪。

（3）实施暴力、恐怖活动危害公共安全的犯罪。包括组织、领导、参加恐怖组织罪，帮助恐怖活动罪，准备实施恐怖活动罪，宣扬恐怖主义、极端主义、煽动实施恐怖活动罪，利用极端主义破坏法律实施罪，强制穿戴宣扬恐怖主义、极端主义服饰、标志罪，非法持有宣扬恐怖主义、极端主义物品罪，劫持航空器罪，劫持船只、汽车罪，暴力危及飞行安全罪。

（4）以枪支、弹药、爆炸物、危险物质为对象的犯罪。包括非法制造、买卖、运输、邮寄、储存枪支、弹药、爆炸物罪，非法制造、买卖、运输、储存危险物质罪，违规制造、销售枪支罪，盗窃、抢夺枪支、弹药、爆炸物、危险物质罪，抢劫枪支、弹药、爆炸物、危险物质罪，非法持有、私藏枪支、弹药罪，非法出租、出借枪支罪，丢失枪支不报罪，非法携带枪支、弹药、管制刀具、危险物品危及公共安全罪。

（5）重大安全事故的犯罪。包括重大飞行事故罪，铁路运营安全事故罪，交通肇事罪，危险驾驶罪，妨害安全驾驶罪，重大责任事故罪，强令、组织他人违章冒险作业罪，危险作业罪，重大劳动安全事故罪，大型群众性活动重大安全事故罪，危险物品肇事罪，工程重大安全事故罪，教育设施重大安全事故罪，消防责任事故罪，不报、谎报安全事故罪。

第二节　危害公共安全罪罪名分述

一、放火罪

（一）放火罪的概念和特征

放火罪，是指故意放火焚烧公私财物，危害公共安全的行为。本罪的主要特征是：

（1）本罪侵犯的客体是公共安全。对于放火烧毁自己的财物是否定放火罪要作具体分析。如果放火行为不足以危害公共安全的，不应认为是放火罪；如果放火行为足以危害公共安全的，应以放火罪论处。

（2）本罪在客观方面表现为行为人实施了放火焚烧，危及公共安全的行为。放火，是指故意使用引火物或其他方法使物品燃烧的行为。放火的方式，既可以是作为的方式，如利用各种引火物直接把焚烧对象点燃的行为；也可以是不作为的方式，如负有防火义务的油区安全员，发现油区有着火的危险，能够采取措施防止而不防止，导致火灾发生的行为。因放火行为社会危害性极大，所以只要放火行为存在足以使人身、财产遭受重大损失的危险，即使尚未产生实际的危害结果，也构成放火罪。如果放火行为“致人重伤、死亡或者使公私财产遭受重大损失”，通说认为属于放火罪的结果加重犯。但放火行为对公共安全尚未造成现实危险的，则不构成犯罪。

【案例3-2-02】甲对拆迁不满，在高速公路中间车道用树枝点燃一个焰高约20厘米的火堆，将其分成两堆后离开。火堆很快就被通行车辆轧灭。本案中，由于甲的放火行为不足以危害车辆通行安全，事实上也很快被通行车辆轧灭，因此，甲的行为既不成立放火罪，也不成立以危险方法危害公共安全罪。

（3）本罪的主体是一般主体，即任何已满14周岁、具有辨认和控制自己行为能力的自然人。

（4）本罪主观方面是故意，即行为人明知自己的放火行为会危害公共安全，并且希望或者放任这种结果的发生。至于动机如何，不影响犯罪的成立。

（二）放火罪的认定

（1）本罪与故意杀人罪、故意伤害罪的界限。如果行为人以放火为手段杀人、伤人，不足以危害公共安全的，只能构成故意杀人罪、故意伤害罪；如果行为人虽以放火为杀人、伤人手段，但同时可能造成火灾危害公共安全的，应以放火罪论处。

（2）本罪与故意毁坏财物罪的界限。放火焚烧公私财物，危害公共安全的，构成放火罪；如果不危害公共安全，则构成故意毁坏财物罪。

【案例3-2-03】甲因家中停电而点燃蜡烛时，意识到蜡烛没有放稳，有可能倾倒引起火灾，但想到如果就此引起火灾，反而可以获得高额的保险赔偿，于是外出吃饭，后来果然引起火灾，并将邻居家的房屋烧毁。甲以失火为由向保险公司索赔，获得赔偿。本案中，甲点燃蜡烛本是为了照明，没有放火的意思，但甲意识到可能引起火灾而不将蜡烛放稳就外出吃饭，属于先行行为引起的义务而不履行该义务的情况，最终引起火灾并将邻居家的房屋烧毁，危害公共安全，因此属于以不作为方式实施的放火行为。就保险诈骗而言，甲的行为属于作为。甲应当以放火罪和保险诈骗罪数罪并罚。

（3）本罪既遂与未遂的界限。一般认为，放火行为导致目的物烧毁时就是放火罪的既遂。但是国内外刑法理论界对“烧毁”一词持有不同观点。①独立燃烧说。该观点认为当放火行为导致目的物在离开媒介物的情况下能够独立燃烧时，就是烧毁。其重视放火罪的危害公共安全的性质，是德国与法国的通说，也是日本判例的通说。②丧失效用说。该观点认为目的物的重要部分由于燃烧而失去效用时，就是烧毁。其强调放火罪的财产犯罪的性质，但被认为忽视了放火罪的危害公共安全的性质。③重要部分燃烧说。该观点认为目的物的重要部分起火开始燃烧时，就是烧毁。④毁弃说。该观点认为由于火力而使目的物达到了毁弃罪（故意毁坏财物罪）中的损坏程度时，就是烧毁。重要部分燃烧说和毁弃说同时考虑了放火罪危害公共安全的性质和财产犯罪的性质，但如何判断重要部分燃烧起来的时间，如何判断单纯由火力所造成的损坏，仍是难题。

我国的通说是“独立燃烧说”。根据通说的观点，犯罪既遂的标准是行为人所实施的行为具备了刑法分则所规定的某一犯罪的全部构成要件，而非行为人犯罪目的的实现。对于放火罪来说，只要行为人已将放火行为实施完毕，即行为人已经将目的物点着并开始独立燃烧，就已经具备了《刑法》第114条规定的放火罪的全部构成要件与要素，从而构成既遂。如果行为人的放火行为尚未实施完毕，例如，下雨或他人的行为使目的物未形成独立燃烧状态，则应视为放火罪未遂。

（三）放火罪的刑事责任

依照《刑法》第114条、第115条的规定，犯本罪，尚未造成严重后果的，处3年以上10年以下有期徒刑；致人重伤、死亡或者使公私财产遭受重大损失的，处10年以上有期徒刑、无期徒刑或者死刑。

二、决水罪

决水罪，是指故意决水，制造水患，危害公共安全的行为。本罪侵犯的客体是公共安全。本罪的对象为正在使用中的水利设施。本罪在客观方面表现为实施危害公共安全的决水行为。决水，是指破坏水利设施，造成水灾的行为。本罪的主体为一般主体，即年满16周岁并具有刑事责任能力的人。本罪在主观方面表现为故意，包括直接故意和间接故意，即行为人明知其决水行为会危害公共安全，并且希望或者放任危害公共安全的结果发生。

依照《刑法》第114条、第115条的规定，犯本罪，尚未造成严重后果的，处3年以上10年以下有期徒刑；致人重伤、死亡或者使公私财产遭受重大损失的，处10年以上有期徒刑、无期徒刑或者死刑。

三、爆炸罪

爆炸罪，是指故意用爆炸的方法，杀死杀伤不特定多数人、毁坏重大公私财物，危害公共安全的行为。

本罪侵犯的客体是公共安全，即不特定或者多数人的生命、健康或者重大公私财产的安全。本罪在客观方面表现为对公私财物或人身实施爆炸，危害公共安全的行为。爆炸物品包括炸弹、手榴弹、地雷、炸药，以及雷管、导火索、雷汞、雷银等起爆器材等。本罪的主体为一般主体，14周岁以上并具有刑事责任能力的自然人，均可以成为本罪主体。本罪在主观方面表现为故意，包括直接故意和间接故意。犯罪动机如何不影响本罪的成立。

依照《刑法》第114条、第115条的规定，犯本罪，尚未造成严重后果的，处3年以上10年以下有期徒刑；致人重伤、死亡或者使公私财产遭受重大损失的，处10年以上有期徒刑、无期徒刑或者死刑。

四、投放危险物质罪

（一）投放危险物质罪的概念和特征

投放危险物质罪是指以故意投放毒害性、放射性、传染病病原体等物质的危险方法危害公共安全的行为。本罪的主要特征是：

（1）本罪侵犯的客体是公共安全，即不特定或者多数人的生命、健康或重大公私财产的安全。

（2）本罪在客观方面表现为投放毒害性、放射性、传染病病原体等物质，危害公共安全的行为。危险物质，是指能够致人死亡、严重危害人体健康，或者对重大公私财物造成重大损失的毒害性、放射性、传染病病原体等物质。毒害性物质，是指基于化学作用，含有毒质，能够致有机体死亡或者伤害的有机物或者无机物的总称，如砒霜、氰化钾、各种剧毒农药等有毒的物质；放射性物质，是指能发出放射线辐射的物质，大剂量照射会引起人肌体损伤甚至死亡；传染病病原体，亦称病原物或病原生物，是指能够引起疾病的菌种、毒种的统称，包括致病微生物和寄生虫。除上述毒害性、放射性、传染病病原体物质外，本罪的危险物质还应包括足以对公共安全造成危害的其他物质。本罪的具体行为可以是作为，也可以是不作为。从司法实践看，行为人既可能将危险物质投放到供人、畜使用的水井、池塘、河流、南水北调库等能够危害到公共安全的场所，也可能将危险物质投入供不特定或多数人饮食的饮料或食品中。

【案例3-2-04】陈某因别人家的羊常啃食自家的核桃树，就将自己家里的农药拌在玉米粒里，然后撒到自家核桃树林地里。刘某放羊时，羊吃了陈某家地里的玉米粒，之后31只羊陆续死亡。本案中，陈某因不满他人放养的羊群啃食其种植的核桃树，故意在自家核桃树林地内投放含毒害性物质的玉米粒，危害公共安全，造成被害人羊群死亡，构成投放危险物质罪。

（3）本罪的主体为一般主体。已满14周岁不满16周岁的人犯投放危险物质罪，危害公共安全的，应当负刑事责任。

（4）本罪在主观方面表现为故意。动机如何不影响定罪。

（二）投放危险物质罪的认定

（1）区分投放危险物质罪与一般投放危险物质行为。投放危险物质行为如果只是指向特定的少量的禽畜等，并有意识地将损害结果限制在这个局部范围内，不足以危害公共安全的，不应以投放危险物质罪处理。

（2）投放危险物质罪与投放虚假危险物质罪的区别。投放虚假危险物质的行为对公共安全本质上不构成危害，与本罪侵犯的客体不同，因此不属于本类犯罪，属于扰乱社会公共秩序的犯罪。

（3）投放危险物质罪的既遂判断问题。本罪属于危险犯，对危险犯的既遂问题，理论上一直存在很大争议。关于危险犯的既遂标准存在犯罪目的实现说、危险状态发生说、犯罪结果说以及脱离自力控制说等多种学说。我们认为应采用危险状态发生说，即以造成某种危害结果的危险状态是否发生作为判断标准。因此，只要行为人着手实施了投放危险物质的行为，即使尚未造成实际的人员伤亡和财产损失，但只要危害到公共安全，就成立本罪既遂。

（三）投放危险物质罪的刑事责任

依照《刑法》第114条、第115条的规定，犯本罪的，处3年以上10年以下有期徒刑；致人重伤、死亡或者使公私财产遭受重大损失的，处10年以上有期徒刑、无期徒刑或者死刑。

五、以危险方法危害公共安全罪

（一）以危险方法危害公共安全罪的概念和特征

以危险方法危害公共安全罪，是指故意以放火、决水、爆炸、投放危险物质以外的其他危险方法，危害公共安全的行为。本罪的主要特征是：

（1）本罪侵犯的客体是公共安全，即不特定或多数人的生命、健康或者重大公私财产的安全。

（2）本罪在客观方面表现为以放火、决水、爆炸、投放危险物质以外的其他危险方法危害公共安全的行为。

【案例3-2-05】支某某在新冠肺炎疫情防控期间，在办理进入小区手续时，认为登记时间过长，与工作人员发生言语冲突。为发泄不满情绪，支某某在疫情防控工作站连续两次驾车冲撞疫情防控工作人员及周边人群，致使两名工作人员轻微伤和防疫物资受损。本案中，支某某采取驾车冲撞这一高度危险的行为，连续两次冲撞，在冲撞过程中丝毫不顾及在场其他多人的人身健康及公私财产安全，虽然尚未造成严重后果，但其行为构成以危险方法危害公共安全罪。

（3）本罪的主体为一般主体，即年满16周岁并具有刑事责任能力的自然人。鉴于这种犯罪往往与故意杀人罪、故意伤害罪竞合，因而如果已满14周岁的人以危险方法危害公共安全致人死亡、重伤，同时符合故意杀人罪或故意伤害罪（致人重伤）条件的，应当以故意杀人罪或故意伤害罪追究刑事责任。另外，已满12周岁不满14周岁的人以危险方法危害公共安全致人死亡、重伤，同时符合“犯故意杀人、故意伤害罪，致人死亡或者以特别残忍手段致人重伤造成严重残疾，情节恶劣，经最高人民检察院核准追诉”条件的，应当以故意杀人罪或故意伤害罪追究刑事责任[①]。

（4）本罪在主观方面表现为故意。不具有本罪故意仅有过失的，可以成立过失以危险方法危害公共安全罪。

（二）以危险方法危害公共安全罪的认定

（1）“其他危险方法”的认定。第一，行为必须危及公共安全。“其他危险方法”与放火、决水、爆炸、投放危险物质等犯罪方法均具有一个共同的特征，即危害公共安全。这是本罪的本质特征，是行为能够以本罪定罪的前提条件。第二，根据同类解释规则，“其他危险方法”要与放火、决水、爆炸、投放危险物质等在性质、方法、手段、危险性上具有相当性，即“其他危险方法”仅限于与放火、决水、爆炸、投放危险物质相当的方法，而不是泛指任何具有危害公共安全性质的方法。第三，如果某种行为符合其他犯罪的构成要件，应尽量认定为其他犯罪，不宜认定为本罪。如在公共场所故意驾车撞人或者开枪射击的，宜认定为故意杀人罪，不宜认定为本罪。

【案例3-2-06】黎某某大量饮酒后，驾驶面包车由南向北行驶至广东省佛山市某村路段时，从后面将骑自行车的被害人李某某及其搭载的儿子陈某某撞倒，致陈某某轻伤。撞人后，黎某某继续开车前行，撞坏治安亭前的铁闸及旁边的柱子，又掉头由北向南快速行驶，车轮被卡在路边花地上。被害人梁某某（系黎某某的好友）及其他村民上前救助伤者并劝阻黎某某时，黎某某加大油门驾车冲出花地，碾过李某某后撞倒梁某某，致李某某、梁某某死亡。本案中，黎某某严重醉酒后驾驶机动车，在交通肇事逃逸过程中，不顾伤者及劝阻他的众多村民的安危，连续冲撞人群，致二人死亡、一人轻伤，其行为构成以危险方法危害公共安全罪。

（2）“其他危险方法”的种类。理论界与司法实践对“其他危险方法”作了一些总结，较为普遍地认为下列行为属于“其他危险方法”：①破坏矿井通风设备，危害公共安全的。②私拉电网，危害公共安全的。③在火灾现场破坏消防设施或者器材，危害公共安全的。④故意传播突发性传染病病原体，危害公共安全的[②]。⑤邪教组织人员以自焚、自爆或者其他危险方法危害公共安全的。⑥醉酒驾车造

① 参见《刑法》第17条第3款。

②2020年最高人民法院、最高人民检察院、公安部、司法部《关于依法惩治妨害新型冠状病毒感染肺炎疫情防控违法犯罪的意见》规定，故意传播新型冠状病毒感染肺炎病原体，危害公共安全的，以以危险方法危害公共安全罪定罪处罚。

成重大人员伤亡的[①]。⑦在公共交通工具行驶过程中，乘客或驾驶人员实施的行为严重危害公共交通安全的[②]。⑧高空抛物行为，严重危及公共安全的[③]。⑨采用危险方法，意图使不特定多数人感染艾滋病病毒，危害公共安全的[④]。

【案例3-2-07】李某某在与朋友喝酒过程中，自阳台先后往楼下扔出一个啤酒瓶和一个玻璃杯，其中玻璃杯砸中站在楼下操场上的叶某某头部，致其颅脑严重损伤。经鉴定，被害人叶某某损伤程度为重伤。本案中，李某某明知楼下系人流密集的学校操场，仍故意从高空连续抛物，造成一人重伤的严重后果，应当以以危险方法危害公共安全罪追究其刑事责任。

（三）以危险方法危害公共安全罪的刑事责任

依照《刑法》第114条、第115条的规定，犯本罪，尚未造成严重后果的，处3年以上10年以下有期徒刑；致人重伤、死亡或者使公私财产遭受重大损失的，处10年以上有期徒刑、无期徒刑或者死刑。

六、失火罪

失火罪是指由于过失引起火灾，危害公共安全，造成严重后果的行为。

本罪侵犯的客体是公共安全，即不特定或者多数人的生命、健康或重大公私财产的安全。本罪在客观方面表现为行为人实施引起火灾，造成严重后果的危害公共安全行为。本罪的主体为一般主体，即年满16周岁并具有刑事责任能力的自然人。本罪主观方面为过失：既可出于疏忽大意的过失，即行为人应当预见自己的行为可能引起火灾，因为疏忽大意而未预见，致使火灾发生；也可出于过于自信的过失，即行为人已经预见自己的行为可能引起火灾，由于轻信火灾能够避免，结果发生了火灾。实践中有的案件行为人对导致火灾的行为是明知故犯的，如明

① 参见2009年最高人民法院《关于印发醉酒驾车犯罪法律适用问题指导意见及相关典型案例的通知》。

② 参见2019年最高人民法院、最高人民检察院、公安部《关于依法惩治妨害公共交通工具安全驾驶违法犯罪行为的指导意见》。《刑法修正案（十一）》出台后，对相关行为的定性，应当根据具体案情，结合《刑法》第133条之二关于妨害安全驾驶罪的规定，综合考虑。

③ 参见2019年最高人民法院《关于依法妥善审理高空抛物、坠物案件的意见》。《刑法修正案（十一）》出台后，对相关行为的定性，应当根据具体案情，结合《刑法》第291条之二关于高空抛物罪的规定，综合考虑。

④ 参见2019年最高人民法院、最高人民检察院、公安部、司法部《关于依法严厉打击传播艾滋病病毒等违法犯罪行为的指导意见》。

知在特定区域内禁止吸烟却吸烟等，但对火灾危害结果既不希望，也不放任其发生，这种案件应定为失火罪。行为人对于火灾的发生，主观上具有过失，是其负刑事责任的主观根据。如果查明火灾是由于不可抗拒或不能预见的原因所引起，如雷击、地震等引起的火灾，则属于意外事故，不涉及犯罪问题。

【案例3-2-08】甲到本村乙家买柴油时，因屋内光线昏暗，甲欲点燃打火机看油量。乙担心引起火灾，上前阻止。但甲坚持说柴油见火不会燃烧，仍然点燃了打火机，结果引起油桶燃烧，造成火灾，导致甲、乙及一旁观看的丙被火烧伤。乙、丙经抢救无效死亡。后经检测，乙储存的柴油闪点不符合标准。本案中，甲“点燃打火机”的行为系生活意义上的“故意”，即行为的故意，但行为人对结果明显是反对的，属于过于自信的过失。甲的行为造成了严重后果，危害公共安全，应当以失火罪论处。

依照《刑法》第115条第2款的规定，犯本罪的，处3年以上7年以下有期徒刑；情节较轻的，处3年以下有期徒刑或者拘役。

七、过失决水罪

过失决水罪是指过失造成水患，危害公共安全，造成严重后果的行为。本罪侵犯的客体是公共安全。本罪在客观方面表现为过失引起决水，造成水患，危害公共安全，致人重伤、死亡或者使公私财产遭受重大损失。本罪的主体为一般主体，即年满16周岁、具有刑事责任能力的自然人。本罪在主观方面为过失，包括疏忽大意的过失与过于自信的过失。

依照《刑法》第115条第2款的规定，犯本罪的，处3年以上7年以下有期徒刑；情节较轻的，处3年以下有期徒刑或者拘役。

八、过失爆炸罪

过失爆炸罪，是指因过失引起爆炸，危害公共安全，造成严重后果的行为。过失爆炸行为的具体表现形式多种多样，但其共同特点都是由于行为人在日常生活中不注意安全引起的。如在易燃易爆物品仓库中乱扔烟头，引起爆炸等。从行为方式看，过失爆炸行为既可以是作为，也可以是不作为。不作为方式的过失爆炸罪，行为人必须负有特定的义务。

依照《刑法》第115条第2款的规定，犯本罪的，处3年以上7年以下有期徒刑；情节较轻的，处3年以下有期徒刑或者拘役。

九、过失投放危险物质罪

过失投放危险物质罪，是指由于过失投放危险物质，造成严重后果，危害公共安全的行为。本罪在客观方面表现为实施了投放毒害性、放射性、传染病病原体等物质，致人重伤、死亡或者公私财产遭受重大损失，危害公共安全的行为。本罪的主体为一般主体，即年满16周岁并具有刑事责任能力的自然人。本罪在主观方面是过失，包括过于自信的过失和疏忽大意的过失。

依照《刑法》第115条第2款的规定，犯本罪的，处3年以上7年以下有期徒刑；情节较轻的，处3年以下有期徒刑或者拘役。

十、过失以危险方法危害公共安全罪

过失以危险方法危害公共安全罪，是指行为人以与失火、过失决水、过失爆炸、过失投放危险物质等危害性相当的其他危险方法，致人重伤、死亡或导致公私财产的重大损失，危害公共安全的行为。

本罪侵犯的客体是社会公共安全。本罪在客观方面表现为实施以其他危险方法危害公共安全，造成严重后果的行为，必须同时具备以下三个特征：①行为人实施了以其他危险方法，即除失火、过失决水、过失爆炸、过失投放危险物质以外的并与之相当的危险方法，危害公共安全的行为。②已经造成了危害公共安全的严重后果，致不特定多数人重伤、死亡或者使公私财产遭受严重损失。③严重后果必须是以其他危险方法危害公共安全的行为所造成。本罪的主体是一般主体，即年满16周岁并具有刑事责任能力的自然人。本罪在主观方面表现为过失，包括过于自信的过失和疏忽大意的过失。

依照《刑法》第115条第2款的规定，犯本罪的，处3年以上7年以下有期徒刑；情节较轻的，处3年以下有期徒刑或者拘役。

十一、破坏交通工具罪

（一）破坏交通工具罪的概念和特征

破坏交通工具罪，是指故意破坏火车、汽车、电车、船只、航空器，足以使之发生倾覆、毁坏危险，危害公共安全的行为。本罪的主要特征包括：

（1）本罪侵犯的客体是交通运输安全。本罪的对象是正在使用中的火车、汽车、电车、船只、航空器五种大型交通运输工具。正在使用中的交通工具，既包括正在运行中的交通工具，也包括虽处于停放状态但已经交付使用，随时都可开动从事交通运输的交通工具。作为本罪对象的交通工具应当具有以下特点：其一，该工具的使用目的必须是为了交通运输。其二，针对该工具的破坏行为会危及公共安全。其三，破坏交通工具罪中的“交通工具”具有法定性，只限于《刑法》第116条规定的五种交通工具，即火车、汽车、电车、船只、航空器。我国很多地区往往使用大型拖拉机从事客货运输业务，对其进行破坏能否构成本罪，理论上有肯定说与否定说两种观点。我们持肯定说，认为将从事客货运输业务的大型拖拉机解释为“汽车”，仍是在“汽车”这一法律用语可能的词义范围之内，没有超过一般国民的预测可能性，是一种扩大解释，而不是法律所禁止的类推解释。破坏自行车、人力三轮车、马车等非机动交通工具的，由于一般不足以危害公共安全，故不构成本罪。

（2）本罪在客观方面表现为破坏正在使用的火车、汽车、电车、船只、航空器，足以使其发生倾覆、毁坏危险的行为。首先，行为人必须实施了破坏交通工具的行为。其次，破坏的结果必须是足以使火车、汽车、电车、船只、航空器发生倾覆、毁坏的危险。倾覆，是指使汽车、电车翻车，火车脱轨，船只翻沉，航空器坠落等。毁坏，是指使交通工具的性能丧失、报废或者重大破损，以致不能行驶或不能安全行驶。本罪不要求已经发生了交通工具倾覆或者毁坏的结果，只要产生了足以使交通工具发生倾覆或者毁坏的危险即可。

（3）本罪的主体为一般主体，即年满16周岁并具有刑事责任能力的自然人。

（4）本罪的主观方面为故意，包括直接故意与间接故意。动机如何不影响本罪的成立。

（二）破坏交通工具罪的认定

（1）本罪与故意毁坏财物罪的界限。故意毁坏财物罪的对象可以是交通工具，因而应注意区分这种犯罪与破坏交通工具罪的界限。二者的不同之处主要有：故意毁坏财物罪侵犯的客体是公私财物的所有权，而本罪侵犯的客体则是交通运输安全；本罪的对象必须是正在使用中的交通工具，而故意毁坏财物罪则无此限制。因此，如果毁坏行为不影响交通工具的安全行驶，则应以故意毁坏财物罪论处；反之，则应以破坏交通工具罪处理。

（2）本罪与盗窃罪的界限。盗窃罪的对象可以是交通工具，因而应注意区分这种犯罪与破坏交通工具罪的界限。二者的不同之处主要有：盗窃罪侵犯的客体是公私财物的所有权，而本罪侵犯的客体则是交通运输安全；本罪的对象必须是正在使用中的交通工具，而盗窃罪则无此限制。窃取交通工具的重要部件而破坏交通工具，足以使其发生倾覆、毁坏危险时，其行为属于盗窃罪与破坏交通工具罪的想象竞合犯，以一重罪从重处罚。如对象不属于正在使用中的交通工具，即使窃取了交通工具的重要部件，或者虽属于正在使用中的交通工具，但是窃取行为不影响交通运输安全的，均不构成本罪。

（3）本罪与放火罪、爆炸罪的界限。使用放火、爆炸的手段破坏交通工具与放火罪、爆炸罪犯罪手段相同，而且都危害公共安全。其主要区别在于，本罪的犯罪对象是正在使用的火车、汽车、电车、船只、航空器等交通工具，放火罪、爆炸罪侵害的对象则是上述交通工具以外的其他公私财物和不特定多数人的人身和财产安全。为了保证交通运输安全，刑法将正在使用的交通工具作为特殊保护对象加以规定，因此行为人无论采用何种手段破坏交通工具，只要足以使之发生倾覆、毁坏危险，因而危害交通运输安全，均以破坏交通工具罪论处。如果行为人使用放火、爆炸的手段破坏未交付使用的交通工具，则应以放火罪或爆炸罪定罪。

（三）破坏交通工具罪的刑事责任

依照《刑法》第116条、第119条的规定，犯本罪，尚未造成严重后果的，处3年以上10年以下有期徒刑；已经造成严重后果的，处10年以上有期徒刑、无期徒刑或者死刑。

十二、破坏交通设施罪

（一）破坏交通设施罪的概念和特征

破坏交通设施罪，是指故意破坏轨道、桥梁、隧道、公路、机场、航道、灯塔、标志或者进行其他破坏活动，足以使火车、汽车、电车、船只、航空器发生倾覆、毁坏危险，危害公共安全的行为。本罪的主要特征是：

（1）本罪侵犯的客体是交通运输安全，破坏的对象是正在使用中的直接关系交通运输安全的交通设施。交通设施可以分为以下五种：一是正在使用的铁路干线和支线、地方铁路、专用铁路线路、地下铁路和随时可能投入使用的备用线，以及线路上的隧道、桥梁和用于指示车辆行驶的信号标志等；二是用于公路运输的公路干线及支线，包括高速公路、国道、省道、地方公路，以及线路上的隧道、桥梁、信号和重要标志等；三是用于飞机起落的军用机场、民用机场的跑道、停机坪，以及用于指挥飞机起落的指挥系统，用于导航的灯塔、标志等；四是用于船只航行的内河、内湖航道，我国领海内的海运航道、导航标志和灯塔等；五是用于运输、旅游、森林采伐的空中索道及设施等。

（2）本罪在客观方面表现为使用各种方法破坏轨道、桥梁、隧道、公路、机场、航道、灯塔、标志，或者进行其他破坏活动，足以使火车、汽车、电车、船只、航空器发生倾覆、毁坏危险的行为。如盗窃、破坏正在使用中的社会机动车通行道路上的窨井盖，足以使汽车、电车发生倾覆、毁坏危险的，可以成立破坏交通设施罪①。

【案例3-2-09】陈某欲制造火车出轨事故，破坏轨道时将螺栓砸飞，击中在附近玩耍的幼童，致其死亡。陈某的行为被及时发现，未造成火车倾覆、毁坏事故。本案中，陈某故意破坏火车轨道，足以使火车发生倾覆、毁坏危险，属于危害公共安全的破坏交通设施行为。被砸飞的螺栓将附近幼童击中致其死亡，属于过失致人死亡结果的发生。一个破坏交通设施的行为触犯数个罪名，陈某构成破坏交通设施罪的基本犯与过失致人死亡罪的想象竞合犯。

（3）本罪的主体为一般主体，即年满16周岁并具有刑事责任能力的自然人。

（4）本罪在主观方面表现为故意，包括直接故意和间接故意，即行为人明知破坏交通设施会造成交通工具倾覆、毁坏危险，并且希望或者放任这种危险状态的发生。

（二）破坏交通设施罪的认定

（1）本罪与盗窃罪的界限。在司法实践中，出于非法占有的目的盗窃交通设施，从而严重危害交通运输安全的犯罪，与盗窃罪容易混淆。两者虽然都是以非法占有为目的窃取财物，但前者盗窃的不是一般的公共财物，而是正在使用中关系到交通运输安全的交通设施，这种盗窃行为，不仅侵犯财产权，而且严重危害交通运输安全；同时，行为人对其行为可能造成交通工具倾覆或者毁坏的危险大多采取放任态度，即表现为间接故意。因此，这种行为既是盗窃罪，又是破坏交通设施罪，应当按重罪即破坏交通设施罪定罪判刑。

（2）本罪与破坏交通工具罪的区分。破坏交通设施罪和破坏交通工具罪都是危害交通运输安全的犯罪，两者的主要区别在于侵犯的对象不同。破坏交通设施

① 参见2020年最高人民法院、最高人民检察院、公安部《关于办理涉窨井盖相关刑事案件的指导意见》。

罪侵犯的对象是正在使用中的轨道、桥梁、隧道、公路、机场、航道、灯塔、标志等保证交通工具正常行驶的交通设施，通过破坏这些交通设施引起火车、汽车等交通工具发生倾覆、毁坏危险；而破坏交通工具罪侵犯的对象则直接指向正在使用中的火车、汽车、电车、船只、航空器等交通工具本身，通过破坏交通工具，引起交通工具发生倾覆、毁坏危险。由于交通设施与交通工具之间的相互依存关系，破坏交通设施往往引起交通工具的倾覆、毁坏，而且这种危害结果的发生通常是行为人所追求的目的；同样，破坏交通工具也常引起交通设施被破坏的结果。在这种情况下，是定破坏交通设施罪，还是定破坏交通工具罪，要视行为的直接指向而定。如果行为指向交通设施，直接破坏交通设施，应定破坏交通设施罪，其所引起的交通工具的倾覆、毁坏，应视为破坏交通设施，造成严重后果，适用《刑法》第119条规定的破坏交通设施罪的结果加重条文。如果行为指向交通工具，直接破坏交通工具，应定破坏交通工具罪，其所引起的对交通设施的破坏，也应视为破坏交通工具造成严重后果的情况。

（三）破坏交通设施罪的刑事责任

依照《刑法》第117条、第119条的规定，犯本罪，尚未造成严重后果的，处3年以上10年以下有期徒刑；造成严重后果的，处10年以上有期徒刑、无期徒刑或者死刑。

十三、破坏电力设备罪

破坏电力设备罪，是指故意破坏使用中的电力设备，危害公共安全的行为。

本罪所侵犯的客体是公共安全。犯罪对象是正在使用中的电力设备。电力设备，是指用于发电、供电、输电、变电的各种设备，上述电力设备必须正在使用中。本罪在客观方面表现为行为人实施了破坏正在使用中的电力设备的行为。本罪的主体为一般主体，即年满16周岁并具有刑事责任能力的自然人。本罪在主观方面是故意，包括直接故意和间接故意。

依照《刑法》第118条、第119条的规定，犯本罪，尚未造成严重后果的，处3年以上10年以下有期徒刑；造成严重后果的，处10年以上有期徒刑、无期徒刑或者死刑。

十四、破坏易燃易爆设备罪

破坏易燃易爆设备罪，是指故意破坏燃气或者其他易燃易爆设备，危害公共安全的行为。

本罪所侵犯的客体是公共安全。犯罪对象是正在使用中的燃气或其他易燃易爆设备。燃气设备，是指生产、储存、输送如煤气、液化气、石油气、天然气等燃气的各种机器或设施，包括制造系统的燃气发生装置如煤气发生炉，净化系统的燃气净化装置，输送系统的输送设备如排送机器、输送管道，以及储存设备如储气罐等。其他易燃易爆设备，则是指除燃气设备以外的其他用于生产、储存和输送易燃易爆物质的设备，如石油、化工、炸药方面的油井、油库、储油罐、石油输送管道、液化石油罐、汽油加油站，以及酒精、煤油、丙酮、炸药、火药等易燃易爆物品的生产、储存、运送设备等。本罪在客观方面表现为使用各种方法破坏燃气或者其他易燃易爆设备，足以危害公共安全的行为。本罪的主体是一般主体，即年满16周岁并具有刑事责任能力的自然人。本罪在主观方面表现为故意，包括直接故意和间接故意。

依照《刑法》第118条、第119条的规定，犯本罪，尚未造成严重后果的，处3年以上10年以下有期徒刑；造成严重后果的，处10年以上有期徒刑、无期徒刑或者死刑。

十五、过失损坏交通工具罪

过失损坏交通工具罪，是指由于过失而引起火车、汽车、电车、船只、航空器遭受严重破坏，造成严重后果的行为。

本罪侵犯的客体是交通运输安全。侵害的对象是正在使用中的火车、汽车、电车、船只、航空器等大型现代化交通工具。本罪在客观方面表现为实施使火车、汽车、电车、船只、航空器遭受破坏，并造成严重后果的行为。这种行为通常表现为行为人不谨慎，无意中造成交通工具的破坏。例如，趁司机不在，随意摆弄汽车，无意中将刹车弄坏。如果是交通运输人员在驾驶交通工具过程中违反规章制度，过失引起交通工具倾覆或毁坏，造成重大事故，虽危害了交通运输安全，但不构成本罪，而应以交通肇事罪论处。本罪的主体为一般主体，即年满16周岁并具有刑事责任能力的自然人。本罪在主观方面为过失，包括过于自信的过失和疏忽大意的过失。

依照《刑法》第119条的规定，犯本罪的，处3年以上7年以下有期徒刑；情节较轻的，处3年以下有期徒刑或者拘役。

十六、过失损坏交通设施罪

过失损坏交通设施罪，是指过失损坏轨道、桥梁、隧道、公路、机场、航道、灯塔、标志等交通设施，危害公共安全，致使火车、汽车、电车、船只、航空器倾覆或毁坏，造成严重后果的行为。本罪侵犯的客体是交通运输安全。本罪在客观方面表现为实施损坏上述交通设施，危害公共安全，致使火车等交通工具倾覆或毁坏，造成严重后果的过失行为。本罪的主体为一般主体，即年满16周岁并具有刑事责任能力的自然人。本罪的主观方面为过失，包括过于自信的过失和疏忽大意的过失。

依照《刑法》第119条的规定，犯本罪的，处3年以上7年以下有期徒刑；情节较轻的，处3年以下有期徒刑或者拘役。

十七、过失损坏电力设备罪

过失损坏电力设备罪，是指行为人因疏忽大意或者过于自信造成电力设备的损坏，致使电力的发生、传输、使用发生故障或者处于停止状态，危害公共安全的行为。

本罪侵犯的客体是公共安全。本罪在客观方面表现为实施了损坏电力设备，致使电力的发生、传输、使用发生故障或者处于停止状态，危害公共安全的过失行为。本罪的主体为一般主体，即年满16周岁并具有刑事责任能力的自然人。本罪在主观方面为过失，包括过于自信的过失和疏忽大意的过失。

依照《刑法》第119条的规定，犯本罪的，处3年以上7年以下有期徒刑；情节较轻的，处3年以下有期徒刑或者拘役。

十八、过失损坏易燃易爆设备罪

过失损坏易燃易爆设备罪，是指过失损坏燃气或者其他易燃易爆设备，危害公共安全，造成严重后果的行为。

本罪侵犯的客体是公共安全。本罪在客观方面表现为实施了损坏燃气或者其他易燃易爆设备，危害公共安全，造成严重后果的过失行为。本罪的主体为一般主体，即年满16周岁并具有刑事责任能力的自然人。本罪在主观方面表现为过失，包括过于自信的过失和疏忽大意的过失。

依照《刑法》第119条的规定，犯本罪的，处3年以上7年以下有期徒刑；情节较轻的，处3年以下有期徒刑或者拘役。

十九、组织、领导、参加恐怖组织罪

（一）组织、领导、参加恐怖组织罪的概念和特征

组织、领导、参加恐怖组织罪，是指组织、领导、参加以进行恐怖活动为目的的组织的行为。本罪的主要特征包括：

（1）本罪侵犯的客体是社会的公共安全。由于组织、领导和参加恐怖活动组织是以实施恐怖犯罪活动为目的的，因此，直接威胁到不特定或多数人的生命、健康及财产安全，即社会的公共安全。

（2）本罪在客观方面表现为组织、领导、参加恐怖活动组织的行为。恐怖活动，是指为引起社会、民众的恐惧，专门从事杀人、伤害、投放危险物质、绑架等有组织的犯罪活动。恐怖活动组织，是指三人以上为实施恐怖活动而组成的犯罪组织。首先，组织、领导、参加的必须是恐怖组织。其次，必须实施组织、领导、参加的行为。组织，是指召集多人，为首发起或者实施招募、雇佣、拉拢、鼓动多人成立恐怖组织的行为。领导，是指对恐怖组织的成立以及恐怖活动实施策划、指挥、布置和协调的行为。参加，有积极参加和其他参加之分，积极参加是指明知恐怖组织的性质，仍然积极加入的行为；其他参加是指明知恐怖组织的性质，仍然加入的行为。参加的成立不以履行一定的手续、仪式为必要条件。

我国立法载明的“恐怖活动”，是指具有恐怖主义性质[①]的下列行为：①组织、策划、准备实施、实施造成或者意图造成人员伤亡、重大财产损失、公共设施损坏、社会秩序混乱等严重社会危害的活动的；②宣扬恐怖主义，煽动实施恐怖活动，或者非法持有宣扬恐怖主义的物品，强制他人在公共场所穿戴宣扬恐怖主义的服饰、标志的；③组织、领导、参加恐怖活动组织的；④为恐怖活动组织、恐怖活动人员、实施恐怖活动或者恐怖活动培训提供信息、资金、物资、劳务、技术、场所等支持、协助、便利的；⑤其他恐怖活动[②]。

（3）本罪的主体是一般主体，即年满16周岁并具有刑事责任能力的自然人。

（4）本罪的主观方面是故意，应具有恐怖活动的目的，即故意组织、领导恐怖活动组织，或者明知是恐怖活动组织而参加。

①《中华人民共和国反恐怖主义法》第3条第1款规定：“本法所称恐怖主义，是指通过暴力、破坏、恐吓等手段，制造社会恐慌、危害公共安全、侵犯人身财产，或者胁迫国家机关、国际组织，以实现其政治、意识形态等目的的主张和行为。”

② 参见《中华人民共和国反恐怖主义法》第3条第2款。

（二）组织、领导、参加恐怖组织罪的认定

（1）罪与非罪的界限。本罪是一个选择性罪名，行为人只要实施组织、领导、参加恐怖组织行为之一的即构成本罪。对于参加恐怖组织罪而言，行为人必须明知是恐怖组织而自愿参加，方可构成本罪。对于那些不明真相、受骗上当而参加恐怖组织，一经发觉就表示并实际上与其脱离关系的人，则不能认定其构成参加恐怖组织罪。但是，如果行为人最初因受骗而参加恐怖组织，后来明知恐怖组织的性质仍然不退出，甚至积极进行恐怖活动的，则当然构成本罪。

（2）本罪与组织、领导、参加黑社会性质组织罪的界限。组织、领导、参加黑社会性质组织罪，是指组织、领导、参加以暴力、胁迫或者其他手段，有组织地进行违法犯罪活动，称霸一方，为非作恶，欺压、残害群众，严重破坏经济、社会生活秩序的黑社会性质的组织的行为。两罪在客观方面的行为方式非常相近，恐怖组织与黑社会性质组织都是犯罪组织，并且在人员构成、犯罪方式、活动形式等方面也非常相似。但两者有着显著区别：第一，类罪名不同。组织、领导、参加恐怖组织罪是危害公共安全的犯罪，而组织、领导、参加黑社会性质组织罪是破坏社会管理秩序的犯罪。第二，组织、领导、参加的犯罪组织不同。恐怖组织一般政治色彩较浓，具有一定的政治目的；黑社会性质组织更多是为了追求非法的经济利益，主要构成对经济、社会生活秩序的严重破坏。

（3）本罪的罪数问题。只要有组织、领导、参加恐怖组织的行为之一，即构成本罪的既遂，而不论恐怖组织成立后是否实施了恐怖活动。如果恐怖组织成立后，又实施了该组织策划的放火、爆炸、投放危险物质、杀人、劫机、绑架等犯罪的，成立数罪，应当按照数罪并罚的原则定罪处罚。需要注意的是，参加恐怖活动组织的犯罪分子只对其实施或参与实施的犯罪承担刑事责任，而组织、领导恐怖活动组织的犯罪分子除了对其亲自参加的犯罪活动承担刑事责任外，还要对恐怖活动组织所犯的所有罪行承担刑事责任。另外，除了组织、领导、参加恐怖组织，同时还对其他恐怖组织有资助行为的，也应当以本罪和资助恐怖活动罪数罪并罚。

【案例3-2-10】2014年3月1日，依斯坎达尔·艾海提等五人在昆明火车站多处打出暴恐旗帜，肆意砍杀无辜群众，致31人死亡，141人受伤，其中40人重伤。本案中，依斯坎达尔·艾海提系“3·01”昆明火车站严重暴力恐怖案件的组织者、领导者，构成组织、领导恐怖组织罪和故意杀人罪，应当数罪并罚。

（三）组织、领导、参加恐怖组织罪的刑事责任

依照《刑法》第120条的规定，犯本罪，组织、领导恐怖活动组织的，处10年以上有期徒刑或者无期徒刑，并处没收财产；积极参加的，处3年以上10年以下有期徒刑，并处罚金；其他参加的，处3年以下有期徒刑、拘役、管制或者剥夺政治权利，可以并处罚金。犯本罪并实施杀人、爆炸、绑架等犯罪的，依照数罪并罚的规定处罚。

二十、帮助恐怖活动罪

（一）帮助恐怖活动罪的概念和特征

帮助恐怖活动罪，是指为恐怖活动组织或者实施恐怖活动的个人提供帮助，或者资助恐怖活动培训，或者为恐怖活动组织、实施恐怖活动或者恐怖活动培训招募、运送人员的行为。

本罪侵犯的客体是社会的公共安全。本罪在客观方面表现为资助恐怖活动组织、实施恐怖活动的个人，或者资助恐怖活动培训，或者为恐怖活动组织、实施恐怖活动或者恐怖活动培训招募、运送人员的行为。资助，是指为恐怖活动组织或者实施恐怖活动的个人筹集、提供经费、物资或者提供场所以及其他物质便利的行为。资助应限于物质资助，而不能包括在精神上予以鼓励。招募，是指为了吸引具备相应能力和态度的人员，从而有助于实现恐怖主义目标而开展的一系列征召募集活动。运送，是指用交通工具输送恐怖活动人员的行为。本罪的主体是一般主体，可以是自然人，也可以是单位。本罪在主观方面是故意，过失不构成本罪。

（二）帮助恐怖活动罪的刑事责任

依照《刑法》第120条之一的规定，资助恐怖活动组织、实施恐怖活动的个人的，或者资助恐怖活动培训的，处5年以下有期徒刑、拘役、管制或者剥夺政治权利，并处罚金；情节严重的，处5年以上有期徒刑，并处罚金或者没收财产。为恐怖活动组织、实施恐怖活动或者恐怖活动培训招募、运送人员的，依照前款的规定处罚。单位犯本罪的，对单位判处罚金，并对其直接负责的主管人员和其他直接责任人员，依照上述规定处罚。

二十一、准备实施恐怖活动罪

准备实施恐怖活动罪，是指为实施恐怖活动而实施的准备物品或工具、组织培训或积极参与培训、进行联络和策划的行为。

本罪侵犯的客体是社会的公共安全。本罪在客观方面表现为为实施恐怖活动而提供准备的行为。具体表现为：①为实施恐怖活动准备凶器、危险物品或者其他工具的；②组织恐怖活动培训或者积极参加恐怖活动培训的；③为实施恐怖活动与境外恐怖活动组织或者人员联络的；④为实施恐怖活动进行策划或者其他准备的。本罪是行为犯，只要满足上述行为之一即构成本罪，同时构成其他犯罪的，属于想象竞合犯，依照处罚较重的规定定罪处罚。本罪的主体是一般主体，即年满16周岁并具有刑事责任能力的自然人。本罪在主观方面是故意，即行为人明知自己的行为是为实施恐怖活动而进行的准备活动，危害公共安全而积极为之，并且希望这种恐怖活动的结果发生，过失不构成本罪。

依照《刑法》第120条之二的规定，犯本罪的，处5年以下有期徒刑、拘役、管制或者剥夺政治权利，并处罚金；情节严重的，处5年以上有期徒刑，并处罚金或者没收财产。有前款行为，同时构成其他犯罪的，依照处罚较重的规定定罪处罚。

二十二、宣扬恐怖主义、极端主义、煽动实施恐怖活动罪

宣扬恐怖主义、极端主义、煽动实施恐怖活动罪，是指实施以制作、散发宣扬恐怖主义、极端主义的图书、音频视频资料或者其他物品，或者通过讲授、发布信息等方式宣扬恐怖主义、极端主义，或者煽动实施恐怖活动的行为。

本罪侵犯的客体是社会的公共安全。本罪在客观方面表现为实施了以制作、散发宣扬恐怖主义、极端主义的图书、音频视频资料或者其他物品，或者通过讲授、发布信息等方式宣扬恐怖主义、极端主义，或者煽动实施恐怖活动的行为。恐怖主义，是指某些组织或个人采取绑架、暗杀、爆炸、空中劫持、扣押人质等手段，企求实现其政治目标或某项具体要求；极端主义，是指为了达到个人或者小部分人的某些目的，而采取极端的手段对公众或政治领导集团进行威胁的行为。本罪是行为犯，即只要行为人实施了上述行为之一即构成本罪。需要注意的是，实施制作、散发宣扬恐怖主义、极端主义的图书、音频视频资料或者其他物品的行为，是宣扬恐怖主义、极端主义活动的重要环节，因此，即使只实施了制作、寄送、出售等行为，也应当依照本条规定定罪处罚。例如，企业明知所制作、印

刷的是宣扬恐怖主义、极端主义的图书、音频视频资料而仍然制作的，快递公司明知是上述资料而仍然寄送的，书店明知是上述资料而仍然出售的，网络平台明知是恐怖活动的内容仍然登于网页的，也应当成立本罪。本罪的主体是一般主体，即年满16周岁并具有刑事责任能力的自然人，既可以是中国人，也可以是外国人或无国籍人，但单位不构成本罪。本罪在主观方面是直接故意，即行为人明知自己的行为是宣扬恐怖主义、极端主义、煽动实施恐怖活动的行为而积极为之，并且希望这种结果的发生。过失不构成本罪。

依照《刑法》第120条之三的规定，犯本罪的，处5年以下有期徒刑、拘役、管制或者剥夺政治权利，并处罚金；情节严重的，处5年以上有期徒刑，并处罚金或者没收财产。

二十三、利用极端主义破坏法律实施罪

利用极端主义破坏法律实施罪，是指利用极端主义煽动、胁迫群众破坏国家法律确立的婚姻、司法、教育、社会管理等制度实施的行为。

本罪侵犯的客体是公共安全和国家法律确立的婚姻、司法、教育、社会管理等制度。本罪在客观方面表现为实施了利用极端主义煽动、胁迫群众破坏国家法律确立的婚姻、司法、教育、社会管理等制度实施的行为。本罪的主体是一般主体，即年满16周岁并具有刑事责任能力的自然人，单位不构成本罪。本罪在主观方面是故意，而且是直接故意，过失不构成本罪。

依照《刑法》第120条之四的规定，犯本罪的，处3年以下有期徒刑、拘役或者管制，并处罚金；情节严重的，处3年以上7年以下有期徒刑，并处罚金；情节特别严重的，处7年以上有期徒刑，并处罚金或者没收财产。

二十四、强制穿戴宣扬恐怖主义、极端主义服饰、标志罪

强制穿戴宣扬恐怖主义、极端主义服饰、标志罪，是指以暴力、胁迫等方式强制他人在公共场所穿戴宣扬恐怖主义、极端主义服饰、标志的行为。

本罪侵犯的客体是公共安全和他人人身自由。本罪在客观方面表现为以暴力、胁迫等方式强制他人在公共场所穿戴宣扬恐怖主义、极端主义服饰、标志的行为。本罪的主体是一般主体，即年满16周岁并具有刑事责任能力的自然人，单位不构成本罪。本罪在主观方面是故意，而且是直接故意，过失不构成本罪。

依照《刑法》第120条之五的规定，犯本罪的，处3年以下有期徒刑、拘役或者管制，并处罚金。

二十五、非法持有宣扬恐怖主义、极端主义物品罪

非法持有宣扬恐怖主义、极端主义物品罪，是指明知是宣扬恐怖主义、极端主义的图书、音频视频资料或者其他物品而非法持有，情节严重的行为。

本罪侵犯的客体是公共安全。本罪在客观方面表现为明知是宣扬恐怖主义、极端主义的图书、音频视频资料或者其他物品而非法持有，情节严重的行为。非法持有，是指没有法律规定的权利，而占有、支配、控制宣扬恐怖主义、极端主义的图书、音频视频资料或者其他物品的一种持续性的状态。本罪是情节犯，需情节严重才构成犯罪。情节严重，是指行为人持有的宣扬恐怖主义、极端主义的图书、音频视频资料或者其他物品数量众多或内容严重等情形。本罪的主体是一般主体，即年满16周岁并具有刑事责任能力的自然人。多数情况下，行为人都是恐怖分子或者宗教极端主义者，但其身份并不影响本罪的成立。单位不能构成本罪。本罪在主观方面是故意，过失不构成本罪。

依照《刑法》第120条之六的规定，犯本罪的，处3年以下有期徒刑、拘役或者管制，并处或者单处罚金。

二十六、劫持航空器罪

（一）劫持航空器罪的概念和特征

劫持航空器罪，是指以暴力、胁迫或者其他方法劫持航空器，危害航空运输安全的行为。本罪的主要特征包括：

（1）本罪侵犯的客体是航空运输安全。犯罪对象只限于航空器，航空器作为一种现代化的交通运输工具，主要用于物资和旅客的运输，在司法实践中多为飞机。应当注意的是，这里的航空器只能是正在使用中的航空器。正在使用中，通常认为包括三种情况：从航空器装载完毕、机舱外部各门均已关闭时开始，直至打开任何一个机舱门以便卸载时为止的任何时间；如果航空器是被迫降落，在主管当局接受该机及所载人员和财产责任以前的任何时间；待飞状态的航空器。如果行为人劫持的是非使用中的航空器，不会危及航空运输安全，不能以本罪论处。只要是可载人的航空器，不管是民用航空器，还是用于公务活动及警察、海关、军用的国家航空器，都可以成为本罪的对象。

（2）本罪在客观方面表现为以暴力、胁迫或者其他方法劫持航空器的行为。暴力，是指行为人直接对航空器实施暴力袭击或采用杀害、伤害、殴打、捆绑、

监禁、扣押等危害人身安全和人身自由的方法，使机组人员或者旅客不能反抗或者不敢反抗。胁迫，是指行为人以暴力相威胁，实行精神强制，使机组人员或者旅客不敢反抗。其他方法，其范围并无特别限制，是指除暴力、胁迫之外的其他使行为人实现强行控制航空器目的的方法。劫持，是指行为人按照自己的意志，实际控制航空器的行为，如强迫航空器改变飞行路线、改变着陆点等。

（3）本罪的主体为一般主体，即任何年满16周岁并具有刑事责任能力的自然人，既包括中国人，也包括外国人或者无国籍人。

（4）本罪主观方面只能是故意，而且只能是直接故意。

（二）劫持航空器罪的认定

（1）本罪与破坏交通工具罪的界限。本罪与以航空器为对象的破坏交通工具罪具有一定的相同之处，如犯罪主体都是一般主体，主观方面都是故意，犯罪对象都包括正在使用中的航空器。但两者存在区别：①犯罪目的不同。本罪的目的在于强行控制航空器使其按行为人的意志飞行，即将航空器劫持到指定的地点；后者的目的在于使航空器坠落或毁坏。②犯罪客观行为方式不同。本罪是以暴力、胁迫或者其他方法劫持正在使用中的航空器，至于劫持行为是否会产生航空器坠落或毁坏的危险及是否已经使航空器坠落或毁坏，对构成本罪没有影响；后者则是通常采用秘密方法对正在使用中的航空器进行破坏，而且必须足以使航空器发生坠落、毁坏的危险或者已经坠落、毁坏。

（2）本罪既遂的认定。认定本罪是否构成既遂，关键看行为人实行的行为是否已经完全符合《刑法》第121条规定的本罪构成要件。本罪是行为犯，只要行为人着手实施了劫持航空器的行为，就构成本罪的既遂。

（三）劫持航空器罪的刑事责任

依照《刑法》第121条的规定，犯本罪的，处10年以上有期徒刑或无期徒刑；致人重伤、死亡或者使航空器遭受严重破坏的，处死刑。本罪对结果加重犯所规定的死刑，属于绝对确定的法定刑。

二十七、劫持船只、汽车罪

劫持船只、汽车罪，是指以暴力、胁迫或者其他方法劫持船只、汽车的行为。

本罪侵犯的客体是公共安全，主要是指船只、汽车的交通运输安全和不特定或者多数旅客的生命、健康及财产安全。犯罪对象只能是船只、汽车。本罪在客观方面表现为以暴力、胁迫或者其他方法劫持船只、汽车的行为。本罪是行为犯。

本罪的主体为一般主体，即年满16周岁并具备刑事责任能力的自然人。本罪在主观方面为故意，但对犯罪目的没有要求。

依照《刑法》第122条的规定，犯本罪的，处5年以上10年以下有期徒刑；造成严重后果的，处10年以上有期徒刑或者无期徒刑。

二十八、暴力危及飞行安全罪

暴力危及飞行安全罪，是指对飞行中的航空器上的人员使用暴力，危及飞行安全的行为。

本罪侵犯的客体是公共安全，即不特定或者多数人的生命、健康和重大公私财物安全。本罪在客观方面表现为行为人对飞行中的航空器上的人员使用暴力，危及飞行安全的行为。本罪的犯罪对象是航空器上的人员，行为人必须是对正在飞行中的航空器上的人员使用暴力，危及飞行安全的，才构成犯罪。行为只限于使用"暴力"，单纯的威胁行为不构成本罪。构成本罪，不以造成严重后果为要件。如果造成严重后果，则应适用结果加重的刑罚处罚。本罪的主体为一般主体，即年满16周岁并具备刑事责任能力的自然人。本罪在主观方面为故意，包括直接故意和间接故意。

依照《刑法》第123条的规定，犯本罪的，处5年以下有期徒刑或者拘役；造成严重后果的，处5年以上有期徒刑。

二十九、破坏广播电视设施、公用电信设施罪

破坏广播电视设施、公用电信设施罪，是指故意破坏正在使用中的广播电视设施、公用电信设施，危害公共安全的行为。

本罪所侵犯的客体是通讯方面的公共安全。犯罪对象是正在使用中的广播、电视、公用电信等通讯设施。本罪在客观方面表现为破坏广播电视设施、公用电信设施，足以危害公共安全的行为。破坏方法多种多样，如拆卸或毁坏广播电视设施、公用电信设施重要机件，砸毁机器设备，偷割电线，截断电缆，挖走电线杆，故意违反操作规程使机器设备损坏，使广播、电视、电信通讯无法进行等。故意破坏正在使用的公用电信设施尚未危害公共安全，或者故意毁坏尚未投入使用的公用电信设施，造成物质损失，构成犯罪的，以故意毁坏财物罪处罚。本罪的主体是一般主体，既可以是普通公民，也可以是从事广播、电视通讯业务的人员。本罪在主观方面表现为故意，包括直接故意和间接故意。

依照《刑法》第124条的规定，犯本罪的，处3年以上7年以下有期徒刑；造

成严重后果的，处7年以上有期徒刑。

三十、过失损坏广播电视设施、公用电信设施罪

过失损坏广播电视设施、公用电信设施罪，是指过失损坏广播电视设施、公用电信设施，造成严重后果，危害公共安全的行为。

本罪所侵犯的客体是通讯方面的公共安全。本罪在客观方面表现为破坏广播电视设施、公用电信设施，造成严重后果，危害公共安全的行为。本罪的主体是一般主体。本罪在主观方面表现为过失。

依照《刑法》第124条第2款的规定，犯本罪的，处3年以上7年以下有期徒刑；情节较轻的，处3年以下有期徒刑或者拘役。

三十一、非法制造、买卖、运输、邮寄、储存枪支、弹药、爆炸物罪

（一）非法制造、买卖、运输、邮寄、储存枪支、弹药、爆炸物罪的概念和特征

非法制造、买卖、运输、邮寄、储存枪支、弹药、爆炸物罪，是指违反国家枪支、弹药、爆炸物管理法规，制造、买卖、运输、邮寄、储存枪支、弹药、爆炸物的行为。本罪的主要特征包括：

（1）本罪侵犯的客体是社会的公共安全和国家对枪支、弹药、爆炸物的管理秩序。枪支、弹药、爆炸物，是本罪法定的犯罪对象。枪支，是指《中华人民共和国枪支管理法》所规定的，以火药或者压缩气体等为动力，利用管状器具发射金属弹丸或者其他物质，足以致人伤亡或者丧失知觉的各种枪支，包括军用枪支、民用枪支和仿真枪支。刑法意义上的枪支不仅包括构造完整的枪支，也包括枪支的主要零部件。弹药，是指通过各种军用枪支、民用枪支或者仿真枪支发射的、本身无引爆装置的各种弹药。爆炸物，是指各种能够爆裂，以及具有爆裂性和较大杀伤力、破坏性，能够对公共安全构成威胁和危害的物品。从种类上看，爆炸物大致可以分为军用爆炸物、民用爆炸物和其他利用爆裂原料配制成的炸药与爆炸装置三类。

（2）本罪在客观方面表现为行为人实行了非法制造、买卖、运输、邮寄、储存枪支、弹药、爆炸物的行为。非法，是指违反了国家有关枪支、弹药、爆炸物管理的法律规定。制造，应作广义理解，即不仅包括利用各种材料进行原始制作，还包括组装、修理、改装和拼装。买卖，是指以金钱或实物作价，购买或销售枪

支、弹药、爆炸物的行为。运输，是指将枪支、弹药、爆炸物由一地运往另一地的行为。运输的空间范围，一般仅限于我国（大陆）境内，而不包括将上述物品运输进出国（边）境。邮寄，是指通过邮政系统以邮件形式寄运或者在邮件中夹带枪支、弹药、爆炸物。从空间范围看，邮寄也仅限于我国大陆地区。储存，是指储藏、存放枪支、弹药、爆炸物的行为。由于刑法还规定了非法持有、私藏枪支、弹药罪，而且该罪的法定刑与非法储存枪支、弹药罪相比要轻得多，因此，对枪支、弹药而言，这里的“储存”应理解为大量储藏、存放；少量储藏、存放枪支、弹药的，宜以非法持有、私藏枪支、弹药罪论处。但对爆炸物而言，由于刑法没有规定“非法持有、私藏爆炸物罪”，因此，不论数量多少，均应以非法储存爆炸物罪论处（情节显著轻微、危害不大的除外）。本罪为抽象危险犯，即只要行为人实施了非法制造、买卖、运输、邮寄、储存枪支、弹药、爆炸物的行为，就认定存在公共危险，而无须要求发生具体的危险状态。

（3）本罪的主体是一般主体，包括已满16周岁并具有刑事责任能力的自然人和单位。

（4）本罪在主观方面只能是直接故意。

（二）非法制造、买卖、运输、邮寄、存储枪支、弹药、爆炸物罪的认定

应注意区分本罪与违规制造、销售枪支罪的界限。二者在犯罪对象、客观行为、主观方面上均有相同或类似之处。二者间的主要区别在于：第一，犯罪主体不同。前者的主体是一般主体，包括自然人和单位；后者的主体是特殊主体，只能是依法被指定、确定的枪支制造企业、销售企业。第二，犯罪的客观方面表现不同。前者在客观方面表现为各种非法制造、买卖、运输、邮寄、储存枪支、弹药、爆炸物的行为；后者在客观方面只能表现为违规制造、销售枪支的行为，而且其具体形式已为法律所明确规定，即只能是超过限额或者不按照规定的品种制造、配售枪支，以非法销售为目的制造无号、重号、假号的枪支，非法销售枪支或者在境内销售为出口制造的枪支这三种。第三，犯罪的主观方面不同。后者必须具有非法销售的目的，前者则无此限制。第四，犯罪对象不同。前者的对象包括枪支、弹药和爆炸物，后者的对象仅限于枪支。

（三）非法制造、买卖、运输、邮寄、储存枪支、弹药、爆炸物罪的刑事责任

依照《刑法》第125条第1款和第3款的规定，犯本罪的，处3年以上10年以

下有期徒刑；情节严重的，处10年以上有期徒刑、无期徒刑或者死刑。单位犯本罪的，对单位判处罚金，并对其直接负责的主管人员和其他直接责任人员，处以自然人犯本罪的刑罚。

三十二、非法制造、买卖、运输、储存危险物质罪

非法制造、买卖、运输、储存危险物质罪，是指未经国家有关部门批准，非法制造、买卖、运输、储存毒害性、放射性、传染病病原体等物质，危害公共安全的行为。

本罪侵犯的客体是公共安全。本罪在客观方面表现为违反有关危险物质管理规定，非法制造、买卖、运输、储存危险物质，危害公共安全的行为。本罪的对象为具有毒害性、放射性、传染病病原体等危险物质。例如，国家严格监督管理的氰化钠等剧毒化学品，易致人中毒或者死亡，对人体、环境具有极大的毒害性和危险性，即属于“毒害性”物质；含有艾滋病病毒的血液，属于“传染病病原体”物质。非法买卖危险物质，是指违反法律和国家主管部门规定，未经有关主管部门批准许可，擅自购买或者出售危险物质的行为，并不需要兼有买进和卖出的行为。本罪的主体可以是自然人，也可以是单位。本罪在主观方面是故意。

依照《刑法》第125条第2款的规定，犯本罪的，处3年以上10年以下有期徒刑；情节严重的，处10年以上有期徒刑、无期徒刑或者死刑。单位犯本罪的，对单位判处罚金，并对其直接负责的主管人员和其他直接责任人员，处以自然人犯本罪的刑罚。

三十三、违规制造、销售枪支罪

（一）违规制造、销售枪支罪的概念和特征

违规制造、销售枪支罪，是指依法被指定、确定的枪支制造企业、销售企业，违反枪支管理规定制造、销售枪支的行为。

本罪所侵犯的客体是国家对枪支的管理制度。犯罪对象是枪支，包括公务用枪、民用枪等，不仅指构造完整的枪支，还包括枪支的主要零部件及与枪支配套使用的弹药。我国对枪支的制造和销售实行特别许可制度。只有经过国家有关部门确定的企业，才有权从事枪支的制造或者销售。本罪在客观方面表现为违反国家枪支管理规定，制造、销售枪支的行为，包括三种表现形式：一是以非法销售为目的，超过限额或者不按照规定的品种制造、配售枪支的；二是以非法销售为

目的，制造无号、重号、假号枪支的；三是非法销售枪支或者在境内销售为出口制造的枪支的。本罪的主体为特殊主体，只能是单位，即依法被指定、确定的枪支制造企业、销售企业。本罪在主观方面表现为直接故意，且必须有非法销售的目的，如果行为人不具有此目的，则不构成本罪。

（二）违规制造、销售枪支罪的刑事责任

依照《刑法》第126条的规定，犯本罪的，对单位判处罚金，并对其直接负责的主管人员和其他直接责任人员，处5年以下有期徒刑；情节严重的，处5年以上10年以下有期徒刑；情节特别严重的，处10年以上有期徒刑或者无期徒刑。

三十四、盗窃、抢夺枪支、弹药、爆炸物、危险物质罪

盗窃、抢夺枪支、弹药、爆炸物、危险物质罪，是以非法占有为目的，采取秘密获取或者公然夺取的方式，将枪支、弹药、爆炸物、危险物质据为己有的行为。

本罪侵犯的客体是社会的公共安全。本罪在客观方面表现为盗窃、抢夺枪支、弹药、爆炸物、危险物质，行为人只要具备盗窃或者抢夺的行为之一，就构成本罪。本罪的主体为一般主体，即年满16周岁并具有刑事责任能力的自然人。本罪在主观方面是故意。

依照《刑法》第127条的规定，犯本罪的，处3年以上10年以下有期徒刑；情节严重的，处10年以上有期徒刑、无期徒刑或者死刑。盗窃、抢夺国家机关、军警人员、民兵的枪支、弹药、爆炸物的，属情节严重的行为，处10年以上有期徒刑、无期徒刑或者死刑。

三十五、抢劫枪支、弹药、爆炸物、危险物质罪

（一）抢劫枪支、弹药、爆炸物、危险物质罪的概念和特征

抢劫枪支、弹药、爆炸物、危险物质罪，是指以非法占有为目的，当场使用暴力、胁迫或其他方法，强行劫夺枪支、弹药、爆炸物、危险物质的行为。

本罪侵犯的客体是复杂客体，即社会的公共安全和公民的人身权利。本罪的犯罪对象是枪支、弹药、爆炸物或者毒害性、放射性、传染病病原体等危险物质。本罪在客观方面表现为当场使用暴力、胁迫或者其他方法，强行劫夺枪支、弹药、爆炸物、危险物质的行为。本罪的主体是一般主体，即年满16周岁并具备刑事责任能力的自然人。《刑法》第127条与第263条之间的关系是特别法与普通法的关

系。根据相关司法解释，已满14周岁不满16周岁的公民，抢劫枪支、弹药、爆炸物、危险物质的，应当依照《刑法》第263条的规定，以抢劫罪追究其刑事责任。本罪在主观方面为故意。

（二）抢劫枪支、弹药、爆炸物、危险物质罪的刑事责任

依照《刑法》第127条的规定，犯本罪的，处10年以上有期徒刑、无期徒刑或者死刑。

三十六、非法持有、私藏枪支、弹药罪

非法持有、私藏枪支、弹药罪，是指违反枪支、弹药管理规定，非法持有、私藏枪支、弹药的行为。

本罪侵犯的客体是社会的公共安全和国家对枪支、弹药的管理秩序。本罪在客观方面表现为违反国家管理规定，非法持有、私藏枪支、弹药的行为。非法持有，是指不符合配备配置枪支、弹药条件的人员，违反枪支管理法律法规的规定，擅自持有枪支、弹药的行为。私藏，是指依法配备配置枪支、弹药的人员，在配备配置枪支、弹药的条件消除后，违反枪支管理法律法规的规定，私自藏匿所配备配置的枪支、弹药且拒不交出的行为。如果行为人先通过实施盗窃、抢劫或者抢夺枪支、弹药等犯罪而持有、私藏的，不构成本罪，也不实行数罪并罚，而应以相应犯罪论处。本罪的主体是一般主体，即年满16周岁并具备刑事责任能力的自然人。本罪在主观方面为故意。

依照《刑法》第128条的规定，犯本罪的，处3年以下有期徒刑、拘役或者管制；情节严重的，处3年以上7年以下有期徒刑。

三十七、非法出租、出借枪支罪

（一）非法出租、出借枪支罪的概念和特征

非法出租、出借枪支罪，是指依法配备公务用枪的人员和单位，违反枪支管理规定，非法出租、出借枪支，或者依法配置枪支的人员和单位，违反枪支管理规定，非法出租、出借枪支，造成严重后果的行为。本罪的主要特征包括：

（1）本罪侵犯的客体是公共安全和国家对枪支管理的相关规定，犯罪对象是枪支。

（2）本罪在客观方面表现为依法配备公务用枪的人员或者单位，非法出租、出借枪支的行为；依法配置枪支的人员或者单位，非法出租、出借枪支，造成严

重后果的行为。非法出租，是指违反枪支管理规定，擅自将配备配置的枪支在一段时间内有偿租给其他个人或者单位使用的行为。非法出借，是指违反枪支管理规定，擅自将配备配置的枪支在一段时间内无偿地借给其他个人或者单位使用的行为。对于依法配备公务用枪的人员或者单位，只要具有违反枪支管理规定，非法出租、出借枪支的行为，即构成本罪，而不要求造成严重后果；此外，将公务用枪作借债抵押物，使枪支处于非依法持枪人的控制、使用之下，严重危害公共安全的，应以非法出借枪支罪追究刑事责任。对于依法配置枪支的人员或者单位，非法出租、出借枪支的行为，只有造成严重后果的，才成立本罪。公务用枪，是指各种军用枪支，如手枪、冲锋枪、机枪等。“依法配置枪支的人员”中的“枪支”，是指民用枪支、麻醉注射枪、射击运动枪等。

【案例3-2-11】警察甲为讨好妻弟乙，将公务用枪私自送给乙把玩。丙趁乙在人前炫耀枪支时，偷取枪支送交派出所，揭发乙持枪的犯罪事实。本案中，甲属于依法配备公务用枪的人员，只要有出租、出借枪支的行为即构成犯罪，无须发生危害后果，因此，甲私自出借枪支的行为，构成非法出借枪支罪。

（3）本罪的犯罪主体为特殊主体，即依法配枪的人员和单位，不具备依法配枪资格的人员和单位不能构成本罪。依法配备公务用枪的人员包括：①公安机关、国家安全机关、监狱的人民警察，人民法院的司法警察，人民检察院的司法警察和担负案件侦查任务的检察人员，海关的缉私人员，在依法履行职责时确有必要使用枪支的。②国家重要的军工、金融、仓储、科研等单位的专职守护、押运人员在执行守护或押运任务时确有必要使用枪支的。

（4）本罪在主观方面表现为直接故意。非法出租枪支的，主观上具有牟利目的，但该目的实际上是否实现不影响本罪的成立。非法出借枪支的，则无论出于什么目的，都不影响本罪的成立。

（二）非法出租、出借枪支罪的刑事责任

依照《刑法》第128条的规定，犯本罪的，处3年以下有期徒刑、拘役或者管制；情节严重的，处3年以上7年以下有期徒刑。单位犯本罪的，对单位判处罚金，并对其直接负责的主管人员和其他直接责任人员，依照非法持有、私藏枪支、弹药罪的规定处罚。

三十八、丢失枪支不报罪

丢失枪支不报罪，是指依法配备公务用枪的人员，违反枪支管理规定，丢失枪支不及时报告，造成严重后果的行为。

本罪侵犯的客体是公共安全和国家对枪支的管理制度。本罪在客观方面表现为丢失枪支后不及时报告，并造成严重后果的行为。“不及时报告”是一种不作为。根据《中华人民共和国枪支管理法》的规定，行为人丢失枪支后有立即报告的义务。不及时报告有两种情况：一是丢失枪支后根本不报告；二是丢失枪支后拖延一段时间才报告，即没有及时报告。造成严重后果，主要是指丢失的枪支为他人所用进行犯罪活动，造成人员伤亡或财产损失等严重后果。本罪的主体为特殊主体，即依法配备公务用枪的人员，其他人员不构成本罪。如猎户甲合法持有猎枪，猎枪被盗后没有及时报告，造成严重后果，甲不构成丢失枪支不报罪。本罪在主观方面表现为故意，即明知枪支丢失但不及时报告。

依照《刑法》第129条的规定，犯本罪的，处3年以下有期徒刑或拘役。

三十九、非法携带枪支、弹药、管制刀具、危险物品危及公共安全罪

非法携带枪支、弹药、管制刀具、危险物品危及公共安全罪，是指行为人非法携带枪支、弹药、管制刀具、危险物品进入公共场所、公共交通工具，危及公共安全，情节严重的行为。

本罪侵犯的客体是公共安全和枪支、弹药、管制刀具、危险物品的管理秩序，危害的是不特定人或物。本罪在客观方面表现为非法携带枪支、弹药、管制刀具或者法律规定的危险物品，进入公共场所或者公共交通工具的行为。情节严重，主要是指经常携带屡教不改的、携带危险品数量大的、携带的危险品危险性高的、在公共活动高峰期携带的。本罪的主体是一般主体，即年满16周岁且具有刑事责任能力的自然人。本罪在主观方面是故意。

依照《刑法》第130条的规定，犯本罪的，处3年以下有期徒刑、拘役或者管制。

四十、重大飞行事故罪

重大飞行事故罪，是指航空人员违反规章制度，致使发生重大飞行事故，造成严重后果的行为。

本罪侵犯的客体是空中运输的正常秩序和空中运输安全。本罪在客观方面表现为：①航空人员实施了违反规章制度的行为。②必须因此发生重大飞行事故，致人重伤、死亡或者使公私财产遭受重大损失的严重后果。③严重后果必须是违章行为引起的，二者之间存在刑法上的因果关系。本罪的主体是特殊主体，只有航空人员才可构成本罪。本罪在主观方面是过失，包括过于自信的过失与疏忽大意的过失。

依照《刑法》第131条的规定，犯本罪的，处3年以下有期徒刑或者拘役；造成飞机坠毁或者人员死亡的，处3年以上7年以下有期徒刑。

四十一、铁路运营安全事故罪

铁路运营安全事故罪，是指铁路职工违反规章制度，致使发生铁路运营安全事故，造成严重后果的行为。

本罪侵犯的客体是铁路运输安全。本罪在客观方面表现为违反规章制度，致使发生重大铁路运营安全事故，造成严重后果的行为。本罪的主体是特殊主体，即铁路职工中与铁路安全运营有直接关系的人员，如火车司机、调度员、信号员、乘务员、扳道工、巡道工以及对铁路运营安全负有直接责任的主管人员等。本罪在主观方面是过失，该过失是针对行为人对发生的后果所持有的态度而言的，行为人对于违反规章制度则是明知故犯的。

依照《刑法》第132条的规定，犯本罪的，处3年以下有期徒刑或者拘役；造成特别严重后果的，处3年以上7年以下有期徒刑。

四十二、交通肇事罪

（一）交通肇事罪的概念和特征

交通肇事罪，是指违反交通运输管理法规，因而发生重大事故，致人重伤、死亡或者使公私财产遭受重大损失的行为。本罪的主要特征包括：

（1）本罪侵犯的客体是交通运输安全。从一般意义上来说，交通运输包括铁路、公路、水上、航空、管道（石油、天然气）运输。由于刑法将铁路、航空运输中因特殊主体违规而发生的重大责任事故单独规定了犯罪，因此，本罪所说的交通运输，主要是指道路和水上交通运输。按照《中华人民共和国道路交通安全法》第119条的规定，道路是指“公路、城市道路和虽在单位管辖范围但允许社会机动车通行的地方，包括广场、公共停车场等用于公众通行的场所”。司法实践中遇到过校园道路是否属于《中华人民共和国道路交通安全法》规定的“道路”的问题。将单位管辖范围内允许社会车辆通行的路段纳入“道路”范围，可以更好地维护这些路段的交通秩序，有利于保护受害者的合法权益。

【案例3-2-12】甲是某搬运场司机，在搬运场驾车作业时违反操作规程，不慎将另一职工轧死。本案中，甲的行为发生在搬运场这一生产区域，不符合交通肇事罪关于道路范围的条件，因而不构成交通肇事罪，应成立重大责任事故罪。

（2）本罪在客观方面表现为行为人实行了违反交通运输管理法规，因而发生重大事故，致人重伤、死亡或者使公私财产遭受重大损失的行为。

第一，必须有违反交通运输管理法规的行为。

第二，必须发生了重大事故，造成了致人重伤、死亡或者使公私财产遭受重大损失的严重后果。2000年最高人民法院《关于审理交通肇事刑事案件具体应用法律若干问题的解释》对构成本罪的结果有特别的规定。根据该司法解释第2条的规定，构成本罪，“致人重伤”包括下列两种情况：①重伤3人以上并负事故全部或者主要责任的；②重伤1人以上并负事故全部或者主要责任，且具有以下6种情形之一的：酒后、吸食毒品后驾驶机动车辆的，无驾驶资格驾驶机动车辆的，明知是安全装置不全或者安全机件失灵的机动车辆而驾驶的，明知是无牌证或者已报废的机动车辆而驾驶的，严重超载驾驶的，为逃避法律追究逃离事故现场的。构成本罪，“致人死亡”包括下列两种情况：①死亡1人，负事故全部或者主要责任的；②死亡3人以上，负事故同等责任的。构成本罪，“使公私财产遭受重大损失”，是指造成公共财产或者他人财产直接损失，负事故全部或者主要责任，无能力赔偿数额在30万元以上。

第三，严重后果必须是行为人违反交通运输管理法规的行为引起的，两者之间存在刑法上的因果关系。

【案例3-2-13】丁在一高速公路上驾车行驶时，因疲劳过度将车驶出高速公路，将行人常某撞死。本案中，丁违反交通运输管理法规，因疲劳驾驶造成一人死亡的重大事故，对丁的行为应认定为交通肇事罪，而不是过失致人死亡罪。

（3）本罪主体为一般主体，既可以是从事交通运输工作的人员，也可以是非交通运输工作人员。根据司法实践，在偷开机动车辆过程中，因过失撞死、撞伤他人或者撞坏车辆，成立交通肇事罪。根据最高人民法院《关于审理交通肇事刑事案件具体应用法律若干问题的解释》第7条的规定，单位主管人员、机动车辆所有人或者机动车辆承包人指使、强令他人违章驾驶造成重大交通事故的，以交通肇事罪定罪处罚。这种情形可认为是共同过失犯罪，但仍应遵循《刑法》第25条关于共同过失犯罪不以共犯论处的规定，即单独追究指使者或分别追究指使者和肇事者的交通肇事罪之刑事责任。

(4) 本罪在主观方面只能是过失，这种过失是指行为人对所造成的严重后果的心理态度，对违反交通运输管理法规本身可能是明知故犯，如酒后驾车、强行超车、超速行驶等。

(二) 交通肇事罪的认定

(1) 罪与非罪的界限。正确区分交通肇事罪与非罪的界限，一是看行为人是否违反了交通运输管理法规。如果行为人没有违反交通运输管理法规，即使造成了严重后果，也不构成犯罪。二是看违反交通运输管理法规的行为是否造成了严重后果。如果行为人虽然违反了交通运输管理法规，但没有造成严重后果的，也不能构成犯罪。

(2) 本罪与以危险方法危害公共安全罪的界限。①犯罪客体不同。交通肇事罪侵犯的客体是交通运输安全，以危险方法危害公共安全罪侵犯的客体是社会公共安全。②客观方面的表现不同。交通肇事罪在客观方面表现为违反交通运输管理法规，并且发生重大事故，致人重伤、死亡或者使公私财产遭受重大损失的行为；以危险方法危害公共安全罪在客观方面表现为以与放火、决水、爆炸、投放危险物质相当的其他危险方法危害公共安全的行为。③主观方面的故意不同。交通肇事罪在主观方面表现为过失，属于过失犯罪；以危险方法危害公共安全罪在主观方面表现为故意，属于故意犯罪。④对犯罪后果的要求不同。交通肇事罪要求有严重危害后果的发生，属于结果犯；以危险方法危害公共安全罪并不要求以发生严重危害后果作为犯罪成立的要件，属于危险犯。

(3) 本罪向故意杀人罪或故意伤害罪的转化问题。行为人在交通肇事后为逃避法律追究，将被害人带离事故现场后隐藏或遗弃，致使被害人无法得到救助而死亡或严重残疾的，应当分别按照《刑法》第232条、第234条第2款的规定，以故意杀人罪或故意伤害罪定罪处罚。

(4) 关于共犯的认定。交通肇事后，单位主管人员或者机动车辆所有人、承包人或者乘车人指使肇事人逃逸，致使被害人得不到救助而死亡的，对其以交通肇事罪的共犯论处。这里以实际发生了“逃逸致死”情形为要件。交通肇事罪是过失犯罪，按照我国刑法理论中过失犯罪与共同犯罪的相关理论，以及《刑法》第25条关于共同犯罪的具体规定，过失犯罪本不存在共同犯罪。但指使人指使肇事人逃逸致人死亡的，具有教唆不作为杀人的性质，对二者应当以共犯论处，因此，最高人民法院《关于审理交通肇事刑事案件具体应用法律若干问题的解释》第5条第2款规定“以交通肇事罪的共犯论处”，其实是以交通肇事罪（逃逸致死）共犯之名惩罚不作为杀人的教唆行为。

【案例3-2-14】甲系某公司经理，乙是其司机。某日，乙开车送甲去洽谈商务，途中因违章超速行驶当场将行人丙撞死，并致行人丁重伤。乙欲送丁去医院救治，被甲阻止。甲催乙送其前去洽谈商务，并称否则会造成重大经济损失。于是，乙打电话给120急救站后离开肇事现场。但因时间延误，丁不治身亡。本案中，因甲作为单位主管人员对肇事司机乙进行阻止和催促，指使乙逃逸，造成被害人丁因得不到救助而死亡的严重后果，应以交通肇事罪的共犯论处。因此甲和乙均构成交通肇事罪。

（三）交通肇事罪的刑事责任

依照《刑法》第133条的规定，犯本罪的，处3年以下有期徒刑或者拘役；交通运输肇事后逃逸或者有其他特别恶劣情节的，处3年以上7年以下有期徒刑；因逃逸致人死亡的，处7年以上有期徒刑。

交通肇事后逃逸是指行为人在发生了构成交通肇事罪的交通事故后，为逃避法律追究而逃跑的行为。有其他特别恶劣情节是指交通肇事具有下列情形之一的：①死亡2人以上或者重伤5人以上，负事故全部或者主要责任的；②死亡6人以上，负事故同等责任的；③造成公共财产或者他人财产直接损失，负事故全部或者主要责任，无能力赔偿数额在60万元以上的。因逃逸致人死亡是指行为人在交通肇事后为逃避法律追究而逃跑，致使被害人得不到救助而死亡的情形。

四十三、危险驾驶罪

（一）危险驾驶罪的概念和特征

危险驾驶罪，是指在道路上驾驶机动车追逐竞驶，情节恶劣，或者在道路上醉酒驾驶机动车，或者从事校车业务或者旅客运输，严重超过额定乘员载客，或者严重超过规定时速行驶，或者违反危险化学品安全管理规定运输危险化学品，危及公共安全的行为。本罪的主要特征包括以下几个方面。

（1）本罪侵犯的客体是道路交通运输安全。

（2）本罪在客观方面具体表现为四种情况：①在道路上驾驶机动车，追逐竞驶，情节恶劣的。追逐竞驶，是指行为人在道路上高速、超速行驶，随意追逐、超越其他车辆等危险驾驶行为。追逐竞驶虽未造成人员伤亡或财产损失，但综合考虑超过限速、闯红灯、强行超车、抗拒交通执法等严重违反道路交通安全法的行为，足以威胁他人生命、财产安全的，属于危险驾驶罪中情节恶劣的情形。②在道路上醉酒驾驶机动车的。2013年最高人民法院、最高人民检察院、公安部《关于办理醉酒驾驶机动车刑事案件适用法律若干问题的意见》第1条规定：在道路上驾驶机动车，血液酒精含量达到80毫克/100毫升以上的，属于醉酒驾驶机动车。③从事校车业务或者旅客运输，严重超过额定乘员载客，或者严重超过规定时速行驶的。④违反危险化学品安全管理规定运输危险化学品，危及公共安全的。行为人只要实施了上述行为之一，即构成犯罪。机动车辆所有人、管理人对前述第③④项行为负有直接责任的，也应依法处罚。

（3）本罪的主体是一般主体，即年满16周岁并具有刑事责任能力的自然人。

（4）本罪在主观方面是故意。

【案例3-2-15】甲将汽车误停在大型商场地下固定卸货车位，后在醉酒时将汽车从地下三层开到地下一层的停车位。本案中，甲在公共停车场醉酒驾驶机动车，应以危险驾驶罪论处。

（二）危险驾驶罪的刑事责任

依照《刑法》第133条之一的规定，犯本罪的，处拘役，并处罚金。犯本罪，同时构成其他犯罪的，依照处罚较重的规定定罪处罚。

四十四、妨害安全驾驶罪

（一）妨害安全驾驶罪的概念和特征

妨害安全驾驶罪，是指对行驶中的公共交通工具的驾驶人员使用暴力或者抢控驾驶操纵装置，干扰公共交通工具正常行驶，或者驾驶人员在行驶的公共交通工具上擅离职守，与他人互殴或者殴打他人，危及公共安全的行为。本罪的主要特征包括：

（1）本罪侵犯的客体是道路交通运输安全。一方面是行为人所处的该公共交通工具本身的安全、运营的安全和所载人员的安全；另一方面是该公共交通工具以外（主要是道路上）其他人员、交通工具的安全和其他设施的安全。

（2）本罪在客观方面表现为两种情况：第一，对行驶中的公共交通工具的驾驶人员使用暴力或者抢控驾驶操纵装置，干扰公共交通工具正常行驶，危及公共安全的行为。使用暴力，是指通过殴打等动作将有形的物理强制力量施加于驾驶人员，这种手段不需要对驾驶人员的身体造成实际伤害，但需要实际干扰到公共交通工具的正常行驶。抢控驾驶操纵装置，是指在驾驶人员正常控制操纵装置的情况下，强行介入驾驶人员的控制，意图取代驾驶人员控制操纵装置，使公共交通工具按照自己的意志转向、停止或行驶，这种形式并不需要行为人实际控制驾驶操纵装置，只需要其行为起到介入驾驶人员正常控制的作用即可。第二，驾驶人员在行驶的公共交通工具上擅离职守，与他人互殴或者殴打他人，危及公共安全的行为。擅离职守，是指驾驶人员未采取任何安全措施控制车辆，擅自离开驾驶位置，或者双手离开方向盘等。与他人互殴或者殴打他人，意味着不论他人是否对行为人实施了殴打行为，只要行为人实施了殴打行为就符合该情形。本罪属于具体危险犯，即行为人的行为足以导致公共交通工具不能安全行驶或失控，随时可能发生乘客、道路上的行人伤亡或者车辆及其他财产损失的现实危险。如果行为人只是辱骂、轻微拉扯驾驶人员或乘客，或者轻微争抢方向盘等，并没有影响车辆的正常行驶，不宜作为犯罪处理，违反治安管理处罚法规定的，依法予以治安处罚。

（3）本罪的犯罪主体为年满16周岁并具有刑事责任能力的自然人，但两种行为情形的主体有所不同。“对驾驶人员使用暴力或者抢控驾驶操纵装置”的犯罪主体是一般主体，即年满16周岁并具有刑事责任能力的自然人，主要是公共交通工具上的乘客，个别情况下，也包括车辆上的售票员或者安保员；“擅离职守，与他人互殴或者殴打他人”的犯罪主体是特殊主体，是正在行驶的公共交通工具的驾驶人员。

（4）本罪在主观方面是故意，既可以是直接故意，也可以是间接故意。

（二）妨害安全驾驶罪的刑事责任

依照《刑法》第133条之二的规定，犯本罪的，处1年以下有期徒刑、拘役或者管制，并处或者单处罚金。犯本罪，同时构成其他犯罪的，依照处罚较重的规定定罪处罚。对于行为的社会危害性和行为人的主观恶性均不大的妨害安全驾驶行为应当按照本罪进行处理。如果因行为人实施妨碍安全驾驶行为而导致发生重大车祸致人重伤、死亡或者使公私财产遭受重大损失的，即同时构成本罪和《刑法》第133条规定的交通肇事罪，或者同时构成本罪和《刑法》第115条规定的以危险方法危害公共安全罪的，属于想象竞合犯，依据本条规定，应当依照处罚较重的规定即交通肇事罪或者以危险方法危害公共安全罪定罪处罚。

【案例3-2-16】2018年震惊全国的重庆万州公交车坠江案中，乘客刘某在乘坐公交车过程中，与正在驾驶行驶中的公交车的驾驶员冉某发生争吵，刘某两次持手机攻击正在驾驶公交车的冉某。冉某遭到攻击后，没有采取有效措施保障行车安全，而是将右手放开方向盘还击刘某，后又用右手格挡刘某的攻击，并与刘某抓扯。二人之间的互殴行为，造成车辆失控，致使车辆与对向正常行驶的小轿车撞击后坠入长江，造成十余人遇难的重大人员伤亡后果。双方的行为都是严重危害公共安全的行为，构成以危险方法危害公共安全罪。

四十五、重大责任事故罪

（一）重大责任事故罪的概念和特征

重大责任事故罪，是指在生产、作业中违反有关安全管理的规定，因而发生重大伤亡事故或者造成严重后果的行为。本罪的主要特征包括：

（1）本罪侵犯的客体是生产、作业中的公共安全。

（2）本罪在客观方面表现为在生产、作业过程中，违反有关安全管理的规定，因而发生重大伤亡事故或者造成严重后果的行为。

【案例3-2-17】甲在建筑工地开翻斗车，某夜，甲开车时未注意路况，当场将工友乙撞死、丙撞伤，甲背丙去医院的路上想到会坐牢，遂将丙弃至路边水沟后逃跑，丙因不得救治而亡。本案中，甲在作业中违反安全管理规定，发生重大伤亡事故，构成重大责任事故罪。

（3）本罪的主体为一般主体，包括对生产、作业负有组织、指挥或者管理职责的负责人、管理人员、实际控制人、投资人等人员，以及直接从事生产、作业的人员。

【案例3-2-18】2011年3月12日0时40分左右，贵州省六盘水市盘县松河乡已公告关闭的金银煤矿发生重大瓦斯爆炸事故，共造成19人死亡、2人重伤、13人轻伤。该事故中，行为人在明知金银煤矿已被当地政府作出严禁开展生产的行政决定，且矿井口已被依法查封的情况下，拒不执行停产监管决定，擅自组织生产，对事故隐患未采取任何措施，导致发生特大责任事故，应当依照重大责任事故罪从重处罚。行为人印华四、印华二作为金银煤矿投资人，虽然已将煤矿承包给他人，但二人仍负有管理职责，依法应当认定为重大责任事故罪的犯罪主体。

（4）本罪在主观方面表现为过失，包括过于自信的过失和疏忽大意的过失。这里的过失是就行为人对其行为所引起的重大事故的心理态度而言的，至于行为人对其违反规章制度的行为本身，则可能是明知的、故意的。

（二）重大责任事故罪的认定

（1）罪与非罪的界限。应注意从以下两个方面进行区分：其一，要将本罪与自然事故、技术事故及技术革新和科学试验失败的界限区分开来。自然事故，是指由于不能预见和不能抗拒的自然条件所引起的事故。技术事故，是指由于技术条件或者设备条件的限制而发生的无法避免的事故。而技术革新和科学试验本身就包含着失败的可能性。区分本罪与这三种情况的关键是看行为人主观上是否存在过失，以及是否有违反规章制度的行为。如果事故的发生是由违反规章制度的行为所引起，行为人主观上具有过失，则成立本罪，否则为自然事故、技术事故或技术革新和科研工作的失败，不构成犯罪。其二，重大责任事故罪与一般责任事故的界限。两者区别的关键在于行为人违反安全管理规定的行为是否造成了人员伤亡或者重大财产损失。

（2）本罪与危险物品肇事罪的界限。二者都是过失犯罪，在客观上都因违反有关规定或制度而导致严重后果。二者之间的区别为犯罪客观方面的表现不同。本罪在客观方面表现为行为人在生产、作业过程中，违反有关生产、作业的规章制度，因而发生重大伤亡事故或者其他严重后果的行为；而危险物品肇事罪在客观方面表现为行为人在生产、储存、运输、使用危险物品过程中，违反危险物品管理规定，因而造成严重后果的行为。

（三）重大责任事故罪的刑事责任

依照《刑法》第134条第1款的规定，犯本罪的，处3年以下有期徒刑或者拘役；情节特别恶劣的，处3年以上7年以下有期徒刑。

四十六、强令、组织他人违章冒险作业罪

强令、组织他人违章冒险作业罪，是指强令他人违章冒险作业，或者明知存在重大事故隐患而不排除，仍冒险组织作业，因而发生重大伤亡事故或者造成其他严重后果，危害公共安全的行为。

本罪侵犯的客体是厂矿、企业、事业等单位的生产、作业安全。本罪在客观方面表现为行为人在生产、作业过程中，违反有关安全管理规定，强令他人违章冒险作业，或者明知存在重大事故隐患而不排除，仍冒险组织作业，因而发生重大伤亡事故或者造成其他严重后果的行为。强令他人违章冒险作业包括：①利用组织、指挥、管理职权，强制他人违章作业的；②采取威逼、胁迫、恐吓等手段，强制他人违章作业的；③故意掩盖事故隐患，组织他人违章作业的；④其他强令他人违章作业的行为[①]。重大事故隐患，应当按照法律、行政法规或者安全生产监督管理部门发布的有关国家标准、行业标准确定；不排除，是指对重大隐患不采取有效措施予以排除；仍冒险组织作业，是指明知具有重大事故隐患未排除，仍然组织冒险作业，如已发现事故苗头却不听劝阻、一意孤行，拒不采纳工人和技术人员意见，导致事故发生的，或者通过恶劣手段掩盖事故隐患，蒙骗工人作业，在出现险情的情况下仍然继续生产、作业或者指挥工人生产、作业等。本罪的主体是特殊主体，主要包括对生产、作业负有组织、指挥或者管理职责的负责人、管理人员、实际控制人、投资人等人员。本罪在主观方面表现为过失。所谓过失是针对行为人对所发生的后果而言的，而行为人对于既违章又冒险则是明知的。就强令违章冒险作业而言，行为人明知存在事故隐患、继续作业存在危险，仍然违反有关安全管理的规定，强行命令他人（主要是工人）违章冒险作业，但对其发生重大伤亡事故或者造成其他严重后果的心态是过失的；就冒险组织作业而言，具体表现为行为人在明知存在重大事故隐患且不愿排除的情况下，应当预见到自己组织冒险作业的行为可能会发生重大伤亡事故或者造成其他严重后果，由于疏忽大意而没有预见的心理态度或者过于自信而轻信能够避免的心理态度。

依照《刑法》第134条第2款的规定，犯本罪的，处5年以下有期徒刑或者拘役；情节特别恶劣的，处5年以上有期徒刑。

---

① 参见2015年最高人民法院、最高人民检察院《关于办理危害生产安全刑事案件适用法律若干问题的解释》第5条。

四十七、危险作业罪

（一）危险作业罪的概念和特征

危险作业罪，是指在生产、作业中违反有关安全管理的规定，实施特定危险作业，具有发生重大伤亡事故或者其他严重后果的现实危险的行为。本罪的主要特征包括：

（1）本罪侵犯的客体是生产、作业安全，即从事生产、作业的不特定或多数人的生命、健康安全和重大公私财产安全。

（2）本罪在客观方面表现为在生产、作业中违反有关安全管理规定，实施特定危险作业，具有发生重大伤亡事故或者其他严重后果的现实危险的行为。具体包括三种情形：①关闭、破坏直接关系生产安全的监控、报警、防护、救生设备、设施，或者篡改、隐瞒、销毁其相关数据、信息；②因存在重大事故隐患被依法责令停产停业，停止施工，停止使用有关设备、设施、场所，或者立即采取排除危险的整改措施，而拒不执行；③涉及安全生产的事项未经依法批准或者许可，擅自从事矿山开采、金属冶炼、建筑施工，以及危险物品生产、经营、储存等高度危险的生产、作业活动。这里的“重大伤亡事故或者其他严重后果”，是指危险作业罪所造成的实害结果，而“现实危险”，是指有造成上述实害结果的高度现实可能性，如出现重大险情等。

（3）本罪的主体为一般主体，既包括对生产、作业负有组织、指挥或者管理职责的负责人、管理人、实际控制人、投资人等人员，也包括直接从事生产、作业的人员。单位不能成为本罪的主体。

（4）本罪在主观方面可以是故意，也可以是过失，即行为人对于违规生产行为引发的危害结果，既可以出于故意，也可以出于过失。但行为人对违反相关安全管理法规，明显持故意心态。

（二）危险作业罪的刑事责任

依照《刑法》第134条之一的规定，犯本罪的，处1年以下有期徒刑、拘役或者管制。

四十八、重大劳动安全事故罪

重大劳动安全事故罪，是指安全生产设施或者安全生产条件不符合国家规定，因而发生重大伤亡事故或者造成其他严重后果的行为。本罪侵犯的客体是生产、作业安全，具体是指劳动者的生命、健康安全和重大公私财产安全。本罪在客观方面表现为安全生产设施或者安全生产条件不符合国家规定，因而发生重大伤亡事故或者造成其他严重后果的行为。本罪的主体是特殊主体，即生产经营单位直接负责的主管人员和其他直接责任人员。直接负责的主管人员和其他直接责任人员，是指对安全生产设施或者安全生产条件不符合国家规定负有直接责任的生产经营单位负责人、管理人员、实际控制人、投资人，以及其他对安全生产设施或者安全生产条件负有管理、维护职责的人员[①]。本罪在主观方面是过失。

依照《刑法》第135条的规定，犯本罪的，对直接负责的主管人员和其他直接责任人员，处3年以下有期徒刑或者拘役；情节特别恶劣的，处3年以上7年以下有期徒刑。

四十九、大型群众性活动重大安全事故罪

大型群众性活动重大安全事故罪，是指举办大型群众性活动违反安全管理规定，因而发生重大伤亡事故或者造成其他严重后果的行为。

本罪侵犯的客体是公众活动场所的公共安全，即公园、娱乐场、运动场、展览馆或者其他供社会公众活动场所中不特定或多数人的生命、健康安全或重大公私财产安全。本罪在客观方面表现为在举办大型的群众性活动中，违反相关的安全管理规定，没有履行相应的注意义务，造成了重大的伤亡事故或其他严重后果。本罪的行为形式是不作为，即依照法律、法规、规章以及其他保障公共场所安全的惯例，行为人负有义务采取行动排除在公众活动场所发生的侵害或发生侵害的危险性，且有能力履行该义务，而没有履行。本罪的主体是特殊主体，即举办大型群众性活动的直接负责的主管人员和其他直接责任人员，既可以是非国家机关工作人员，也可以是国家机关工作人员。本罪在主观方面为过失。

依照《刑法》第135条之一的规定，犯本罪的，对直接负责的主管人员和其他直接责任人员，处3年以下有期徒刑或者拘役；情节特别恶劣的，处3年以上7年以下有期徒刑。

五十、危险物品肇事罪

危险物品肇事罪，是指违反爆炸性、易燃性、放射性、毒害性、腐蚀性物品的管理规定，在生产、储存、运输、使用中，由于过失发生重大事故，造成严重

① 参见2015年最高人民法院、最高人民检察院《关于办理危害生产安全刑事案件适用法律若干问题的解释》第3条。

后果的行为。

本罪侵犯的客体是公共安全和国家对危险物品的管理制度。本罪在客观方面表现为行为人违反有关危险物品的管理规定，在生产、储存、运输、使用中发生重大事故，造成严重后果的行为。如果发生重大事故，造成严重后果不是由行为人在生产、储存、运输、使用危险物品过程中，违反危险物品管理规定造成的，则不构成本罪。本罪的主体为一般主体。本罪的主观方面为过失。

依照《刑法》第136条的规定，犯本罪的，处3年以下有期徒刑或者拘役；后果特别严重的，处3年以上7年以下有期徒刑。

五十一、工程重大安全事故罪

工程重大安全事故罪，是指建设单位、设计单位、施工单位、工程监理单位违反国家规定，降低工程质量标准，造成重大安全事故的行为。

本罪侵犯的客体是公共安全以及国家的建筑管理制度。本罪在客观方面表现为违反国家规定，降低工程质量标准，造成重大安全事故的行为。造成重大安全事故不限于对人的生命、身体安全造成危害，还应包括工程本身的安全事故（以对人的生命、身体安全具有危险为前提），如导致工程本身不合格，无法投入使用等。本罪的主体为特殊主体，只能是建设单位、设计单位、施工单位及工程监理单位。本罪在主观方面表现为过失。

依照《刑法》第137条的规定，犯本罪的，对直接责任人员，处5年以下有期徒刑或者拘役，并处罚金；后果特别严重的，处5年以上10年以下有期徒刑，并处罚金。

五十二、教育设施重大安全事故罪

教育设施重大安全事故罪，是指学校及其他教育机构的直接责任人员，明知校舍或者其他教育设施有危险，而不采取措施或者不及时报告，致使发生重大伤亡事故的行为。

本罪侵犯的客体是教育教学活动的安全，直接危及的是学校教职员工和学生的生命安全和身体健康。本罪在客观方面表现为明知校舍或其他教育设施有不安全因素，随时有可能发生危险，而不采取措施或者不及时报告，致使发生重大伤亡事故的行为。本罪的主体是特殊主体，即对校舍、教育教学设施的安全负有直接责任的人员。这里的“直接责任人员”，包括该教育机构中对校舍、教育教学设施的安全负有直接责任的人员，也包括该教育机构的上级主管部门中对校舍、教育教学设施的安全负有直接责任的人员。本罪在主观方面为过失。

依照《刑法》第138条的规定，犯本罪的，对直接责任人员处3年以下有期徒刑或者拘役；后果特别严重的，处3年以上7年以下有期徒刑。

五十三、消防责任事故罪

消防责任事故罪，是指违反消防管理法规，经消防监督机构通知采取改正措施而拒绝执行，造成严重后果的行为。

本罪侵犯的客体是公共安全和国家消防监督管理制度。本罪在客观方面表现为行为人违反消防管理法规，经消防监督机构通知采取改正措施而拒绝执行的行为。若行为人只是违反了消防管理法规，但没有接到过消防监督机构采取改正措施的通知，则即使造成了严重后果，也不构成本罪。消防监督机构，是指根据有关法律、法规建立的专门负责消防监督检查工作的机构。本罪的主体是特殊主体，主要是单位中负责消防工作的管理人员及其他直接责任人员。本罪在主观方面为过失。

依照《刑法》第139条的规定，犯本罪的，处3年以下有期徒刑或者拘役；后果特别严重的，处3年以上7年以下有期徒刑。

五十四、不报、谎报安全事故罪

不报、谎报安全事故罪，是指在安全事故发生后，负有报告职责的人员不报或者谎报事故情况，贻误事故抢救，情节严重的行为。

本罪侵犯的客体是安全事故报告制度。本罪在客观方面表现为在安全事故发生后，负有报告职责的人员不报或者谎报事故情况，贻误事故抢救，情节严重的行为。本罪的主体为特殊主体，即对安全事故负有报告职责的人员。负有报告职责的人员，是指负有组织、指挥或者管理职责的负责人、管理人员、实际控制人、投资人，以及其他负有报告职责的人员。本罪在主观方面为故意。

依照《刑法》第139条之一的规定，犯本罪，情节严重的，处3年以下有期徒刑或者拘役；情节特别严重的，处3年以上7年以下有期徒刑。

思考题

1. 如何理解危害公共安全罪的本质特征？

2. 对以危险方法危害公共安全罪的“其他危险方法”，应当如何理解和限定？

3. 认定组织、领导、参加恐怖组织罪应注意哪些问题?

4. 交通肇事后逃逸对肇事人罪责有何不利影响?

5. 如何理解妨害安全驾驶罪与以危险方法危害公共安全罪的关系?

6. 危险作业罪与重大责任事故罪的区别是什么?

阅读书目

1. 贾宇:《中国反恐怖主义法律问题研究》,中国政法大学出版社2018年版。

2. 王爱立:《中华人民共和国反恐怖主义法解读》,中国法制出版社2016年版。

3. 张述元:《生产安全责任事故犯罪案件实务指导全书》,中国法制出版社2019年版。

4. 中华人民共和国最高人民法院刑事审判第一、二、三、四、五庭:《刑事审判参考》(总第121集),法律出版社2020年版。

第四章　破坏社会主义市场经济秩序罪

破坏社会主义市场经济秩序罪，通称经济犯罪，历来是我国刑法打击的重点。本类犯罪侵犯的客体是社会主义市场经济秩序，但社会主义市场经济秩序的表现形式又是多方面的，包括质量管理、进出口管理、金融管理与企业管理等。具体的犯罪不可能对这些领域的市场经济秩序都造成侵害，往往只侵害某一方面，因此刑法分则将侵害某一方面的市场经济秩序的犯罪归纳集合成类，共分为八类犯罪，依次为：生产、销售伪劣商品罪，走私罪，妨害对公司、企业的管理秩序罪，破坏金融管理秩序罪，金融诈骗罪，危害税收征管罪，侵犯知识产权罪，扰乱市场秩序罪。本章犯罪多为法定犯，具有较弱的伦理性、较大的灵活性。本章犯罪为历次《刑法修正案》修改的重点，或涉及新罪的增设，或涉及旧罪构成要件的完善与法定刑的调整。《刑法修正案（十一）》以21个条文的篇幅对本章作了大幅度的修正，增设了两个新罪名，修订了三个罪名，调整了多个罪名的构成要件和法定刑，修订内容主要涉及金融犯罪、知识产权犯罪、药品犯罪等。本章现有110个罪名，形成了较为完备的经济犯罪罪群体系。

第一节　破坏社会主义市场经济秩序罪概述

一、破坏社会主义市场经济秩序罪的概念和特征

破坏社会主义市场经济秩序罪，是指违反我国市场经济管理法规，破坏和扰乱市场经济秩序，妨害国民经济正常发展的行为。本类犯罪的主要特征包括：

（1）本类犯罪侵犯的共同客体是社会主义市场经济秩序。所谓市场经济秩序，是指一定时期国家依法管理经济而形成的一种相对稳定、有序的经济状态。本类犯罪虽然都不同程度地侵害了市场经济秩序，但具体犯罪所侵犯的秩序的内容并不完全相同。例如，走私犯罪主要侵犯的是国家的海关监管制度，金融犯罪主要侵犯的是金融管理秩序，危害税收征管的犯罪主要侵犯的是国家税收征收管理秩

序。从刑法的规定来看，市场经济秩序具体包括国家对产品质量的管理制度，国家的海关监管制度，有关公司、企业的管理秩序，金融管理秩序，国家税收征收管理秩序，国家的知识产权管理秩序及市场交易管理秩序等。

（2）本类犯罪的客观方面表现为行为人违反国家法律法规，实施了破坏和扰乱市场经济秩序的行为。本类犯罪多为法定犯。其中，对一些犯罪采取了空白罪状的形式，对这些犯罪的认定，必须参照相关法律法规的规定。本类犯罪的行为方式是多种多样的，绝大多数犯罪是以作为的形式出现的，但也有一些以不作为的形式出现（如逃税罪）。另外，本类犯罪多数以结果犯的形式出现，以情节严重、数额较大为构成要件。这是本类犯罪在客观方面的重要特点。

（3）本类犯罪的主体是多层次的，既可以是作为自然人的一般主体，也可以是作为自然人的特殊主体，还可以是单位。本类犯罪，单位犯罪的规定较集中，很多犯罪单位都可以构成。这是本类犯罪在主体方面的重要特点。

（4）本类犯罪的主观方面只有少数犯罪是过失，绝大多数犯罪是故意。在故意犯罪中，有的还以特定的犯罪目的为要件，如金融诈骗犯罪，要求以非法占有为目的。

二、破坏社会主义市场经济秩序罪的种类

根据《刑法》分则第三章的规定，本类犯罪分布在《刑法》第140条至第231条之中，共110个罪名。

（1）生产、销售伪劣商品罪。包括生产、销售伪劣产品罪，生产、销售、提供假药罪，生产、销售、提供劣药罪，妨害药品管理罪，生产、销售不符合安全标准的食品罪，生产、销售有毒、有害食品罪，生产、销售不符合标准的医用器材罪，生产、销售不符合安全标准的产品罪，生产、销售伪劣农药、兽药、化肥、种子罪，生产、销售不符合卫生标准的化妆品罪等10个罪名。

（2）走私罪。包括走私武器、弹药罪，走私核材料罪，走私假币罪，走私文物罪，走私贵重金属罪，走私珍贵动物、珍贵动物制品罪，走私国家禁止进出口的货物、物品罪，走私淫秽物品罪，走私废物罪，走私普通货物、物品罪等10个罪名。

（3）妨害对公司、企业的管理秩序罪。包括虚报注册资本罪，虚假出资、抽逃出资罪，欺诈发行证券罪，违规披露、不披露重要信息罪，妨害清算罪，虚假破产罪，隐匿、故意销毁会计凭证、会计账簿、财务会计报告罪，非国家工作人员受贿罪，对非国家工作人员行贿罪，对外国公职人员、国际公共组织官员行贿

罪，非法经营同类营业罪，为亲友非法牟利罪，签订、履行合同失职被骗罪，国有公司、企业、事业单位人员失职罪，国有公司、企业、事业单位人员滥用职权罪，徇私舞弊低价折股、出售国有资产罪，背信损害上市公司利益罪等17个罪名。

（4）破坏金融管理秩序罪。包括伪造货币罪，出售、购买、运输假币罪，金融工作人员购买假币、以假币换取货币罪，持有、使用假币罪，变造货币罪，擅自设立金融机构罪，伪造、变造、转让金融机构经营许可证、批准文件罪，高利转贷罪，骗取贷款、票据承兑、金融票证罪，非法吸收公众存款罪，伪造、变造金融票证罪，妨害信用卡管理罪，窃取、收买、非法提供信用卡信息罪，伪造、变造国家有价证券罪，伪造、变造股票、公司、企业债券罪，擅自发行股票、公司、企业债券罪，内幕交易、泄露内幕信息罪，利用未公开信息交易罪，编造并传播证券、期货交易虚假信息罪，诱骗投资者买卖证券、期货合约罪，操纵证券、期货市场罪，背信运用受托财产罪，违法运用资金罪，违法发放贷款罪，吸收客户资金不入账罪，违规出具金融票证罪，对违法票据承兑、付款、保证罪，逃汇罪，骗购外汇罪，洗钱罪等30个罪名。

（5）金融诈骗罪。包括集资诈骗罪、贷款诈骗罪、票据诈骗罪、金融凭证诈骗罪、信用证诈骗罪、信用卡诈骗罪、有价证券诈骗罪、保险诈骗罪等8个罪名。

（6）危害税收征管罪。包括逃税罪，抗税罪，逃避追缴欠税罪，骗取出口退税罪，虚开增值税专用发票、用于骗取出口退税、抵扣税款发票罪，虚开发票罪，伪造、出售伪造的增值税专用发票罪，非法出售增值税专用发票罪，非法购买增值税专用发票、购买伪造的增值税专用发票罪，非法制造、出售非法制造的用于骗取出口退税、抵扣税款发票罪，非法制造、出售非法制造的发票罪，非法出售用于骗取出口退税、抵扣税款发票罪，非法出售发票罪，持有伪造的发票罪等14个罪名。

（7）侵犯知识产权罪。包括假冒注册商标罪，销售假冒注册商标的商品罪，非法制造、销售非法制造的注册商标标识罪，假冒专利罪，侵犯著作权罪，销售侵权复制品罪，侵犯商业秘密罪，为境外窃取、刺探、收买、非法提供商业秘密罪等8个罪名。

（8）扰乱市场秩序罪。包括损害商业信誉、商品声誉罪，虚假广告罪，串通投标罪，合同诈骗罪，组织、领导传销活动罪，非法经营罪，强迫交易罪，伪造、倒卖伪造的有价票证罪，倒卖车票、船票罪，非法转让、倒卖土地使用权罪，提供虚假证明文件罪，出具证明文件重大失实罪，逃避商检罪等13个罪名。

第二节　生产、销售伪劣商品罪罪名分述

一、生产、销售伪劣产品罪

（一）生产、销售伪劣产品罪的概念和特征

生产、销售伪劣产品罪，是指生产者、销售者在产品中掺杂、掺假，以假充真，以次充好或者以不合格产品冒充合格产品，数额较大的行为。本罪的主要特征包括：

（1）本罪侵犯的客体是复杂客体，既侵犯了国家关于产品质量的管理制度，也损害了广大消费者的合法权益。本罪的对象是伪劣产品，包括以假充真的产品和质量低劣的产品。

（2）本罪的客观方面表现为生产者、销售者在产品中掺杂、掺假，以假充真，以次充好或者以不合格产品冒充合格产品，数额较大的行为。首先，行为人实施了生产销售伪劣产品的行为，具体包括在产品中“掺杂、掺假”“以假充真”“以次充好”“以不合格产品冒充合格产品”4种行为方式。根据2001年最高人民法院、最高人民检察院《关于办理生产、销售伪劣商品刑事案件具体应用法律若干问题的解释》（以下简称《伪劣商品案件解释》）第1条的规定，在产品中掺杂、掺假，是指在产品中掺入杂质或异物，致使产品质量不符合国家法律、法规或者产品明示质量标准规定的质量要求，降低、失去应有使用性能的行为；以假充真，是指以不具有某种使用性能的产品冒充具有该种使用性能的产品的行为；以次充好，是指以低等级、低档次产品冒充高等级、高档次产品，或者以残次、废旧零配件组合、拼装后冒充正品或者新产品的行为；以不合格产品冒充合格产品，是指以不符合《中华人民共和国产品质量法》第26条第2款规定的质量要求的产品冒充合格产品的行为。其次，本罪是数额犯。根据2008年最高人民检察院、公安部《关于公安机关管辖的刑事案件立案追诉标准的规定（一）》（以下简称《立案追诉标准（一）》），实施生产、销售伪劣产品行为，涉嫌下列情形之一的，应予立案追诉：①伪劣产品销售金额5万元以上的；②伪劣产品尚未销售，货值金额15万元以上的；③伪劣产品销售金额不满5万元，但将已销售金额乘以3倍后，与尚未销售的伪劣产品货值金额合计15万元以上的。其中，销售金额包括生产者、销售者出售伪劣产品后所得和应得的全部违法收入。多次实施生产、销售伪劣产

品行为，未经处理的，伪劣产品的销售金额累计计算。货值金额以违法生产、销售的伪劣产品的标价计算；没有标价的，按照同类合格产品的市场中间价格计算。货值金额难以确定的，按照《扣押、追缴、没收物品估价管理办法》的规定，委托估价机构进行确定。

（3）本罪的主体是一般主体，既可以是自然人，也可以是单位。

（4）本罪的主观方面是故意，即明知是伪劣产品而生产或销售，且一般具有非法牟利的目的。

（二）生产、销售伪劣产品罪的认定

（1）罪与非罪的界限。根据《刑法》第140条的规定，行为人生产、销售伪劣产品，必须是销售金额达到5万元以上的，才构成犯罪。

（2）本罪的未遂。本罪存在未遂形态。《伪劣商品案件解释》第2条规定，伪劣产品尚未销售，货值金额达到《刑法》第140条规定的销售金额3倍以上的，以生产、销售伪劣产品罪（未遂）定罪处罚。

【案例4-2-01】杨某生产假冒避孕药品，其成分为面粉和白糖的混合物，货值金额15万多元，尚未销售即被查获。杨某构成生产假药罪与生产、销售伪劣产品罪（未遂），依照处罚较重的规定定罪处罚。

（3）本罪的共犯。本罪的共犯主要是生产、销售伪劣产品罪的帮助犯。《伪劣商品案件解释》第9条规定，知道或者应当知道他人实施生产、销售伪劣商品犯罪，而为其提供贷款、资金、账号、发票、许可证件，或者提供生产、经营场所或者运输、仓储、保管、邮寄等便利条件，或者提供制假生产技术的，以生产、销售伪劣商品犯罪的共犯论处。

（4）本罪的罪数。本罪的犯罪对象是一般意义上的不特定商品，并且要求销售金额达到法定标准。根据《刑法》第149条的规定，生产、销售伪劣产品罪与《刑法》第141条至第148条规定的生产、销售特定伪劣产品（如假药、劣药等）的犯罪之间存在法条竞合关系，即第140条属于普通法，第141条至第148条属于特别法。在法条竞合的情况下，通常应依特别法即依照规定生产、销售特定伪劣产品犯罪的法条论处，但《刑法》第149条第2款规定："生产、销售本节第一百四十一条至第一百四十八条所列产品，构成各该条规定的犯罪，同时又构成本节第一百四十条规定之罪的，依照处罚较重的规定定罪处罚。"这一规定体现了择重而处的精神，应属特别法优于普通法适用原则的例外规定。如果生产、销售《刑

法》第141条至第148条所列的特定伪劣产品，不构成各该条规定的犯罪，但销售金额在5万元以上的，则依照生产、销售伪劣产品罪定罪处罚。

【案例4-2-02】甲销售的假药无批准文号，但颇有疗效，销售金额达500万元，如按销售假药罪处理会导致处罚较轻，法院以销售伪劣产品罪定罪处罚。

《伪劣商品案件解释》第10条规定，实施生产、销售伪劣商品犯罪，同时构成侵犯知识产权、非法经营等其他犯罪的，依照处罚较重的规定定罪处罚。这是关于生产、销售伪劣产品罪与其他犯罪的想象竞合与牵连犯罪的规定。例如，行为人生产、销售伪劣卷烟、食盐，由于烟、盐是专卖物品，因此，一行为同时触犯生产、销售伪劣产品罪和非法经营罪，属于想象竞合犯。又如，生产、销售假冒他人注册商标的伪劣产品，存在两个行为，一是生产、销售伪劣产品行为，二是假冒他人注册商标行为，两个犯罪行为之间存在牵连关系，是牵连犯。根据刑法原理，对于想象竞合犯与牵连犯应择一重罪论处。

《伪劣商品案件解释》第11条规定，实施《刑法》第140条至第148条规定的犯罪，又以暴力、威胁方法抗拒查处，构成其他犯罪的，依照数罪并罚的规定处罚。因此，对以暴力、威胁方法抗拒查处生产、销售伪劣产品的，应以生产、销售伪劣产品罪和妨害公务罪并罚。

（三）生产、销售伪劣产品罪的刑事责任

依照《刑法》第140条、第150条的规定，犯本罪，销售金额5万元以上不满20万元的，处2年以下有期徒刑或者拘役，并处或者单处销售金额50%以上2倍以下罚金；销售金额20万元以上不满50万元的，处2年以上7年以下有期徒刑，并处销售金额50%以上2倍以下罚金；销售金额50万元以上不满200万元的，处7年以上有期徒刑，并处销售金额50%以上2倍以下罚金；销售金额在200万元以上的，处15年有期徒刑或者无期徒刑，并处销售金额50%以上2倍以下罚金或者没收财产。单位犯本罪的，对单位判处罚金，并对其直接负责的主管人员和其他直接责任人员，依照自然人犯本罪的规定处罚。国家工作人员参与生产、销售伪劣商品犯罪的，从重处罚。

二、生产、销售、提供假药罪

（一）生产、销售、提供假药罪的概念和特征

生产、销售、提供假药罪，是指故意生产、销售假药，以及药品使用单位的人员明知是假药而提供给他人使用的行为。

本罪侵犯的客体是复杂客体，不仅侵犯了国家的药品管理制度，而且危及不特定多数人的生命健康。本罪的对象是假药。依照《中华人民共和国药品管理法》第98条的规定，有下列情形之一的为假药：①药品所含成份与国家药品标准规定的成份不符；②以非药品冒充药品或者以他种药品冒充此种药品；③变质的药品；④药品所标明的适应症或者功能主治超出规定范围。本罪的客观方面表现为违反国家的药品管理制度，生产[①]、销售假药，或者药品使用单位的人员明知是假药而提供给他人使用[②]的行为。本罪是行为犯，是否对人体健康造成严重危害或者有其他严重情节，不影响本罪的成立。本罪的主体是一般主体，包括自然人和单位。生产、销售假药的主体为自然人和单位（非身份犯），提供假药的主体是药品使用单位的人员（身份犯）。根据《刑法》第150条的规定，药品使用单位也能构成提供假药罪。本罪的主观方面是故意，即明知是假药而生产、销售或者提供给他人使用。

（二）生产、销售、提供假药罪的认定

（1）本罪的共犯。根据2014年最高人民法院、最高人民检察院《关于办理危害药品安全刑事案件适用法律若干问题的解释》（以下简称《药品案件解释》）第8条的规定，明知他人生产、销售假药、劣药，而有下列情形之一的，以共同犯罪论处：①提供资金、贷款、账号、发票、证明、许可证件的；②提供生产、经营

---

① 根据2014年最高人民法院、最高人民检察院《关于办理危害药品安全刑事案件适用法律若干问题的解释》第6条的规定，以生产、销售假药、劣药为目的，实施下列行为之一的，应当认定为《刑法》第141条、第142条规定的“生产”：①合成、精制、提取、储存、加工炮制药品原料的行为；②将药品原料、辅料、包装材料制成成品过程中，进行配料、混合、制剂、储存、包装的行为；③印制包装材料、标签、说明书的行为。

② 值得注意的是，根据2014年最高人民法院、最高人民检察院《关于办理危害药品安全刑事案件适用法律若干问题的解释》第6条的规定，医疗机构、医疗机构工作人员明知是假药、劣药而有偿提供给他人使用，或者为出售而购买、储存的行为，应当认定为《刑法》第141条、第142条规定的“销售”。可见，该司法解释将“有偿使用”认定为“销售”，进而使“有偿使用”行为得以规制。而《刑法修正案（十一）》则将“无偿使用”也纳入规制范畴，从而使得使用行为与生产、销售行为并列成为本罪的行为方式，即《刑法修正案（十一）》将对生产、销售假药、劣药的处罚，延伸到了使用环节。

场所、设备或者运输、储存、保管、邮寄、网络销售渠道等便利条件的；③提供生产技术或者原料、辅料、包装材料、标签、说明书的；④提供广告宣传等帮助行为的。

（2）本罪的罪数。实施生产、销售假药、劣药犯罪，同时又构成生产、销售伪劣产品罪和以危险方法危害公共安全罪等犯罪的，依照处罚较重的规定定罪处罚。实施生产、销售假药、劣药犯罪，同时构成生产、销售伪劣产品，侵犯知识产权，非法经营，非法行医，非法采供血等犯罪的，依照处罚较重的规定定罪处罚。广告主、广告经营者、广告发布者违反国家规定，利用广告对药品作虚假宣传，情节严重的，以虚假广告罪定罪处罚。

【案例4-2-03】甲、乙二人合谋制作假药并销售，后认为赚钱太慢，甲教唆乙假冒医生，开设诊所行医，行医过程中使用该假药给病人注射（该假药的售价也畸高）。经调查发现，此假药足以危害病人健康致人重伤。本案中，甲、乙二人实施了生产、销售假药行为，成立生产、销售假药罪。同时，甲、乙二人通过非法行医的方式销售假药，应另外认定为销售假药罪，与非法行医行为是独立的两个行为，应以生产、销售假药罪与非法行医罪并罚。

（3）关于销售少量根据民间传统配方私自加工的药品或者销售少量未经批准进口的国外、境外药品的行为的处理。依照《药品案件解释》的规定，上述行为没有造成他人伤害后果或者延误诊治，情节显著轻微危害不大的，不认为是犯罪。

（三）生产、销售、提供假药罪的刑事责任

依照《刑法》第141条、第150条的规定，犯本罪的，处3年以下有期徒刑或者拘役，并处罚金；对人体健康造成严重危害或者有其他严重情节的，处3年以上10年以下有期徒刑，并处罚金；致人死亡或者有其他特别严重情节的，处10年以上有期徒刑、无期徒刑或者死刑，并处罚金或者没收财产。药品使用单位的人员明知是假药而提供给他人使用的，依照上述规定处罚。单位犯本罪的，对单位判处罚金，并对其直接负责的主管人员和其他直接责任人员，依照自然人犯本罪的规定处罚。

三、生产、销售、提供劣药罪

（一）生产、销售、提供劣药罪的概念和特征

生产、销售、提供劣药罪，是指生产、销售劣药，对人体健康造成严重危害，以及药品使用单位的人员明知是劣药而提供给他人使用的行为。

本罪侵犯的客体是国家的药品管理制度和不特定多数人的生命健康。本罪的对象是劣药。依照《中华人民共和国药品管理法》第98条的规定，有下列情形之一的为劣药：①药品成份的含量不符合国家药品标准；②被污染的药品；③未标明或者更改有效期的药品；④未注明或者更改产品批号的药品；⑤超过有效期的药品；⑥擅自添加防腐剂、辅料的药品；⑦其他不符合药品标准的药品。本罪的客观方面表现为明知是劣药而生产、销售，或者药品使用单位的人员明知是劣药而提供给他人使用，对人体健康造成严重危害的行为。本罪为结果犯，无后果则不构成犯罪。根据《药品案件解释》的规定，生产、销售的劣药被使用后，造成轻伤或者重伤的，造成轻度残疾或者中度残疾的，造成器官组织损伤导致一般功能障碍或者严重功能障碍的，以及其他对人体健康造成严重危害的情形，应当认定为“对人体健康造成严重危害”。本罪主体可以是自然人和单位。生产、销售劣药的主体为自然人和单位（非身份犯），提供劣药的主体是药品使用单位的人员（身份犯）。根据《刑法》第150条的规定，药品使用单位也能构成提供劣药罪。本罪主观上只能是故意，即明知是劣药而生产、销售或者提供给他人使用。

（二）生产、销售、提供劣药罪的刑事责任

依照《刑法》第142条、第150条的规定，犯本罪的，处3年以上10年以下有期徒刑，并处罚金；后果特别严重的，处10年以上有期徒刑或者无期徒刑，并处罚金或者没收财产。药品使用单位的人员明知是劣药而提供给他人使用的，依照上述规定处罚。单位犯本罪的，对单位判处罚金，并对其直接负责的主管人员和其他直接责任人员，依照自然人犯本罪的规定处罚。

四、妨害药品管理罪

（一）妨害药品管理罪的概念和特征

妨害药品管理罪，是指违反药品管理法规，在药品申请注册或者生产、销售过程中妨害药品管理，足以严重危害人体健康的行为。本罪的主要特征包括：

（1）本罪侵犯的客体是复杂客体，既侵犯了国家的药品管理制度，也危害了不特定多数人的人身健康安全。

（2）本罪客观方面表现为违反药品管理法规，在药品申请注册或者生产、销售过程中妨害药品管理，足以严重危害人体健康的行为。违反药品管理法规，是指违反国家有关药品监督管理方面的法律、法规，如《中华人民共和国药品管理法》《中华人民共和国中医药法》《中华人民共和国疫苗管理法》等。具体行为方式包括四种：①生产、销售国务院药品监督管理部门禁止使用的药品的；②未取得药品相关批准证明文件生产、进口药品或者明知是上述药品而销售的；③药品申请注册中提供虚假的证明、数据、资料、样品或者采取其他欺骗手段的；④编造生产、检验记录的。本罪是危险犯，要求足以严重危害人体健康。

（3）本罪主体包括自然人和单位。

（4）本罪的主观方面只能是故意。

（二）妨害药品管理罪的认定

实施妨害药品管理秩序的行为，同时构成其他犯罪的，根据《刑法》第142条之一第2款的规定，依照处罚较重的规定定罪处罚。如果违反药品管理法规，生产、销售的药品为假药、劣药，符合生产、销售假药罪和生产、销售劣药罪的构成要件，或者同时构成生产、销售伪劣产品，侵犯知识产权，非法经营，非法行医，非法采供血等其他犯罪的，应当依照生产、销售假药罪和生产、销售劣药罪的规定定罪处罚，或者依照生产、销售伪劣产品罪，侵犯知识产权罪，非法经营罪等有关规定定罪处罚。

（三）妨害药品管理罪的刑事责任

依照《刑法》第142条之一、第150条的规定，犯本罪的，处3年以下有期徒刑或者拘役，并处或者单处罚金；对人体健康造成严重危害或者有其他严重情节的，处3年以上7年以下有期徒刑，并处罚金。单位犯本罪的，对单位判处罚金，并对其直接负责的主管人员和其他直接责任人员，依照自然人犯本罪的规定处罚。

五、生产、销售不符合安全标准的食品罪

（一）生产、销售不符合安全标准的食品罪的概念和特征

生产、销售不符合安全标准的食品罪，是指生产、销售不符合食品安全标准的食品，足以造成严重食物中毒事故或者其他严重食源性疾病的行为。

本罪侵犯的客体是国家的食品安全管理制度和不特定多数人的人体健康。犯罪对象为不符合食品安全标准的食品，其范围由《中华人民共和国食品安全法》规定。本罪客观方面表现为生产、销售不符合食品安全标准的食品，足以造成严重食物中毒事故或者其他严重食源性疾病的行为。本罪是危险犯，生产、销售不符合食品安全标准的食品的行为必须达到“足以造成严重食物中毒事故或者其他严重食源性疾病”才能构成本罪。根据2013年最高人民法院、最高人民检察院《关于办理危害食品安全刑事案件适用法律若干问题的解释》（以下简称《食品案件解释》）的规定，生产、销售不符合食品安全标准的食品，具有下列情形之一的，应当认定为“足以造成严重食物中毒事故或者其他严重食源性疾病”：①含有严重超出标准限量的致病性微生物、农药残留、兽药残留、重金属、污染物质以及其他危害人体健康的物质的；②属于病死、死因不明或者检验检疫不合格的畜、禽、兽、水产动物及其肉类、肉类制品的；③属于国家为防控疾病等特殊需要明令禁止生产、销售的；④婴幼儿食品中生长发育所需营养成分严重不符合食品安全标准的；⑤其他足以造成严重食物中毒事故或者严重食源性疾病的情形。本罪主体是一般主体，包括自然人和单位。本罪主观方面只能出于故意，过失不成立本罪。

（二）生产、销售不符合安全标准的食品罪的认定

（1）本罪的罪名适用。根据《食品案件解释》，在食品加工、销售、运输、贮存等过程中，违反食品安全标准，超限量或者超范围滥用食品添加剂，足以造成严重食物中毒事故或者其他严重食源性疾病的，以生产、销售不符合安全标准的食品罪定罪处罚。在食用农产品种植、养殖、销售、运输、贮存等过程中，违反食品安全标准，超限量或者超范围滥用添加剂、农药、兽药等，足以造成严重食物中毒事故或者其他严重食源性疾病的，适用上述规定定罪处罚。

（2）本罪共犯的认定。根据《食品案件解释》，明知他人生产、销售不符合食品安全标准的食品，有毒、有害食品，具有下列情形之一的，以生产、销售不符合安全标准的食品罪或者生产、销售有毒、有害食品罪的共犯论处：①提供资金、贷款、账号、发票、证明、许可证件的；②提供生产、经营场所或者运输、贮存、保管、邮寄、网络销售渠道等便利条件的；③提供生产技术或者食品原料、食品添加剂、食品相关产品的；④提供广告等宣传的。

（三）生产、销售不符合安全标准的食品罪的刑事责任

依照《刑法》第143条、第150条的规定，犯本罪的，处3年以下有期徒刑或

者拘役，并处罚金；对人体健康造成严重危害或者有其他严重情节的，处3年以上7年以下有期徒刑，并处罚金；后果特别严重的，处7年以上有期徒刑或者无期徒刑，并处罚金或者没收财产。单位犯本罪的，对单位判处罚金，并对其直接负责的主管人员和其他直接责任人员，依照自然人犯本罪的规定处罚。

六、生产、销售有毒、有害食品罪

（一）生产、销售有毒、有害食品罪的概念和特征

生产、销售有毒、有害食品罪，是指在生产、销售的食品中掺入有毒、有害的非食品原料，或者销售明知掺有有毒、有害的非食品原料的食品的行为。本罪的主要特征包括：

（1）本罪侵犯的客体是复杂客体，既违反了国家食品安全管理制度，又危害到不特定多数人的身体健康、生命安全。本罪的对象是有毒、有害的食品。所谓有毒、有害的食品，是指在食品中掺入了有毒、有害的非食品原料的食品。根据《食品案件解释》，下列物质应当认定为“有毒、有害的非食品原料”：①法律、法规禁止在食品生产经营活动中添加、使用的物质；②国务院有关部门公布的《食品中可能违法添加的非食用物质名单》《保健食品中可能非法添加的物质名单》上的物质；③国务院有关部门公告禁止使用的农药、兽药以及其他有毒、有害物质；④其他危害人体健康的物质。

（2）本罪的客观方面表现为行为人在生产、销售的食品中掺入有毒、有害的非食品原料，或者销售明知掺有有毒、有害的非食品原料的食品的行为。具体表现为三种行为方式：一是在生产的食品中掺入有毒、有害的非食品原料，二是在销售的食品中掺入有毒、有害的非食品原料，三是明知是掺有有毒、有害的非食品原料的食品而销售。本罪是行为犯，即使没有造成严重后果，同样构成本罪的既遂。

（3）本罪的主体是一般主体，自然人和单位都可以构成本罪。

（4）本罪的主观方面是故意，即明知是有毒、有害的非食品原料，而掺入自己生产、销售的食品中，或者明知是掺有有毒、有害的非食品原料的食品而销售，并对可能由此引起的食物中毒或者其他食源性疾病采取希望或者放任的态度。至于有毒的具体成分并不在明知的范围内。

【案例4-2-04】甲专营散酒收售，供货对象为农村小卖部。甲从他人处得知某

村办酒厂生产的散酒价格低廉，虽掺有少量有毒物质，但不会致命，遂大量购进并转销给多家小卖部出售，结果致许多饮者中毒甚至双眼失明。甲销售明知掺有有毒、有害的非食品原料的食品，构成销售有毒、有害食品罪。

（二）生产、销售有毒、有害食品罪的认定

（1）本罪的罪名适用。根据《食品案件解释》，在食品加工、销售、运输、贮存等过程中，掺入有毒、有害的非食品原料，或者使用有毒、有害的非食品原料加工食品的，以生产、销售有毒、有害食品罪定罪处罚。在食用农产品种植、养殖、销售、运输、贮存等过程中，使用禁用农药、兽药等禁用物质或者其他有毒、有害物质的，适用上述规定定罪处罚。在保健食品或者其他食品中非法添加国家禁用药物等有毒、有害物质的，适用上述规定定罪处罚。

【案例 4-2-05】甲明知其贮存的苹果上使用了禁用农药，仍将苹果批发给零售商，以销售有毒、有害食品罪定罪处罚。生产、销售有毒、有害食品罪与以危险方法危害公共安全罪之间存在法条竞合关系，根据特别法优于普通法的原则，应以生产、销售有毒、有害食品罪论处。

（2）本罪与生产、销售不符合安全标准的食品罪的界限。二者在犯罪客体、主体、主观方面等都有相同或相似之处，二者的区别在于：①犯罪对象不同。本罪生产、销售的是掺有有毒、有害的非食品原料的食品，后者生产、销售的是没有掺入有毒、有害的非食品原料但不符合食品安全标准的食品。②对结果的要求不同。本罪是行为犯，行为人一旦实施了生产、销售有毒、有害的食品的行为，即构成犯罪；后者是危险犯，要求足以造成严重食物中毒或者其他严重食源性疾病，才构成犯罪。

【案例 4-2-06】甲明知某种香肠不符合安全标准，足以造成严重食源性疾病，但其误以为没有毒害而销售，事实上该种香肠中掺有有毒的非食品原料。本案中，甲主观上以为其销售的是不符合安全标准的食品，客观上销售的是有毒有害食品，属于抽象的事实认识错误，应在主客观一致的范围内定罪。生产、销售有毒、有害食品罪是生产、销售不符合安全标准的食品罪的特殊法条，二者在生产、销售不符合安全标准的食品罪的主客观范围内是一致的。因此，甲成立生产、销售不符合安全标准的食品罪。

（3）本罪与投放危险物质罪的界限。二者的区别有以下几点：①侵犯的客体不同。本罪侵犯的客体是国家的食品安全管理制度，而后者侵犯的客体是社会的公共安全。②客观方面不同。本罪与生产、销售食品有关，表现为在生产、销售食品过程中掺入有毒、有害的非食品原料；后者可以发生在任何场合，不一定表现在食品的生产、销售过程中，一般与生产、销售食品无关。③主体不同。本罪的自然人主体必须已满16周岁，单位可以成为本罪主体；后者的自然人主体只需已满14周岁，单位不能成为其主体。④主观方面不同。本罪的行为人往往是为了追求非法利润，后者一般不以营利为目的。

【案例4-2-07】甲将邻居交售粮站的稻谷淋洒农药，取出部分作饵料，毒死麻雀后售与饭馆，非法获利5000元，则甲同时构成投放危险物质罪和销售有毒、有害食品罪，依法应数罪并罚。

（三）生产、销售有毒、有害食品罪的刑事责任

依照《刑法》第144条、第150条的规定，犯本罪的，处5年以下有期徒刑，并处罚金；对人体健康造成严重危害或者有其他严重情节的，处5年以上10年以下有期徒刑，并处罚金；致人死亡或者有其他特别严重情节的，依照《刑法》第141条的规定处罚，即处10年以上有期徒刑、无期徒刑或者死刑，并处罚金或者没收财产。单位犯本罪的，对单位判处罚金，并对其直接负责的主管人员和其他直接责任人员，依照自然人犯本罪的规定处罚。

七、生产、销售不符合标准的医用器材罪

生产、销售不符合标准的医用器材罪，是指生产不符合保障人体健康的国家标准、行业标准的医疗器械、医用卫生材料，或者销售明知是不符合保障人体健康的国家标准、行业标准的医疗器械、医用卫生材料，足以危害人体健康的行为。

本罪侵犯的客体是复杂客体，既包括国家对医用器材的管理制度，也包括不特定多数人的生命健康权利。犯罪对象为医疗器械、医用卫生材料。客观方面表现为生产不符合保障人体健康的国家标准、行业标准的医疗器械、医用卫生材料，或者销售明知是不符合保障人体健康的国家标准、行业标准的医疗器械、医用卫生材料，足以危害人体健康的行为。本罪为危险犯，生产、销售不符合标准的医用器材的行为必须"足以危害人体健康"才能构成本罪。本罪主体既可以是自然人，也可以是单位。本罪主观方面只能出于故意，过失不成立本罪。

依照《刑法》第145条、第150条的规定，犯本罪的，处3年以下有期徒刑或者拘役，并处销售金额50%以上2倍以下罚金；对人体健康造成严重危害的，处3年以上10年以下有期徒刑，并处销售金额50%以上2倍以下罚金；后果特别严重的，处10年以上有期徒刑或者无期徒刑，并处销售金额50%以上2倍以下罚金或者没收财产。单位犯本罪的，对单位判处罚金，并对其直接负责的主管人员和其他直接责任人员，依照自然人犯本罪的规定处罚。

八、生产、销售不符合安全标准的产品罪

生产、销售不符合安全标准的产品罪，是指生产不符合保障人身、财产安全的国家标准、行业标准的电器、压力容器、易燃易爆产品或者其他不符合保障人身、财产安全的国家标准、行业标准的产品，或者销售明知是以上不符合保障人身、财产安全的国家标准、行业标准的产品，造成严重后果的行为。本罪主体是一般主体，自然人和单位均可构成本罪。

依照《刑法》第146条、第150条的规定，犯本罪的，处5年以下有期徒刑，并处销售金额50%以上2倍以下罚金；后果特别严重的，处5年以上有期徒刑，并处销售金额50%以上2倍以下罚金。单位犯本罪的，对单位判处罚金，并对其直接负责的主管人员和其他直接责任人员，依照自然人犯本罪的规定处罚。

九、生产、销售伪劣农药、兽药、化肥、种子罪

生产、销售伪劣农药、兽药、化肥、种子罪，是指生产假农药、假兽药、假化肥，销售明知是假的或者失去使用效能的农药、兽药、化肥、种子，或者生产者、销售者以不合格的农药、兽药、化肥、种子冒充合格的农药、兽药、化肥、种子，使生产遭受较大损失的行为。本罪为结果犯，必须发生了一定的危害后果才能构成。

依照《刑法》第147条、第150条的规定，犯本罪的，处3年以下有期徒刑或者拘役，并处或者单处销售金额50%以上2倍以下罚金；使生产遭受重大损失的，处3年以上7年以下有期徒刑，并处销售金额50%以上2倍以下罚金；使生产遭受特别重大损失的，处7年以上有期徒刑或者无期徒刑，并处销售金额50%以上2倍以下罚金或者没收财产。单位犯本罪的，对单位判处罚金，并对其直接负责的主管人员和其他直接责任人员，依照自然人犯本罪的规定处罚。

十、生产、销售不符合卫生标准的化妆品罪

生产、销售不符合卫生标准的化妆品罪，是指生产不符合卫生标准的化妆品，或者销售明知是不符合卫生标准的化妆品，造成严重后果的行为。本罪为结果犯，即必须发生严重后果，才能构成。本罪主体是一般主体，包括自然人和单位。本罪主观方面是故意。

依照《刑法》第148条、第150条的规定，犯本罪的，处3年以下有期徒刑或者拘役，并处或者单处销售金额50%以上2倍以下罚金。单位犯本罪的，对单位判处罚金，并对其直接负责的主管人员和其他直接责任人员，依照自然人犯本罪的规定处罚。

第三节　走私罪罪名分述

一、走私武器、弹药罪

（一）走私武器、弹药罪的概念和特征

走私武器、弹药罪，是指违反海关法规，逃避海关监管，非法运输、携带、邮寄武器、弹药进出国（边）境的行为。本罪的主要特征包括：

（1）本罪侵犯的客体是国家对武器、弹药禁止进出口的监督管理制度。走私对象为武器、弹药。武器、弹药的种类，参照《中华人民共和国海关进出口税则》及《中华人民共和国禁止进出境物品表》的有关规定确定。

（2）本罪的客观方面表现为实施了违反海关法规，逃避海关监管，非法运输、携带、邮寄武器、弹药进出境的行为。本罪的走私行为主要表现为以下几种形式：①绕关走私，即未经国务院或国务院授权的部门批准，不经过设立海关的地点，非法运输、携带武器、弹药进出国（边）境。②通关走私，即虽然通过设立海关的地点进出国（边）境，但采取隐匿、伪装、假报等欺骗手段，逃避海关监管、检查，非法盗运、偷带或者非法邮寄武器、弹药。③间接走私，即直接向走私人非法收购武器、弹药或者在内海、领海、界河、界湖运输、收购、贩卖武器、弹药。④走私的辅助行为，即与走私武器、弹药的罪犯通谋，为其提供贷款、资金、

账号、发票、证明，或者为其提供运输、保管、邮寄或者其他方便[①]。

【案例4-3-01】甲利用到国外旅游的机会，购买了手枪1支、子弹若干发自用，并经过伪装将其邮寄回国内。后来甲得知乙欲搞1支枪抢银行，即与乙协商，以1万元将其手枪出租给乙。乙使用该手枪抢劫银行时被抓获。本案中，甲符合走私武器、弹药罪的构成要件，同时还与乙构成抢劫罪的共犯，应当数罪并罚。

（3）本罪的犯罪主体是一般主体，既可以是自然人，也可以是单位。

（4）本罪的主观方面只能是故意，即明知是国家禁止进出口的武器、弹药而故意走私。过失不成立本罪。

（二）走私武器、弹药罪的认定

根据2014年最高人民法院、最高人民检察院《关于办理走私刑事案件适用法律若干问题的解释》的规定，走私枪支散件，构成犯罪的，以走私武器罪定罪处罚。走私各种弹药的弹头、弹壳，构成犯罪的，以走私弹药罪定罪处罚。走私报废或者无法组装并使用的各种弹药的弹头、弹壳，构成犯罪的，以走私普通货物、物品罪定罪处罚；属于废物的，以走私废物罪定罪处罚。走私国家禁止或者限制进出口的仿真枪、管制刀具，构成犯罪的，以走私国家禁止进出口的货物、物品罪定罪处罚。走私的仿真枪经鉴定为枪支，构成犯罪的，以走私武器罪定罪处罚。不以牟利或者从事违法犯罪活动为目的，且无其他严重情节的，可以依法从轻处罚；情节轻微不需要判处刑罚的，可以免予刑事处罚。

（三）走私武器、弹药罪的刑事责任

依照《刑法》第151条的规定，犯本罪的，处7年以上有期徒刑，并处罚金或者没收财产；情节特别严重的，处无期徒刑，并处没收财产；情节较轻的，处3年以上7年以下有期徒刑，并处罚金。单位犯本罪的，对单位判处罚金，并对其直接负责的主管人员和其他直接责任人员，依照自然人犯本罪的规定处罚。

二、走私核材料罪

走私核材料罪，是指违反海关法规，逃避海关监管，运输、携带、邮寄核材料进出国（边）境的行为。本罪的对象是核材料。核材料，是指可以发生原子核

① 本罪的走私方式为本节各走私犯罪所通用，即绕关走私、通关走私、间接走私和走私的辅助行为，实际上是各种走私犯罪的基本行为方式。

变和聚合反应的放射性材料。

依照《刑法》第151条的规定，犯本罪的，处罚与走私武器、弹药罪相同。

三、走私假币罪

走私假币罪，是指违反海关法规，逃避海关监管，运输、携带、邮寄假币进出国（边）境的行为。本罪的对象是假币。假币，是指伪造的货币，包括伪造的正在流通的人民币和境外货币。伪造的境外货币数额，折合成人民币计算。

依照《刑法》第151条的规定，犯本罪的，处罚与走私武器、弹药罪相同。

四、走私文物罪

走私文物罪，是指违反海关法规和国家文物保护法规，逃避海关监管，运输、携带、邮寄国家禁止出口的文物出境的行为。

本罪的对象是国家禁止出口的文物。国家禁止出口的文物，是指国家一、二、三级文物和其他国家禁止出口的文物。本罪的行为方式是单向的，只限于出口，不包括进口。将文物从境外走私至境内的，只能成立走私普通货物、物品罪。

依照《刑法》第151条的规定，犯本罪的，处5年以上10年以下有期徒刑，并处罚金；情节特别严重的，处10年以上有期徒刑或者无期徒刑，并处没收财产；情节较轻的，处5年以下有期徒刑，并处罚金。单位犯本罪的，对单位判处罚金，并对其直接负责的主管人员和其他直接责任人员，依照自然人犯本罪的规定处罚。

五、走私贵重金属罪

走私贵重金属罪，是指违反海关法规，逃避海关监管，运输、携带、邮寄国家禁止出口的黄金、白银和其他贵重金属出境的行为。

本罪的对象是国家禁止出口的黄金、白银和其他贵重金属。本罪的行为方式是单向的，只限于出口，不包括进口。

依照《刑法》第151的条规定，犯本罪的，处罚与走私文物罪相同。

六、走私珍贵动物、珍贵动物制品罪

走私珍贵动物、珍贵动物制品罪，是指违反海关法规和野生动物保护法规，逃避海关监管，运输、携带、邮寄珍贵动物及其制品进出国（边）境的行为。

本罪走私对象仅限于珍贵动物及其制品，包括列入《国家重点保护野生动物名录》的国家一、二级保护野生动物，《濒危野生动植物种国际贸易公约》附录Ⅰ、附录Ⅱ中的野生动物，以及驯养繁殖的上述动物及其制品。

依照《刑法》第151条规定，犯本罪的，处罚与走私文物罪相同[①]。

七、走私国家禁止进出口的货物、物品罪

走私国家禁止进出口的货物、物品罪，是指违反海关法规，逃避海关监管，运输、携带、邮寄珍稀植物及其制品等国家禁止进出口的其他货物、物品进出国（边）境的行为。

本罪的对象是珍稀植物及其制品等国家禁止进出口的其他货物、物品。珍稀植物及其制品，包括列入《国家重点保护野生植物名录》《国家重点保护野生药材物种名录》《国家珍贵树种名录》的国家一、二级保护野生植物、国家重点保护的野生药材、珍贵树木，《濒危野生动植物种国际贸易公约》附录Ⅰ、附录Ⅱ中的野生植物，以及人工培育的上述植物及其制品。其他禁止进出口的货物、物品是指除《刑法》第151条第1款和第2款、第152条、第347条所规定的货物、物品以及珍稀植物及其制品以外的国家禁止进出口的货物、物品，例如，古植物化石、无脊椎动物化石和来自国际疫区的动植物及其制品等。

依照《刑法》第151条的规定，犯本罪的，处5年以下有期徒刑或者拘役，并处或者单处罚金；情节严重的，处5年以上有期徒刑，并处罚金。单位犯本罪的，对单位判处罚金，对其直接负责的主管人员和其他直接责任人员，依照自然人犯本罪的规定处罚。

八、走私淫秽物品罪

走私淫秽物品罪，是指违反海关法规，逃避海关监管，以牟利或者传播为目的，运输、携带、邮寄淫秽的影片、录像带、录音带、图片、书刊或者其他淫秽物品进出国（边）境的行为。

本罪侵犯的客体是国家对淫秽物品的监管制度和社会管理秩序。本罪的对象是淫秽物品。淫秽物品，是指具体描绘性行为或者露骨宣扬色情的淫秽性的影片、录像带、录音带、图片、书刊以及其他淫秽物品。有关人体生理、医学知识的科学著作不是淫秽物品，包含色情内容的有艺术价值的文学、艺术作品不视为淫秽

---

① 不以牟利为目的，为留作纪念而走私珍贵动物制品进境，数额不满10万元的，可以免予刑事处罚；情节显著轻微的，不作为犯罪处理。参见2014年最高人民法院、最高人民检察院《关于办理走私刑事案件适用法律若干问题的解释》。

物品。走私非淫秽的影片、影碟、录像带、录音带、音碟、图片、书刊、电子出版物等物品的，按走私普通货物、物品罪定罪处罚。本罪走私行为的表现形式与走私武器、弹药罪相同。本罪主观上不仅要求故意，而且要求以牟利或者传播为目的。牟利，是指行为人以出卖、出租或者其他方式，利用淫秽物品牟取非法利润；传播，是指行为人意图将淫秽物品在社会上扩散。

【案例4-3-02】王某以传播为目的，在家中登录境外网站，下载淫秽影片，发给少数几位朋友观看。本案中，虽然境外网站的注册地在境外，但是下载行为发生在国内，因此不属于将淫秽物品从国外携带至国内，不构成走私行为。并且，王某只给少数几位朋友观看，也不构成传播淫秽物品罪。

依照《刑法》第152条的规定，犯本罪的，处3年以上10年以下有期徒刑，并处罚金；情节严重的，处10年以上有期徒刑或者无期徒刑，并处罚金或者没收财产；情节较轻的，处3年以下有期徒刑、拘役或者管制，并处罚金。单位犯本罪的，对单位判处罚金，并对其直接负责的主管人员和其他直接责任人员，依照自然人犯本罪的规定处罚。

九、走私废物罪

走私废物罪，是指违反海关法规和国家关于废物管理的规定，逃避海关监管，将境外固体废物、液态废物和气态废物运输进境，情节严重的行为。

本罪的对象是废物，包括固体废物、液态废物和气态废物。这里的固体废物，根据司法解释的规定，是指国家禁止进口的固体废物和国家限制进口的可用作原料的固体废物。国家限制进口的可用作原料的固体废物的具体种类，按照国家《限制进口类可用作原料的固体废物目录》执行。液态废物和气态废物，是指以液态和气态形式存在的废物。本罪的客观方面仅限于将废物运输进境的行为，因此，将废物运输出境的，不成立本罪。如果有人将境内的废物运输出境的，则视情况按照走私普通货物、物品罪处理。此外，根据《刑法》第339条第3款的规定，以原料利用为名，进口不能用作原料的固体废物、液态废物和气态废物的，也构成走私废物罪。

依照《刑法》第152条的规定，犯本罪的，处5年以下有期徒刑，并处或者单处罚金；情节特别严重的，处5年以上有期徒刑，并处罚金。单位犯本罪的，对单位判处罚金，并对其直接负责的主管人员和其他直接责任人员，依照自然人犯本罪的规定处罚。

十、走私普通货物、物品罪

（一）走私普通货物、物品罪的概念和特征

走私普通货物、物品罪，是指违反海关法规，逃避海关监管，非法运输、携带、邮寄普通货物、物品进出国（边）境，偷逃应缴税额较大或者1年内曾因走私被给予2次行政处罚后又走私的行为。本罪的主要特征包括：

（1）本罪侵犯的客体是我国海关制度中的对普通货物、物品监管和对进出口货物征收关税的制度。本罪的对象是普通货物、物品。普通货物、物品，是指除《刑法》第151条、第152条、第339条、第347条、第350条所列的武器、弹药、核材料、假币、禁止出口的文物及贵重金属、珍贵动物及其制品、珍稀植物及其制品、淫秽物品、废物、毒品以及制毒物品等以外的其他货物、物品，包括生产资料和生活资料。一般而言，本罪的对象分为两类：一类是国家限制进出口的货物、物品，即国家对进出口事项实行配额管理或者许可证管理的货物、物品；另一类是应当缴纳关税的货物、物品。

（2）本罪的客观方面表现为违反海关法规，逃避海关监管，非法运输、携带、邮寄应当缴纳关税的普通货物、物品进出境，偷逃应缴税额较大的行为。本罪的行为方式除绕关走私、通关走私、间接走私以及走私的辅助行为等基本形式外，根据《刑法》第154条的规定，下列行为应按本罪定罪处罚：①未经海关许可并且未补缴应缴税额，擅自将批准进口的来料加工、来件装配、补偿贸易的原材料、零件、制成品、设备等保税货物，在境内销售牟利的；②未经海关许可并且未补缴应缴税额，擅自将特定减税、免税进口的货物、物品，在境内销售牟利的。理论上将上述行为称为“后续走私”。另外，根据相关司法解释的规定，自然人走私普通货物、物品偷逃应缴税额10万元以上的，才以本罪论处。应缴税额，包括进出口货物、物品应当缴纳的进出口关税和进口环节海关代征税的税额。走私货物、物品所偷逃的应缴税额，应当以走私行为案发时所适用的税则、税率、汇率和海关审定的完税价格计算，并以海关出具的证明为准。

【案例4-3-03】甲系某外贸公司总经理，在公司会议上拍板：为物尽其用，将公司以来料加工方式申报进口的原材料剩料在境内销售。该行为未经海关许可，应缴税款90万元，公司亦未补缴。本案中，该外贸公司擅自将特定原材料剩料在

境内销售，并且未补缴税款的行为属于走私普通货物、物品罪的行为方式之一，构成走私普通货物、物品罪。

（3）本罪的主体是一般主体，既可以是中国人，也可以是外国人或无国籍人。单位也可以成为本罪的主体。

（4）本罪的主观方面是故意。走私主观故意中的“明知”，是指行为人知道或者应当知道所从事的行为是走私行为。

（二）走私普通货物、物品罪的认定

（1）罪与非罪的界限。本罪的认定，要注意区分罪与非罪的界限。走私偷逃应缴税额达到10万元以上，或者1年内曾因走私被给予2次行政处罚后又走私的，构成本罪。未达到定罪标准的，属于一般走私违法行为，可处以罚款和没收走私物品。

（2）本罪与走私其他特定货物、物品犯罪的界限。二者的区别在于犯罪对象不同。走私武器、弹药、核材料、假币、禁止出口的文物及贵重金属、珍贵动植物及其制品、淫秽物品、毒品以及制毒物品等特定物品的，按走私武器、弹药、核材料等罪名定罪处罚；走私上述特定物品以外的其他普通货物、物品的，按本罪处理。在走私的货物、物品中藏匿《刑法》第151条、第152条、第347条、第350条规定的货物、物品，构成犯罪的，以实际走私的货物、物品定罪处罚；构成数罪的，实行数罪并罚。未经许可进出口国家限制进出口的货物、物品，或者租用、借用或者使用购买的他人许可证，进出口国家限制进出口的货物、物品，构成犯罪的，应当依照《刑法》第151条、第152条的规定，以走私国家禁止进出口的货物、物品罪等罪名定罪处罚；偷逃应缴税额，同时又构成走私普通货物、物品罪的，依照处罚较重的规定定罪处罚。取得许可，但超过许可数量进出口国家限制进出口的货物、物品，构成犯罪的，依照《刑法》第153条的规定，以走私普通货物、物品罪定罪处罚。

（3）武装掩护走私和暴力抗拒缉私的认定和处罚。武装掩护走私[①]的，依照《刑法》第151条第1款的规定从重处罚。以暴力、威胁方法抗拒缉私的，以所犯的走私犯罪和妨害公务罪，依照数罪并罚的规定处罚。

① 武装掩护走私，是指走私分子或其雇佣人员携带武器用以保护走私活动的行为，是否使用武器，不影响武装掩护走私的成立。参见高铭暄、马克昌:《刑法学》，北京大学出版社2019年版，第382页。

（三）走私普通货物、物品罪的刑事责任

依照《刑法》第153条的规定，对于犯本罪的，根据情节轻重，分别依照下列规定处罚：①走私货物、物品偷逃应缴税额较大或者1年内曾因走私被给予2次行政处罚后又走私的，处3年以下有期徒刑或者拘役，并处偷逃应缴税额1倍以上5倍以下罚金；②走私货物、物品偷逃应缴税额巨大或者有其他严重情节的，处3年以上10年以下有期徒刑，并处偷逃应缴税额1倍以上5倍以下罚金；③走私货物、物品偷逃应缴税额特别巨大或者有其他特别严重情节的，处10年以上有期徒刑或者无期徒刑，并处偷逃应缴税额1倍以上5倍以下罚金或者没收财产。

单位犯本罪的，对单位判处罚金，并对其直接负责的主管人员和其他直接责任人员，处3年以下有期徒刑或者拘役；情节严重的，处3年以上10年以下有期徒刑；情节特别严重的，处10年以上有期徒刑[①]。

对于多次走私未经处理的，按照累计走私货物、物品的偷逃应缴税额处罚。

第四节　妨害对公司、企业的管理秩序罪罪名分述

一、虚报注册资本罪

（一）虚报注册资本罪的概念和特征

虚报注册资本罪，是指在申请公司登记时，使用虚假证明文件或者采取其他欺诈手段虚报注册资本，欺骗公司登记主管部门，取得公司登记，虚报注册资本数额巨大、后果严重或者有其他严重情节的行为。

本罪侵犯的客体是我国的公司登记管理制度。本罪在客观方面表现为在申请公司登记时，使用虚假证明文件或者采取其他欺诈手段虚报注册资本，欺骗公司登记主管部门，取得公司登记，虚报注册资本数额巨大、后果严重或者有其他严重情节的行为。本罪犯罪对象必须是注册资本。虚报注册资本，既可以表现为没有达到登记注册的法定资本数额，却采取欺诈手段证明达到了法定数额；也可以表现为虽然达到了法定数额却虚报更高数额的注册资本。本罪是结果犯，行为人是否取得了公司登记，是构成本罪的一个重要条件。虚报注册资本数额巨大、后果严重或者有其他严重情节，具备三者之一，即可成立本罪。本罪的主体是特殊

① 具体定罪量刑标准参见2014年最高人民法院、最高人民检察院《关于办理走私刑事案件适用法律若干问题的解释》。

主体，必须是申请公司登记的自然人或者单位。这里的公司，根据2014年全国人大常委会《关于〈中华人民共和国刑法〉第一百五十八条、第一百五十九条的解释》，应当限定为依法实行注册资本实缴登记制的公司。本罪的主观方面必须是出于故意，目的在于取得公司登记。

（二）虚报注册资本罪的刑事责任

依照《刑法》第158条的规定，犯本罪的，处3年以下有期徒刑或者拘役，并处或者单处虚报注册资本金额1%以上5%以下罚金。单位犯本罪的，对单位判处罚金，并对其直接负责的主管人员和其他直接责任人员，处3年以下有期徒刑或者拘役。

二、虚假出资、抽逃出资罪

（一）虚假出资、抽逃出资罪的概念和特征

虚假出资、抽逃出资罪，是指公司发起人、股东违反公司法的规定，未交付货币、实物或者未转移财产权，虚假出资，或者在公司成立后抽逃其出资，数额巨大、后果严重或者有其他严重情节的行为。

本罪侵犯的客体是国家关于公司出资方面的管理制度。本罪在客观方面表现为行为人违反公司法的规定，未交付货币、实物或者未转移财产权，虚假出资，或者在公司成立后又抽逃其出资，数额巨大、后果严重或者有其他严重情节的行为。未交付货币、实物，是指未将货币足额存入准备设立的公司在银行开设的临时账户，或者根本就没有交付任何货币；没有实际交付作为出资的机器、设备、原材料、房屋等实物。未转移财产权，是指对作为出资的实物、工业产权、非专利技术、土地使用权没有办理财产权转移手续或者土地使用权转移手续。虚假出资，是指对以实物、工业产权、非专利技术或者土地使用权出资的，在评估作价时，故意高估或者低估作价，然后再作为出资等情形。公司成立后又抽逃其出资，是指为达到设立公司的目的，通过向其他企业借款或者向银行贷款等手段取得资金作为出资，待公司登记成立后又抽回这些资金，或者在公司设立时依法缴纳了自己的出资，当公司成立后又将已投入的资金撤回等情形。本罪为结果犯，虚假出资、抽逃出资的数额巨大、后果严重或者有其他严重情节的，才构成本罪。本罪的主体是特殊主体，必须是公司的发起人或者股东，包括自然人和单位。本罪的主观方面只能由故意构成。

【案例4-4-01】甲、乙二人共同出资10万元，同时，通过购买并使用伪造的商业零售发票，虚填商品实物价值人民币50万元，骗取审计事务所出具验资报告，欺骗公司登记主管部门，以60万元注册资本取得XX贸易有限公司营业执照。后甲、乙又合谋将上述10万元资本金转移用于注册另一公司。甲、乙二人的行为构成虚报注册资本罪与抽逃出资罪。

（二）虚假出资、抽逃出资罪的刑事责任

依照《刑法》第159条的规定，犯本罪的，处5年以下有期徒刑或者拘役，并处或者单处虚假出资金额或者抽逃出资金额2%以上10%以下罚金。单位犯本罪的，对单位判处罚金，并对其直接负责的主管人员和其他直接责任人员，处5年以下有期徒刑或者拘役。

三、欺诈发行证券罪

欺诈发行证券罪，是指在招股说明书、认股书、公司、企业债券募集办法等发行文件中隐瞒重要事实或者编造重大虚假内容，发行股票或者公司、企业债券、存托凭证或者国务院依法认定的其他证券，数额巨大、后果严重或者有其他严重情节，或者控股股东、实际控制人组织、指使实施欺诈发行证券的行为。

本罪侵犯的客体是国家有关证券发行的管理秩序。本罪在客观方面表现为两种情形：一是行为人在招股说明书、认股书、公司、企业债券募集办法等发行文件中隐瞒重要事实或者编造重大虚假内容，发行股票或者公司、企业债券、存托凭证或者国务院依法认定的其他证券，数额巨大、后果严重或者有其他严重情节的行为；二是控股股东、实际控制人组织、指使实施欺诈发行证券的行为。本罪主体是一般主体，包括自然人和单位（单位指有限责任公司、股份有限公司和其他企业法人）。既可以是自然人或者单位直接构成欺诈发行证券罪，也可以是自然人或者单位作为控股股东、实际控制人组织、指使实施欺诈发行证券行为，从而构成欺诈发行证券罪。本罪的主观方面只能由故意构成。

依照《刑法》第160条的规定，自然人直接构成欺诈发行证券罪的，处5年以下有期徒刑或者拘役，并处或者单处罚金；数额特别巨大、后果特别严重或者有其他特别严重情节的，处5年以上有期徒刑，并处罚金。自然人作为控股股东、实际控制人组织、指使实施欺诈发行证券行为的，处5年以下有期徒刑或者拘役，并处或者单处非法募集资金金额20%以上1倍以下罚金；数额特别巨大、后果特

别严重或者有其他特别严重情节的，处5年以上有期徒刑，并处非法募集资金金额20%以上1倍以下罚金。单位犯本罪的，对单位判处非法募集资金金额20%以上1倍以下罚金，并对其直接负责的主管人员和其他直接责任人员，依照自然人直接构成欺诈发行证券罪的规定处罚。

四、违规披露、不披露重要信息罪

违规披露、不披露重要信息罪，是指依法负有信息披露义务的公司、企业向股东和社会公众提供虚假的或者隐瞒重要事实的财务会计报告，或者对依法应当披露的其他重要信息不按照规定披露，严重损害股东或者其他人利益，或者有其他严重情节的行为。

本罪侵犯的客体是证券市场的信息披露制度。本罪在客观方面表现为依法负有信息披露义务的公司、企业向股东和社会公众提供虚假的或者隐瞒重要事实的财务会计报告，或者对依法应当披露的其他重要信息不按照规定披露，严重损害股东或者其他人利益，或者有其他严重情节的行为。本罪的行为方式既有作为，也有不作为。此外，公司、企业的控股股东、实际控制人实施或者组织、指使实施违规披露、不披露重要信息行为的，或者隐瞒相关事项导致上述情形发生的，也构成本罪。本罪主体既包括依法负有信息披露义务的公司、企业（其法律责任只及于直接负责的主管人员和其他直接责任人员），也包括公司、企业的控股股东、实际控制人（既可以是自然人，也可以是单位）。本罪的主观方面是故意。

依照《刑法》第161条的规定，犯本罪的，对其直接负责的主管人员和其他直接责任人员，处5年以下有期徒刑或者拘役，并处或者单处罚金；情节特别严重的，处5年以上10年以下有期徒刑，并处罚金。公司、企业的控股股东、实际控制人实施或者组织、指使实施违规披露、不披露重要信息行为的，或者隐瞒相关事项导致上述情形发生的，依照上述规定处罚。控股股东、实际控制人是单位的，对单位判处罚金，并对其直接负责的主管人员和其他直接责任人员，依照上述规定处罚。

五、妨害清算罪

妨害清算罪，是指公司、企业在进行清算时，隐匿财产，对资产负债表或者财产清单作虚假记载或者在未清偿债务前分配公司、企业财产，严重损害债权人或者其他人利益的行为。

本罪侵犯的客体是国家对公司、企业的破产清算制度。本罪的客观方面必须具备三个要件：①行为发生在公司、企业清算财产时。②实施了以下四种行为之一：一是隐匿财产；二是对资产负债表作虚假记载，如夸大负债数额，作实际上并不存在的负债记载，对特定债权人作不符合事实的负债记载等；三是对财产清单作虚假记载，如减少公司、企业的收入，提高固定资产的价格等；四是在清偿债务前分配公司、企业财产。③严重损害债权人或者其他人的利益。这里的"严重损害债权人或者其他人利益"的具体情形，参照2010年最高人民检察院、公安部《关于公安机关管辖的刑事案件立案追诉标准的规定（二）》（以下简称《立案追诉标准（二）》）的规定。

依照《刑法》第162条的规定，犯本罪的，对直接负责的主管人员和其他直接责任人员，处5年以下有期徒刑或者拘役，并处或者单处2万元以上20万元以下罚金。

六、隐匿、故意销毁会计凭证、会计账簿、财务会计报告罪

隐匿、故意销毁会计凭证、会计账簿、财务会计报告罪，是指隐匿、故意销毁依法应当保存的会计凭证、会计账簿、财务会计报告，情节严重的行为。

本罪侵犯的客体是国家对会计资料的管理制度。本罪的对象是依法应当保存的会计凭证、会计账簿、财务会计报告。本罪在客观方面表现为行为人隐匿、故意销毁依法应当保存的会计凭证、会计账簿、财务会计报告，情节严重的行为。这里的"情节严重"，参照《立案追诉标准（二）》的相关规定。

依照《刑法》第162条之一的规定，犯本罪的，处5年以下有期徒刑或者拘役，并处或者单处2万元以上20万元以下罚金。单位犯本罪的，对单位判处罚金，并对其直接负责的主管人员和其他直接责任人员，依照自然人犯本罪的规定处罚。

七、虚假破产罪

虚假破产罪，是指公司、企业通过隐匿财产、承担虚构的债务或者以其他方法转移、处分财产，实施虚假破产，严重损害债权人或者其他人利益的行为。

本罪侵犯的客体是公司、企业的破产管理制度。本罪在客观方面表现为公司、企业通过隐匿财产、承担虚构的债务或者以其他方法转移、处分财产，实施虚假破产，严重损害债权人或者其他人利益的行为。

依照《刑法》第162条之二的规定，犯本罪的，对其直接负责的主管人员和其他直接责任人员，处5年以下有期徒刑或者拘役，并处或者单处2万元以上20万元以下罚金。

八、非国家工作人员受贿罪

（一）非国家工作人员受贿罪的概念和特征

非国家工作人员受贿罪，是指公司、企业或者其他单位的工作人员利用职务上的便利，索取他人财物或非法收受他人财物，为他人谋取利益，或者在经济往来中，利用职务上的便利，违反国家规定，收受各种名义的回扣、手续费，归个人所有，数额较大的行为。本罪的主要特征包括：

（1）本罪侵犯的客体是国家对公司、企业或者其他单位的管理制度和公司、企业或者其他单位工作人员职务行为的廉洁性。

（2）本罪的客观方面表现为利用职务上的便利，索取他人财物或者非法收受他人财物，为他人谋取利益，数额较大的行为。第一，必须利用职务上的便利，即利用自己职务上主管、负责、经管或者参与某项工作的便利条件。第二，必须索取他人财物或者非法收受他人财物，为他人谋取利益。不管是索取他人财物，还是非法收受他人财物，都必须为他人谋取利益，但不要求行为人实际上为他人谋取了利益。另外，依照《刑法》第163条第2款的规定，公司、企业或者其他单位的工作人员在经济往来中，违反国家规定，收受各种名义的回扣、手续费，归个人所有的，也属于本罪在客观方面的表现形式之一。违反国家规定，是指违反全国人大及其常委会制定的法律和发布的决定，国务院制定的行政法规、规定的行政措施、发布的决定和命令，不包括单纯违反地方性规定的行为。回扣，是指在商品或劳务活动中，由卖方从所收到的价款中，在账外暗中以现金、实物或者其他方式返还给买方或其经办人的一定比例的款项。手续费，是指在经济活动中，违反国家规定，以各种名义支付给公司、企业或者其他单位的工作人员除了回扣之外的其他款项，如顾问费、劳务费、信息费、好处费等。第三，索取或者非法收受的他人财物，必须达到数额较大。根据2016年最高人民法院、最高人民检察院《关于办理贪污贿赂刑事案件适用法律若干问题的解释》的规定，公司、企业或者其他单位的工作人员利用职务上的便利，索取他人财物或非法收受他人财物达到6万元的，构成本罪。

（3）本罪的主体是特殊主体，即必须是公司、企业或者其他单位的工作人员，但不包括国有公司、企业或者其他国有单位中从事公务的人员和国有公司、企业或者其他国有单位委派到非国有公司、企业以及其他单位从事公务的人员。另外，根据《刑法》第184条的规定，银行或者其他金融机构的工作人员（国有金融机构工作人员和国有金融机构委派到非国有金融机构从事公务的人员除外)，在金融业务活动中索取他人财物或者非法收受他人财物，为他人谋取利益的，或者违反国家规定，收受各种名义的回扣、手续费，归个人所有的，以本罪论处。

(4) 本罪的主观方面必须是故意，并且具有为他人谋取利益的目的。

(二) 非国家工作人员受贿罪的认定

(1) 罪与非罪的界限。公司、企业或者其他单位的工作人员索取或者非法收受他人财物的行为，必须达到数额较大，才构成本罪。

(2) 本罪与受贿罪的界限。这两种犯罪都是行为人利用职务上的便利，索取他人财物或非法收受他人财物，为他人谋取利益的行为，两罪的区别主要在于：①犯罪客体不同。本罪侵犯的客体是国家对公司、企业或者其他单位的管理制度，以及公司、企业或者其他单位的工作人员职务行为的廉洁性；而受贿罪的客体是国家机关的正常管理活动，以及国家工作人员职务行为的廉洁性。②犯罪主体不同。本罪的主体是公司、企业或者其他单位的非国家工作人员，而受贿罪的主体必须是国家工作人员。

(三) 非国家工作人员受贿罪的刑事责任

依照《刑法》第163条的规定，犯本罪的，处3年以下有期徒刑或者拘役，并处罚金；数额巨大或者有其他严重情节的，处3年以上10年以下有期徒刑，并处罚金；数额特别巨大或者有其他特别严重情节的，处10年以上有期徒刑或者无期徒刑，并处罚金。

九、对非国家工作人员行贿罪

对非国家工作人员行贿罪，是指为谋取不正当利益，给予公司、企业或者其他单位的工作人员以财物，数额较大的行为。

本罪的行贿对象必须是公司、企业或者其他单位的工作人员。这里的公司、企业或者其他单位的工作人员，是指公司、企业或者其他单位的非国家工作人员，不包括国家工作人员。行贿主体既可以是自然人，也可以是单位。本罪的主观方面必须出于故意，并且是为了谋取不正当利益。谋取不正当利益，是指谋取违反法律、法规、国家政策和国务院各部门规章规定的利益，以及要求公司、企业或者其他单位的工作人员提供违反法律、法规、国家政策和国务院各部门规章规定的帮助或者便利条件。至于实际上是否获取了不正当利益，不影响本罪的成立。对公司、企业或者其他单位的工作人员行贿，刑法明文要求必须达到数额较大，才构成犯罪。这里的“数额较大”，根据最高人民法院、最高人民检察院2016年《关于办理贪污贿赂刑事案件适用法律若干问题的解释》的规定，个人行贿的应当为6万元以上；参照《立案追诉标准（二）》的规定，单位行贿数额应当在20万元以上。

依照《刑法》第164条的规定，犯本罪的，处3年以下有期徒刑或者拘役，并处罚金；数额巨大的，处3年以上10年以下有期徒刑，并处罚金。单位犯本罪的，对单位判处罚金，并对其直接负责的主管人员和其他直接责任人员，依照自然人犯本罪的规定处罚。行贿人在被追诉前主动交待行贿行为的，可以减轻或者免除处罚。

十、对外国公职人员、国际公共组织官员行贿罪

对外国公职人员、国际公共组织官员行贿罪，是指为谋取不正当商业利益，给予外国公职人员或者国际公共组织官员以财物的行为。

本罪的行贿对象必须是外国公职人员或者国际公共组织官员。行贿主体是一般主体，包括自然人和单位。本罪的主观方面必须出于故意，目的是“谋取不正当商业利益”。对外国公职人员或者国际公共组织官员行贿，虽然刑法没有明文要求行贿数额达到较大，但如果行贿数额不大，且系初犯，可视为“犯罪情节显著轻微危害不大”的情况，不应作为犯罪处理。因而本书认为，对外国公职人员或者国际公共组织官员行贿同样属于数额犯，要达到定罪量刑的相应数额标准，才能构成犯罪。

依照《刑法》第164条的规定，犯本罪的，处罚与对非国家工作人员行贿罪相同。

十一、非法经营同类营业罪

非法经营同类营业罪，是指国有公司、企业的董事、经理利用职务之便，自己经营或为他人经营与其所任职公司、企业同类的营业，获取非法利益，数额巨大的行为。

本罪侵犯的客体是国有公司、企业的财产权及国家对国有公司、企业的董事、经理的管理职能。本罪的客观方面表现为行为人利用职务之便，非法经营同类营业。经营包括两种情况：一是为自己经营，即为自己独资或者担任股东的公司、企业经营；二是为他人经营，但自己从中谋取利益。同类营业，是指生产销售同一商品或者具有其他同一性质的营业。非法经营同类营业的行为必须获取了数额

巨大的非法利益才能构成本罪。参照《立案追诉标准（二）》的规定，这里的“数额巨大”是指获取非法利益10万元以上。本罪的主体是国有公司、企业的董事、经理。本罪的主观方面是故意，且有获取非法利益的目的。

依照《刑法》第165条的规定，犯本罪的，处3年以下有期徒刑或者拘役，并处或者单处罚金；数额特别巨大的，处3年以上7年以下有期徒刑，并处罚金。

十二、为亲友非法牟利罪

为亲友非法牟利罪，是指国有公司、企业、事业单位的工作人员，利用职务便利，为亲友非法牟利，致使国家利益遭受重大损失的行为。

本罪侵犯的客体是国有公司、企业、事业单位的利益。本罪的客观方面表现为利用职务便利，实施具有下列情形之一的行为：①将本单位的盈利业务交由自己的亲友进行经营；②以明显高于市场的价格向自己的亲友经营管理的单位采购商品或者以明显低于市场的价格向自己的亲友经营管理的单位销售商品；③向自己的亲友经营管理的单位采购不合格商品。构成本罪必须以致使国家利益遭受重大损失为前提。“致使国家利益遭受重大损失”的具体情形，参照《立案追诉标准（二）》的规定。本罪主体是国有公司、企业、事业单位的工作人员。本罪主观方面只能由故意构成，过失行为不成立本罪。

【案例4-4-02】国有A公司总经理甲发现A公司将从B公司购进的货物转手卖出时，A公司即可赚取300万元。甲便让其妻乙注册成立C公司，并利用其特殊身份，让B公司与A公司解除合同后，再将货物卖给C公司。C公司由此获得300万元利润。本案中，甲作为国有公司总经理，指使其妻子经营与本单位相同的业务，属于自己变相经营，因此构成非法经营同类营业罪。同时，甲利用职务便利将本公司盈利业务，交由自己妻子注册的公司经营，构成为亲友非法牟利罪。甲只有一行为，属于为亲友非法牟利罪和非法经营同类营业罪的想象竞合，应择一重罪论处。但甲不应构成贪污罪，因为本案中的300万元对于国有A公司而言，不是其现实的、已经拥有的财产或财产性利益，而是一种预期的、需要进一步行为才能获取的利益。

依照《刑法》第166条的规定，犯本罪的，处3年以下有期徒刑或者拘役，并处或者单处罚金；致使国家利益遭受特别重大损失的，处3年以上7年以下有期徒刑，并处罚金。

十三、签订、履行合同失职被骗罪

签订、履行合同失职被骗罪，是指国有公司、企业、事业单位直接负责的主管人员，在签订、履行合同过程中，因严重不负责任被诈骗，致使国家利益遭受重大损失的行为。

本罪侵犯的客体是国有公司、企业、事业单位的利益。本罪的客观方面表现为行为人在签订、履行合同过程中，因严重不负责任被诈骗，致使国家利益遭受重大损失的行为。严重不负责任，是指玩忽职守，不认真审查对方的合同主体资格、资信情况、履约能力、货源、合同标的的数量和质量等情况，导致被骗。被诈骗，是指对方当事人的行为已经涉嫌诈骗犯罪，不以对方当事人已经被人民法院判决构成诈骗犯罪作为立案追诉的前提。同时，本罪的成立要求“致使国家利益遭受重大损失”，具体情形参照《立案追诉标准（二）》的规定。本罪的主体是特殊主体，即国有公司、企业、事业单位的直接负责的主管人员。本罪的主观方面是过失，既可能是疏忽大意的过失，也可能是过于自信的过失。此外，根据1998年全国人大常委会《关于惩治骗购外汇、逃汇和非法买卖外汇犯罪的决定》第7条的规定，金融机构、从事对外贸易经营活动的公司、企业的工作人员严重不负责任，造成大量外汇被骗购或者逃汇，致使国家利益遭受重大损失的，依照《刑法》第167条的规定定罪处罚，即以签订、履行合同失职被骗罪论处。

依照《刑法》第167条的规定，犯本罪的，处3年以下有期徒刑或者拘役；致使国家利益遭受特别重大损失的，处3年以上7年以下有期徒刑。

十四、国有公司、企业、事业单位人员失职罪

国有公司、企业、事业单位人员失职罪，是指国有公司、企业、事业单位的工作人员，由于严重不负责任，造成国有公司、企业破产或者严重损失，或者国有事业单位严重损失，致使国家利益遭受重大损失的行为。

本罪侵犯的客体是国有公司、企业、事业单位的利益。本罪的客观方面表现为行为人严重不负责任，造成国有公司、企业破产或者严重损失，或者国有事业单位严重损失，致使国家利益遭受重大损失的行为。损失的具体情形，参照《立案追诉标准（二）》的相关规定。本罪属于过失犯罪。

依照《刑法》第168条的规定，犯本罪的，处3年以下有期徒刑或者拘役；致使国家遭受特别重大损失的，处3年以上7年以下有期徒刑。国有公司、企业、事业单位的工作人员徇私舞弊犯本罪的，从重处罚。

十五、国有公司、企业、事业单位人员滥用职权罪

国有公司、企业、事业单位人员滥用职权罪，是指国有公司、企业、事业单位的工作人员，滥用职权，造成国有公司、企业破产或者严重损失，或者国有事业单位严重损失，致使国家利益遭受重大损失的行为。

本罪侵犯的客体是国有公司、企业、事业单位的利益。本罪的客观方面表现为行为人因滥用职权，造成国有公司、企业破产或者严重损失，或者国有事业单位严重损失，致使国家利益遭受重大损失的行为。滥用职权，既包括超越职权，也包括违反程序行使职权。损失的具体情形，参照《立案追诉标准（二）》的相关规定。本罪属于故意犯罪。

依照《刑法》第168条的规定，犯本罪的，处3年以下有期徒刑或者拘役；致使国家遭受特别重大损失的，处3年以上7年以下有期徒刑。国有公司、企业、事业单位的工作人员徇私舞弊犯本罪的，从重处罚。

十六、徇私舞弊低价折股、出售国有资产罪

徇私舞弊低价折股、出售国有资产罪，是指国有公司、企业或者其上级主管部门直接负责的主管人员，徇私舞弊，将国有资产低价折股或者低价出售，致使国家利益遭受重大损失的行为。

本罪侵犯的客体是国家对国有公司、企业的资产管理制度和国有财产所有权。本罪的犯罪对象是国有资产。国有资产，是指国家通过各种形式对国有公司、企业进行投资和投资收益形成的财产，以及依法认定的公司、企业中的国有财产。本罪的客观方面表现为行为人徇私舞弊，将国有资产低价折股或者低价出售，致使国家利益遭受重大损失的行为。低价折股，是指国有公司、企业在改制过程中，对公司、企业的财产（包括实物、工业产权、非专利技术或者土地使用权等），故意低估作价。低价出售，是指将国有资产以低于实际价值的价格出卖给非国有单位或个人。损失的具体情形，参照《立案追诉标准（二）》的相关规定。

依照《刑法》第169条的规定，犯本罪的，处3年以下有期徒刑或者拘役；致使国家利益遭受特别重大损失的，处3年以上7年以下有期徒刑。

十七、背信损害上市公司利益罪

（一）背信损害上市公司利益罪的概念和特征

背信损害上市公司利益罪，是指上市公司的董事、监事、高级管理人员违背对公司的忠实义务，利用职务便利，操纵上市公司从事损害上市公司利益的活动，以及上市公司的控股股东或者实际控制人，指使上市公司董事、监事、高级管理人员从事损害上市公司利益的活动，致使上市公司利益遭受重大损失的行为。

本罪侵犯的客体是上市公司的正常管理秩序和合法利益。本罪在客观方面表现为两种情形：①上市公司的董事、监事、高级管理人员违背对公司的忠实义务，利用职务便利，操纵上市公司从事损害上市公司利益的活动，致使上市公司利益遭受重大损失。具体的行为方式包括：第一，无偿向其他单位或者个人提供资金、商品、服务或者其他资产的；第二，以明显不公平的条件，提供或者接受资金、商品、服务或者其他资产的；第三，向明显不具有清偿能力的单位或者个人提供资金、商品、服务或者其他资产的；第四，为明显不具有清偿能力的单位或者个人提供担保，或者无正当理由为其他单位或者个人提供担保的；第五，无正当理由放弃债权、承担债务的；第六，采用其他方式损害上市公司利益的。②上市公司的控股股东或者实际控制人，指使上市公司董事、监事、高级管理人员从事上述损害上市公司利益的活动，致使上市公司利益遭受重大损失。本罪的成立要求“致使上市公司利益遭受重大损失”，具体情形参照《立案追诉标准（二）》的规定。本罪的主体是特殊主体，限于上市公司的董事、监事、高级管理人员以及上市公司的控股股东或者实际控制人，其中控股股东或者实际控制人可以是自然人，也可以是单位。本罪主观方面是故意。

（二）背信损害上市公司利益罪的刑事责任

依照《刑法》第169条之一的规定，上市公司的董事、监事、高级管理人员犯本罪的，处3年以下有期徒刑或者拘役，并处或者单处罚金；致使上市公司利益遭受特别重大损失的，处3年以上7年以下有期徒刑，并处罚金。上市公司的控股股东或者实际控制人犯本罪的，依照上述规定处罚。犯本罪的上市公司的控股股东或者实际控制人是单位的，对单位判处罚金，并对其直接负责的主管人员和其他直接责任人员，依照自然人犯本罪的规定处罚。

第五节　破坏金融管理秩序罪罪名分述

一、伪造货币罪

（一）伪造货币罪的概念和特征

伪造货币罪，是指仿照人民币或外币的样式，非法制造假货币，冒充真货币的行为。本罪的主要特征包括：

（1）本罪侵犯的客体是国家的货币管理制度和金融管理秩序。本罪的对象是货币，是指可在我国国内市场流通或者兑换的人民币和境外货币。古币等不能在市场流通或兑换的货币，不能成为本罪的对象。

（2）本罪的客观方面表现为仿照货币的图案、形状、色彩、防伪技术等特征，采用机制、人工等方法，非法制造假货币，冒充真货币。至于伪造的标准，一般应当在外观上或形式上，与真货币基本相似，足以使一般人误信为真货币。但不要求伪造的货币与真货币完全相同，且不要求与真货币所具有的特征完全一致。如果行为人不是非法制造与真货币相似的货币，而是采用其他方法，如从画册上剪下货币的图案，然后再冒充真货币骗取他人钱财，不构成本罪，可以认定为诈骗罪。

（3）本罪的犯罪主体是一般主体，行为人制造货币版样或者与他人事前通谋，为他人伪造货币提供版样的，依照本罪定罪处罚。

（4）本罪主观上只能是出于故意。关于伪造货币罪的目的，一般认为是以行使或流通为犯罪目的。但是本罪的既遂不以假货币流入社会为标准，只要伪造出来就是既遂。

（二）伪造货币罪的认定

（1）罪与非罪的界限。本罪是行为犯，刑法没有规定伪造货币罪的数额标准。但在司法实践中，伪造货币行为并非一律构成犯罪。根据2000年最高人民法院《关于审理伪造货币等案件具体应用法律若干问题的解释》（以下简称《货币案件解释》）第1条的规定，伪造货币的总面额在2000元以上或者币量在200张（枚）以上的，构成本罪。因此，未达到上述定罪标准的，不构成犯罪。

（2）本罪的罪数。假币犯罪案件中犯罪分子实施数个相关行为的，在确定罪名时应把握以下原则：①对同一宗假币实施了法律规定为选择性罪名的行为，应根据行为人所实施的数个行为，按刑法规定的排列顺序并列确定罪名，数额不累计计算，不实行数罪并罚。②对不同宗假币实施法律规定为选择性罪名的行为，并列确定罪名，数额按全部假币面额累计计算，不实行数罪并罚。③对同一宗假币实施了刑法没有规定为选择性罪名的数个犯罪行为，择一重罪从重处罚。如伪造货币或者购买假币后使用的，以伪造货币罪或购买假币罪定罪，从重处罚。④对不同宗假币实施了刑法没有规定为选择性罪名的数个犯罪行为，分别定罪，数罪并罚。

（三）伪造货币罪的刑事责任

依照《刑法》第170条的规定，犯本罪的，处3年以上10年以下有期徒刑，并处罚金；伪造货币集团的首要分子，伪造货币数额特别巨大的，或者有其他特别严重情节的，处10年以上有期徒刑或者无期徒刑，并处罚金或者没收财产。

二、出售、购买、运输假币罪

（一）出售、购买、运输假币罪的概念和特征

出售、购买、运输假币罪，是指明知是伪造的货币而出售、购买或者运输，数额较大的行为。

本罪侵犯的客体是国家的货币管理制度和金融管理秩序。本罪的对象是伪造的货币。本罪的客观方面表现为出售、购买、运输伪造的货币，数额较大的行为。出售，是指有偿转让、有偿交付伪造的货币；购买，是指有偿取得假币；运输，是指转移假币的存放地点。构成本罪，必须达到数额较大。本罪主体是一般主体，但其中的购买假币的主体必须不是金融机构的工作人员。

（二）出售、购买、运输假币罪的认定

《刑法》第171条第3款规定，伪造货币并出售或者运输伪造的货币的，依照本法第170条的规定定罪从重处罚。伪造货币并出售或者运输的，属于吸收关系，只成立一罪，以伪造货币罪从重处罚。但这仅限于行为人出售、运输自己伪造的货币的情形。如果行为人不仅伪造货币，而且出售或者运输他人伪造的货币，即伪造的货币与出售、运输的货币不具有同一性的，则应当实行数罪并罚。

（三）出售、购买、运输假币罪的刑事责任

依照《刑法》第171条的规定，犯本罪的，处3年以下有期徒刑或者拘役，并处2万元以上20万元以下罚金；数额巨大的，处3年以上10年以下有期徒刑，并处5万元以上50万元以下罚金；数额特别巨大的，处10年以上有期徒刑或者无期

徒刑，并处5万元以上50万元以下罚金或者没收财产。根据《货币案件解释》第3条的规定，总面额在4000元以上不满5万元的，属于“数额较大”；总面额在5万元以上不满20万元的，属于“数额巨大”；总面额在20万元以上的，属于“数额特别巨大”。

三、金融工作人员购买假币、以假币换取货币罪

金融工作人员购买假币、以假币换取货币罪，是指银行或者其他金融机构的工作人员购买伪造的货币，或者利用职务上的便利，以伪造的货币换取货币的行为。

本罪侵犯的客体是国家的货币管理制度和金融管理秩序，同时还侵犯了金融机构的财产所有权。本罪的客观方面表现为两种情况：一是购买假币；二是利用职务上的便利，以假币换取货币，即利用经手、管理钱款的职务便利，私下以假币换取其经手或者管理的同种、同数量的真货币。本罪的主体是特殊主体，必须是银行或者其他金融机构的工作人员。《刑法》第171条第1款将购买假币的行为规定为犯罪，但《刑法》第171条第2款又规定，金融工作人员购买假币的单独成罪。上述两个规定属于普通法与特别法的关系。另外，一般人购买假币构成犯罪要求数额较大，而金融工作人员购买假币构成犯罪则不要求数额较大。

依照《刑法》第171条的规定，犯本罪的，处3年以上10年以下有期徒刑，并处2万元以上20万元以下罚金；数额巨大或者有其他严重情节的，处10年以上有期徒刑或者无期徒刑，并处2万元以上20万元以下罚金或者没收财产；情节较轻的，处3年以下有期徒刑或者拘役，并处或者单处1万元以上10万元以下罚金。

四、持有、使用假币罪

（一）持有、使用假币罪的概念和特征

持有、使用假币罪，是指明知是伪造的货币而持有、使用，数额较大的行为。

本罪侵犯的客体是国家的货币管理制度和金融管理秩序。本罪的客观方面表现为持有、使用伪造的货币，数额较大的行为。本罪有以下两种情形：①持有，即将假币置于行为人事实上的支配之下，不要求行为人实际上握有假币，例如，随身携带是持有，将假币存放在家中、亲友等处也是持有。需要强调的是，必须是根据现有证据不能认定行为人是为了进行其他假币犯罪，才能以持有假币罪处理。单纯以收藏为目的的持有假币的行为也是持有，不要求以使用为目的。②使

用，即将假币当真币使用，履行货币职能。行为人既可以是以外表合法的方式使用假币，如以假币购物、到银行存款、赠与他人、清偿债务等；也可以是以非法形式使用假币，如将假币用于赌博等。成立本罪还要求持有、使用假币数额较大。本罪的主体是一般主体，不包括单位。本罪的主观方面只能是故意，即明知是假币而非法持有或者使用。因缺乏必要知识不知是假币而持有或使用的，不构成犯罪。本罪是选择性罪名，使用假币首先应持有，而单纯持有假币则独立构成犯罪。先持有进而使用假币，以使用假币罪定罪而不数罪并罚。

【案例4-5-01】甲发现某银行的ATM机能够存入编号以“HD”开头的假币，于是窃取了三张信用卡，先后两次采取存入假币取出真币的方法，共从ATM机内获取6000元人民币。本案中，甲以假币当真币使用，履行货币职能，构成使用假币罪；同时，甲盗窃信用卡并使用，根据《刑法》第196条第3款的规定，应以盗窃罪定罪处罚。故甲同时构成使用假币罪和盗窃罪，应数罪并罚。

（二）持有、使用假币罪的认定

（1）使用假币罪与出售假币罪的界限。使用假币，一般以交易对方不知是假币为条件；出售假币则是将假币作为商品，在对方明知的情况下，为获取非法利益而同意以低于面值的价格成交。使用假币罪是单向犯罪，而出售假币罪则为对合犯，即买卖双方均构成犯罪。

【案例4-5-02】甲用总面额10万元的假币换取乙的1万元真币，甲、乙分别构成出售假币罪、购买假币罪。

（2）购买假币后使用的定性。行为人购买假币后使用，构成犯罪的，依照《刑法》第171条的规定，以购买假币罪定罪，从重处罚。购买假币后使用的，是购买假币罪与使用假币罪的牵连犯。根据司法解释规定，对此应以购买假币罪从重处罚。

（3）出售、运输假币而使用的定性。行为人出售、运输假币构成犯罪，同时有使用假币行为的，依照《刑法》第171条、第172条的规定，实行数罪并罚。

（三）持有、使用假币罪的刑事责任

依照《刑法》第172条的规定，犯本罪的，处3年以下有期徒刑或者拘役，并处或者单处1万元以上10万元以下罚金；数额巨大的，处3年以上10年以下有期

徒刑，并处2万元以上20万元以下罚金；数额特别巨大的，处10年以上有期徒刑，并处5万元以上50万元以下罚金或者没收财产。

五、变造货币罪

变造货币罪，是指采用挖补、揭层、涂改、拼接等手段，改变货币的真实形态、色彩、文字、数目等，使其升值，数额较大的行为。

本罪侵犯的客体是国家的货币管理制度和金融管理秩序。本罪的客观方面表现为以真货币为基本材料，在真币的基础上，采用剪贴、涂改、挖补、拼凑、揭层、修描、覆盖等处理方法，对真货币进行加工改造，以增多货币数量或增大票面面值的行为。如果行为人虽有变造货币的行为，但不能使其升值，则不能构成犯罪。变造货币数额较大的，才成立犯罪。

实践中，应区分本罪与伪造货币罪的界限。变造货币行为由伪造货币行为独立出来，二者侵犯的对象基本相同，都是行为人非法改变货币的属性，使得经过改变后的货币不再是起初合法的货币。但是在犯罪手法和社会危害性方面，变造货币罪与伪造货币罪并不完全相同。变造货币是在原货币基础上加工处理使其虚假增值；伪造货币则系无中生有，将非货币物质加工为货币。因此，变造后的货币有原币成分；伪造的则没有，或完全改变形态。例如，对人民币真币加工处理，使50元面额变为100元面额的，属于变造货币；将低额美元的纸币加工成高额英镑的纸币的，则属于伪造货币。可见，变造货币一般要投入原币成本，数量不是很多，而伪造货币则可以大量进行，危害极大。因而两罪法定刑不同，变造货币罪法定最高刑为10年有期徒刑，而伪造货币罪法定最高刑为无期徒刑。

依照《刑法》第173条的规定，犯本罪的，处3年以下有期徒刑或者拘役，并处或者单处1万元以上10万元以下罚金；数额巨大的，处3年以上10年以下有期徒刑，并处2万元以上20万元以下罚金。

六、擅自设立金融机构罪

（一）擅自设立金融机构罪的概念和特征

擅自设立金融机构罪，是指单位和个人未经国家有关主管部门批准，擅自设立商业银行、证券交易所、期货交易所、证券公司、期货经纪公司、保险公司或者其他金融机构的行为。

本罪侵犯的客体是国家金融机构的管理制度。金融机构的设立、开业须经国家有关主管部门如证监会、银保监会、中国人民银行总行的严格审批。本罪的客观方面表现为未经有关主管部门批准，擅自设立商业银行、证券交易所、期货交易所、证券公司、期货经纪公司、保险公司或者其他金融机构的行为。“未经批准”可以分为两种情形：①没有依法提出设立金融机构的申请便自行设立金融机构；②虽然依法提出申请但在没有获得正式批准时便自行设立金融机构。本罪属于行为犯，只要一经设立、对外挂牌，就构成犯罪，至于行为人成立金融机构后有没有进行融资活动，对构成本罪没有影响。

（二）擅自设立金融机构罪的刑事责任

依照《刑法》第174条的规定，犯本罪的，处3年以下有期徒刑或者拘役，并处或者单处2万元以上20万元以下罚金；情节严重的，处3年以上10年以下有期徒刑，并处5万元以上50万元以下罚金。单位犯本罪的，对单位判处罚金，并对其直接负责的主管人员和其他直接责任人员，依照自然人犯本罪的规定处罚。

七、伪造、变造、转让金融机构经营许可证、批准文件罪

伪造、变造、转让金融机构经营许可证、批准文件罪，是指个人或者单位伪造、变造、转让商业银行、证券交易所、期货交易所、证券公司、期货经纪公司、保险公司或者其他金融机构经营许可证或者批准文件的行为。

伪造、变造、转让金融机构经营许可证、批准文件罪的客观方面表现为以下三种情形：①伪造金融机构经营许可证、批准文件；②变造金融机构经营许可证、批准文件；③转让金融机构经营许可证、批准文件。因此，本罪是选择性罪名，实施其中两种以上行为的，仍定一罪，不实行数罪并罚。

依照《刑法》第174条的规定，犯本罪的，处3年以下有期徒刑或者拘役，并处或者单处2万元以上20万元以下罚金；情节严重的，处3年以上10年以下有期徒刑，并处5万元以上50万元以下罚金。单位犯本罪的，对单位判处罚金，并对其直接负责的主管人员和其他直接责任人员，依照自然人犯本罪的规定处罚。

八、高利转贷罪

（一）高利转贷罪的概念和特征

高利转贷罪，是指以转贷牟利为目的，套取金融机构信贷资金高利转贷他人，违法所得数额较大的行为。

本罪侵犯的客体是国家对信贷资金的管理制度。本罪的客观方面表现为将套

取的金融机构的信贷资金以高于银行的利率转贷他人，违法所得数额较大的行为。因此，本罪在放贷和获取贷款方面基本上是正常的，不存在犯罪问题。其危害性在于以转贷牟利为目的高利转贷他人，并且违法所得数额较大。参照《立案追诉标准（二）》的规定，“数额较大”是指违法所得数额在10万元以上的，或者虽未达到上述数额标准，但2年内因高利转贷受过行政处罚2次以上又高利转贷的。本罪的主观方面只能是故意，并且具有转贷牟利的目的。

【案例4-5-03】某公司系甲、乙二人依法注册成立的公司，以钢材批发零售为营业范围。丙因自己的公司急需资金，便向甲、乙借款，承诺向甲、乙的公司支付高于银行利息5个百分点的利息，并另给甲、乙个人好处费。甲、乙见有利可图，即以购买钢材为由，以公司的名义向某银行贷款1000万元，贷期半年。甲、乙将贷款按约定的利息标准借与丙，丙给甲、乙各10万元的好处费。半年后，丙将借款及利息还给甲、乙的公司，甲、乙即向银行归还本息。本案中甲、乙以牟利为目的，违反国家规定，套取银行资金高利转贷给丙的行为构成高利转贷罪，同时构成非国家工作人员受贿罪，而丙则构成对非国家工作人员行贿罪。

（二）高利转贷罪的刑事责任

依照《刑法》第175条的规定，犯本罪的，处3年以下有期徒刑或者拘役，并处违法所得1倍以上5倍以下罚金；数额巨大的，处3年以上7年以下有期徒刑，并处违法所得1倍以上5倍以下罚金。单位犯本罪的，对单位判处罚金，并对其直接负责的主管人员和其他直接责任人员，处3年以下有期徒刑或者拘役。

九、骗取贷款、票据承兑、金融票证罪

骗取贷款、票据承兑、金融票证罪，是指单位或个人以欺骗手段取得银行或者其他金融机构贷款、票据承兑、信用证、保函等，给银行或者其他金融机构造成重大损失的行为。

本罪侵犯的客体是国家对贷款、票据承兑、金融票证的监管秩序。本罪的犯罪对象为银行或者其他金融机构的贷款、票据承兑、信用证、保函等。本罪的客观方面表现为以欺骗手段取得银行或者其他金融机构贷款、票据承兑、信用证、保函等，给银行或者其他金融机构造成重大损失的行为。本罪的主体包括单位和个人，主观方面为故意。

依照《刑法》第175条之一的规定，犯本罪的，处3年以下有期徒刑或者拘

役，并处或者单处罚金；给银行或者其他金融机构造成特别重大损失或者有其他特别严重情节的，处3年以上7年以下有期徒刑，并处罚金。单位犯本罪的，对单位判处罚金，并对其直接负责的主管人员和其他直接责任人员，依照自然人犯本罪的规定处罚。

十、非法吸收公众存款罪

（一）非法吸收公众存款罪的概念和特征

非法吸收公众存款罪，是指违反国家金融管理法规，非法吸收公众存款或者变相吸收公众存款，扰乱金融秩序的行为。本罪的主要特征包括：

（1）本罪侵犯的客体是国家的金融管理秩序。

（2）本罪在客观方面表现为非法吸收公众存款或者变相吸收公众存款，扰乱金融秩序的行为。非法吸收公众存款，是指行为人违反国家法律法规的规定，在社会上以存款的形式公开吸收公众资金的行为，一般包括两种情况：一是行为人不具有吸收存款的主体资格而吸收公众存款；二是行为人虽具有吸收存款的主体资格，但其所采用的方法是违法的。变相吸收公众存款，是指行为人不以存款的名义而是通过其他形式吸收公众资金，从而达到吸收公众存款的目的的行为。根据2010年最高人民法院《关于审理非法集资刑事案件具体应用法律若干问题的解释》（以下简称《集资案件解释》）的规定，违反国家金融管理法律规定，向社会公众（包括单位和个人）吸收资金的行为，同时具备下列四个条件的，除刑法另有规定的以外，应当认定为“非法吸收公众存款或者变相吸收公众存款”：①未经有关部门依法批准或者借用合法经营的形式吸收资金；②通过媒体、推介会、传单、手机短信等途径向社会公开宣传；③承诺在一定期限内以货币、实物、股权等方式还本付息或者给付回报；④向社会公众即社会不特定对象吸收资金。未向社会公开宣传，在亲友或者单位内部针对特定对象吸收资金的，不属于非法吸收或者变相吸收公众存款。实施下列行为之一，符合上述四个条件的，以非法吸收公众存款罪定罪处罚：①不具有房产销售的真实内容或者不以房产销售为主要目的，以返本销售、售后包租、约定回购、销售房产份额等方式非法吸收资金的；②以转让林权并代为管护等方式非法吸收资金的；③以代种植（养殖）、租种植（养殖）、联合种植（养殖）等方式非法吸收资金的；④不具有销售商品、提供服务的真实内容或者不以销售商品、提供服务为主要目的，以商品回购、寄存代售等方式非法吸收资金的；⑤不具有发行股票、债券的真实内容，以虚假转让股权、发售虚构债券等方式非法吸收资金的；⑥不具有募集基金的真实内容，以假借境外基金、发售虚构基金等方式非法吸收资金的；⑦不具有销售保险的真实内容，以假冒保险公司、伪造保险单据等方式非法吸收资金的；⑧以投资入股的方式非法吸收资金的；⑨以委托理财的方式非法吸收资金的；⑩利用民间“会”“社”等组织非法吸收资金的；⑪其他非法吸收资金的行为。

（3）本罪主体为一般主体，可以是自然人或单位。

（4）本罪主观方面只能是故意，即行为人明知是非法吸收或者变相吸收公众存款的行为而有意实施。

（二）非法吸收公众存款罪的认定

（1）罪与非罪的界限。非法吸收或者变相吸收公众存款，扰乱金融秩序的，才成立本罪。在判定是否成立非法吸收公众存款罪时，应特别注意把握以下四个方面：一是非法性，即该融资行为违反国家金融法律规定。二是市场性，即吸收公众存款的行为应面向公众，具有一定的公开性，由此才可能对金融市场形成冲击乃至破坏。三是严重性，即该行为针对的人数较多，非法吸收公众存款数额达到一定标准。四是风险性，即该行为能够给“投资人”的财产带来较大的风险。对于非法集资行为未给“投资人”造成明显风险，且事后能够及时清偿的，可不作为犯罪处理或者免于刑事处罚[①]。根据《集资案件解释》，非法吸收或者变相吸收公众存款，具有下列情形之一的，应当依法追究刑事责任：①个人非法吸收或者变相吸收公众存款，数额在20万元以上的，单位非法吸收或者变相吸收公众存款，数额在100万元以上的；②个人非法吸收或者变相吸收公众存款对象30人以上的，单位非法吸收或者变相吸收公众存款对象150人以上的；③个人非法吸收或者变相吸收公众存款，给存款人造成直接经济损失数额在10万元以上的，单位非法吸收或者变相吸收公众存款，给存款人造成直接经济损失数额在50万元以上的；④造成恶劣社会影响或者其他严重后果的。

（2）本罪既遂与未遂的界限。按照刑法理论，只要非法吸收了公众存款，扰乱了金融秩序，不论是否已经归还存款人，都构成本罪既遂。如果吸收公众存款的条件具备，并且已着手宣传，但是尚未吸收到存款即被制止，构成本罪未遂。

（3）本罪共犯的认定。根据《集资案件解释》，明知他人从事非法吸收公众存款等集资犯罪活动，而为其提供广告等宣传的，以相关犯罪的共犯论处。

① 参见时延安、陈冉、敖博：《刑法修正案（十一）评注与案例》，中国法制出版社2021年版，第171—172页。

（三）非法吸收公众存款罪的刑事责任

依照《刑法》第176条的规定，犯本罪的，处3年以下有期徒刑或者拘役，并处或者单处罚金；数额巨大或者有其他严重情节的，处3年以上10年以下有期徒刑，并处罚金；数额特别巨大或者有其他特别严重情节的，处10年以上有期徒刑，并处罚金。单位犯本罪的，对单位判处罚金，并对其直接负责的主管人员和其他直接责任人员，依照自然人犯本罪的规定处罚。实施非法吸收公众存款行为，在提起公诉前积极退赃退赔[①]，减少损害结果发生的，可以从轻或者减轻处罚。

十一、伪造、变造金融票证罪

伪造、变造金融票证罪，是指个人或者单位伪造、变造金融票证的行为。

本罪侵犯的客体是国家金融管理秩序。伪造、变造的对象是各类金融票证，包括汇票、本票、支票、委托收款凭证、汇款凭证、银行存单等其他银行结算凭证、信用证或者附随的单据、文件、信用卡等。本罪的客观方面表现为伪造、变造各种金融票证的行为。本罪是行为犯，刑法中并未规定本罪的定罪数额标准，但参照《立案追诉标准（二）》的规定，本罪立案有数额要求。认定本罪，要注意把握其与票据诈骗罪、金融凭证诈骗罪、信用证诈骗罪、信用卡诈骗罪的界限。如果行为人在伪造、变造金融票证后又利用这些票证进行诈骗活动，则是牵连犯，应择一重罪论处，不实行数罪并罚。

依照《刑法》第177条的规定，犯本罪的，处5年以下有期徒刑或者拘役，并处或者单处2万元以上20万元以下罚金；情节严重的，处5年以上10年以下有期徒刑，并处5万元以上50万元以下罚金；情节特别严重的，处10年以上有期徒刑或者无期徒刑，并处5万元以上50万元以下罚金或者没收财产。单位犯本罪的，对单位判处罚金，并对其直接负责的主管人员和其他直接责任人员，依照自然人犯本罪的规定处罚。

十二、妨害信用卡管理罪

妨害信用卡管理罪，是指持有、运输伪造的信用卡或者数量较大的伪造的空白信用卡，或者非法持有他人数量较大的信用卡，或者使用虚假的身份证明骗领信用卡，或者出售、购买、为他人提供伪造的信用卡或者以虚假的身份证明骗领

① 退赃是指将非法吸收的存款退回原所有人；退赔是指在非法吸收的存款无法直接退回的情况下，赔偿等值财产。

的信用卡的行为。

本罪侵犯的客体是国家的信用卡管理秩序。本罪的犯罪对象是信用卡。根据2004年全国人大常委会《关于〈中华人民共和国刑法〉有关信用卡规定的解释》，刑法规定的“信用卡”，是指由商业银行或者其他金融机构发行的具有消费支付、信用贷款、转账结算、存取现金等全部功能或者部分功能的电子支付卡，包括贷记卡和借记卡。本罪客观方面的行为方式有以下四种：①明知是伪造的信用卡而持有、运输的，或者明知是伪造的空白信用卡而持有、运输，数量较大的；②非法持有他人信用卡，数量较大的；③使用虚假的身份证明骗领信用卡的；④出售、购买、为他人提供伪造的信用卡或者以虚假的身份证明骗领的信用卡的。本罪主体是一般主体。本罪主观上是故意。

依照《刑法》第177条之一的规定，犯本罪的，处3年以下有期徒刑或者拘役，并处或者单处1万元以上10万元以下罚金；数量巨大或者有其他严重情节的，处3年以上10年以下有期徒刑，并处2万元以上20万元以下罚金。

十三、窃取、收买、非法提供信用卡信息罪

窃取、收买、非法提供信用卡信息罪，是指行为人秘密窃取、有偿收买或者非法提供他人信用卡信息资料的行为。

本罪侵犯的客体是个人信息资料的保密权利和国家金融管理秩序的安全。犯罪对象是个人不愿公开的银行信用卡信息。本罪主体是一般主体。银行或者其他金融机构的工作人员利用职务上的便利，窃取、收买或者非法提供他人信用卡信息资料的，属从重处罚情形。

依照《刑法》第177条之一的规定，犯本罪的，处3年以下有期徒刑或者拘役，并处或者单处1万元以上10万元以下罚金；数量巨大或者有其他严重情节的，处3年以上10年以下有期徒刑，并处2万元以上20万元以下罚金。银行或者其他金融机构的工作人员利用职务上的便利，窃取、收买或者非法提供他人信用卡信息资料的，从重处罚。

十四、伪造、变造国家有价证券罪

伪造、变造国家有价证券罪，是指伪造、变造国库券或者国家发行的其他有价证券，数额较大的行为。

本罪侵犯的客体是国家对有价证券的管理制度，对象是国库券或者国家发行的其他有价证券。国库券，是指国家为解决急需预算支出而由财政部发行的国家

债券。国家发行的其他有价证券，是指国家发行的除国库券以外的其他国家有价证券以及国家银行金融债券，例如财政债券、国家建设债券、保值公债、国家重点建设债券等，但不包括股票、企业债券和金融票据。伪造、变造国家有价证券的行为要求数额较大，才构成犯罪。

依照《刑法》第178条的规定，犯本罪的，处3年以下有期徒刑或者拘役，并处或者单处2万元以上20万元以下罚金；数额巨大的，处3年以上10年以下有期徒刑，并处5万元以上50万元以下罚金；数额特别巨大的，处10年以上有期徒刑或者无期徒刑，并处5万元以上50万元以下罚金或者没收财产。单位犯本罪的，对单位判处罚金，并对其直接负责的主管人员和其他直接责任人员，依照自然人犯本罪的规定处罚。

十五、伪造、变造股票、公司、企业债券罪

伪造、变造股票、公司、企业债券罪，是指伪造、变造股票或者公司、企业债券，数额较大的行为。

本罪与伪造、变造国家有价证券罪的行为方式相同，区别在于侵犯的客体和犯罪对象不同。本罪侵犯的客体是国家对股票及公司、企业债券的管理制度，对象是股票和公司、企业债券。股票，是指股份公司为筹集资金公开发行的证明股东在公司中拥有一定权益的有价证券。公司、企业债券，是指公司、企业发行的，并按券面约定在一定期限还本付息的有价证券。伪造、变造股票、公司、企业债券的行为必须达到数额较大，才构成犯罪。

依照《刑法》第178条的规定，犯本罪的，处3年以下有期徒刑或者拘役，并处或者单处1万元以上10万元以下罚金；数额巨大的，处3年以上10年以下有期徒刑，并处2万元以上20万元以下罚金。单位犯本罪的，对单位判处罚金，并对其直接负责的主管人员和其他直接责任人员，依照自然人犯本罪的规定处罚。

十六、擅自发行股票、公司、企业债券罪

擅自发行股票、公司、企业债券罪，是指未经国家有关主管部门批准，擅自发行股票或者公司、企业债券，数额巨大、后果严重或者有其他严重情节的行为。

本罪侵犯的客体是股票和公司、企业债券的发行管理制度。本罪的客观方面表现为未经国家有关主管部门的批准，擅自发行股票或者公司、企业债券。国家有关主管部门，是指国务院证券管理部门或者国家授权的其他主管部门。擅自发行，是指未经上述国家有关主管部门的批准而自行发行。本罪的主体是一般主体，

包括自然人和单位。本罪的主观方面是故意。构成本罪，要求数额巨大、后果严重或者有其他严重情节。这里的“数额巨大、后果严重或者有其他严重情节”，参照《立案追诉标准（二）》的相关规定。

依照《刑法》第179条的规定，犯本罪的，处5年以下有期徒刑或者拘役，并处或者单处非法募集资金金额1%以上5%以下罚金。单位犯本罪的，对单位判处罚金，并对其直接负责的主管人员和其他直接责任人员，处5年以下有期徒刑或者拘役。

十七、内幕交易、泄露内幕信息罪

内幕交易、泄露内幕信息罪，是指证券、期货交易内幕信息的知情人员或者非法获取证券、期货交易内幕信息的人员，在涉及证券的发行，证券、期货交易或者其他对证券、期货交易价格有重大影响的信息尚未公开前，买入或者卖出该证券，或者从事与该内幕信息有关的期货交易，或者泄露该信息，或者明示、暗示他人从事上述交易活动，情节严重的行为。

本罪侵犯的客体是证券、期货市场的管理秩序和其他证券、期货投资者的合法权益。本罪在客观方面表现为两种行为：①内幕交易，即在涉及证券的发行，证券、期货交易或者其他对证券、期货交易价格有重大影响的信息尚未公开前，买入或者卖出该证券，或者从事与该内幕信息有关的期货交易。②泄露内幕信息，即以明示或者暗示的方式将内幕信息透露、提供给与公司没有关系的第三人。成立本罪还要求情节严重。情节严重的认定，参照2012年最高人民法院、最高人民检察院《关于办理内幕交易、泄露内幕信息刑事案件具体应用法律若干问题的解释》（以下简称《内幕交易解释》）的规定。本罪的主体是特殊主体，即证券、期货交易内幕信息的知情人员或者非法获取证券、期货交易内幕信息的人员，包括个人和单位。内幕信息的知情人员，是指对证券、期货交易内幕信息知情的人。非法获取证券、期货交易内幕信息的人员，是指利用骗取、套取、偷听、监听或者私下交易等手段获取内幕信息的人。其具体范围，参照《内幕交易解释》的规定。本罪的主观方面只能是直接故意，且具有牟利或减少损失的目的。

依照《刑法》第180条的规定，犯本罪的，处5年以下有期徒刑或者拘役，并处或者单处违法所得1倍以上5倍以下罚金；情节特别严重的，处5年以上10年以下有期徒刑，并处违法所得1倍以上5倍以下罚金。单位犯本罪的，对单位判处罚金，并对其直接负责的主管人员和其他直接责任人员，处5年以下有期徒刑或者拘役。

十八、利用未公开信息交易罪

利用未公开信息交易罪，是指证券交易所、期货交易所、证券公司、期货经纪公司、基金管理公司、商业银行、保险公司等金融机构的从业人员以及有关监管部门或者行业协会的工作人员，利用由于职务便利获取的内幕信息以外的其他未公开的信息，违反规定，从事与该信息相关的证券、期货交易活动，或者明示、暗示他人从事相关交易活动，情节严重的行为。

本罪的犯罪对象是“内幕信息以外的其他未公开的信息”。本罪客观方面的内容包括三个核心要素：一是利用职务便利而获取相关信息，二是未公开的信息，三是交易。本罪的主体是特殊主体，限于证券交易所、期货交易所、证券公司、期货经纪公司、基金管理公司、商业银行、保险公司等金融机构的从业人员以及有关监管部门或者行业协会的工作人员。

依照《刑法》第180条的规定，犯本罪的，处5年以下有期徒刑或者拘役，并处或者单处违法所得1倍以上5倍以下罚金；情节特别严重的，处5年以上10年以下有期徒刑，并处违法所得1倍以上5倍以下罚金。

十九、编造并传播证券、期货交易虚假信息罪

编造并传播证券、期货交易虚假信息罪，是指编造并且传播影响证券、期货交易的虚假信息，扰乱证券、期货交易市场，造成严重后果的行为。

本罪侵犯的客体是复杂客体，既侵犯了国家对证券、期货交易的管理制度，同时也侵犯了投资者的合法利益。本罪的客观方面表现为编造并传播影响证券、期货交易的虚假信息。编造，是指无中生有、故意捏造。传播，是指使用各种方式使虚假信息广为人知。本罪的主体是一般主体，包括自然人和单位。本罪的主观方面必须是故意，如果是行为人预测失误，不构成犯罪。

依照《刑法》第181条第1款、第3款的规定，犯本罪的，处5年以下有期徒刑或者拘役，并处或者单处1万元以上10万元以下罚金。单位犯本罪的，对单位判处罚金，并对其直接负责的主管人员和其他直接责任人员，处5年以下有期徒刑或者拘役。

二十、诱骗投资者买卖证券、期货合约罪

诱骗投资者买卖证券、期货合约罪，是指证券交易所、期货交易所、证券公司、期货经纪公司的从业人员，证券业协会、期货业协会或者证券、期货管理部

门的工作人员与单位，故意提供虚假信息或者伪造、变造、销毁交易记录，诱骗投资者买卖证券、期货合约，造成严重后果的行为。

本罪侵犯的客体是复杂客体，既侵犯了国家对证券、期货交易的管理制度，同时也侵犯了投资者的合法利益。本罪的客观方面表现为提供虚假信息或者伪造、变造、销毁交易记录，诱骗投资者买卖证券、期货合约，造成严重后果的行为。本罪主体为特殊主体，仅限于证券交易所、期货交易所、证券公司、期货经纪公司的从业人员，证券业协会、期货业协会或者证券、期货管理部门的工作人员与单位。非证券、期货业内人员不构成本罪。

依照《刑法》第181条第2款、第3款的规定，犯本罪的，处5年以下有期徒刑或者拘役，并处或者单处1万元以上10万元以下罚金；情节特别恶劣的，处5年以上10年以下有期徒刑，并处2万元以上20万元以下罚金。单位犯本罪的，对单位判处罚金，并对其直接负责的主管人员和其他直接责任人员，处5年以下有期徒刑或者拘役。

二十一、操纵证券、期货市场罪

操纵证券、期货市场罪，是指操纵证券、期货市场，影响证券、期货交易价格或者证券、期货交易量，情节严重的行为。

本罪侵犯的客体是国家对证券、期货交易管理制度和投资者的合法利益。本罪在客观方面包括两个要素：①行为人实施了操纵证券、期货市场的行为，影响证券、期货交易价格或者证券、期货交易量。具体表现为下列情形：第一，单独或者合谋，集中资金优势、持股或者持仓优势或者利用信息优势联合或者连续买卖的；第二，与他人串通，以事先约定的时间、价格和方式相互进行证券、期货交易的；第三，在自己实际控制的账户之间进行证券交易，或者以自己为交易对象，自买自卖期货合约的；第四，不以成交为目的，频繁或者大量申报买入、卖出证券、期货合约并撤销申报的；第五，利用虚假或者不确定的重大信息，诱导投资者进行证券、期货交易的；第六，对证券、证券发行人、期货交易标的公开作出评价、预测或者投资建议，同时进行反向证券交易或者相关期货交易的；第七，以其他方法操纵证券、期货市场的。②上述行为情节严重。本罪主体是特殊主体，即证券、期货交易机构、从业人员和从事证券、期货的交易者，既可以是自然人，也可以是单位。本罪主观方面只能是故意。

依照《刑法》第182条的规定，犯本罪的，处5年以下有期徒刑或者拘役，并处或者单处罚金；情节特别严重的，处5年以上10年以下有期徒刑，并处罚金。

单位犯本罪的，对单位判处罚金，并对其直接负责的主管人员和其他直接责任人员，依照自然人犯本罪的规定处罚。

二十二、背信运用受托财产罪

背信运用受托财产罪，是指商业银行、证券交易所、期货交易所、证券公司、期货经纪公司、保险公司或者其他金融机构，违背受托义务，擅自运用客户资金或者其他委托、信托的财产，情节严重的行为。

本罪侵犯的客体是复杂客体，既侵犯了国家金融秩序和管理制度，同时也侵犯了委托人的财产权益。本罪的客观方面表现为违背受托义务，擅自运用客户资金或者其他委托、信托的财产，情节严重的行为。本罪的主体是单位，个人不构成本罪。

实践中，要注意把握本罪与挪用公款罪及挪用资金罪的区别。一是主体不同。本罪主体是单位，而挪用公款罪与挪用资金罪的主体是个人。二是犯罪对象不同。本罪侵害的对象是合同约定的委托、信托的财产，是特定的资金，而挪用公款罪与挪用资金罪侵害的对象是单位的资金，不特指哪一笔资金。

依照《刑法》第185条之一第1款的规定，犯本罪的，对单位判处罚金，并对其直接负责的主管人员和其他直接责任人员，处3年以下有期徒刑或者拘役，并处3万元以上30万元以下罚金；情节特别严重的，处3年以上10年以下有期徒刑，并处5万元以上50万元以下罚金。

二十三、违法运用资金罪

违法运用资金罪，是指社会保障基金管理机构、住房公积金管理机构等公众资金管理机构，以及保险公司、保险资产管理公司、证券投资基金管理公司，违反国家规定运用资金的行为。

本罪侵犯的客体是国家金融秩序和管理制度及委托人的财产权益。犯罪主体是单位，个人不构成本罪。

依照《刑法》第185条之一第1款、第2款的规定，犯本罪的，对单位判处罚金，并对其直接负责的主管人员和其他直接责任人员，处3年以下有期徒刑或者拘役，并处3万元以上30万元以下罚金；情节特别严重的，处3年以上10年以下有期徒刑，并处5万元以上50万元以下罚金。

二十四、违法发放贷款罪

违法发放贷款罪，是指银行或者其他金融机构的工作人员违反国家规定发放贷款，数额巨大或者造成重大损失的行为。

本罪侵犯的客体是国家金融机构的贷款管理制度。本罪的客观方面表现为违反国家规定发放贷款，数额巨大或者造成重大损失的行为。构成本罪的前提是“违反国家规定”发放贷款，而不论是否向关系人发放贷款。向关系人发放贷款但不违反国家规定的，不构成犯罪。构成本罪，还要求数额巨大或者造成重大损失，不仅看损失额，同时还应考虑放贷额。本罪的主体是特殊主体，只能是银行或者其他金融机构的工作人员，单位也可以构成本罪，但仅限于有贷款经营资格的单位。本罪的主观方面有一定特殊性，对违反国家规定而言，行为人主观上一般是故意，但对造成的重大损失，则一般是过失。

【案例4-5-04】甲急需20万元从事养殖业，向农村信用社贷款时被信用社主任乙告知，一个身份证只能贷款5万元，再借几个身份证可多贷。甲用自己的名义贷款5万元，另借用4个身份证贷款20万元，但由于经营不善，不能归还本息。本案中，甲无非法占有目的，不构成贷款诈骗罪，乙明知甲不符合贷款的条件而予以发放贷款，成立违法发放贷款罪。

依照《刑法》第186条的规定，犯本罪的，处5年以下有期徒刑或者拘役，并处1万元以上10万元以下罚金；数额特别巨大或者造成特别重大损失的，处5年以上有期徒刑，并处2万元以上20万元以下罚金。违反国家规定，向关系人发放贷款的，从重处罚。单位犯本罪的，对单位判处罚金，并对其直接负责的主管人员和其他直接责任人员，依照自然人犯本罪的规定处罚。

二十五、吸收客户资金不入账罪

吸收客户资金不入账罪，是指银行或者其他金融机构的工作人员吸收客户资金不入账，数额巨大或者造成重大损失的行为。

本罪侵犯的客体是国家金融秩序和存贷款管理制度。本罪的客观方面表现为吸收客户资金不入账，数额巨大或者造成重大损失的行为。只要吸存了客户资金不入账，数额巨大或者造成重大损失就构成犯罪，至于行为人是否从中牟利，资金是否用于非法拆借、发放贷款等，在所不论。本罪的主体是特殊主体，只能是金融机构及其工作人员。本罪的主观方面是故意。

依照《刑法》第187条的规定，犯本罪的，处5年以下有期徒刑或者拘役，并处2万元以上20万元以下罚金；数额特别巨大或者造成特别重大损失的，处5年以上有期徒刑，并处5万元以上50万元以下罚金。单位犯本罪的，对单位判处罚金，并对其直接负责的主管人员和其他直接责任人员，依照自然人犯本罪的规定处罚。

二十六、违规出具金融票证罪

违规出具金融票证罪，是指银行或者其他金融机构的工作人员违反规定，为他人出具信用证或者其他保函、票据、存单、资信证明，情节严重的行为。

本罪侵犯的客体是国家金融秩序和金融机构的财产所有权。本罪的客观方面表现为违反规定，为他人出具信用证或者其他保函、票据、存单、资信证明，情节严重的行为。本罪的主体是特殊主体，只能是金融机构及其工作人员。本罪的主观方面只能是故意。

依照《刑法》第188条的规定，犯本罪的，处5年以下有期徒刑或者拘役；情节特别严重的，处5年以上有期徒刑。单位犯本罪的，对单位判处罚金，并对其直接负责的主管人员和其他直接责任人员，依照自然人犯本罪的规定处罚。

二十七、对违法票据承兑、付款、保证罪

对违法票据承兑、付款、保证罪，是指银行或者其他金融机构的工作人员在票据业务中，对违反票据法规定的票据予以承兑、付款或者保证，造成重大损失的行为。

本罪侵犯的客体是国家对金融票证的管理制度。本罪的客观方面表现为在票据业务中，对违反票据法规定的票据予以承兑、付款或保证，造成重大损失的行为。违反票据法规定的票据，是指不符合票据法的规定，不能予以承兑、付款或者保证的票据。承兑，是指汇票付款人承诺在汇票到期日支付汇票金额的票据行为。付款，是指票据的付款人或者代理付款人支付票据金额以消灭票据关系的附属票据行为。保证，是指由票据债务人以外的人，因承担票据债务保证责任，在汇票到期后因持票人得不到付款，而须向持票人足额付款的票据行为。本罪的主体包括银行或者其他金融机构及其工作人员。本罪的成立要求造成重大损失。本罪的主观方面出于过失。

依照《刑法》第189条的规定，犯本罪的，处5年以下有期徒刑或者拘役；造

成特别重大损失的，处5年以上有期徒刑。单位犯本罪的，对单位判处罚金，并对其直接负责的主管人员和其他直接责任人员，依照自然人犯本罪的规定处罚。

二十八、逃汇罪

逃汇罪，是指公司、企业或者其他单位，违反国家规定，擅自将外汇存放境外，或者将境内的外汇非法转移到境外，数额较大的行为。

本罪侵犯的客体是国家的外汇管理制度。本罪犯罪对象是外汇，即以外币表示的可以用作国际清偿的外国货币、外币支付凭证、外币有价证券、特别提款权、欧洲货币单位及其他外汇资产。本罪的客观方面表现为违反国家规定，擅自将外汇存放境外，或者将境内的外汇非法转移到境外的行为。外汇管理法规规定的逃汇行为多种多样，但刑法只处罚上述两种逃汇行为。本罪的主体是公司、企业或者其他单位，不限于国有单位，单纯个人不构成本罪。本罪的主观方面必须出于故意。成立本罪还要求逃汇数额较大。

依照《刑法》第190条的规定，犯本罪的，对单位判处逃汇数额5%以上30%以下罚金，并对其直接负责的主管人员和其他直接责任人员处5年以下有期徒刑或者拘役；数额巨大或者有其他严重情节的，对单位判处逃汇数额5%以上30%以下罚金，并对其直接负责的主管人员和其他直接责任人员处5年以上有期徒刑。

二十九、骗购外汇罪

骗购外汇罪，是指采用各种方法，骗购外汇，数额较大的行为。

本罪侵犯的客体是国家的外汇管理制度。本罪的犯罪对象是外汇。本罪客观方面的行为方式包括：①使用伪造、变造的海关签发的报关单、进口证明、外汇管理部门核准件等凭证和单据骗购外汇；②重复使用海关签发的报关单、进口证明、外汇管理部门核准件等凭证和单据骗购外汇；③以其他方式骗购外汇。伪造、变造海关签发的报关单、进口证明、外汇管理部门核准件等凭证和单据，并用于骗购外汇的，以骗购外汇罪从重处罚。明知用于骗购外汇而提供人民币资金的，以共犯论处。海关、外汇管理部门以及金融机构、从事对外贸易经营活动的公司、企业或者其他单位的工作人员与骗购外汇或者逃汇的行为人通谋，为其提供购买外汇的有关凭证或者其他便利的，或者明知是伪造、变造的凭证和单据而售汇、付汇的，以共犯论，从重处罚。本罪的主体是一般主体，自然人和单位都可以构成本罪。本罪的主观方面出于故意。骗购外汇的行为要求数额较大，才构成犯罪。

依照1998年全国人大常委会《关于惩治骗购外汇、逃汇和非法买卖外汇犯罪的决定》的规定，犯本罪的，处5年以下有期徒刑或者拘役，并处骗购外汇数额5%以上30%以下罚金；数额巨大或者有其他严重情节的，处5年以上10年以下有期徒刑，并处骗购外汇数额5%以上30%以下罚金；数额特别巨大或者有其他特别严重情节的，处10年以上有期徒刑或者无期徒刑，并处骗购外汇数额5%以上30%以下罚金或者没收财产。单位犯本罪的，对单位判处罚金，并对其直接负责的主管人员和其他直接责任人员，处5年以下有期徒刑或者拘役；数额巨大或者有其他严重情节的，处5年以上10年以下有期徒刑；数额特别巨大或者有其他特别严重情节的，处10年以上有期徒刑或者无期徒刑。

三十、洗钱罪

（一）洗钱罪的概念和特征

洗钱罪，是指为掩饰、隐瞒毒品犯罪、黑社会性质的组织犯罪、恐怖活动犯罪、走私犯罪、贪污贿赂犯罪、破坏金融管理秩序犯罪、金融诈骗犯罪的所得及其产生的收益的来源和性质，而提供资金账户，或将财产转换为现金、金融票据、有价证券，或通过转账或者其他支付结算方式转移资金，或跨境转移资产，或以其他方法掩饰、隐瞒犯罪所得及其收益的来源和性质的行为。本罪的主要特征包括：

（1）本罪侵犯的客体是复杂客体，包括国家对金融资产的来源和性质的监管秩序以及司法机关的正常活动。

【案例4-5-05】甲公司走私汽车获利人民币4000万元后，欲通过乙公司（非国有）的账户将这笔资金换成外汇转移至香港，并说明可按资金数额的10%支付“手续费”。乙公司得知该笔资金为甲公司走私犯罪所得，仍同意为该资金转账提供账户，并在收取“手续费”400万元后，将该资金折换成438万美元，以预付货款为名汇往甲公司在香港的账户。乙公司的行为构成洗钱罪。

（2）本罪在客观方面表现为实施了特定的洗钱行为。首先，洗钱行为的上游犯罪仅限于毒品犯罪、黑社会性质的组织犯罪、恐怖活动犯罪、走私犯罪、贪污贿赂犯罪、破坏金融管理秩序犯罪、金融诈骗犯罪这七类犯罪。犯罪的所得，是指由这七类犯罪行为所获取的非法利益以及利用该非法利益所产生的经济利益，包括犯罪行为的直接所得和间接所得，还包括因犯罪行为所取得的报酬。产生的收益，既包括上游犯罪所得产生的收益，也包括没有犯罪所得的上游犯罪行为直接产生的收益。其次，洗钱行为具体包括如下五种方式：①提供资金账户；②将财产转换为现金、金融票据、有价证券；③通过转账或者其他支付结算方式转移资金；④跨境转移资产；⑤以其他方法掩饰、隐瞒犯罪所得及其收益的来源和性质。

（3）本罪的主体是一般主体，包括自然人和单位，一般为上游犯罪行为人（本犯）以外的自然人和单位。《刑法修正案（十一）》规定，本犯的“自洗钱”行为也可构成洗钱罪。

（4）本罪的主观方面是故意，目的在于掩饰、隐瞒上游犯罪的所得及其产生的收益的来源与性质。

（二）洗钱罪的认定

（1）本罪的法条竞合问题。本罪与掩饰、隐瞒犯罪所得、犯罪所得收益罪，窝藏、转移、隐瞒毒赃罪同为赃物犯罪。就本罪与掩饰、隐瞒犯罪所得、犯罪所得收益罪之间的关系看，属于法条竞合，应适用特别法优于一般法的原则即按本罪处理；就本罪与窝藏、转移、隐瞒毒赃罪之间的关系看，同样属于法条竞合，但对于这种法条竞合现象，不宜适用特别法优于一般法的原则，而应适用重法优于轻法的原则按本罪论处[①]。

（2）刑法适用中的罪刑协调问题。《刑法修正案（十一）》将自洗钱行为入刑后，实施上述七类犯罪后，如果再进行自洗钱，应对其进行数罪并罚；若行为人实施的是上述七类犯罪之外的罪名，再实施洗钱行为，此时，司法实践中无法对其进行数罪并罚，只能将洗钱行为作为前罪名的量刑情节进行适用[②]。

（三）洗钱罪的刑事责任

依照《刑法》第191条的规定，犯本罪的，没收犯罪的所得及其产生的收益，处5年以下有期徒刑或者拘役，并处或者单处罚金；情节严重的，没收犯罪的所得及其产生的收益，处5年以上10年以下有期徒刑，并处罚金。单位犯本罪的，对单位判处罚金，并对其直接负责的主管人员和其他直接责任人员，依照自然人犯本罪的规定处罚。

① 参见高铭暄、马克昌:《刑法学》,北京大学出版社2019年版,第413页。

② 参见赵秉志:《〈刑法修正案(十一)〉理解与适用》,中国人民大学出版社2021年版,第158页。

第六节　金融诈骗罪罪名分述

一、集资诈骗罪

（一）集资诈骗罪的概念和特征

集资诈骗罪，是指以非法占有为目的，使用诈骗方法非法集资，数额较大的行为。本罪的主要特征包括：

（1）本罪侵犯的客体是复杂客体，既侵犯了国家正常的金融管理秩序，同时也侵犯了公私财产所有权。

（2）本罪的客观方面表现为行为人以诈骗方法，进行非法集资，数额较大的行为。诈骗方法，是指行为人采取虚构集资用途，以虚假的证明文件和高回报率为诱饵，骗取集资款的手段；非法集资，是指法人、其他组织或者个人，未经有关部门依法批准，向社会公众募集资金的行为。非法集资数额较大的，才成立本罪。参照《立案追诉标准（二）》的规定，“数额较大”是指个人集资诈骗数额在10万元以上，或者单位集资诈骗数额在50万元以上的。没有达到这一定罪数额的，可作为一般的非法集资行为处理。

（3）本罪的主体是一般主体，既可以是自然人，也可以是单位。

（4）本罪的主观方面是故意，行为人主观上具有非法占有集资款的目的。根据2010年最高人民法院《关于审理非法集资刑事案件具体应用法律若干问题的解释》的规定，使用诈骗方法非法集资，具有下列情形之一的，可以认定为“以非法占有为目的”：①集资后不用于生产经营活动或者用于生产经营活动与筹集资金规模明显不成比例，致使集资款不能返还的；②肆意挥霍集资款，致使集资款不能返还的；③携带集资款逃匿的；④将集资款用于违法犯罪活动的；⑤抽逃、转移资金，隐匿财产，逃避返还资金的；⑥隐匿、销毁账目，或者搞假破产、假倒闭，逃避返还资金的；⑦拒不交代资金去向，逃避返还资金的；⑧其他可以认定非法占有目的的情形。

（二）集资诈骗罪的认定

认定本罪，应注意区分本罪与欺诈发行证券罪和非法吸收公众存款罪的界限。本罪与欺诈发行证券罪和非法吸收公众存款罪在客观上均表现为向社会公众非法募集资金，区别的关键在于行为人是否具有非法占有的目的。以非法占有为目的而非法集资，或者在非法集资过程中产生了非法占有他人资金的故意的，均构成本罪。

（三）集资诈骗罪的刑事责任

依照《刑法》第192条的规定，犯本罪的，处3年以上7年以下有期徒刑，并处罚金；数额巨大或者有其他严重情节的，处7年以上有期徒刑或者无期徒刑，并处罚金或者没收财产。单位犯本罪的，对单位判处罚金，并对其直接负责的主管人员和其他直接责任人员，依照自然人犯本罪的规定处罚。

二、贷款诈骗罪

（一）贷款诈骗罪的概念和特征

贷款诈骗罪，是指以非法占有为目的，诈骗银行或其他金融机构的贷款，数额较大的行为。

本罪侵犯的客体是国家的金融管理秩序和银行或者其他金融机构的财产权利。本罪的客观方面表现为行为人实施了诈骗银行或者其他金融机构的贷款，数额较大的行为。《刑法》第193条规定了贷款诈骗罪的以下行为方式：①编造引进资金、项目等虚假理由的；②使用虚假的经济合同的；③使用虚假的证明文件的；④使用虚假的产权证明作担保或者超出抵押物价值重复担保的；⑤以其他方法诈骗贷款的。使用上述方法之一的，即可成立本罪；同时使用几种方法的，也只成立一罪。构成本罪，还要求诈骗的贷款达到数额较大。参照《立案追诉标准（二）》的规定，“数额较大”是指个人贷款诈骗数额在2万元以上。本罪的主体是自然人，单位不能构成本罪。在司法实践中，对于单位十分明显地以非法占有为目的，利用签订、履行借款合同诈骗银行或其他金融机构贷款，符合《刑法》第224条规定的合同诈骗罪构成要件的，应当以合同诈骗罪定罪处罚。本罪的主观方面出于故意，行为人主观上有非法占有的目的。

（二）贷款诈骗罪的认定

（1）贷款诈骗与贷款纠纷的界限。对于合法取得贷款后，没有按规定的用途使用贷款，到期没有归还贷款的，不能以贷款诈骗罪定罪处罚；对于确有证据证明行为人不具有非法占有的目的，因不具备贷款的条件而采取了欺骗手段获取贷款，案发时有能力履行还贷义务，或者案发时不能归还贷款是因为意志以外的原因，如因经营不善、被骗、市场风险等，不应以贷款诈骗罪定罪处罚。

（2）本罪与高利转贷罪的区别。两者的主要区别在于：一是主观目的不同。本罪以非法占有为目的，而高利转贷罪则以转贷牟利为目的。二是行为方式不同。本罪是实施法定的各种诈骗贷款的手段取得贷款，高利转贷罪则是通过套取信贷资金又高利转贷他人的方法获取违法所得。

（三）贷款诈骗罪的刑事责任

依照《刑法》第193条的规定，犯本罪的，处5年以下有期徒刑或者拘役，并处2万元以上20万元以下罚金；数额巨大或者有其他严重情节的，处5年以上10年以下有期徒刑，并处5万元以上50万元以下罚金；数额特别巨大或者有其他特别严重情节的，处10年以上有期徒刑或者无期徒刑，并处5万元以上50万元以下罚金或者没收财产。

三、票据诈骗罪

（一）票据诈骗罪的概念和特征

票据诈骗罪，是指利用金融票据进行诈骗活动，数额较大的行为。本罪的主要特征包括：

（1）本罪侵犯的客体是复杂客体，既包括国家的金融管理秩序，也包括国家、金融机构或者他人的财产所有权。

（2）本罪的客观方面表现为利用金融票据进行诈骗活动，数额较大的行为。《刑法》第194条规定了票据诈骗的五种行为方式：①明知是伪造、变造的汇票、本票、支票而使用的；②明知是作废的汇票、本票、支票而使用的；③冒用他人的汇票、本票、支票的；④签发空头支票或者与其预留印鉴不符的支票，骗取财物的；⑤汇票、本票的出票人签发无资金保证的汇票、本票或者在出票时作虚假记载，骗取财物的。实施票据诈骗，要求达到数额较大，才构成犯罪。参照《立案追诉标准（二）》的规定，“数额较大”是指个人进行金融票据诈骗，数额在1万元以上；或者单位进行金融票据诈骗，数额在10万元以上。

（3）本罪主体是一般主体，包括自然人和单位。

（4）本罪主观上是故意，行为人主观上有非法占有的目的。

（二）票据诈骗罪的刑事责任

依照《刑法》第194条、第200条的规定，犯本罪的，处5年以下有期徒刑或者拘役，并处2万元以上20万元以下罚金；数额巨大或者有其他严重情节的，处5

年以上10年以下有期徒刑，并处5万元以上50万元以下罚金；数额特别巨大或者有其他特别严重情节的，处10年以上有期徒刑或者无期徒刑，并处5万元以上50万元以下罚金或者没收财产。单位犯本罪的，对单位判处罚金，并对其直接负责的主管人员和其他直接责任人员，处5年以下有期徒刑或者拘役，可以并处罚金；数额巨大或者有其他严重情节的，处5年以上10年以下有期徒刑，并处罚金；数额特别巨大或者有其他特别严重情节的，处10年以上有期徒刑或者无期徒刑，并处罚金。

四、金融凭证诈骗罪

金融凭证诈骗罪，是指使用伪造、变造的委托收款凭证、汇款凭证、银行存单等其他银行结算凭证，骗取财物的行为。

本罪的对象是伪造、变造的委托收款凭证、汇款凭证、银行存单等其他银行结算凭证，但不包括票据诈骗罪中的各种票据。

本罪的法定刑与票据诈骗罪的法定刑相同。

五、信用证诈骗罪

信用证诈骗罪，是指以非法占有为目的，进行信用证诈骗的行为。

本罪侵犯的客体是国家的金融管理秩序和他人的财产所有权。本罪客观方面表现为行为人实施了利用信用证诈骗的行为。《刑法》第195条列举了信用证诈骗的四种行为方式：①使用伪造、变造的信用证或者附随的单据、文件的；②使用作废的信用证的；③骗取信用证的；④以其他方法进行信用证诈骗活动的。本罪是行为犯，一经实施，即构成犯罪。本罪的主体是一般主体，可以是自然人，也可以是单位。本罪主观上是故意，且具有利用信用证骗取财物的目的。

依照《刑法》第195条、第200条的规定，犯本罪的，处5年以下有期徒刑或者拘役，并处2万元以上20万元以下罚金；数额巨大或者有其他严重情节的，处5年以上10年以下有期徒刑，并处5万元以上50万元以下罚金；数额特别巨大或者有其他特别严重情节的，处10年以上有期徒刑或者无期徒刑，并处5万元以上50万元以下罚金或者没收财产。单位犯本罪的，对单位判处罚金，并对其直接负责的主管人员和其他直接责任人员，处5年以下有期徒刑或者拘役，可以并处罚金；数额巨大或者有其他严重情节的，处5年以上10年以下有期徒刑，并处罚金；数额特别巨大或者有其他特别严重情节的，处10年以上有期徒刑或者无期徒刑，并处罚金。

六、信用卡诈骗罪

（一）信用卡诈骗罪的概念和特征

信用卡诈骗罪，是指以非法占有为目的，利用信用卡进行诈骗，数额较大的行为。

本罪侵犯的客体是国家对信用卡的管理制度和公私财产所有权。本罪犯罪对象是信用卡，既包括贷记卡，也包括借记卡。本罪的客观方面表现为行为人实施了利用信用卡诈骗的行为，《刑法》第196条列举了信用卡诈骗的四种行为方式：①使用伪造的信用卡，或者使用以虚假的身份证明骗领的信用卡的；②使用作废的信用卡的；③冒用他人信用卡的[①]；④恶意透支的。恶意透支，是指持卡人以非法占有为目的，超过规定限额或者规定期限透支，并且经发卡银行催收后仍不归还的行为。“恶意透支”与“善意透支”相对，区别的关键在于行为人主观上是否具有非法占有的目的。根据2018年最高人民法院、最高人民检察院《关于办理妨害信用卡管理刑事案件具体应用法律若干问题的解释》的规定，持卡人以非法占有为目的，超过规定限额或者规定期限透支，并且经发卡银行两次催收后超过3个月仍不归还的，应当认定为“恶意透支”。其中，具有以下情形之一的，应当认定为行为人“以非法占有为目的”：①明知没有还款能力而大量透支，无法归还的；②使用虚假资信证明申领信用卡后透支，无法归还的；③透支后通过逃匿、改变联系方式等手段，逃避银行催收的；④抽逃、转移资金，隐匿财产，逃避还款的；⑤使用透支的资金进行违法犯罪活动的；⑥其他非法占有资金，拒不归还的行为。本罪的成立，以“数额较大”为要件。本罪的主体是自然人，单位不能构成本罪。本罪的主观方面出于故意，行为人具有非法占有他人资金的目的。

（二）信用卡诈骗罪的认定

伪造信用卡并使用伪造的信用卡进行诈骗活动的，以信用卡诈骗罪论处。《刑法》第196条第3款规定，盗窃信用卡并使用[②]的，依照本法第264条的规定即盗窃

---

① 根据2018年最高人民法院、最高人民检察院《关于办理妨害信用卡管理刑事案件具体应用法律若干问题的解释》的规定，具有下列情形的，属于“冒用他人信用卡”：①拾得他人信用卡并使用的；②骗取他人信用卡并使用的；③窃取、收买、骗取或者以其他非法方式获取他人信用卡信息资料，并通过互联网、通讯终端等使用的；④其他冒用他人信用卡的情形。

② 盗窃信用卡并使用，是指盗窃他人信用卡后使用该信用卡购买商品、在银行或自动柜员机上支取现金，以及接受用信用卡进行支付结算的各种服务，骗取财物的行为。参见王爱立：《中华人民共和国刑法释义》，法律出版社2021年版，第409页。

罪定罪处罚。对于盗窃信用卡但未使用的行为，不宜认定为盗窃罪。盗窃伪造、作废的信用卡并在知道是伪造、作废的信用卡后而使用的，应认定为信用卡诈骗罪。

【案例4-6-01】甲窃得同事一张银行借记卡及身份证，向乙谎称路上所拾。甲、乙二人根据身份证号码试出了借记卡密码，持卡消费5000元。本案中，甲构成盗窃罪，乙构成信用卡诈骗罪。

【案例4-6-02】甲盗窃了一张信用卡，对乙谎称是捡来的，乙用该信用卡买了3.8万元的物品。本案中，甲盗窃信用卡并使用，成立盗窃罪。乙冒用他人信用卡，成立信用卡诈骗罪。甲参与了犯罪的全程（盗窃信用卡、使用信用卡），乙参与了犯罪的部分（冒用他人信用卡），二者在冒用他人信用卡的范围内成立共同犯罪，即甲、乙二人构成信用卡诈骗罪的共同犯罪，而非盗窃罪的共同犯罪。

【案例4-6-03】甲用虚假身份证办理了一张一次能够透支4万元的信用卡。甲第一次用该信用卡购物4万元后及时归还了，银行以为甲的信用良好，将信用卡的透支额度提升到10万元，甲透支10万元后，不再归还。本案中，甲使用以虚假身份证明骗领的信用卡，成立信用卡诈骗罪，犯罪金额为10万元。

（三）信用卡诈骗罪的刑事责任

依照《刑法》第196条的规定，犯本罪的，处5年以下有期徒刑或者拘役，并处2万元以上20万元以下罚金；数额巨大或者有其他严重情节的，处5年以上10年以下有期徒刑，并处5万元以上50万元以下罚金；数额特别巨大或者有其他特别严重情节的，处10年以上有期徒刑或者无期徒刑，并处5万元以上50万元以下罚金或者没收财产①。

七、有价证券诈骗罪

有价证券诈骗罪，是指使用伪造、变造的国库券或者国家发行的其他有价证券，进行诈骗活动，数额较大的行为。

根据《立案追诉标准（二）》的规定，“数额较大”是指数额在1万元以上。

① 具体定罪量刑标准参见2018年最高人民法院、最高人民检察院《关于办理妨害信用卡管理刑事案件具体应用法律若干问题的解释》。

本罪的主体是自然人，单位不能成为本罪主体。

依照《刑法》第197条的规定，犯本罪的，处5年以下有期徒刑或者拘役，并处2万元以上20万元以下罚金；数额巨大或者有其他严重情节的，处5年以上10年以下有期徒刑，并处5万元以上50万元以下罚金；数额特别巨大或者有其他特别严重情节的，处10年以上有期徒刑或者无期徒刑，并处5万元以上50万元以下罚金或者没收财产。

八、保险诈骗罪

（一）保险诈骗罪的概念和特征

保险诈骗罪，是指保险合同法律关系中的投保人、受益人或者被保险人以非法获取保险金为目的，利用保险进行诈骗活动，向保险人骗取保险金，数额较大的行为。

本罪侵犯的客体是国家保险管理制度和保险机构的财产所有权。本罪的客观方面表现为行为人实施了利用保险进行诈骗活动，数额较大的行为。《刑法》第198条列举了保险诈骗罪的五种行为方式：①投保人故意虚构保险标的，骗取保险金的；②投保人、被保险人或者受益人对发生的保险事故编造虚假的原因或者夸大损失的程度，骗取保险金的；③投保人、被保险人或者受益人编造未曾发生的保险事故，骗取保险金的；④投保人、被保险人故意造成财产损失的保险事故，骗取保险金的；⑤投保人、受益人故意造成被保险人死亡、伤残或者疾病，骗取保险金的。本罪的成立，要求达到数额较大。参照《立案追诉标准（二）》的规定，"数额较大"是指个人进行保险诈骗，数额在1万元以上；或者单位进行保险诈骗，数额在5万元以上。本罪的主体是特殊主体，即必须是投保人、受益人或被保险人，既可以是自然人，也可以是单位。本罪的主观方面是故意，行为人具有利用保险骗取保险金的目的。

（二）保险诈骗罪的认定

（1）本罪一罪与数罪的界限。实践中，不法分子在实施保险诈骗罪的过程中，往往会触犯其他的犯罪，是否以数罪并罚，应根据不同的情况分别处理：①根据《刑法》第198条第2款的规定，如果行为人为骗取保险金而故意造成财产损失的保险事故，或故意造成被保险人死亡、伤残或者疾病，又同时构成其他犯罪的，依照数罪并罚的规定予以处罚。例如，为了骗取保险金，放火烧毁已经投保的房屋，并据此向保险人申请理赔的，行为人不仅触犯了保险诈骗罪，同时构成了放火罪，应当数罪并罚。即使保险诈骗罪未达成既遂而只处于未遂形态，根据1998年最高人民检察院法律政策研究室《关于保险诈骗未遂犯能否按犯罪处理问题的答复》，行为人已经着手实施保险诈骗行为，但由于意志以外的原因未能获得保险赔偿的，是诈骗未遂，情节严重的，应依法追究刑事责任。②如果行为人仅制造保险事故（如放火烧毁已经投保的房屋）而尚未申请理赔的，那么制造保险事故的行为只是保险诈骗罪的预备行为而非着手行为（制造保险事故后到保险公司申请理赔才是保险诈骗罪的着手行为），但是它同时又是放火罪的实行行为，一行为触犯了两种罪名，属于想象竞合犯，只需要按高度行为即放火罪论处，而不需要数罪并罚。

（2）本罪共犯的认定。《刑法》第198条第4款规定，保险事故的鉴定人、证明人、财产评估人故意提供虚假的证明文件，为他人诈骗提供条件的，以保险诈骗的共犯论处。例如，交警甲故意为乙实施保险诈骗提供虚假鉴定结论，则甲、乙构成共同犯罪。

（3）保险公司工作人员利用职务上的便利骗取保险金的处理。《刑法》第183条规定，保险公司的工作人员利用职务上的便利，故意编造未曾发生的保险事故进行虚假理赔，骗取保险金归自己所有的，依照本法第271条的规定即职务侵占罪定罪处罚。国有保险公司工作人员和国有保险公司委派到非国有保险公司从事公务的人员有上述行为的，依照本法第382条、第383条的规定即贪污罪定罪处罚。可见，对于保险公司工作人员利用职务上的便利骗取保险金的行为，要根据保险公司是国有还是非国有的性质，而相应定贪污罪或职务侵占罪。

（三）保险诈骗罪的刑事责任

依照《刑法》第198条的规定，犯本罪的，处5年以下有期徒刑或者拘役，并处1万元以上10万元以下罚金；数额巨大或者有其他严重情节的，处5年以上10年以下有期徒刑，并处2万元以上20万元以下罚金；数额特别巨大或者有其他特别严重情节的，处10年以上有期徒刑，并处2万元以上20万元以下罚金或者没收财产。单位犯本罪的，对单位判处罚金，并对其直接负责的主管人员和其他直接责任人员，处5年以下有期徒刑或者拘役；数额巨大或者有其他严重情节的，处5年以上10年以下有期徒刑；数额特别巨大或者有其他特别严重情节的，处10年以上有期徒刑。

第七节　危害税收征管罪罪名分述

一、逃税罪

（一）逃税罪的概念和特征

逃税罪，是指纳税人或者扣缴义务人违反税收管理法规，逃税数额较大且达到应纳税额一定比例的行为。

本罪侵犯的客体是国家的税收征管制度和国家财政税收收入。本罪的客观方面表现为纳税人或者扣缴义务人采用欺骗、隐瞒手段，进行虚假纳税申报或者不申报，逃避缴纳税款，不缴或者少缴已扣、已收税款，数额较大的行为。本罪的成立要求达到法定定量标准的程度，才构成犯罪。法定定量标准，参照《立案追诉标准（二）》的相关规定。对多次实施逃税行为，未经处理的，按照累计数额计算。本罪的主体是特殊主体，只能由纳税人和扣缴义务人构成，包括自然人和单位。本罪的主观方面必须是故意，且具有逃税的目的。

（二）逃税罪的刑事责任

依照《刑法》第201条、第211条的规定，犯本罪，数额较大并且占应纳税额10%以上的，处3年以下有期徒刑或者拘役，并处罚金；数额巨大并且占应纳税额30%以上的，处3年以上7年以下有期徒刑，并处罚金。单位犯本罪的，对单位判处罚金，并对其直接负责的主管人员和其他直接责任人员，依照自然人犯本罪的规定处罚。

《刑法》第201条第4款规定，纳税人逃避缴纳税款，经税务机关依法下达追缴通知后，补缴应纳税款，缴纳滞纳金，已受行政处罚的，不予追究刑事责任。这是逃税罪的免予刑事处罚事由。但是，5年内因逃避缴纳税款受过刑事处罚或者被税务机关给予2次以上行政处罚的除外。同时，根据《立案追诉标准（二）》的规定，纳税人在公安机关立案后再补缴应纳税款、缴纳滞纳金或者接受行政处罚的，不影响刑事责任的追究。

二、抗税罪

抗税罪，是指以暴力、威胁方法拒不缴纳税款的行为。

本罪侵犯的客体是国家的税收征收管理制度及税务人员的人身权利。本罪的客观方面表现为使用暴力、威胁方法拒不缴纳税款。本罪的主体只能是自然人（包括纳税人和扣缴义务人），单位不能构成本罪。本罪的主观方面是故意，行为人的目的是拒不缴纳税款。

根据2002年最高人民法院《关于审理偷税抗税刑事案件具体应用法律若干问题的解释》的规定，实施抗税行为致人重伤、死亡，构成故意伤害罪、故意杀人罪的，分别依照转化后的犯罪即故意伤害罪、故意杀人罪定罪处罚。

【案例4-7-01】个体工商户甲欠缴营业税15万元，当税务人员上门征收税款时，甲组织乙等多人进行暴力围攻，殴打税务人员，抗拒缴纳税款，其中乙出手最狠，将一名税务人员打成重伤。乙的行为构成故意伤害罪。在暴力抗税过程中因过失致税务人员重伤、死亡的，可依处罚较重的抗税罪论处。与纳税人或者扣缴义务人共同实施抗税行为的，以抗税罪的共犯依法处罚。

依照《刑法》第202条的规定，犯本罪的，处3年以下有期徒刑或者拘役，并处拒缴税款1倍以上5倍以下罚金；情节严重的，处3年以上7年以下有期徒刑，并处拒缴税款1倍以上5倍以下罚金。

三、逃避追缴欠税罪

逃避追缴欠税罪，是指纳税人欠缴应纳税款，采取转移或者隐匿财产的手段，致使税务机关无法追缴欠缴的税款，数额较大的行为。

本罪侵犯的客体是国家的税收征管制度和国家财政税收收入。本罪的客观方面表现为在欠缴税款的情况下，采取转移、隐匿财产的手段，致使税务机关无法追缴欠缴的税款，数额在1万元以上的行为。因此，构成本罪，必须满足三个条件：其一，纳税人存在欠缴税款的事实；其二，纳税人实施了转移、隐匿财产的行为；其三，纳税人转移、隐匿财产后致使税务机关无法追缴欠缴的税款，且数额在1万元以上。本罪的主体是纳税义务人，包括自然人和单位。本罪的主观方面只能出于故意。

依照《刑法》第203条、第211条的规定，犯本罪的，处3年以下有期徒刑或者拘役，并处或者单处欠缴税款1倍以上5倍以下罚金；数额在10万元以上的，处3年以上7年以下有期徒刑，并处欠缴税款1倍以上5倍以下罚金。单位犯本罪的，对单位判处罚金，并对其直接负责的主管人员和其他直接责任人员，依照自然人犯本罪的规定处罚。

四、骗取出口退税罪

（一）骗取出口退税罪的概念和特征

骗取出口退税罪，是指以假报出口或者其他欺骗手段，骗取国家出口退税款，数额较大的行为。

本罪侵犯的客体是国家出口退税制度和国家财产所有权。本罪的客观方面表现为行为人实施了以假报出口或者其他欺骗手段，骗取国家出口退税款，数额较大的行为。根据2002年最高人民法院《关于审理骗取出口退税刑事案件具体应用法律若干问题的解释》的规定，假报出口，是指以虚构已税货物出口事实为目的，具有下列情形之一的行为：①伪造或者签订虚假的买卖合同；②以伪造、变造或者其他非法手段取得出口货物报关单、出口收汇核销单、出口货物专用缴款书等有关出口退税单据、凭证；③虚开、伪造、非法购买增值税专用发票或者其他可以用于出口退税的发票；④其他虚构已税货物出口事实的行为。其他欺骗手段，是指具有下列情形之一的行为：①骗取出口货物退税资格的；②将未纳税或者免税货物作为已税货物出口的；③虽有货物出口，但虚构该出口货物的品名、数量、单价等要素，骗取未实际纳税部分出口退税款的；④以其他手段骗取出口退税款的。数额较大，是指5万元以上。本罪的主体是一般主体，既可以是自然人，也可以是单位。本罪的主观方面只能是故意，行为人具有非法占有国家出口退税款的目的，因过失而导致多报多领出口退税款的不构成本罪。

（二）骗取出口退税罪的认定

本罪本质上是诈骗犯罪，因此只有在行为人没有缴纳税款的情况下才可能成立。如果纳税人缴纳税款后，采取假报出口等欺骗方法，骗取所交纳的税款的，依照逃税罪的规定定罪处罚。对于骗取税款超过所交纳的税款部分，则应认定为骗取出口退税罪，与逃税罪实行并罚。另外，实施骗取出口退税犯罪，同时构成虚开增值税专用发票等其他犯罪的，依照刑法处罚较重的规定定罪处罚。

【案例4-7-02】某企业生产的一批外贸供货产品因外商原因无法出口，该企业采用伪造出口退税单证和签订虚假买卖合同等方法，骗取出口退税50万元（其中包括该批产品已征的产品税、增值税等税款19万元）。该企业构成逃税罪和骗取出口退税罪，应该并罚。

（三）骗取出口退税罪的刑事责任

依照《刑法》第204条、第211条的规定，犯本罪的，处5年以下有期徒刑或者拘役，并处骗取税款1倍以上5倍以下罚金；数额巨大或者有其他严重情节的，处5年以上10年以下有期徒刑，并处骗取税款1倍以上5倍以下罚金；数额特别巨大或者有其他特别严重情节的，处10年以上有期徒刑或者无期徒刑，并处骗取税款1倍以上5倍以下罚金或者没收财产。单位犯本罪的，对单位判处罚金，并对其直接负责的主管人员和其他直接责任人员，依照自然人犯本罪的规定处罚。

五、虚开增值税专用发票、用于骗取出口退税、抵扣税款发票罪

（一）虚开增值税专用发票、用于骗取出口退税、抵扣税款发票罪的概念和特征

虚开增值税专用发票、用于骗取出口退税、抵扣税款发票罪，是指违反国家的发票管理制度，虚开增值税专用发票或者虚开用于骗取出口退税、抵扣税款的其他发票的行为。本罪的主要特征包括：

（1）本罪侵犯的客体是国家对增值税专用发票以及可用于出口退税、抵扣税款的其他发票的管理制度。增值税专用发票，是指以商品或者劳务的增值额为征税对象，并且具有直接抵扣税款功能的专门用于增值税的收付款凭证。根据2005年全国人大常委会《关于〈中华人民共和国刑法〉有关出口退税、抵扣税款的其他发票规定的解释》，出口退税、抵扣税款的其他发票是指除增值税专用发票以外的，具有出口退税、抵扣税款功能的收付款凭证或者完税凭证，例如运输发票、农林牧水产品收购发票、废旧物品收购发票等。因此，本罪是选择性罪名，可分为虚开增值税专用发票罪、虚开用于骗取出口退税发票罪和虚开用于抵扣税款发票罪。

（2）本罪的客观方面表现为行为人实施了虚开增值税专用发票或者虚开用于骗取出口退税、抵扣税款的其他发票的行为。虚开，是指没有货物购销或者没有提供或接受应税劳务而为他人、为自己、让他人为自己、介绍他人开具专用发票，或者有货物购销或者提供或接受了应税劳务但为他人、为自己、让他人为自己、介绍他人开具数量或者金额不实的专用发票，以及进行了实际经营活动，但让他人为自己代开专用发票等情形。根据《刑法》第205条第3款的规定，“虚开”包括为他人虚开、为自己虚开、让他人为自己虚开、介绍他人虚开四种情况。从《刑法》第205条的规定看，本罪是行为犯，一经实施，即构成犯罪。但如果虚开

的数额很小，行为人又是初犯，则可作为“情节显著轻微，危害不大”的情况，不以犯罪论处。

（3）本罪主体是一般主体，自然人和单位均可构成本罪。

（4）本罪的主观方面必须出于故意，行为人一般具有骗取国家税款的目的，但该目的不是本罪的构成要件。

（二）虚开增值税专用发票、用于骗取出口退税、抵扣税款发票罪的认定

行为人虚开增值税专用发票、用于骗取出口退税、抵扣税款发票，往往是出于逃税或骗取出口退税的目的，这一目的行为同时触犯了逃税罪或者骗取出口退税罪的罪名，属于手段行为和目的行为的牵连，应择一重罪论处。鉴于本罪的法定刑明显高于逃税罪或者骗取出口退税罪，因此，一般应以本罪论处。

（三）虚开增值税专用发票、用于骗取出口退税、抵扣税款发票罪的刑事责任

依照《刑法》第205条的规定，犯本罪的，处3年以下有期徒刑或者拘役，并处2万元以上20万元以下罚金；虚开的税款数额较大或者有其他严重情节的，处3年以上10年以下有期徒刑，并处5万元以上50万元以下罚金；虚开的税款数额巨大或者有其他特别严重情节的，处10年以上有期徒刑或者无期徒刑，并处5万元以上50万元以下罚金或者没收财产。单位犯本罪的，对单位判处罚金，并对其直接负责的主管人员和其他直接责任人员，处3年以下有期徒刑或者拘役；虚开的税款数额较大或者有其他严重情节的，处3年以上10年以下有期徒刑；虚开的税款数额巨大或者有其他特别严重情节的，处10年以上有期徒刑或者无期徒刑。

六、虚开发票罪

虚开发票罪，是指虚开《刑法》第205条规定以外的其他发票，即除增值税专用发票、可以用于骗取出口退税、抵扣税款以外的发票，情节严重的行为。

本罪侵犯的客体是国家对除增值税专用发票、可以用于出口退税、抵扣税款发票以外的其他发票的管理制度。本罪的客观方面表现为行为人实施了虚开除增值税专用发票、可以用于骗取出口退税、抵扣税款发票以外的其他发票的行为。虚开，与虚开增值税专用发票、用于骗取出口退税、抵扣税款发票的行为方式完全相同。构成本罪，要求情节严重。根据2011年最高人民检察院、公安部《关于公安机关管辖的刑事案件立案追诉标准的规定（二）的补充规定》，虚开《刑法》

第205条规定以外的其他发票，涉嫌下列情形之一的，应予立案追诉：①虚开发票100份以上或者虚开金额累计在40万元以上的；②虽未达到上述数额标准，但5年内因虚开发票行为受过行政处罚2次以上，又虚开发票的；③其他情节严重的情形。

依照《刑法》第205条之一的规定，犯本罪的，处2年以下有期徒刑、拘役或者管制，并处罚金；情节特别严重的，处2年以上7年以下有期徒刑，并处罚金。单位犯本罪的，对单位判处罚金，并对其直接负责的主管人员和其他直接责任人员，依照自然人犯本罪的规定处罚。

七、伪造、出售伪造的增值税专用发票罪

伪造、出售伪造的增值税专用发票罪，是指伪造增值税专用发票或者出售伪造的增值税专用发票的行为。

本罪侵犯的客体是对增值税专用发票的管理制度。本罪的客观方面表现为伪造增值税专用发票或者出售伪造的增值税专用发票的行为。行为人所出售的必须是伪造的增值税专用发票，如果出售真实的增值税专用发票，则成立非法出售增值税专用发票罪。本罪虽然是行为犯，但如果数额、数量不大，可作为“情节显著轻微，危害不大”的情况，不以犯罪论处。伪造并出售伪造的增值税专用发票的，这种情况属于吸收犯，只成立一罪，不实行数罪并罚。但是如果出售伪造的增值税专用发票不是其伪造的，则应当数罪并罚。本罪的主体包括自然人和单位。本罪的主观方面必须是故意，即故意伪造和明知是伪造的增值税专用发票而故意出售，否则不构成犯罪。

依照《刑法》第206条的规定，犯本罪的，处3年以下有期徒刑、拘役或者管制，并处2万元以上20万元以下罚金；数量较大或者有其他严重情节的，处3年以上10年以下有期徒刑，并处5万元以上50万元以下罚金；数量巨大或者有其他特别严重情节的，处10年以上有期徒刑或者无期徒刑，并处5万元以上50万元以下罚金或者没收财产。单位犯本罪的，对单位判处罚金，并对其直接负责的主管人员和其他直接责任人员，处3年以下有期徒刑、拘役或者管制；数量较大或者有其他严重情节的，处3年以上10年以下有期徒刑；数量巨大或者有其他特别严重情节的，处10年以上有期徒刑或者无期徒刑。

八、非法出售增值税专用发票罪

非法出售增值税专用发票罪，是指非法出售增值税专用发票的行为。

依照《刑法》第207条、第211条的规定，犯本罪的，处3年以下有期徒刑、拘役或者管制，并处2万元以上20万元以下罚金；数量较大的，处3年以上10年以下有期徒刑，并处5万元以上50万元以下罚金；数量巨大的，处10年以上有期徒刑或者无期徒刑，并处5万元以上50万元以下罚金或者没收财产。单位犯本罪的，对单位判处罚金，并对其直接负责的主管人员和其他直接责任人员，依照自然人犯本罪的规定处罚。

九、非法购买增值税专用发票、购买伪造的增值税专用发票罪

非法购买增值税专用发票、购买伪造的增值税专用发票罪，是指非法购买增值税专用发票，或者明知是伪造的增值税专用发票而购买的行为。

非法购买真、伪两种增值税专用发票的，数量累计计算，不实行数罪并罚。根据《刑法》第208条第2款的规定，非法购买增值税专用发票或者购买伪造的增值税专用发票又虚开或者出售的，分别以虚开增值税专用发票罪、出售伪造的增值税专用发票罪、非法出售增值税专用发票罪论处。在上述情况下，实际上是本罪与其他犯罪之间存在牵连关系，系牵连犯，应从一重罪论处，而不实行数罪并罚。

依照《刑法》第208条、第211条的规定，犯本罪的，处5年以下有期徒刑或者拘役，并处或者单处2万元以上20万元以下罚金。单位犯本罪的，对单位判处罚金，并对其直接负责的主管人员和其他直接责任人员，依照自然人犯本罪的规定处罚。

十、非法制造、出售非法制造的用于骗取出口退税、抵扣税款发票罪

非法制造、出售非法制造的用于骗取出口退税、抵扣税款发票罪，是指伪造、擅自制造或者出售伪造、擅自制造的增值税专用发票以外的可以用于骗取出口退税、抵扣税款的其他发票的行为。

依照《刑法》第209条第1款、第211条的规定，犯本罪的，处3年以下有期徒刑、拘役或者管制，并处2万元以上20万元以下罚金；数量巨大的，处3年以上7年以下有期徒刑，并处5万元以上50万元以下罚金；数量特别巨大的，处7年以上有期徒刑，并处5万元以上50万元以下罚金或者没收财产。单位犯本罪的，对单位判处罚金，并对其直接负责的主管人员和其他直接责任人员，依照自然人犯本罪的规定处罚。

十一、非法制造、出售非法制造的发票罪

非法制造、出售非法制造的发票罪，是指伪造、擅自制造或者出售伪造、擅自制造的除增值税专用发票、可以用于骗取出口退税、抵扣税款发票以外的其他发票的行为。

行为人所出售的必须是伪造、擅自制造的发票，如果出售的是真实发票，则成立非法出售发票罪。

依照《刑法》第209条第2款、第211条的规定，犯本罪的，处2年以下有期徒刑、拘役或者管制，并处或者单处1万元以上5万元以下罚金；情节严重的，处2年以上7年以下有期徒刑，并处5万元以上50万元以下罚金。单位犯本罪的，对单位判处罚金，并对其直接负责的主管人员和其他直接责任人员，依照自然人犯本罪的规定处罚。

十二、非法出售用于骗取出口退税、抵扣税款发票罪

非法出售用于骗取出口退税、抵扣税款发票罪，是指非法出售除增值税专用发票以外的可以用于骗取出口退税、抵扣税款的其他发票的行为。

行为人所出售的必须是真实发票，如果出售伪造、擅自制造的可以用于骗取出口退税、抵扣税款的发票，则成立出售非法制造的用于骗取出口退税、抵扣税款发票罪。

依照《刑法》第209条第3款、第211条的规定，犯本罪的，处3年以下有期徒刑、拘役或者管制，并处2万元以上20万元以下罚金；数量巨大的，处3年以上7年以下有期徒刑，并处5万元以上50万元以下罚金；数量特别巨大的，处7年以上有期徒刑，并处5万元以上50万元以下罚金或者没收财产。单位犯本罪的，对单位判处罚金，并对其直接负责的主管人员和其他直接责任人员，依照自然人犯本罪的规定处罚。

十三、非法出售发票罪

非法出售发票罪，是指非法出售除增值税专用发票，可以用于骗取出口退税、抵扣税款发票以外的其他发票的行为。

依照《刑法》第209条第4款、第211条的规定，犯本罪的，处2年以下有期徒刑、拘役或者管制，并处或者单处1万元以上5万元以下罚金；情节严重的，处2年以上7年以下有期徒刑，并处5万元以上50万元以下罚金。单位犯本罪的，对

单位判处罚金，并对其直接负责的主管人员和其他直接责任人员，依照自然人犯本罪的规定处罚。

十四、持有伪造的发票罪

持有伪造的发票罪，是指明知是伪造的发票而持有，数量较大的行为。

本罪侵犯的客体是国家的发票管理制度和税收征收管理秩序。本罪的客观方面表现为明知是伪造的发票而持有，数量较大的行为。本罪的主体是一般主体，可以是自然人和单位。本罪的主观方面出于故意，即明知是伪造的发票而非法持有。如果因缺乏必要知识，不知是伪造的发票而持有的，不构成犯罪。根据2011年最高人民检察院、公安部《关于公安机关管辖的刑事案件立案追诉标准的规定（二）的补充规定》，明知是伪造的发票而持有，具有下列情形之一的，应予立案追诉：①持有伪造的增值税专用发票50份以上或者票面额累计在20万元以上的；②持有伪造的可以用于骗取出口退税、抵扣税款的其他发票100份以上或者票面额累计在40万元以上的；③持有伪造的第①项、第②项规定以外的其他发票200份以上或者票面额累计在80万元以上的。

依照《刑法》第210条之一的规定，犯本罪的，处2年以下有期徒刑、拘役或者管制，并处罚金；数量巨大的，处2年以上7年以下有期徒刑，并处罚金。单位犯本罪的，对单位判处罚金，并对其直接负责的主管人员和其他直接责任人员，依照自然人犯本罪的规定处罚。

第八节　侵犯知识产权罪罪名分述

一、假冒注册商标罪

（一）假冒注册商标罪的概念和特征

假冒注册商标罪，是指未经注册商标所有人许可，在同一种商品、服务上使用与其注册商标相同的商标，情节严重的行为。本罪的主要特征包括：

（1）本罪侵犯的客体是复杂客体，既侵犯了国家的商标管理制度，也侵犯了注册商标所有人的商标专有权。

（2）本罪的客观方面表现为行为人未经注册商标所有人许可，在同一种商品、服务上使用与其注册商标相同的商标，情节严重的行为。具体行为需同时符合以下条件：①行为人使用他人注册商标未经注册商标所有人许可。②行为人在客观上实施了在同一种商品、服务上使用与他人注册商标相同的商标，即商标相同，使用该商标的商品、服务为同一种类，这两个条件必须同时具备。③行为人的上述行为，必须达到情节严重。“情节严重”的标准，参照《立案追诉标准（二）》的相关规定。

（3）本罪主体是一般主体，包括自然人和单位。

（4）本罪的主观方面只能出于故意。

（二）假冒注册商标罪的认定

（1）本罪的罪数。根据2004年最高人民法院、最高人民检察院《关于办理侵犯知识产权刑事案件具体应用法律若干问题的解释》（以下简称《知识产权案件解释》）的规定，实施假冒注册商标犯罪，又销售该假冒注册商标的商品，构成犯罪的，应当以假冒注册商标罪定罪处罚。这种情况属于吸收犯，按照刑法关于吸收犯的基本原理，只成立假冒注册商标罪，不另成立销售假冒注册商标的商品罪。但是如果行为人实施假冒注册商标犯罪，又销售明知是他人的假冒注册商标的商品，构成犯罪的，则应当实行数罪并罚。另外，行为人在生产的伪劣商品上假冒他人已经注册的商标的，属于牵连犯，应择一重罪处断。

（2）本罪的共犯。根据2011年最高人民法院、最高人民检察院、公安部《关于办理侵犯知识产权刑事案件适用法律若干问题的意见》的规定，明知他人实施侵犯知识产权犯罪，而为其提供生产、制造侵权产品的主要原材料、辅助材料、半成品、包装材料、机械设备、标签标识、生产技术、配方等帮助，或者提供互联网接入、服务器托管、网络存储空间、通讯传输通道、代收费、费用结算等服务的，以侵犯知识产权犯罪的共犯论处。根据《知识产权案件解释》的规定，明知他人实施侵犯知识产权犯罪，而为其提供贷款、资金、账号、发票、证明、许可证件，或者提供生产、经营场所或者运输、储存、代理进出口等便利条件、帮助的，以侵犯知识产权犯罪的共犯论处。

（三）假冒注册商标罪的刑事责任

依照《刑法》第213条、第220条的规定，犯本罪的，处3年以下有期徒刑，并处或者单处罚金；情节特别严重的，处3年以上10年以下有期徒刑，并处罚金。单位犯本罪的，对单位判处罚金，并对其直接负责的主管人员和其他直接责任人员，依照自然人犯本罪的规定处罚。

二、销售假冒注册商标的商品罪

销售假冒注册商标的商品罪，是指明知是假冒注册商标的商品，而予以销售，违法所得数额较大或者有其他严重情节的行为。

本罪在客观上表现为实施了销售明知是假冒注册商标的商品，违法所得数额较大或者有其他严重情节的行为。销售，是指零售、批发、直销、代销等各种出售商品的行为。假冒注册商标，是指假冒他人已经注册了的商标。本罪的主观方面必须是“明知”是假冒注册商标的商品而销售。“明知”不等于确知，根据《知识产权案件解释》的规定，是指下列情形之一：①知道自己销售的商品上的注册商标被涂改、调换或者覆盖的；②因销售假冒注册商标的商品受到过行政处罚或者承担过民事责任又销售同一种假冒注册商标的商品的；③伪造、涂改商标注册人授权文件或者知道该文件被伪造、涂改的；④其他知道或者应当知道是假冒注册商标的商品的情形。

根据《关于办理侵犯知识产权刑事案件适用法律若干问题的意见》的规定，销售明知是假冒注册商标的商品，具有下列情形之一的，以销售假冒注册商标的商品罪（未遂）定罪处罚：①假冒注册商标的商品尚未销售，货值金额在15万元以上的；②假冒注册商标的商品部分销售，已销售金额不满5万元，但与尚未销售的假冒注册商标的商品的货值金额合计在15万元以上的。

依照《刑法》第214条、第220条的规定，犯本罪的，处3年以下有期徒刑，并处或者单处罚金；违法所得数额巨大或者有其他特别严重情节的，处3年以上10年以下有期徒刑，并处罚金。单位犯本罪的，对单位判处罚金，并对其直接负责的主管人员和其他直接责任人员，依照自然人犯本罪的规定处罚。

三、非法制造、销售非法制造的注册商标标识罪

非法制造、销售非法制造的注册商标标识罪，是指伪造、擅自制造他人注册商标标识或者销售伪造、擅自制造的注册商标标识，情节严重的行为。这里的商标标识，是指文字、图形或者其组合构成的商标图样的物质实体，是表明注册商标的商品显著特征的识别标记，如商标纸、商标标牌、商标标识带等。

依照《刑法》第215条、第220条的规定，犯本罪的，处3年以下有期徒刑，并处或者单处罚金；情节特别严重的，处3年以上10年以下有期徒刑，并处罚金。单位犯本罪的，对单位判处罚金，并对其直接负责的主管人员和其他直接责任人员，依照自然人犯本罪的规定处罚。

四、假冒专利罪

假冒专利罪，是指假冒他人专利，情节严重的行为。

根据《知识产权案件解释》，实施下列行为之一的，属于“假冒他人专利”：①未经许可，在其制造或者销售的产品、产品的包装上标注他人专利号的；②未经许可，在广告或者其他宣传材料中使用他人的专利号，使人将所涉及的技术误认为是他人专利技术的；③未经许可，在合同中使用他人的专利号，使人将合同涉及的技术误认为是他人专利技术的；④伪造或者变造他人的专利证书、专利文件或者专利申请文件的。具有下列情形之一的，属于“情节严重”：①非法经营数额在20万元以上或者违法所得数额在10万元以上的；②给专利权人造成直接经济损失50万元以上的；③假冒两项以上他人专利，非法经营数额在10万元以上或者违法所得数额在5万元以上的；④其他情节严重的情形。

依照《刑法》第216条、第220条的规定，犯本罪的，处3年以下有期徒刑或者拘役，并处或者单处罚金。单位犯本罪的，对单位判处罚金，并对其直接负责的主管人员和其他直接责任人员，依照自然人犯本罪的规定处罚。

五、侵犯著作权罪

（一）侵犯著作权罪的概念和特征

侵犯著作权罪，是指以营利为目的，侵犯他人著作权或者与著作权有关的权利，违法所得数额较大或者有其他严重情节的行为。

本罪侵犯的客体是复杂客体，既侵犯了国家对著作权的管理制度，也侵犯了著作权人对其作品享有的著作权和与著作权有关的权益。本罪的客观方面表现为违反著作权法，侵犯他人著作权或者与著作权有关的权利，具体行为方式包括以下六种：①未经著作权人许可，复制发行、通过信息网络向公众传播其文字作品、音乐、美术、视听作品、计算机软件及法律、行政法规规定的其他作品；②出版他人享有专有出版权的图书；③未经录音录像制作者许可，复制发行、通过信息网络向公众传播其制作的录音录像；④未经表演者许可，复制发行录有其表演的录音录像制品，或者通过信息网络向公众传播其表演；⑤制作、出售假冒他人署名的美术作品；⑥未经著作权人或者与著作权有关的权利人许可，故意避开或者破坏权利人为其作品、录音录像制品等采取的保护著作权或者与著作权有关的权利的技术措施。成立本罪，还要求违法所得数额较大或者有其他严重情节。具体定罪量刑标准可参照《知识产权案件解释》，2007年最高人民法院、最高人民检察院《关于办理侵犯知识产权刑事案件具体应用法律若干问题的解释（二）》，以及2011年最高人民法院、最高人民检察院、公安部《关于办理侵犯知识产权刑事案件适用法律若干问题的意见》之规定。本罪的主体是一般主体，自然人和单位都可以构成本罪。本罪主观方面必须出于故意，并且具有营利的目的。根据《关于办理侵犯知识产权刑事案件适用法律若干问题的意见》的规定，除销售外，具有下列情形之一的，可以认定为“以营利为目的”：①以在他人作品中刊登收费广告、捆绑第三方作品等方式直接或者间接收取费用的；②通过信息网络传播他人作品，或者利用他人上传的侵权作品，在网站或者网页上提供刊登收费广告服务，直接或者间接收取费用的；③以会员制方式通过信息网络传播他人作品，收取会员注册费或者其他费用的；④其他利用他人作品牟利的情形。

（二）侵犯著作权罪的认定

实施侵犯著作权的行为，又销售该侵权复制品，构成犯罪的，以侵犯著作权罪定罪处罚。实施侵犯著作权的行为，又明知是他人的侵权复制品而予以销售，构成犯罪的，应当以销售侵权复制品罪和本罪数罪并罚。

【案例4-8-01】甲多次临摹某著名国画大师的一幅名画，然后署上该国画大师姓名并加盖伪造印鉴，谎称是该国画大师真迹予以销售，获利6万元。甲构成侵犯著作权罪。

【案例4-8-02】行为人为了牟利，未经著作权人许可，私自复制了若干部影视作品的VCD，并以批零兼营等方式销售，销售金额11万元，其中纯利润6万元。这种情形下，侵犯著作权罪吸收了销售侵权复制品罪，只定侵犯著作权罪。

（三）侵犯著作权罪的刑事责任

依照《刑法》第217条、第220条的规定，犯本罪的，处3年以下有期徒刑，并处或者单处罚金；违法所得数额巨大或者有其他特别严重情节的，处3年以上10年以下有期徒刑，并处罚金。单位犯本罪的，对单位判处罚金，并对其直接负责的主管人员和其他直接责任人员，依照自然人犯本罪的规定处罚。

六、销售侵权复制品罪

销售侵权复制品罪，是指以营利为目的，销售明知是侵权他人著作权的复制品，违法所得数额巨大或者有其他严重情节的行为。

本罪中的侵权复制品，是指因侵犯他人著作权而形成的复制品。本罪的主体是一般主体，包括自然人和单位。本罪的主观方面必须是明知是侵权复制品而予以销售，并具有营利目的。成立本罪，要求“违法所得数额巨大或者有其他严重情节”。其中的“违法所得数额巨大”的具体标准，参照《知识产权案件解释》和《立案追诉标准（一）》的规定。

依照《刑法》第218条、第220条的规定，犯本罪的，处5年以下有期徒刑，并处或者单处罚金。单位犯本罪的，对单位判处罚金，并对其直接负责的主管人员和其他直接责任人员，依照自然人犯本罪的规定处罚。

七、侵犯商业秘密罪

（一）侵犯商业秘密罪的概念和特征

侵犯商业秘密罪，是指违反法律规定，侵犯他人商业秘密，情节严重的行为。本罪的主要特征包括：

（1）本罪侵犯的客体是复杂客体，包括国家对商业秘密的保护制度和商业秘密的专用权。本罪的对象是商业秘密。根据《中华人民共和国反不正当竞争法》第9条的规定，商业秘密是指不为公众所知悉，具有商业价值并经权利人采取相应保密措施的技术信息、经营信息等商业信息。

（2）本罪的客观方面表现为实施了侵犯他人商业秘密，情节严重的行为。关于“侵犯商业秘密”，《刑法》第219条列举了以下3种行为方式：①以盗窃、贿赂、欺诈、胁迫、电子侵入或者其他不正当手段获取权利人的商业秘密；②披露、使用或者允许他人使用以前项手段获取的权利人的商业秘密；③违反保密义务或者违反权利人有关保守商业秘密的要求，披露、使用或者允许他人使用其所掌握的商业秘密。权利人，是指商业秘密的所有人和经商业秘密所有人许可的商业秘密使用人。此外，行为人明知上述三种违法行为，而获取、披露、使用或者允许他人使用该商业秘密的，以侵犯商业秘密论。成立本罪，要求达到“情节严重”。

【案例4-8-03】甲按照所在企业安排研发出某关键技术，但其违反保密协议将该技术有偿提供给其他厂家使用，获利400万元。甲的行为成立侵犯商业秘密罪。

（3）本罪的主体是一般主体，自然人和单位都可以构成本罪。

（4）本罪的主观方面是故意，即行为人明知是侵犯商业秘密的行为而有意实施。

（二）侵犯商业秘密罪的刑事责任

依照《刑法》第219条、第220条的规定，犯本罪的，处3年以下有期徒刑，并处或者单处罚金；情节特别严重的，处3年以上10年以下有期徒刑，并处罚金。单位犯本罪的，对单位判处罚金，并对其直接负责的主管人员和其他直接责任人员，依照自然人犯本罪的规定处罚。

八、为境外窃取、刺探、收买、非法提供商业秘密罪

（一）为境外窃取、刺探、收买、非法提供商业秘密罪的概念和特征

为境外窃取、刺探、收买、非法提供商业秘密罪，是指为境外的机构、组织、人员窃取、刺探、收买、非法提供商业秘密的行为。

本罪侵犯的客体是国家对商业秘密的管理制度和商业秘密权。本罪犯罪对象为商业秘密。商业秘密，根据《中华人民共和国反不正当竞争法》第9条关于商业秘密的定义进行界定。本罪的客观方面表现为为境外的机构、组织、人员窃取、刺探、收买、非法提供商业秘密的行为。境外的机构、组织，包括境外机构、组织及其在中华人民共和国境内设立的分支（代表）机构和分支组织。境外的人员，包括该个人身处境外，也包括虽然身处境内但身份属于外国人或者其他境外个人的情况。窃取，是指行为人采用各种秘密手段非法获取，如通过盗窃、偷拍、偷录等行为而取得商业秘密的行为；刺探，是指行为人通过各种途径和手段非法探知商业秘密的行为；收买，是指行为人以给予财物或者其他财产性利益等好处，或者通过提供工作机会、拉拢人心等手段非法得到商业秘密的行为；非法提供，是指知悉、保管、持有商业秘密的人，将自己知悉、保管、持有的商业秘密非法出售、交付、披露给其他不应知悉该商业秘密的境外机构、组织、人员的行为。这几种行为方式是针对商业间谍行为的特点而规定的。本罪的主体是一般主体，包括自然人和单位，既包括中国公民也包括非中国公民，只要实施了上述行为，

都可以构成本罪[①]。本罪的主观方面是故意。

（二）为境外窃取、刺探、收买、非法提供商业秘密罪的认定

本罪与侵犯商业秘密罪有一些相似之处，两罪的主观方面都是故意，主体都包括自然人和单位，犯罪对象都涉及商业秘密。但两者存在本质区别：第一，两罪的行为方式不完全相同。本罪客观方面表现为窃取、刺探、收买、非法提供商业秘密，而侵犯商业秘密罪所采取的主要是盗窃、贿赂、欺诈、非法披露或使用等不正当手段。第二，两罪指向的对象不同。本罪的服务对象限于境外的机构、组织和人员，而侵犯商业秘密罪则无此限制。第三，两罪罪质不同。本罪是行为犯，不以情节严重作为犯罪成立条件，而侵犯商业秘密罪是情节犯，必须达到情节严重才能成立犯罪[②]。

（三）为境外窃取、刺探、收买、非法提供商业秘密罪的刑事责任

依照《刑法》第219条之一、第220条的规定，犯本罪的，处5年以下有期徒刑，并处或者单处罚金；情节严重的，处5年以上有期徒刑，并处罚金。单位犯本罪的，对单位判处罚金，并对其直接负责的主管人员和其他直接责任人员，依照自然人犯本罪的规定处罚。

第九节　扰乱市场秩序罪罪名分述

一、损害商业信誉、商品声誉罪

（一）损害商业信誉、商品声誉罪的概念和特征

损害商业信誉、商品声誉罪，是指捏造并散布虚伪事实，损害他人的商业信誉、商品声誉，给他人造成重大损失或者有其他严重情节的行为。本罪的主要特征包括：

（1）本罪侵犯的客体是他人的商业信誉、商品声誉和市场经济的竞争秩序。商业信誉，是指经营者在商业活动中的信用和名誉，包括社会公众对该经营者的资信状况、商业道德、技术水平、经济实力等方面的客观评价。商品声誉，是指企业投放市场的商品在质量、品牌、风格等方面的良好称誉。

① 参见许永安：《中华人民共和国刑法修正案（十一）解读》，中国法制出版社2021年版，第217—218页。

② 参见赵秉志：《〈刑法修正案（十一）〉理解与适用》，中国人民大学出版社2021年版，第237页。

（2）本罪的客观方面表现为捏造并散布虚伪事实，损害他人的商业信誉、商品声誉。捏造，是指虚构、编造不符合真相或并不存在的事实；散布，是指宣传、扩散其捏造的虚假事实。他人，既可以是竞争对方，也可以是其他生产者与经营者；既可以是个人，也可以是单位。成立本罪，要求给他人造成重大损失或者有其他严重情节。“给他人造成重大损失或者有其他严重情节”，参照《立案追诉标准（二）》的相关规定。如果尚未给他人造成重大损失或者无其他严重情节，则不能认定为本罪。

【案例4-9-01】甲所购某名牌轿车行驶不久，发动机就发生故障，经多次修理，故障仍未排除。甲用牛车拉着该轿车在闹市区展示。甲因为轿车本身的质量问题，多次维修未果，才将车拉到闹市区展示，并不构成损害商品声誉罪。

（3）本罪主体是一般主体，包括自然人和单位。

（4）本罪的主观方面只能是故意。

（二）损害商业信誉、商品声誉罪的刑事责任

依照《刑法》第221条、第231条的规定，犯本罪的，处2年以下有期徒刑或者拘役，并处或者单处罚金。单位犯本罪的，对单位判处罚金，并对其直接负责的主管人员和其他直接责任人员，依照自然人犯本罪的规定处罚。

二、虚假广告罪

（一）虚假广告罪的概念和特征

虚假广告罪，是指广告主、广告经营者、广告发布者违反国家规定，利用广告对商品或服务作虚假宣传，情节严重的行为。

本罪侵犯的客体是复杂客体，即国家对广告的管理秩序以及消费者的权益。本罪的客观方面表现为违反国家规定，利用广告对商品或者服务作虚假宣传，情节严重的行为。违反国家规定，是指违反《中华人民共和国广告法》和《中华人民共和国反不正当竞争法》以及国家其他有关广告活动的法规。虚假宣传，是指隐瞒商品和服务的真相，对商品的性能、产地、用途、质量、价格、生产者、有效期限、售后服务，或者对服务的内容、形式、质量、价格等作不符合实际的虚假宣传，欺骗和误导消费者。情节严重，参照《立案追诉标准（二）》的相关规定。本罪的主体是特殊主体，即广告主、广告经营者、广告发布者，包括个人和

单位。本罪的主观方面表现为故意，即明知是不真实的广告而故意作虚假宣传。行为人一般具有非法获利的目的，但也可能出于排挤竞争对手等其他不正当竞争的目的。

（二）虚假广告罪的认定

根据2010年最高人民法院《关于审理非法集资刑事案件具体应用法律若干问题的解释》的规定，广告经营者、广告发布者违反国家规定，利用广告为非法集资活动相关的商品或者服务作虚假宣传，具有下列情形之一的，以虚假广告罪定罪处罚：①违法所得数额在10万元以上的；②造成严重危害后果或者恶劣社会影响的；③2年内利用广告作虚假宣传，受过行政处罚2次以上的；④其他情节严重的情形。根据2013年最高人民法院、最高人民检察院《关于办理危害食品安全刑事案件适用法律若干问题的解释》的规定，广告主、广告经营者、广告发布者违反国家规定，利用广告对保健食品或者其他食品作虚假宣传，情节严重的，以虚假广告罪定罪处罚。根据2014年最高人民法院、最高人民检察院《关于办理危害药品安全刑事案件适用法律若干问题的解释》的规定，广告主、广告经营者、广告发布者违反国家规定，利用广告对药品作虚假宣传，情节严重的，以虚假广告罪定罪处罚。

（三）虚假广告罪的刑事责任

依照《刑法》第222条、第231条的规定，犯本罪的，处2年以下有期徒刑或者拘役，并处或者单处罚金。单位犯本罪的，对单位判处罚金，并对其直接负责的主管人员和其他直接责任人员，依照自然人犯本罪的规定处罚。

三、串通投标罪

串通投标罪，是指投标人相互串通投标报价，损害招标人或者其他投标人的利益，情节严重，或者投标人与招标人串通投标，损害国家、集体、公民的合法权益的行为。

本罪侵犯的客体是招投标市场秩序。本罪的客观方面表现为串通投标，分为两种情况：一是投标人相互串通投标报价，损害招标人或者其他投标人的利益，并且情节严重；二是投标人与招标人串通投标，损害国家、集体、公民的合法权益。本罪的主体是特殊主体，即投标人与招标人，既可以是自然人，也可以是单位，但必须为2人以上，因此本罪属于对合性犯罪，是必要的共同犯罪。本罪的主观方面只能由故意构成。

【案例4-9-02】甲无意竞拍土地，得知报名参加竞拍，会有人收购其竞拍资格，遂让自己的公司报名参加某市自然资源与规划局组织的土地竞拍。甲的公司连续报名参加两次竞拍，果然有人收购其竞拍资格，获利600万元。本案中，甲的公司参加的是对土地的竞拍，是拍卖活动。对串通拍卖行为不能定串通投标罪。

依照《刑法》第223条、第231条的规定，犯本罪的，处3年以下有期徒刑或者拘役，并处或者单处罚金。单位犯本罪的，对单位判处罚金，并对其直接负责的主管人员和其他直接责任人员，依照自然人犯本罪的规定处罚。

四、合同诈骗罪

（一）合同诈骗罪的概念和特征

合同诈骗罪，是指以非法占有为目的，在签订、履行合同过程中，骗取对方当事人财物，数额较大的行为。

本罪侵犯的客体是复杂客体，既侵犯了国家对经济合同的管理秩序，也侵犯了对方当事人的财产所有权。本罪的客观方面表现为行为人在签订、履行合同过程中，以虚构事实或者隐瞒真相的方法，骗取对方当事人财物，数额较大的行为。其行为方式具体表现为以下五种情形：①以虚构的单位或者冒用他人名义签订合同；②以伪造、变造、作废的票据或者其他虚假的产权证明作担保；③没有实际履行能力，以先履行小额合同或者部分履行合同的方法，诱骗对方当事人继续签订和履行合同；④收受对方当事人给付的货物、货款、预付款或者担保财产后逃匿；⑤以其他方法骗取对方当事人的财物。本罪是数额犯，行为人骗取对方当事人的财物必须达到数额较大才构成本罪。本罪的主体是一般主体，包括自然人和单位。本罪的主观方面必须是出于故意，并且以非法占有为目的。

（二）合同诈骗罪的认定

（1）本罪与经济合同纠纷的界限。区分两者之间界限的关键在于查明行为人的主观目的，即是否具有“以非法占有为目的”。

（2）本罪与其他特殊诈骗犯罪的界限。合同诈骗罪与保险诈骗罪、贷款诈骗罪、集资诈骗罪、骗取出口退税罪是包容竞合关系，当行为人的行为既符合合同诈骗罪构成要件，也符合后四种罪中某种罪的构成要件时，应按照特别法优于普通法的原则定性为后四种罪中的某一罪名；合同诈骗罪与票据诈骗罪、金融票证诈骗罪、信用证诈骗罪、信用卡诈骗罪、有价证券诈骗罪则是交叉竞合关系，如果行为人的行为同时符合合同诈骗罪和后五种罪中某种罪的构成要件，那么应当按照重法优于轻法的原则，根据具体情形择一重者适用法条。

（三）合同诈骗罪的刑事责任

依照《刑法》第224条、第231条的规定，犯本罪的，处3年以下有期徒刑或者拘役，并处或者单处罚金；数额巨大或者有其他严重情节的，处3年以上10年以下有期徒刑，并处罚金；数额特别巨大或者有其他特别严重情节的，处10年以上有期徒刑或者无期徒刑，并处罚金或者没收财产。单位犯本罪的，对单位判处罚金，并对其直接负责的主管人员和其他直接责任人员，依照自然人犯本罪的规定处罚。

五、组织、领导传销活动罪

（一）组织、领导传销活动罪的概念和特征

组织、领导传销活动罪，是指组织、领导以推销商品、提供服务等经营活动为名，要求参加者以缴纳费用或者购买商品、服务等方式获得加入资格，并按照一定顺序组成层级，直接或者间接以发展人员的数量作为计酬或者返利依据，引诱、胁迫参加者继续发展他人参加，骗取财物，扰乱经济社会秩序的行为。本罪的主要特征包括：

（1）本罪侵犯的客体是正常的市场经济秩序和他人的财产所有权。

（2）本罪的客观方面表现为组织、领导传销活动，严重扰乱市场经济秩序的行为。传销活动具有以下特征：①以推销商品、提供服务等经营活动为名，要求参加者以缴纳费用或者购买商品、服务等方式获得加入资格，这是传销组织诱骗成员取得传销资格常采用的一种方式和必经程序；②按照一定顺序组成层级，这是传销的组织结构特点；③直接或者间接以发展人员的数量作为计酬或者返利依据，引诱、胁迫参加者继续发展他人参加，这是传销组织的计酬方式特点；④骗取财物，这是传销活动的本质特征；⑤扰乱经济社会秩序，这是传销活动的社会危害性特征[①]。

（3）本罪的主体是一般主体，处罚的是传销活动的组织者和领导者，既包括自然人，也包括单位。根据2013年最高人民法院、最高人民检察院、公安部《关于办理组织领导传销活动刑事案件适用法律若干问题的意见》，下列人员可以认定

① 参见孙国祥:《刑法学》(第二版),科学出版社2012年版,第445页。

为传销活动的组织者、领导者：①在传销活动中起发起、策划、操纵作用的人员；②在传销活动中承担管理、协调等职责的人员；③在传销活动中承担宣传、培训等职责的人员；④曾因组织、领导传销活动受过刑事处罚，或者1年以内因组织、领导传销活动受过行政处罚，又直接或者间接发展参与传销活动人员在15人以上且层级在3级以上的人员；⑤其他对传销活动的实施、传销组织的建立、扩大等起关键作用的人员。以单位名义实施组织、领导传销活动犯罪的，对于受单位指派，仅从事劳务性工作的人员，一般不予追究刑事责任。

（4）本罪的主观方面是故意，目的是骗取财物。

（二）组织、领导传销活动罪的认定

以非法占有为目的，组织、领导传销活动，同时构成组织、领导传销活动罪和集资诈骗罪的，依照处罚较重的规定定罪处罚。犯组织、领导传销活动罪，并实施故意伤害、非法拘禁、敲诈勒索、妨害公务、聚众扰乱社会秩序、聚众冲击国家机关、聚众扰乱公共场所秩序和交通秩序等行为，构成犯罪的，依照数罪并罚的规定处罚。

（三）组织、领导传销活动罪的刑事责任

依照《刑法》第224条之一、第231条的规定，犯本罪的，处5年以下有期徒刑或者拘役，并处罚金；情节严重的，处5年以上有期徒刑，并处罚金。单位犯本罪的，对单位判处罚金，并对其直接负责的主管人员和其他直接责任人员，依照自然人犯本罪的规定处罚。

六、非法经营罪

（一）非法经营罪的概念和特征

非法经营罪，是指违反国家规定，进行非法经营活动，扰乱市场秩序，情节严重的行为。本罪的主要特征包括：

（1）本罪侵犯的客体是国家对市场的管理秩序。

（2）本罪的客观方面表现为违反国家规定，进行非法经营活动，扰乱市场秩序，情节严重的行为。成立非法经营罪，其前提是违反国家规定，即违反全国人大及其常委会制定的法律和发布的决定，国务院制定的行政法规、规定的行政措施、发布的决定和命令。非法经营行为的具体表现形式包括：①未经许可经营法律、行政法规规定的专营、专卖物品或者其他限制买卖的物品的；②买卖进出口

许可证、进出口原产地证明以及其他法律、行政法规规定的经营许可证或者批准文件的；③未经国家有关主管部门批准非法经营证券、期货、保险业务的，或者非法从事资金支付结算业务的；④其他严重扰乱市场秩序的非法经营行为。此外，根据有关单行刑法和相关司法解释的规定，本罪的行为方式还包括非法倒卖外汇，经营非法出版物，非法经营禁用饲料，非法经营电信业务，突发传染病疫情期间哄抬物价，擅自发行、销售彩票，非法使用销售点终端机为信用卡持卡人套现等。

（3）本罪的主体是一般主体，包括自然人和单位。

（4）本罪的主观方面是故意，行为人具有非法营利目的。

依照法律规定，行为人从事非法经营活动，必须达到情节严重的程度，才能构成犯罪，否则只能视为一般的非法经营行为。

（二）非法经营罪的认定

根据1998年全国人大常委会《关于惩治骗购外汇、逃汇和非法买卖外汇犯罪的决定》的规定，在国家规定的交易场所以外非法买卖外汇，扰乱市场秩序，情节严重的，依照《刑法》第225条（非法经营罪）的规定定罪处罚。单位犯前款罪的，依照《刑法》第231条的规定处罚（即对单位判处罚金，并对其直接负责的主管人员和其他直接责任人员，依照《刑法》第225条非法经营罪的规定处罚）。根据2013年最高人民法院、最高人民检察院《关于办理利用信息网络实施诽谤等刑事案件适用法律若干问题的解释》的规定，违反国家规定，以营利为目的，通过信息网络有偿提供删除信息服务，或者明知是虚假信息，通过信息网络有偿提供发布信息等服务，扰乱市场秩序，情节严重的，以非法经营罪定罪处罚。根据2014年最高人民法院、最高人民检察院、公安部《关于办理利用赌博机开设赌场案件适用法律若干问题的意见》的规定，以提供给他人开设赌场为目的，违反国家规定，非法生产、销售具有退币、退分、退钢珠等赌博功能的电子游戏设施设备或者其专用软件，情节严重的，以非法经营罪定罪处罚。根据2015年最高人民法院《全国法院毒品犯罪审判工作座谈会纪要》，行为人出于医疗目的，违反有关药品管理的国家规定，非法贩卖国家规定管制的能够使人形成瘾癖的麻醉药品或者精神药品，扰乱市场秩序，情节严重的，以非法经营罪定罪处罚。

（三）非法经营罪的刑事责任

依照《刑法》第225条、第231条的规定，犯本罪的，处5年以下有期徒刑或者拘役，并处或者单处违法所得1倍以上5倍以下罚金；情节特别严重的，处5年以上有期徒刑，并处违法所得1倍以上5倍以下罚金或者没收财产。单位犯本罪的，对单位判处罚金，并对其直接负责的主管人员和其他直接责任人员，依照自然人犯本罪的规定处罚。

七、强迫交易罪

强迫交易罪，是指以暴力、威胁手段，实施强迫交易，情节严重的行为。

本罪侵犯的客体是正常的市场交易秩序和交易相对方的合法权益。本罪的客观方面表现为以暴力、威胁手段，实施强迫交易，情节严重的行为。《刑法》第226条列举了本罪的五种行为方式：①强买强卖商品的；②强迫他人提供或者接受服务的；③强迫他人参与或者退出投标、拍卖的；④强迫他人转让或者收购公司、企业的股份、债券或者其他资产的；⑤强迫他人参与或者退出特定的经营活动的。本罪的主体是一般主体，包括自然人和单位。本罪的主观方面是故意。本罪是情节犯，必须达到“情节严重”才构成犯罪。

根据2014年最高人民检察院《关于强迫借贷行为适用法律问题的批复》，以暴力、胁迫手段强迫他人借贷，属于《刑法》第226条第2项规定的“强迫他人提供或者接受服务”，情节严重的，以强迫交易罪追究刑事责任；同时构成故意伤害罪等其他犯罪的，依照处罚较重的规定定罪处罚。以非法占有为目的，以借贷为名采用暴力、胁迫手段获取他人财物，符合《刑法》第263条或者第274条规定的，以抢劫罪或者敲诈勒索罪追究刑事责任。

依照《刑法》第226条、第231条的规定，犯本罪的，处3年以下有期徒刑或者拘役，并处或者单处罚金；情节特别严重的，处3年以上7年以下有期徒刑，并处罚金。单位犯本罪的，对单位判处罚金，并对其直接负责的主管人员和其他直接责任人员，依照自然人犯本罪的规定处罚。

八、伪造、倒卖伪造的有价票证罪

伪造、倒卖伪造的有价票证罪，是指伪造或者倒卖伪造的车票、船票、邮票或者其他有价票证，数额较大的行为。

依照《刑法》第227条第1款、第231条的规定，犯本罪的，处2年以下有期徒刑、拘役或者管制，并处或者单处票证价额1倍以上5倍以下罚金；数额巨大的，处2年以上7年以下有期徒刑，并处票证价额1倍以上5倍以下罚金。单位犯本罪的，对单位判处罚金，并对其直接负责的主管人员和其他直接责任人员，依照自然人犯本罪的规定处罚。

九、倒卖车票、船票罪

倒卖车票、船票罪，是指倒卖车票、船票，情节严重的行为。

这里的车票、船票，必须是真实的车票、船票。如果倒卖伪造的车票、船票，则成立倒卖伪造的有价票证罪。倒卖其他交通运输乘用证的，则不成立本罪。

依照《刑法》第227条第2款、第231条的规定，犯本罪的，处3年以下有期徒刑、拘役或者管制，并处或者单处票证价额1倍以上5倍以下罚金。单位犯本罪的，对单位判处罚金，并对其直接负责的主管人员和其他直接责任人员，依照自然人犯本罪的规定处罚。

十、非法转让、倒卖土地使用权罪

非法转让、倒卖土地使用权罪，是指以牟利为目的，违反土地管理法规，非法转让、倒卖土地使用权，情节严重的行为。

以牟利为目的，是指以获取经济利益为目的。违反土地管理法规，是指违反土地管理法、森林法、草原法等法律以及有关行政法规中关于土地管理的规定。非法转让土地使用权，是指将依法管理和持有的土地使用权违反上述法律、行政法规的有关规定，擅自转让给他人的行为。非法倒卖土地使用权，是指违反上述法律、行政法规的规定，将土地使用权进行倒卖，从而牟利的行为。

依照《刑法》第228条、第231条的规定，犯本罪的，处3年以下有期徒刑或者拘役，并处或者单处非法转让、倒卖土地使用权价额5%以上20%以下罚金；情节特别严重的，处3年以上7年以下有期徒刑，并处非法转让、倒卖土地使用权价额5%以上20%以下罚金。单位犯本罪的，对单位判处罚金，并对其直接负责的主管人员和其他直接责任人员，依照自然人犯本罪的规定处罚。

十一、提供虚假证明文件罪

（一）提供虚假证明文件罪的概念和特征

提供虚假证明文件罪，是指承担资产评估、验资、验证、会计、审计、法律服务、保荐、安全评价、环境影响评价、环境监测等职责的中介组织的人员故意提供虚假证明文件，情节严重的行为。

本罪侵犯的客体是中介组织及其从业人员职务行为的公正性。本罪的客观方面表现为行为人实施了故意提供虚假证明文件，情节严重的行为。虚假证明文件，既包括伪造的证明文件，也包括内容虚假、有重大遗漏或误导性内容的文件。本罪为情节犯，要求达到“情节严重”才构成犯罪。此外，对于一些承担特别重要职责的中介组织的人员故意提供虚假证明文件的，则升格法定刑。升格法定刑的情形包括：①提供与证券发行相关的虚假的资产评估、会计、审计、法律服务、保荐等证明文件，情节特别严重的；②提供与重大资产交易相关的虚假的资产评估、会计、审计等证明文件，情节特别严重的；③在涉及公共安全的重大工程、项目中提供虚假的安全评价、环境影响评价等证明文件，致使公共财产、国家和人民利益遭受特别重大损失的。本罪的主体是特殊主体，必须是承担资产评估、验资、验证、会计、审计、法律服务、保荐、安全评价、环境影响评价、环境监测等职责的人员或单位。本罪的主观方面是故意。

（二）提供虚假证明文件罪的认定

《刑法》第229条第2款规定：“有前款行为，同时索取他人财物或者非法收受他人财物构成犯罪的，依照处罚较重的规定定罪处罚。”[①]这意味着，如果中介组织人员在提供虚假证明文件的同时，索取他人财物或者非法收受他人财物构成犯罪的，属于提供虚假证明文件罪与非国家工作人员受贿罪的牵连犯，从一重罪处断。当然，对于中介组织人员提供虚假证明文件后，索取他人财物或者非法收受他人财物构成犯罪的，还是应该数罪并罚。

【案例4-9-03】甲律师接受律师事务所指派，为某公司股票上市提供法律意见。甲在接受该公司的10万元财物之后，提供了虚假的法律意见书，导致不具备上市条件的该公司取得上市资格，严重损害了股东利益。甲作为律师，故意为该公司提供虚假法律意见书，构成提供虚假证明文件罪。同时，甲还因受贿构成非国家工作人员受贿罪，属于非国家工作人员受贿罪和提供虚假证明文件罪的牵连犯，从一重罪处罚。

（三）提供虚假证明文件罪的刑事责任

依照《刑法》第229条第1款、第231条的规定，犯本罪的，处5年以下有期徒刑或者拘役，并处罚金。有下列情形之一的，处5年以上10年以下有期徒刑，并处罚金：①提供与证券发行相关的虚假的资产评估、会计、审计、法律服务、

① 对于索贿、受贿并故意提供虚假证明文件的行为，原《刑法》条文将索贿、受贿行为作为故意提供虚假证明文件罪的加重情节，“处5年以上10年以下有期徒刑，并处罚金”。《刑法修正案（十一）》将其调整为“依照处罚较重的规定定罪处罚”。

保荐等证明文件，情节特别严重的；②提供与重大资产交易相关的虚假的资产评估、会计、审计等证明文件，情节特别严重的；③在涉及公共安全的重大工程、项目中提供虚假的安全评价、环境影响评价等证明文件，致使公共财产、国家和人民利益遭受特别重大损失的。单位犯本罪的，对单位判处罚金，并对其直接负责的主管人员和其他直接责任人员，依照自然人犯本罪的规定处罚。

十二、出具证明文件重大失实罪

出具证明文件重大失实罪，是指承担资产评估、验资、验证、会计、审计、法律服务、保荐、安全评价、环境影响评价、环境监测等职责的中介组织的人员，严重不负责任，出具的证明文件有重大失实，造成严重后果的行为。

出具的证明文件有重大失实，是指所出具的证明文件，在内容上存在重大的不符合实际的错误或者内容虚假。本罪为结果犯，要求“造成严重后果”才构成犯罪。本罪的主体是特殊主体，必须是承担资产评估、验资等职责的人员或单位。本罪的主观方面是过失，如果不是出于过失而是基于故意，则应以提供虚假证明文件罪论处。

依照《刑法》第229条第3款、第231条的规定，犯本罪的，处3年以下有期徒刑或者拘役，并处或者单处罚金。单位犯本罪的，对单位判处罚金，并对其直接负责的主管人员和其他直接责任人员，依照自然人犯本罪的规定处罚。

十三、逃避商检罪

逃避商品检验罪，是指违反进出口商品检验法的规定，故意逃避商品检验，将必须经商检机构检验的进口商品未报经检验而擅自销售、使用，或者将必须经商检机构检验的出口商品未报经检验合格而擅自出口，情节严重的行为。

依照《刑法》第230条、第231条的规定，犯本罪的，处3年以下有期徒刑或者拘役，并处或者单处罚金。单位犯本罪的，对单位判处罚金，并对其直接负责的主管人员和其他直接责任人员，依照自然人犯本罪的规定处罚。

思考题

1. 如何理解生产、销售伪劣产品罪的罪数形态？

2. 走私罪的行为方式有哪些？

3. 非法经营同类营业罪的主体要件是什么？如何区分非法经营同类营业罪与贪污罪？

4. 如何认定非法吸收公众存款罪中的“公众”?
5. 如何认定集资诈骗罪中的“以非法占有为目的”?
6. 如何把握侵犯商业秘密罪中的“情节严重”?
7. 如何理解非法经营罪中的“其他严重扰乱市场秩序的非法经营行为”?
8. 如何区分强迫交易罪与抢劫罪?

阅读书目

1. 刘宪权:《金融犯罪刑法学原理》,上海人民出版社2017年版。
2. 罗开卷:《新型经济犯罪实务精解》,上海人民出版社2017年版。
3. 毛玲玲:《经济犯罪与刑法发展研究》,法律出版社2017年版。
4. 孙国祥、魏昌东:《经济刑法研究》,法律出版社2005年版。

第五章　侵犯公民人身权利、民主权利罪

侵犯公民人身权利、民主权利罪，实际上包括两类犯罪，即侵犯公民人身权利罪和侵犯公民民主权利罪。公民人身权利和民主权利既有联系又有区别，公民人身权利是民主权利的基础，民主权利是人身权利的保障。本章犯罪大多属于自然犯，具有较强的反伦理性和相对的稳定性。

第一节　侵犯公民人身权利、民主权利罪概述

一、侵犯公民人身权利、民主权利罪的概念和特征

侵犯公民人身权利、民主权利罪，是指故意或者过失侵犯公民的人身权利、民主权利，依法应当受到刑罚处罚的行为。本类犯罪具有以下几个特征。

（1）本类犯罪侵犯的客体，是公民的人身权利、民主权利。公民的人身权利，是指法律所规定的与公民的人身不可分离的权利，只有权利人本人才享有，包括生命权、健康权、自由权、人格名誉权、隐私权、婚姻权、家庭权等。公民的民主权利，是指公民所享有的管理国家和参加正常的社会活动的权利，主要包括选举权和被选举权、批评权、控告权、申诉权、检举权、宗教信仰权、少数民族平等权等。

（2）本类犯罪在客观方面，表现为各种非法侵犯公民的人身权利、民主权利的行为。在表现形式上，多数犯罪只能是作为，如强奸罪，强制猥亵、侮辱罪，绑架罪，拐卖妇女、儿童罪，刑讯逼供罪等。少数几种犯罪，既可表现为作为，也可表现为不作为，如故意杀人罪、故意伤害罪、破坏选举罪、非法拘禁罪等。另外，还有真正的不作为犯，如遗弃罪。

（3）本类犯罪的主体，多数为一般主体，少数为特殊主体。已满12周岁不满14周岁的人，应当为严重的故意杀人罪、故意伤害罪负刑事责任。已满14周岁不满16周岁的人，应当为故意杀人罪、故意伤害罪（致人重伤、死亡）、强奸罪负

刑事责任。犯罪主体为特殊主体的犯罪还包括：负有照护职责人员性侵罪，刑讯逼供罪，暴力取证罪，虐待被监管人罪，出版歧视、侮辱少数民族作品罪，非法剥夺公民宗教信仰自由罪，侵犯少数民族风俗习惯罪，私自开拆、隐匿、毁弃邮件、电报罪，报复陷害罪，打击报复会计、统计人员罪，虐待罪，虐待被监护、看护人罪，遗弃罪等。

（4）本类犯罪在主观方面，故意犯罪41个，过失犯罪2个（过失致人死亡罪、过失致人重伤罪）。

二、侵犯公民人身权利、民主权利罪的种类

刑法分则第4章规定了43个罪名。根据直接客体不同，这些犯罪大致可以划分为以下几类。

（1）侵犯公民生命权、健康权的犯罪：故意杀人罪，过失致人死亡罪，故意伤害罪，组织出卖人体器官罪，过失致人重伤罪，负有照护职责人员性侵罪，猥亵儿童罪，雇用童工从事危重劳动罪，刑讯逼供罪，暴力取证罪，虐待被监管人罪，虐待被监护、看护人罪。

（2）侵犯公民自由权的犯罪。自由权分为性自由权、人身自由权、通信自由权等。本类犯罪包括：强奸罪，非法拘禁罪，绑架罪，拐卖妇女、儿童罪，收买被拐卖的妇女、儿童罪，聚众阻碍解救被收买的妇女、儿童罪，诬告陷害罪，强迫劳动罪，侵犯通信自由罪，私自开拆、隐匿、毁弃邮件、电报罪，组织残疾人、儿童乞讨罪等。

（3）侵犯公民人格权、名誉权、隐私权的犯罪：强制猥亵、侮辱罪，侮辱罪，诽谤罪，侵犯公民个人信息罪。

（4）侵犯公民民主权利的犯罪：报复陷害罪，打击报复会计、统计人员罪，破坏选举罪。

（5）破坏民族平等、宗教信仰权的犯罪：煽动民族仇恨、民族歧视罪，出版歧视、侮辱少数民族作品罪，非法剥夺公民宗教信仰自由罪，侵犯少数民族风俗习惯罪。

（6）侵犯公民婚姻或者家庭权利的犯罪：暴力干涉婚姻自由罪，重婚罪，破坏军婚罪，虐待罪，遗弃罪，拐骗儿童罪，非法侵入住宅罪，非法搜查罪，组织未成年人进行违反治安管理活动罪等。

第二节 侵犯公民人身权利、民主权利罪罪名分述

一、故意杀人罪

（一）故意杀人罪的概念和特征

故意杀人罪，是指故意地非法剥夺他人生命的行为。本罪的主要特征是：

（1）本罪侵犯的客体是他人的生命权。虽然我国宪法并没有直接规定公民的生命权，但是考虑到公民的生命权是其他所有宪法权利的基础，而且生命权是公民最自然的权利，所以刑法必须严格予以保护。这里的"人"是指他人，不包括自己。自杀的行为，虽然违背社会伦理，但是不应当受到刑法规制。本罪的犯罪对象是有生命的自然人，有生命的自然人是生命权的承载者。故意杀人行为不能直接侵害生命权这种抽象的价值，只能通过造成或者可能造成自然人生命状态的改变来体现对生命权的侵害。人的生命权始于出生而终于死亡。按照我国刑法理论通说，生命起始标准采取独立呼吸说，即胎儿自母体产出后，停止通过脐带获取氧气，而开始以肺呼吸之时，始属有生命的自然人[①]。按照传统观点和我国司法实践，生命终结的标准采取心脏停止跳动说。本罪的犯罪对象是有生命的自然人，并不是说客观如此即可符合对象条件，而是要求行为人必须认识到行为对象是有生命的自然人。如果行为对象是有生命的自然人，而行为人却误以为是尸体而开枪，符合侮辱尸体罪的犯罪构成要件，但不符合本罪的犯罪构成要件。

（2）本罪的客观方面表现为非法剥夺他人生命的行为。首先，行为人必须实施了剥夺他人生命的行为。刑法对杀人的方法没有限制，包括枪击、刀砍、下毒、掐脖子、棍棒打击等，只要足以导致他人死亡结果的发生即可。故意杀人罪的行为可以表现为作为，也可以表现为不作为，比如母亲故意不给婴儿哺乳使其饿死；行为人因先行行为致使被害人处于危险境地，有能力履行救助义务而拒不履行，致使被害人死亡。其次，剥夺他人生命的行为必须是非法的。如果行为人依法剥夺他人的生命（如依法对判处死刑的罪犯执行死刑）或者合法致人死亡（例如客观上造成侵害人死亡结果的正当防卫）等，由于不具有非法的特征，都不符合本罪的客观要件。

① 关于生命的起始标准，有的学者采取全部露出说，即只要胎儿的全部身体脱离母体（全部露出母体），就应当作为人来保护。参见张明楷：《刑法学》，法律出版社2016年版，第847页。

（3）本罪的主体为一般主体。已满14周岁且具有辨认能力和控制能力的自然人均可构成本罪。已满12周岁不满14周岁的人，犯故意杀人罪，致人死亡或者以特别残忍手段致人重伤造成严重残疾，情节恶劣，经最高人民检察院核准追诉的，应当负刑事责任。因吸毒使本人陷入无刑事责任能力状态而实施杀人行为的，不能减轻其刑事责任。

（4）本罪的主观方面是故意，包括直接故意与间接故意，即明知自己的杀人行为会发生他人死亡的危害结果，并且希望或者放任这种结果发生的心理状态。这是区别故意杀人罪与过失致人死亡罪、故意伤害（致死）罪的关键。

（二）故意杀人罪的认定

（1）与自杀有关案件的认定。我国刑法没有将自杀行为规定为犯罪，对于约定、引起、逼迫、教唆、帮助自杀的行为如何处理也没有明确规定。对此，应从行为人的主观方面、行为和结果之间的因果关系，按照主客观统一的原则，区别处理。

相约自杀，即二人以上相互约定自愿共同自杀的行为。相约自杀以行为人事前已经具有自杀意图为前提，如果相约各方均自杀身亡的，自然不存在刑事责任问题。对于其他相约自杀的案件，则应根据具体情况分别处理。如果相约各方各自实施自杀行为，其中一方死亡，另一方自杀未遂，未遂一方虽然对对方的自杀行为提供了精神支持，但是因为自杀行为本身并不是刑法所禁止的行为，所以为自杀提供精神支持的行为亦不应受到刑罚处罚；如果相约自杀，其中一方受嘱托先杀死对方，继而自杀未遂的，应以故意杀人罪论处，但是量刑时可以从宽处罚。原因在于，生命权作为最重要的法益，无论是从公共利益还是从善良风俗的角度，受害人的同意都不能排除行为人的社会危害性。

引起他人自杀，即行为人所实施的某种行为引起他人自杀身亡。一般情况下，引起他人自杀的行为，不构成故意杀人罪，要么不构成任何犯罪，要么按照故意杀人罪以外的其他犯罪处理。第一，正当行为意外地引起他人自杀的，不存在刑事责任问题。例如教师批评学生，引起学生自杀。第二，错误行为或者轻微违法行为意外地引起他人自杀的，也不成立犯罪，只能作其他相应的处理。比如轻微的辱骂行为导致他人自杀的。第三，犯罪行为引起被害人自杀的，属于相应犯罪的结果加重犯，比如因虐待罪，强奸罪，非法拘禁罪，拐卖妇女、儿童罪，猥亵儿童罪，组织残疾人、儿童乞讨罪等引起被害人自杀的，属于该种犯罪的结果加重犯。第四，危害行为引起被害人自杀的，属于特定犯罪的成立条件，比如侮辱罪、诽谤罪、寻衅滋事罪等。

逼迫他人自杀，即行为人主观上有杀人的故意，使被害人陷入绝境而被迫自杀。这种情况下，自杀并非死者所愿，名为自杀实则他杀，对行为人应以故意杀人罪论处。

教唆他人自杀，即行为人对本来没有自杀故意的人进行教唆，使其产生自杀意图并进而实行自杀。教唆他人自杀，包括具有间接正犯性质的教唆自杀和不具有间接正犯性质的教唆自杀。前者包括教唆不能理解死亡意义的儿童或者精神病人自杀，或者凭借某种权势、利用某种特殊关系，以暴力、威胁或者其他心理强制方法，使他人自杀身亡的，成立故意杀人罪的间接正犯，应以故意杀人罪论处。例如，组织和利用邪教组织制造、散布迷信邪说，指使、胁迫其成员或者其他人实施自杀行为，或者邪教组织成员组织、策划、煽动、教唆、帮助邪教组织人员自杀的，应以故意杀人罪论处。对于不具有间接正犯性质的教唆自杀行为，我国司法实践一般认为成立故意杀人罪，但是属于情节较轻的情形。

帮助他人自杀，即在他人已有自杀意图的情况下，帮助他人实现自杀意图的行为。在这种情况下，行为人并没有直接实施杀人行为，只是为他人自杀提供便利条件，例如提供针剂、药物或者其他自杀工具，而自杀行为是他人本人实行的。我国司法实践一般认为这种情况成立故意杀人罪，属于情节较轻的情形。对帮助自杀的行为是否追究刑事责任要根据帮助者的主观和客观两个方面的情况而定：如果帮助者没有意识到他人有强烈的自杀倾向，且所提供的帮助行为与自杀后果之间不具有刑法上的因果关系，对帮助者不追究刑事责任；如果帮助者主观上明知他人有强烈的自杀倾向，客观上仍通过言行进一步强化他人自杀的决意，并提供自杀工具或者帮助他人完成自杀行为，应当认定帮助行为与他人死亡后果之间具有刑法上的因果关系，对帮助者应当以故意杀人罪追究刑事责任。行为人帮助自杀的行为虽然在死者的请求下实施，但由于其侵害的生命权超过了被害人承诺可处分的范围，故不能排除其行为的刑事违法性，仍然构成故意杀人罪①。

（2）安乐死案件的认定。安乐死，通常是指病患者身患不治之症，濒临死亡，痛苦难忍，为了免除痛苦而要求他人提供死亡帮助或直接让人将其致死的行为。安乐死分为消极的安乐死与积极的安乐死。消极的安乐死是指为使病人无痛苦地

① 从司法实践来看，帮助他人自杀的行为之所以构成故意杀人罪，是因为主观上符合故意杀人罪的故意，客观上符合故意杀人罪的行为要件。帮助他人自杀应当包括行为人为他人自杀提供便利或者工具的行为、自杀者打算自杀的事实以及自杀者的自杀行为。这样来理解帮助他人自杀的行为，才能较好地解释为什么该行为符合故意杀人罪中的故意和故意杀人罪的行为要件。

提早死亡，经病人本人请求或者近亲属同意，不采取治疗措施（包括撤除人工的生命维持装置）任其死亡的安乐死。这种行为虽然符合故意杀人罪的犯罪构成要件，但是可以根据《刑法》第13条“情节显著轻微危害不大的，不认为是犯罪”的规定将其出罪。积极的安乐死是指为使病人无痛苦地提早死亡，经病人本人请求或者近亲属同意，采取注射针剂、服用药物或者其他方法，致人死亡的安乐死。在法律未允许实行积极安乐死的情况下，实行积极安乐死的行为实际上是一种受托杀人行为。即使有自杀者的承诺，也不能成为杀人者免责的事由，仍应认定构成故意杀人罪。当然，考虑到安乐死的可宽恕性，量刑时可以从宽处罚。在司法实践中，只有极其特殊的情况下，积极安乐死可以按照《刑法》第13条“但书”的规定出罪。

（3）此罪与彼罪的区别。①故意杀人罪与故意伤害罪的区别。两罪都有可能造成他人死亡结果，也都有可能不会造成他人死亡结果。两罪的区别在于罪过不同，故意杀人罪的罪过是对杀人行为及死亡结果的希望或者放任，故意伤害罪的罪过是对伤害行为及伤害结果的希望或者放任。②遗弃罪与以遗弃方式的故意杀人罪之间的区别。两者的区别在于行为人实施遗弃行为时，是否考虑并给予了被害人获得救助的机会。如果是，则可以遗弃罪定罪；如果否，应当以故意杀人罪定罪。如果行为人拒不履行抚养义务，将出生不久的婴儿遗弃在获救希望渺茫的深山野林，应当以故意杀人罪处理。

（4）本罪的既遂。故意杀人罪的犯罪既遂必须同时满足以下三个条件：第一，被害人死亡结果的发生；第二，行为人的杀害行为与被害人死亡结果之间具有因果关系，并且在客观上可归责于行为人；第三，杀害行为针对具有生命的自然人。

（5）本罪的罪数。根据刑法的规定，对非法拘禁使用暴力致人死亡的，刑讯逼供或暴力取证致人死亡的，虐待被监管人致人死亡的，聚众“打砸抢”致人死亡的，聚众斗殴致人死亡的，应以故意杀人罪论处。

一罪与数罪的认定，不能以单纯的行为个数为标准，而要将行为人外在的客观行为与内在的主观犯意相结合。在一定的概括故意下实施的连续行为，如果行为人对行为性质和行为对象均有明确认识，仅对危害结果存在不明确认识的情况下，可认定为在一个主观故意下实施的整体行为，构成实践中的一罪。如行为人持刀连续捅刺他人，致一死一伤，构成故意杀人罪，而不是以故意杀人罪和故意伤害罪并罚。行为人未以抢劫为目的，故意杀人后，临时起意，窃取被害人财物的，应当以故意杀人罪与盗窃罪数罪并罚。

（三）故意杀人罪的刑事责任

依照《刑法》第232条的规定，犯本罪的，处死刑、无期徒刑或者10年以上有期徒刑；情节较轻的，处3年以上10年以下有期徒刑。“情节较轻的”情形主要是指行为的客观危害或者行为人的主观恶性、人身危险性较小，包括：义愤杀人（长期受被害人的虐待、侮辱或者迫害）[①]，大义灭亲（近亲属对一贯作恶者），激情杀人（被害人的刺激、挑逗），防卫过当杀人，教唆、帮助自杀，安乐死（受嘱托杀人），生父母由于无力抚养等原因溺婴等。

二、过失致人死亡罪

（一）过失致人死亡罪的概念和特征

过失致人死亡罪，是指由于过失而致他人死亡的行为。本罪的主要特征是：本罪侵犯的客体是他人的生命权利；客观方面表现为行为人实施了致人死亡的行为，并且已经造成死亡结果，行为与死亡结果之间存在因果关系；主体为一般主体，凡已满16周岁且具有认识能力和控制能力的自然人均可构成本罪；主观方面是过失，包括疏忽大意的过失和过于自信的过失。前者是指应当预见自己的行为可能发生他人死亡的危害结果，因为疏忽大意而没有预见从而导致死亡结果发生的心理状态；后者是指已经预见自己的行为可能导致他人死亡结果的发生，但是轻信能够避免以致发生他人死亡结果的心理状态。

（二）过失致人死亡罪的认定

（1）过于自信的过失致人死亡与间接故意杀人的界限。两者的共同点是：都发生了他人死亡的结果，行为人都认识到自己的行为可能发生他人死亡的结果，并且都不希望这种结果发生。区分两者的关键在于查明行为人对死亡结果的发生是轻信可以避免，还是抱着放任的态度。在过于自信的过失的情况下，行为人抽象地预见到被害人死亡结果可能发生，但具体到此次行为中认为死亡结果不会发生，即凭借自己的经验、技术或者已经采取的某种措施而轻信可以避免，但实际未能避免，以致发生被害人死亡的结果。间接故意杀人，行为人对死亡结果的发生，抱放任不管或者顺其自然的态度，死亡结果发生与否，都不违背行为人的

① 2015年最高人民法院、最高人民检察院、公安部、司法部《关于依法办理家庭暴力犯罪案件的意见》规定，对于因遭受严重家庭暴力，身体、精神受到重大损害而故意杀害施暴人，或者因不堪忍受长期家庭暴力而故意杀害施暴人，犯罪情节不是特别恶劣，手段不是特别残忍的，可以认定为故意杀人“情节较轻”。

意愿。

（2）疏忽大意的过失致人死亡与意外事件的界限。两者的共同点是：行为人的行为引起了被害人死亡结果的发生，但都没有预见该结果。区分两者的关键在于查明行为人根据当时的情况能否预见、应否预见自己的行为可能导致他人死亡。行为人在客观上虽然造成他人死亡的结果，但不是出于行为人疏忽大意的过失，而是由于不能预见的原因引起的，属于意外事件。如果行为人应当预见，但由于疏忽大意而没有预见，以致发生死亡结果的，是疏忽大意的过失致人死亡。比如，行为人不知受害人患有心脏病，在争吵过程中推搡并脚踢受害人非要害部位，致使受害人心脏病发作而死亡的，不构成过失致人死亡罪，属于意外事件。

（3）过失致人死亡与刑法另有规定的致人死亡的关系。《刑法》第233条规定："本法另有规定的，依照规定。"这是指《刑法》第233条以外有规定的，应按照有关规定处罚，不按过失致人死亡罪论处。例如，对《刑法》第115条第2款规定的失火、过失投放危险物质、过失爆炸等致人死亡的，第133条规定的交通肇事致人死亡的，第134条规定的重大责任事故致人死亡的，都不以过失致人死亡罪论处，而应按各有关条款的专门规定定罪处罚。

（三）过失致人死亡罪的刑事责任

依照《刑法》第233条的规定，犯本罪的，处3年以上7年以下有期徒刑；情节较轻的，处3年以下有期徒刑。刑法另有规定的，依照规定。

三、故意伤害罪

（一）故意伤害罪的概念和特征

故意伤害罪，是指故意伤害他人身体的行为。本罪的主要特征包括：

（1）本罪侵犯的客体是他人的健康权。他人的健康，主要是指人体组织的完整（如把手指砍掉、把耳朵咬掉等是破坏人体组织完整的行为），或人体器官的正常机能（如使肢体瘫痪、神经机能失常、听力减弱、双目失明等是破坏人体器官正常机能的行为）。在某些致人死亡的情况下，虽然客观上损害了他人的生命权，但由于行为人的故意指向他人的健康，并非指向他人生命，因此仍属于故意伤害罪的范畴。本罪的对象是他人，尸体不属于本罪的对象。由于死者并不享有健康权，因此，违背本人生前意愿摘取其尸体器官，或者本人生前未表示同意，违反国家规定，违背其近亲属意愿摘取其尸体器官的，不构成本罪，而应依《刑法》第302条规定的盗窃、侮辱尸体罪定罪处罚。

（2）本罪的客观方面表现为非法损害他人健康的行为。这种行为必须是非法的，如果是合法损害他人的身体，则不构成犯罪。例如，医生为保全患者的生命截去其坏死的肢体，实行正当防卫的人将不法侵害者打伤，司法人员将无视开枪警告的逃犯击伤等，都是合法行为，不符合故意伤害罪的客观方面。损害他人健康的行为，通常表现为积极的作为，但也可表现为消极的不作为。伤害的方法可以是多种多样的，刑法对此并无限制，无论采取何种方法，只要损害他人身体健康，即应认定为伤害行为。

需要注意的是，根据《刑法》第234条之一第2款的规定，未经本人同意摘取其器官，或者摘取不满18周岁的人的器官，或者强迫、欺骗他人捐献器官的，以本罪论处。

【案例5-2-01】甲征得17周岁的夏某同意，摘其一个肾脏后卖给他人，所获3万元全部交给夏某，甲的行为构成故意伤害罪。

（3）本罪主体是一般主体，凡已满16周岁且具有辨认能力和控制能力的自然人均可成为本罪主体。已满14周岁不满16周岁的人犯故意伤害罪致人重伤或者死亡的，也应负刑事责任。已满12周岁不满14周岁的人，犯故意伤害罪致人死亡或者以特别残忍手段致人重伤造成严重残疾，情节恶劣，经最高人民检察院核准追诉的，应当负刑事责任。

（4）本罪的主观方面是故意，即行为人明知自己的行为会发生损害他人健康的结果，并且希望或放任这种结果发生的心理状态。故意伤害的动机多种多样，不同的动机，不影响故意伤害罪的成立，但可作为量刑情节予以考虑。

（二）故意伤害罪的认定

（1）伤害程度的认定。故意伤害的结果，可能是轻微伤、轻伤、重伤，也可能是致人死亡。其中，轻伤和轻微伤的界限是区分罪与非罪的关键；重伤和轻伤的界限是区分重罪与轻罪的关键。司法实践中，应具体区分重伤和轻伤。根据《刑法》第95条的规定，所谓“重伤”是指有下列情形之一的伤害：①使人肢体残废或毁人容貌的；②使人丧失听觉、视觉或者其他器官机能的；③其他对于人身健康有重大伤害的。

（2）故意伤害（致人死亡）罪与故意杀人罪（既遂）的界限。故意伤害（致人死亡）罪与故意杀人罪（既遂）在客观上都造成了他人死亡的结果，主观方面都是故意。两者的根本区别在于故意内容的不同：在故意伤害致人死亡的情况下，行为人只有伤害故意，致人死亡是出于过失。而在故意杀人的情况下，行为人具有杀人故意，对于他人死亡的结果是希望或者放任。总而言之，两者的根本区别在于行为人对于受害人死亡结果的罪过不同。

（3）过失致人死亡罪与故意伤害致人死亡之间的界限。两者都导致受害人的死亡结果发生，而且行为人对受害人死亡结果的发生都是过失。两者的区别在于两点：第一，从罪过方面来看，在过失致人死亡罪中，行为人没有伤害的故意；在故意伤害致人死亡中，行为人具有伤害的故意，即对于轻伤、重伤具有故意。第二，从行为类型来看，在过失致人死亡罪中，危害行为与死亡结果之间的类型性较低；在故意伤害致人死亡中，伤害行为具有引起严重伤害结果甚至死亡结果的高度危险性，伤害行为与伤害结果之间的类型性很高，伤害行为与死亡结果之间的类型性较高。故意伤害（致人死亡）罪是故意伤害罪的结果加重犯，以成立故意伤害罪为前提；而过失致人死亡罪，行为人既无伤害的故意，更无杀人的故意。在认定轻微暴力致人死亡案件时，应当注意区分生活中一般的殴打故意及行为与刑法上的伤害故意及行为。日常的攻击、打人行为基于罪刑相当原则和结果加重犯理论，在一般人看来具有高度致害危险性的，才可以认定故意伤害（致人死亡）罪；否则，宜认定过失致人死亡罪。

（4）故意伤害罪与刑法另有规定的故意伤害行为的关系。按照《刑法》第234条的规定，刑法另有规定的，依照规定，比如强奸罪、抢劫罪、妨害公务罪等。刑法如此规定的理论根据在于这些情形属于法条竞合犯，《刑法》第234条关于故意伤害罪的规定属于一般法条，其他规定属于特别法条。

（5）本罪的罪数问题。①本罪与寻衅滋事罪的罪数问题。随意殴打他人，情节恶劣，且造成他人轻伤、重伤或者死亡结果的，如何处理？寻衅滋事致人轻伤的，以寻衅滋事罪论处；寻衅滋事致人重伤或死亡的，应以故意伤害罪或者故意杀人罪论处，不再依寻衅滋事罪、故意伤害罪数罪并罚。从刑法理论上来解释，随意殴打他人，致人轻伤、重伤或者死亡的，属于寻衅滋事罪和故意伤害罪或者故意杀人罪的想象竞合犯，应当从一重罪处理。②本罪与虐待罪的罪数问题。虐待过程中又实施故意伤害行为，如何处理？行为人对被虐待人实施故意伤害行为，但是没有造成轻伤以上后果的，应当以虐待罪论处；在经常性虐待过程中，其中一次行为人明知其行为会给被害人身体造成伤害且客观上已经给被害人造成伤害后果的，应当认定为故意伤害罪，如果将该伤害行为分离出来独立评价后，其他虐待行为充分符合虐待罪构成要件的，应当以虐待罪与故意伤害罪数罪并罚；如果将伤害行为分离后，其余虐待行为不构成虐待罪的，只能以故意伤害罪一罪处罚。

（三）故意伤害罪的刑事责任

依照《刑法》第234条的规定，犯本罪的，处3年以下有期徒刑、拘役或者管制。致人重伤的，处3年以上10年以下有期徒刑；致人死亡或者以特别残忍手段致人重伤造成严重残疾的，处10年以上有期徒刑、无期徒刑或者死刑。刑法另有规定的，依照规定。根据2017年最高人民法院、最高人民检察院《关于办理组织、强迫、引诱、容留、介绍卖淫刑事案件适用法律若干问题的解释》，明知自己感染艾滋病病毒而卖淫、嫖娼，或者明知自己感染艾滋病病毒，故意不采取防范措施而与他人发生性关系，致使他人感染艾滋病病毒的，属于故意伤害罪致人重伤。特别残忍手段，是指采用毁容、挖人眼睛、剁掉人手脚等特别残忍手段伤害他人的行为。

四、组织出卖人体器官罪

组织出卖人体器官罪，是指故意非法组织他人出卖人体器官的行为。

本罪侵犯的客体是他人的健康权。本罪的客观方面表现为非法组织他人出卖人体器官的行为。本罪的主体是一般主体，但只有组织者才构成犯罪。本罪主观方面出于故意。本罪属于行为犯，以组织他人出卖人体器官行为的完成作为既遂标准。只要行为人基于出卖人体器官的目的，实施了指挥、策划、招揽、控制自愿出卖自身器官的人的行为，即构成本罪的既遂，而不需要出现器官被实际摘取等特定的后果[①]。

依照《刑法》第234条之一第1款的规定，犯本罪的，处5年以下有期徒刑，并处罚金；情节严重的，处5年以上有期徒刑，并处罚金或者没收财产。

五、过失致人重伤罪

过失致人重伤罪，是指过失伤害他人身体，致人重伤的行为。

本罪的客观方面表现为行为人实施了伤害行为，且造成他人重伤的结果。过失造成轻伤的，不构成本罪。本罪的主观方面是过失，即应当预见自己的行为可

① 在司法实践中，具有以下情形之一的，可以认定为组织出卖人体器官罪的“情节严重”：在医疗机构中执业的医务人员组织出卖人体器官的；组织多人（指三人以上，含三人）或者多次（指三次以上，含三次）出卖人体器官的；通过网络发布信息招揽、组织出卖人体器官的；组织未成年人出卖人体器官的；造成出卖人或者受移植人重伤、死亡等严重后果的；组织他人出卖人体器官非法获利数额巨大的；组织他人出卖人体器官造成恶劣的社会影响的等。

能致人重伤，因为疏忽大意而没有预见或者已经预见而轻信能够避免。行为人主观上明显具有轻伤的故意，但由于过失造成他人重伤的，应认定故意伤害罪。行为人由于过失致人重伤，但因抢救无效死亡的，如果行为人对死亡结果有过失的，应认定过失致人死亡罪；如果行为人过失造成他人重伤以后，由于介入了其他原因引起死亡的，则应认定过失致人重伤罪。

依照《刑法》第235条的规定，犯本罪的，处3年以下有期徒刑或者拘役。刑法另有规定的，依照规定。过失致人重伤罪与其他过失致人重伤行为之间是法条竞合犯的关系，《刑法》第235条是一般法条，刑法规定其他过失致人重伤行为的法条属于特别法条。当行为符合两个犯罪的构成要件时，特别法优先，排除过失致人重伤罪的适用，比如过失致人重伤罪与交通肇事致人重伤，非法拘禁致人重伤，拐卖妇女、儿童致人重伤，妨害公务致人重伤等。

六、强奸罪

（一）强奸罪的概念和特征

强奸罪，是指以暴力、胁迫或者其他手段，强行与妇女性交的行为或者奸淫不满14周岁幼女的行为。强奸罪可以分为两种类型：普通强奸罪，即使用暴力、胁迫或者其他手段强行与妇女性交的行为；特殊强奸罪，即奸淫不满14周岁幼女的行为。

（1）普通强奸罪。普通强奸罪侵犯的客体是妇女的性自由权。其犯罪对象是年满14周岁的妇女。其客观方面表现为行为人违背妇女意志，采用暴力、胁迫或者其他手段，强行与妇女性交的行为。强奸罪的客观方面主要表现为：①行为人与妇女性交必须违背了妇女意志。违背妇女意志，即妇女不同意发生性关系，而行为人强行与之性交，这是构成强奸罪的本质特征。②行为人客观上采用了暴力、胁迫或者其他方法。暴力手段，是指通过实施强制手段，如殴打、捆绑、堵嘴、卡脖子、按倒等，使妇女在不能反抗的情况下发生性关系的行为。胁迫手段，是指对被害妇女实行精神上的控制，如以行凶、杀害、揭发隐私、毁坏名誉、加害亲属等相威胁，迫使妇女在不敢反抗的情况下发生性关系的行为。其他手段，是指使用暴力、胁迫以外的使被害妇女不知抗拒、无法抗拒的手段，如利用妇女熟睡、患重病的时机，或者使用酒醉、药物麻醉等，与妇女发生性关系的行为。犯罪主体是年满14周岁且具有辨认能力和控制能力的自然人。在单独的直接正犯中，犯罪主体只能是男性。在单独犯罪中，女性可以成为间接正犯的主体；在共同犯罪中，女性可以构成教唆犯、帮助犯和共同正犯。本罪的主观方面是直接故意，行为人具有违背妇女意志与之发生性关系的目的。具体而言，行为人明知自己利用暴力、胁迫或者其他手段与妇女发生性关系的行为会侵害妇女的性自由权，并且希望这种危害结果发生的心理态度。

（2）特殊强奸罪。特殊强奸罪是指奸淫不满14周岁幼女的行为。该类强奸罪侵犯的客体是幼女的身心健康权利，犯罪对象是不满14周岁的幼女，客观方面表现为与不满14周岁的幼女发生性关系的行为。刑法对该类犯罪的手段没有限制，既包括暴力、胁迫，也包括欺骗、引诱等，即使幼女同意，行为人的行为仍然符合本罪的客观方面。因此，嫖宿幼女的行为构成本罪。本罪的主观方面是直接故意。根据2013年最高人民法院、最高人民检察院、公安部、司法部《关于依法惩治性侵害未成年人犯罪的意见》，行为人对被害人是不满14周岁的幼女必须持“明知”的态度，才能符合本罪的主观要件。具体而言，有三个标准来判断“明知”：第一，行为人知道或者应当知道对方是不满14周岁的幼女，应当认定为明知对方是幼女；第二，对不满12周岁的被害人实施奸淫行为的，应当认定行为人明知对方是幼女；第三，对于已满12周岁不满14周岁的被害人，从其身体发育状况、言谈举止、衣着特征、生活作息规律等观察可能是幼女，而实施奸淫行为的，应当认定行为人明知对方是幼女。上述规定属于对“明知”认定相对确定的规范指引，对已满12周岁不满14周岁的幼女实施奸淫等性侵害行为，若无极其特殊的例外情况，一般都应当认定行为人“明知”被害人是幼女，具体可以从以下三个方面把握：一是必须确有证据或者合理依据证明行为人根本不可能知道被害人是幼女；二是行为人已经足够谨慎行事，仍然对幼女年龄产生了误认，即使其他一般人处在行为人的场合，也难以避免这种错误判断；三是客观上被害人身体发育状况、言谈举止、衣着特征、生活作息规律等明显更像已满14周岁。例如，与发育较早、貌似成人、虚报年龄的已满12周岁不满14周岁的幼女在谈恋爱和正常交往过程中，双方自愿发生了性行为，确有证据证实行为人不可能知道对方是幼女的，才可以采纳其“不明知”的辩解。相反，如果行为人采取引诱、欺骗等方式，或者根本不考虑被害人是不是幼女，而甘冒风险对被害人实施奸淫等性侵害行为的，一般都应当认定行为人“明知”被害人是幼女，以实现对幼女的特殊保护，堵塞惩治犯罪的漏洞。

（二）强奸罪的认定

（1）罪与非罪的界限。认定强奸罪与非罪行为的界限时应注意，未婚男女在恋爱过程中自愿发生性关系的行为，双方或者一方有配偶的男女通奸行为，以及有教养关系、从属关系的男女自愿发生性关系的行为等，都不能构成强奸罪。

丈夫强奸妻子的行为，是否构成强奸罪？如果在合法婚姻关系存续期间，丈夫不顾妻子反对甚至采用暴力与妻子强行发生性关系的行为，不能构成强奸罪。同理，如果是非法婚姻关系或者已经进入离婚诉讼程序，婚姻关系实际上已处于不确定状态，丈夫违背妻子的意志，采用暴力手段，强行与其发生性关系的，可以构成强奸罪。在婚姻关系非正常存续期间，如离婚诉讼期间，婚姻关系已进入法定的解除程序，虽然婚姻关系仍然存在，但已不能再推定女方对性行为是一种同意的承诺，也就没有理由从婚姻关系出发否定强奸罪的成立。

（2）本罪的既遂标准。对于普通强奸罪而言，既遂标准采取插入说，即男性的性器官插入妇女的性器官；但对于特殊强奸罪而言，既遂标准采取接触说，即男性的性器官接触幼女的性器官。强奸罪的犯罪对象必须是女性，误将男性当作女性实施强奸的，只能成立强奸罪对象不能犯的未遂。

【案例5-2-02】甲深夜潜入乙家行窃，发现留长发穿花布睡衣的乙正在睡觉，意图奸淫，便扑在乙身上强脱其衣，乙惊醒后大声喝问，甲发现乙是男人，慌忙逃跑，后被抓获，甲的行为属于强奸未遂。

（三）强奸罪的刑事责任

依照《刑法》第236条的规定，强奸妇女的，处3年以上10年以下有期徒刑；奸淫幼女的，从重处罚。有下列情形之一的，处10年以上有期徒刑、无期徒刑或者死刑：①强奸妇女、奸淫幼女情节恶劣的。②强奸妇女、奸淫幼女多人的。③在公共场所当众强奸妇女、奸淫幼女的。④二人以上轮奸的。轮奸案件中各行为人均奸淫得逞或因意志以外原因均奸淫未得逞时，应当认定为轮奸，并以强奸罪既遂或未遂，对各被告人予以处罚；轮奸案件中，一人既遂一人未遂的，对实行犯和其他共犯，都应按照强奸罪既遂处理，并按轮奸进行处罚。与未满刑事责任年龄的人轮流奸淫同一幼女的，仍然成立轮奸。行为人实施强奸行为完毕离开现场后，其他帮助犯临时起意并对同一被害人实施强奸行为的，之前的行为人不构成轮奸，但其他帮助犯（哪怕仅有一人）构成轮奸。⑤奸淫不满10周岁的幼女或者造成幼女伤害的。⑥致使被害人重伤、死亡或者造成其他严重后果的。造成其他严重后果，除包括因强奸妇女或者奸淫幼女引起被害人自杀或者精神失常这两种常见的情形外，结合目前的司法实践看，还应包括因强奸妇女或者奸淫幼女造成被害人怀孕分娩或堕胎等其他严重危害被害妇女或幼女身心健康的后果。

七、负有照护职责人员性侵罪

（一）负有照护职责人员性侵罪的概念和特征

负有照护职责人员性侵罪，是指对已满14周岁不满16周岁的未成年女性负有监护、收养、看护、教育、医疗等特殊职责的人员，与该未成年女性发生性关系的行为。

本罪侵犯的客体是未成年女性的身心健康权。本罪的对象是已满14周岁不满16周岁的女性。本罪的客观方面表现为与已满14周岁不满16周岁的未成年女性发生性关系的行为。本罪的主体是特殊主体，即对已满14周岁不满16周岁的未成年女性负有监护、收养、看护、教育、医疗等特殊职责的人。本罪的主观方面是故意，即明知对方是已满14周岁不满16周岁的女性，明知与其发生性关系的行为会侵害未成年女性的身心健康，并且希望或者放任这种结果发生。

（二）负有照护职责人员性侵罪的认定

（1）本罪与强奸罪的区别。奸淫幼女类型的强奸罪的对象是不满14周岁的幼女，而本罪的对象是已满14周岁不满16周岁的未成年女性。本罪与强奸妇女类型的强奸罪的主要区别在于：第一，对象不同，本罪的对象仅限于已满14周岁不满16周岁的未成年女性，而强奸妇女类型的强奸罪的对象是已满14周岁的妇女；第二，行为要件不同，本罪的行为要件体现为与已满14周岁不满16周岁未成年女性发生性关系的行为，既包括强制手段，也包括非强制手段；强奸妇女类型的强奸罪的行为要件仅仅体现为强制手段。

（2）罪数问题。根据《刑法》第236条之一第2款的规定，负有照护职责人员性侵行为，同时又构成强奸罪的，依照处罚较重的规定定罪处罚。即对已满14周岁不满16周岁未成年女性负有监护、收养、看护、教育、医疗等特殊职责的人员，利用暴力、胁迫或者其他手段强行与该未成年女性发生性关系的，依照本罪和强奸罪，从一重罪定罪处罚。从刑法学理论角度，这属于想象竞合。

（三）负有照护职责人员性侵罪的刑事责任

依照《刑法》第236条之一的规定，犯本罪的，处3年以下有期徒刑；情节恶劣的，处3年以上10年以下有期徒刑。情节恶劣，是指性侵多人的、性侵多次的，以及对未成年女性造成重大伤害的等。

八、强制猥亵、侮辱罪

（一）强制猥亵、侮辱罪的概念和特征

强制猥亵、侮辱罪，是指以暴力、胁迫或者其他方法强制猥亵他人或者侮辱妇女的行为。本罪的主要特征包括：

（1）本罪侵犯的客体是他人或者妇女与性有关的人格尊严。强制猥亵罪的犯罪对象是他人，包括所有女性和男性；强制侮辱罪的犯罪对象是已满14周岁的女性。

（2）本罪的客观方面表现为行为人以暴力、胁迫或者其他方法强制猥亵他人、侮辱妇女的行为。暴力，是指通过身体强制使受害人不能反抗的手段，比如殴打、捆绑、卡脖子、按倒等；胁迫，是指通过心理强制使受害人不敢反抗的手段，比如以行凶报复、揭发隐私、加害亲属、迷信手段、教养关系、从属关系或者职权关系以及孤立无援的环境进行挟制等；其他手段，是指使受害人不知反抗的手段，比如利用他人患重病，利用他人熟睡，利用酒醉、药物麻醉，利用或者假冒治病等方法。

猥亵，是指通过对他人实施奸淫以外的手段刺激、满足行为人或第三人性欲的行为，具体包括以下情形：第一，直接对他人实施猥亵行为，比如强行抠摸他人阴部，强行捏摸妇女乳房，强行脱光他人衣服，强行与他人接吻、搂抱等。第二，强迫他人对行为人或者第三人实施猥亵行为，比如强迫他人为行为人或者第三人手淫，强迫他人自行实施猥亵行为，强迫他人当场手淫，强迫妇女捏摸自己的乳房等。第三，强迫他人观看他人的猥亵行为，比如强迫他人观看男性的鸡奸活动，强迫妇女观看男性阴部等。

侮辱妇女，则是指以各种淫秽下流的语言或动作伤害妇女性羞耻心且不属于奸淫的行为。比如多次偷剪妇女的发辫、衣服，向妇女身上泼洒腐蚀物、涂抹污物，故意向妇女显露生殖器，追逐、堵截妇女等。通过互联网偷拍妇女私生活并拍取其上半身裸照，以上传网络为威胁胁迫受害人自拍侮辱性照片的，成立强制侮辱妇女罪。

（3）本罪的主体为一般主体，即年满16周岁且具有辨认能力和控制能力的自然人。从司法实践来看，虽然本罪的行为人绝大多数情况下是男性，但女性同样可以构成本罪。

（4）本罪在主观方面是直接故意，行为人具有猥亵他人、侮辱妇女的目的。

行为人的犯罪动机通常表现为刺激或满足行为人或者第三人性欲。

（二）强制猥亵、侮辱罪的认定

本罪与强奸罪的区别。二者都是侵犯妇女与性有关的人身权利的犯罪，在客观上都使用了暴力、胁迫或者其他方法，在具体表现上往往存在相同或类似之处，如抠摸、搂抱等行为。两罪的区别主要体现在：第一，客观方面不同，强奸罪是强行与妇女发生性关系，而本罪是对妇女实施强行发生性关系以外的猥亵、侮辱行为。第二，故意内容不同，强奸罪以强行奸淫为目的，而本罪的行为人只是出于寻求下流无耻的精神刺激和感官刺激的动机，主观上并没有奸淫妇女的目的。是否具有奸淫妇女的目的，是区分本罪与强奸罪的关键。

（三）强制猥亵、侮辱罪的刑事责任

依照《刑法》第237条的规定，犯本罪的，处5年以下有期徒刑或者拘役；聚众或者在公共场所当众犯本罪的，或者有其他恶劣情节的，处5年以上有期徒刑。

九、猥亵儿童罪

猥亵儿童罪，是指猥亵不满14周岁的儿童的行为。

本罪侵犯的客体是儿童的身心健康权。猥亵行为既可以是强制性的，也可以是非强制性的；猥亵对象是不满14周岁的幼男或幼女；猥亵行为出于故意，且行为人必须明知被害人是或者可能是不满14周岁的儿童。行为人以满足性刺激为目的，以诱骗、强迫或者其他方法要求儿童拍摄裸体、敏感部位照片、视频等供其观看，严重侵害儿童人格尊严和心理健康的，构成猥亵儿童罪。

猥亵儿童的行为与亲昵行为之间的区别。猥亵儿童的行为一般是出于行为人淫秽下流的欲望，对儿童的身体、精神造成伤害或者不良影响，往往与当地风俗习惯相违背。

本罪的罪数问题。如果行为人以强制的方法猥亵儿童，那么既符合强制猥亵罪，又符合猥亵儿童罪的犯罪构成要件。两者之间是法条竞合的关系，规定猥亵儿童罪的条文是特别法条，应当适用猥亵儿童罪的刑法规定。行为人在猥亵儿童过程中造成儿童轻伤以上伤害、死亡后果，构成故意伤害罪、故意杀人罪的，属于想象竞合，应当依照处罚较重的规定定罪处罚。

依照《刑法》第237条的规定，犯本罪的，处5年以下有期徒刑；有下列情形之一的，处5年以上有期徒刑：①猥亵儿童多人或者多次的；②聚众猥亵儿童的，或者在公共场所当众猥亵儿童，情节恶劣的；③造成儿童伤害或者其他严重后果

的；④猥亵手段恶劣或者有其他恶劣情节的。行为人在教室、集体宿舍等场所实施猥亵行为，只要当时有多人在场，即使在场人员未实际看到，也应当认定犯罪行为是在“公共场所当众”实施。对于猥亵场所相对封闭，除被告人及被害人外无其他人在场的情形，不宜认定为“在公共场所当众猥亵”。

十、非法拘禁罪

（一）非法拘禁罪的概念和特征

非法拘禁罪，是指非法拘禁他人或者以其他方法非法剥夺他人人身自由的行为。本罪的主要特征包括：

（1）本罪侵犯的客体是他人的人身自由权利。本罪的对象是享有人身自由权利的人。《宪法》第37条规定，中华人民共和国公民的人身自由不受侵犯。沉睡者、昏迷者等虽然没有行动能力，但是因为随时可能醒来从而恢复行动能力，所以他们也可以成为本罪的犯罪对象。换言之，行为人将沉睡者、昏迷者锁在房间中，在其醒来前将锁打开的，应该构成本罪[1]。

（2）本罪的客观方面表现为非法拘禁或者以其他方法非法剥夺他人人身自由的行为。刑法并没有限制非法剥夺他人人身自由的方式。本罪的行为方式既可以是强制性的，也可以是非强制性的，比如拿走双腿全缺的残疾人的轮椅，或者趁妇女沐浴时拿走其衣服等；既可以是作为，也可以是不作为，比如司法人员发现不应拘捕时，借故不予以释放，继续羁押的。

非法拘禁罪是继续犯，即在犯罪既遂后他人人身自由被剥夺的状态一直持续下去。从表面上看，非法拘禁行为不断地符合非法拘禁罪的犯罪构成要件，但是仍然属于一个犯罪。刑法通说认为，行为人剥夺他人人身自由时间的长短不影响本罪的成立，但是时间过于短暂的剥夺人身自由的行为则不构成本罪。需要补充的是，这个结论的法律依据在于《刑法》第13条“但书”的规定，以及刑法与《中华人民共和国治安管理处罚法》（以下简称《治安管理处罚法》）之间的关系。

（3）本罪的主体为一般主体，即年满16周岁且具有辨认能力和控制能力的自然人。

（4）本罪在主观方面是故意，即明知自己非法剥夺他人人身自由的行为会危害他人的人身自由权利，并且希望或者放任这种结果发生的心理状态。

② 不同观点参见张明楷：《刑法学》，法律出版社2016年版，第882页。

（二）非法拘禁罪的认定

（1）罪与非罪的界限。根据刑法与《治安管理处罚法》之间的关系，非法剥夺他人人身自由没有达到1999年最高人民检察院《关于人民检察院直接受理立案侦查案件立案标准的规定（试行）》的立案标准的，应当按照《治安管理处罚法》处理。本罪中行为人剥夺他人人身自由的行为是非法的。如果是合法地限制他人人身自由，如公安人员依法对涉嫌犯罪的犯罪嫌疑人、被告人采取拘留、逮捕等强制措施的，就不符合本罪的客观要件。比如，医院限制某些病人的行动自由，虽然客观上剥夺了他人的人身自由，但其属于业务上的正当行为，是合法的。

（2）本罪既遂与未遂的界限。本罪的既遂以被害人的人身自由被剥夺为标志。当被害人在行为人的支配之下，没有能力按照其意思决定而自由行动时，即构成既遂。当行为人实施非法剥夺他人人身自由的行为，而被害人的人身自由未被剥夺的，构成犯罪未遂。

（3）本罪的罪数。以绑架、扣留他人的方法勒索财物的，成立绑架罪；以出卖为目的绑架妇女、儿童的，构成拐卖妇女、儿童罪；收买被拐卖的妇女、儿童后，非法剥夺其人身自由的，应实行数罪并罚。前两种情况如此处理的依据在于法条竞合，绑架罪与非法拘禁罪之间存在交叉关系，规定绑架罪的条文属于特别法条。非法拘禁罪与拐卖妇女、儿童罪之间的关系同理。

（4）为索取债务而非法扣押、拘禁他人的处理。根据《刑法》第238条第3款的规定，为索取债务而非法扣押、拘禁他人的，构成非法拘禁罪。债务，可以是合法债务，也可以是非法债务。他人，包括债务人本人以及与债务人有共同财产关系、抚养关系、扶养关系等利害关系的第三人。为索要赌债而非法扣押、拘禁他人，索要的钱款没有超出赌债的范围或者超出不多的，应以非法拘禁罪定罪处罚；非法劫持并扣押他人后，向被害人家属索要大大超出赌债范围的钱物的，构成绑架罪。

【案例5-2-03】甲为要回30万元赌债，将乙扣押，但2天后乙仍无还款的意思。甲等5人将乙押到一处山崖上，对乙说："3天内让你家人送钱来，如今天不答应，就摔死你。"乙勉强说只有能力还5万元。甲刚说完"一分都不能少"，乙便跳崖。众人慌忙下山找乙，发现乙已坠亡。甲的行为成立非法拘禁罪。

（5）"致人重伤"与"使用暴力致人伤残"的区别。按照刑法规定，非法拘禁行为本身导致受害人重伤的，构成非法拘禁罪的结果加重犯；在非法拘禁过程中使用暴力导致受害人伤残的，构成故意伤害罪。“致人重伤”的认定需要符合两个条件：第一，行为人对重伤结果主观上出于过失；第二，非法拘禁行为与重伤结果之间存在直接的因果关系。比如，由于捆绑过紧、长期囚禁、虐待等致使被害人身体健康遭受重大伤害；被害人在被非法拘禁期间不堪忍受，自伤自残，身体健康受到重大伤害。“致人死亡”与“使用暴力致人死亡”的关系同理。

“使用暴力致人伤残、死亡”，行为人对于危害结果持何种心理态度？既然刑法规定这种情况按照故意伤害罪或者故意杀人罪来处理，那么就需要行为人对危害结果持故意的心理态度。换言之，如果行为人在非法拘禁过程中对受害人使用暴力，但是过失地引起伤残或者死亡结果发生的，应当以非法拘禁罪结果加重犯处理，不应当按照故意伤害罪或者故意杀人罪处理。

【案例5-2-04】丙为索债将吴某绑于地下室。吴某挣脱后，驾车离开途中发生交通事故死亡，丙的行为不属于非法拘禁致人死亡。

（三）非法拘禁罪的刑事责任

依照《刑法》第238条的规定，犯本罪的，处3年以下有期徒刑、拘役、管制或者剥夺政治权利；具有殴打、侮辱情节的，从重处罚；致人重伤的，处3年以上10年以下有期徒刑；致人死亡的，处10年以上有期徒刑。使用暴力致人伤残、死亡的，依照故意伤害罪、故意杀人罪定罪处罚。国家机关工作人员利用职权犯本罪的，从重处罚。

十一、绑架罪

（一）绑架罪的概念和特征

绑架罪，是指以向被绑架人的近亲属或者其他人提出非法要求为目的，采用暴力、胁迫或者麻醉等方法控制他人的行为。本罪的主要特征包括：

（1）本罪侵犯的客体是公民的人身自由和身体安全。以勒索财物为目的绑架他人的行为，俗称“绑票”，是一种社会危害性极大的犯罪。本罪犯罪对象是他人或者婴幼儿。如果犯罪对象是婴幼儿，那么本罪侵犯的客体就是身体安全；如果犯罪对象是婴幼儿以外的人，那么客体就是人身自由和身体安全。

（2）本罪的客观方面表现为以勒索财物或者提出其他非法要求为目的使用暴力、胁迫或者麻醉等方法，控制他人人身自由的行为。本罪的行为结构在于，行为人首先控制被绑架人，然后意图利用被绑架人的近亲属、关系密切的人、政府等对被绑架人的人身安全的关心或者义务，向其索取财物或者提出非法要求。

根据《刑法》第239条第3款的规定，以勒索财物为目的偷盗婴幼儿的，构成本罪。偷盗婴幼儿，是指窃取不满6周岁儿童的行为。

（3）本罪的主体为一般主体，即年满16周岁且具有辨认能力和控制能力的自然人。

（4）本罪主观方面是故意，并具有勒索财物的目的或者其他非法目的。其他非法目的包括政治目的、要挟司法机关释放罪犯的目的等。

（二）绑架罪的认定

（1）此罪与彼罪的界限。实践中，应注意区分本罪与非法拘禁罪、抢劫罪等犯罪之间的界限。

本罪与非法拘禁罪的界限。本罪与非法拘禁罪之间存在特殊与一般的关系，两者都是侵犯他人人身自由权利的犯罪，而且本罪在客观上也必然表现为非法剥夺他人人身自由的行为。两者的区别主要在于，行为人是否具有勒索财物或提出其他不法要求的目的。

本罪与抢劫罪的界限。本罪与抢劫罪的区别在于：第一，主观方面不尽相同。抢劫罪中，行为人出于非法占有他人财物的目的；绑架罪中，行为人既可能出于勒索财物的目的，也可能出于其他非法目的。第二，行为手段不同。抢劫罪表现为当场对被害人施加暴力或者威胁而劫取财物，行为人劫取财物一般具有“当场性”；绑架罪表现为绑架人质，然后以伤害或者杀害人质相威胁而向人质的近亲属、关系密切的人、政府等勒索财物或提出非法要求，一般不具有“当场性”。第三，取财对象不同。在抢劫罪中，取财对象可以是被实施强制手段的人，也可以是与被实施强制手段的人关系密切的人；在绑架罪中，取财对象只能是被绑架人以外的人。

（2）本罪既遂与未遂的界限。本罪在客观方面由单一行为构成，行为人只要以勒索财物或提出其他不法要求为目的而实施了绑架行为，就已经齐备了绑架罪的全部构成要件，成立犯罪既遂。至于是否已经向被绑架人的家属或者其他人提出非法要求，非法目的是否达到，均不影响本罪既遂的成立。犯罪分子绑架人质的行为一经完成，就构成犯罪既遂，之后主动放弃继续犯罪并释放人质的行为，属于犯罪既遂后的补救措施。

【案例5-2-05】甲绑架幼女乙后，向其父勒索财物。乙父佯装不管乙安危，甲只好将乙送回。甲虽未能成功勒索财物，但仍成立绑架罪既遂。

司法实践中，与被害人有特殊关系的他人或者组织会收到行为人将要杀死或杀害人质的威胁，但是人质自身可能仍处于平和的被控制状态，甚至都未察觉其所陷入的危险，比如孩童被行为人引诱去打游戏机的情形。被害人自身是否认识到被绑架，并不影响绑架罪既遂的认定。

（3）本罪的罪数。在绑架过程中有强奸行为的，应当以绑架罪与强奸罪数罪并罚。杀害被绑架人后发现被害人有财物，又当场取走财物的，以绑架罪与盗窃罪数罪并罚。在绑架过程中杀害被绑架人或者故意伤害被绑架人致人重伤、死亡的，以绑架罪论处，按照绑架罪的规定加重处罚。

本罪与抢劫罪的想象竞合。根据2001年最高人民法院《关于对在绑架过程中以暴力、胁迫等手段当场劫取被害人财物的行为如何适用法律问题的答复》，行为人在绑架过程中，又以暴力、胁迫等手段当场劫取被害人财物，构成犯罪的，择一重罪处罚。从刑法理论上分析，这属于绑架罪与抢劫罪的想象竞合。

（三）绑架罪的刑事责任

依照《刑法》第239条的规定，犯本罪的，处10年以上有期徒刑或者无期徒刑，并处罚金或者没收财产；情节较轻的，处5年以上10年以下有期徒刑，并处罚金。犯本罪，杀害被绑架人的，或者故意伤害被绑架人致人重伤、死亡的，处无期徒刑或者死刑，并处没收财产。杀害被绑架人，只要行为人有故意杀人的行为即可，不要求被绑架人死亡结果的发生，换言之，行为人故意杀害被绑架人未遂的，仍然属于本罪“杀害被绑架人”的情形。年满12周岁不满16周岁的人，杀害被绑架人，或者故意伤害被绑架人致人重伤、死亡的，不能成立绑架罪，但是可能构成故意杀人罪或者故意伤害罪。

十二、拐卖妇女、儿童罪

（一）拐卖妇女、儿童罪的概念和特征

拐卖妇女、儿童罪，是指以出卖为目的，实施拐骗、绑架、收买、贩卖、接送、中转妇女、儿童的行为。本罪的主要特征包括：

（1）本罪侵犯的客体是妇女、儿童的人身自由和人格尊严。本罪侵害的对象仅限于妇女和儿童。这里的妇女既包括中国国籍的妇女，也包括外国国籍和无国

籍的妇女。拐卖已满14周岁男子的行为，不构成本罪，符合其他犯罪构成的，可按其他犯罪处理。误将男性当成女性拐卖，构成本罪未遂。行为人误将两性人视为女性而拐卖的，构成本罪既遂，原因在于两性人也有女性的一面。两性人既有男性的身体和心理特征，也有女性的身体和心理特征，既有男性的人格尊严，也有女性的人格尊严。行为人拐卖两性人，侵犯了受害人女性的人格尊严，可以成立本罪既遂。

（2）本罪的客观方面表现为以出卖为目的而实施拐骗、绑架、收买、贩卖、接送、中转妇女、儿童，或者偷盗婴幼儿的行为。拐骗，是指以欺骗、利诱等非暴力手段将妇女、儿童拐走，以便出卖的行为。绑架，是指以暴力、胁迫或者麻醉方法劫持、控制妇女、儿童的行为。收买，是指以金钱或者其他财物买取、换取妇女、儿童的行为。贩卖，是指将妇女、儿童当作商品出售给他人以获取非法利益的行为。接送，是指行为人在拐卖妇女、儿童过程中的接收、运送的行为。中转，是指为拐卖妇女、儿童的罪犯提供中途场所或机会。偷盗婴幼儿，是指以暴力、胁迫或者麻醉以外的和平方法控制婴幼儿的行为，包括秘密窃取、欺骗、利诱等手段。

（3）本罪的主体是一般主体，即年满16周岁且具有辨认能力和控制能力的自然人。

（4）本罪在主观方面只能是直接故意，并且具有出卖的目的。至于出卖过程中是否营利，不影响本罪的成立。

（二）拐卖妇女、儿童罪的认定

（1）罪与非罪的界限。介绍婚姻、收养机会的行为，是否构成本罪？在私自收养儿童的过程中居间介绍并收取少量介绍费的，一般不构成本罪。如果明知他人系拐卖儿童的“人贩子”，仍然利用从事诊疗、福利救助等工作的便利或者了解被拐卖方情况的条件，从事居间活动的，应当以拐卖儿童罪的共犯论处。出卖亲生子女的行为是否构成本罪？出卖亲生子女的行为是否构成本罪取决于是否具有非法获利的目的。对于行为人将亲生子女送给他人并收取一定数额的钱财的行为，在判断行为人主观上是否为了非法获利时，应当结合各种因素综合判断。如行为人是否将生育作为非法获利的手段，生育子女后即将子女出卖；行为人将子女送人的背景和真实原因，实施行为时是否考虑对方有无抚养目的、抚养能力；行为人收取钱财的多少以及在收取钱财过程中的态度等。受害人同意被拐卖的行为，是否能排除行为人的刑事责任？应收买的被拐卖的妇女的要求，将其再转卖给他人的行为，应当定拐卖妇女罪。原因在于，对受害人的再卖行为有违社会公序良俗，具有社会危害性，为法律所禁止。

（2）本罪的罪数。对于行为人在拐卖妇女、儿童的过程中同时实施了其他犯罪的，应根据不同情况区别对待：在拐卖过程中兼有强奸妇女、奸淫幼女行为的，或者有非法拘禁以及因妇女、儿童的反抗而用暴力造成被害人伤害、死亡的，应属于本罪处重刑的情节，不实行数罪并罚。如果犯罪分子临时起意杀人的，则应以故意杀人罪与本罪数罪并罚。

（3）此罪与彼罪的界限。①本罪与拐骗儿童罪的界限。两者客观上都实施了拐骗行为，犯罪对象均是未满14周岁的儿童。两者的主要区别在于：第一，侵犯的客体不同。前者侵犯的客体是被拐卖儿童的人身自由权利，后者侵犯的是他人的家庭关系和儿童的合法权益。第二，目的不同。前者拐卖儿童一般是为了出卖，后者是为了收养、使唤或者奴役。因此，为收养而拐骗儿童以后又将其出卖的，或者借收养名义拐卖儿童的，以及出卖捡拾的儿童的，均以拐卖儿童罪追究刑事责任。②本罪与绑架罪的界限。拐卖妇女、儿童罪包括以出卖为目的绑架妇女、儿童的行为，故二者有相似之处。二者的区别在于：第一，侵害对象不同。前者的对象仅限于妇女、儿童，后者的对象可以是任何人。第二，犯罪目的不同。前者以出卖为目的，后者以勒索财物或满足其他不法要求为目的。

（三）拐卖妇女、儿童罪的刑事责任

依照《刑法》第240条的规定，犯本罪的，处5年以上10年以下有期徒刑，并处罚金。有下列情形之一的，处10年以上有期徒刑或者无期徒刑，并处罚金或者没收财产；情节特别严重的，处死刑，并处没收财产：①拐卖妇女、儿童集团的首要分子；②拐卖妇女、儿童3人以上的；③奸淫被拐卖的妇女的；④诱骗、强迫被拐卖妇女卖淫或者将被拐卖的妇女卖给他人迫使其卖淫的；⑤以出卖为目的，使用暴力、胁迫或者麻醉方法绑架妇女、儿童的；⑥以出卖为目的，偷盗婴幼儿的；⑦造成被拐卖的妇女、儿童或者其亲属重伤、死亡或者其他严重后果的；⑧将妇女、儿童卖往境外的。

十三、收买被拐卖的妇女、儿童罪

收买被拐卖的妇女、儿童罪，是指不以出卖为目的，收买被拐卖妇女、儿童的行为。

本罪侵犯的客体是被害妇女、儿童的人身自由和人格尊严。本罪侵害对象是

14周岁以上的妇女和不满14周岁的男女儿童。本罪客观方面表现为收买被拐卖的妇女、儿童的行为。如果收买的不是被拐卖的妇女、儿童，如父母将自己亲生的婴幼儿卖给他人，对收买人不能以本罪论处。本罪的主观方面是故意，即明知所收买的是被拐卖的妇女、儿童，且明知自己收买被拐卖的妇女、儿童的行为会侵犯其人身自由和人格尊严，希望或者放任该危害结果发生的心理态度。

罪与非罪的问题。根据2010年最高人民法院、最高人民检察院、公安部、司法部《关于依法惩治拐卖妇女儿童犯罪的意见》，多名家庭成员或者亲友共同参与出卖亲生子女，或者“买人为妻”“买人为子”构成收买被拐卖的妇女、儿童罪的，一般应当在综合考察犯意提起、各行为人在犯罪中所起作用等情节的基础上，依法追究其中罪责较重者的刑事责任。对于其他情节显著轻微危害不大，不认为是犯罪的，依法不追究刑事责任；必要时可以由公安机关予以行政处罚。

本罪的罪数。按照《刑法》第241条第2、3、4款的规定，收买被拐卖的妇女，并且强行与其发生性关系的，依照本罪与强奸罪数罪并罚；收买被拐卖的妇女、儿童，并且非法剥夺、限制其人身自由或者有伤害、侮辱等犯罪行为的，依照本罪与非法拘禁罪、故意伤害罪、侮辱罪数罪并罚。强迫被收买的妇女、儿童从事卖淫等违法犯罪活动同时构成犯罪的，按收买被拐卖的妇女、儿童罪和强迫卖淫罪数罪并罚。按照《刑法》第241条第5款的规定，收买被拐卖的妇女、儿童又出卖的，依照拐卖妇女、儿童罪一罪定罪处罚。法律如此规定的理论根据是，从社会旁观者来看，收买后又出卖的行为与以出卖为目的的收买、贩卖行为没有实质区别，因此，收买被拐卖的妇女、儿童又出卖的行为属于一个行为，应当按照一罪定罪处罚。

依照《刑法》第241条的规定，犯本罪的，处3年以下有期徒刑、拘役或者管制。收买被拐卖的妇女、儿童，对被买儿童没有虐待行为，不阻碍对其进行解救的，可以从轻处罚；按照被买妇女的意愿，不阻碍其返回原居住地的，可以从轻或者减轻处罚。

十四、聚众阻碍解救被收买的妇女、儿童罪

聚众阻碍解救被收买的妇女、儿童罪，是指首要分子纠集、煽动多人阻碍国家机关工作人员解救被收买的妇女、儿童的行为。

本罪侵犯的客体是复杂客体，既侵犯了被收买的妇女、儿童的人身自由权利，又妨碍了国家机关工作人员解救被收买的妇女、儿童的公务活动。本罪客观方面表现为以聚众方式阻碍国家机关工作人员解救被收买的妇女、儿童的行为。本罪

主体只能是聚众阻碍国家机关工作人员解救被收买的妇女、儿童的首要分子，即在聚众犯罪中起组织、策划、煽动、指挥作用的犯罪分子，一般参加者不构成本罪。以暴力、威胁方法阻碍国家机关工作人员解救被收买的妇女、儿童的，构成《刑法》第277条规定的妨害公务罪。本罪主观方面只能是故意，动机如何不影响本罪的成立。

依照《刑法》第242条的规定，犯本罪的首要分子，处5年以下有期徒刑或者拘役。

十五、诬告陷害罪

（一）诬告陷害罪的概念和特征

诬告陷害罪，是指捏造事实诬告陷害他人，意图使他人受刑事追究，情节严重的行为。本罪的主要特征包括：

（1）本罪侵犯的客体是复杂客体，既侵犯了他人的人身权利，也干扰了司法机关的正常活动。本罪的对象必须是明确的，但不要求指名道姓，只要根据诬告的内容可以推知是指何人即可。如果行为人捏造了某种犯罪事实，向有关机关告发，并没有具体的告发对象，虽然干扰了司法机关的正常活动，但是并没有侵犯他人的人身权利，不构成本罪。

（2）本罪的客观方面表现为捏造犯罪事实，向司法机关或有关单位告发，情节严重的行为。①行为人必须有捏造他人犯罪事实的行为，即无中生有，虚构犯罪事实。如果没有捏造事实或者捏造的是非犯罪的事实，不能以本罪论处。至于捏造的是何种犯罪事实，是公诉罪还是自诉罪的事实，在所不问。②行为人必须将捏造的犯罪事实向有关机关告发。既可以是向司法机关告发，也可以是向被诬告者所在单位及其他有可能向司法机关转送或让司法机关获悉的单位（如新闻媒体）告发。

（3）本罪的主体为一般主体，即年满16周岁且具有辨认能力和控制能力的自然人。

（4）本罪在主观方面是故意，并具有使他人受到刑事追究的目的。如果行为人不是出于使他人受到刑事追究的目的，不构成本罪。

【案例5-2-06】乙盗窃甲价值4000余元的财物，甲向派出所报案被拒后，向县公安局告发乙抢劫价值4000余元的财物。公安局立案后查明了乙的盗窃事实。

对甲的行为不应以诬告陷害罪论处。

（二）诬告陷害罪的认定

（1）罪与非罪的界限。①本罪与错告、检举失实行为的界限。《刑法》第243条第3款规定，不是有意诬陷，而是错告，或者检举失实的，不构成本罪。二者区别的关键在于是否具有诬告陷害的犯罪故意。②本罪与一般诬告陷害行为的界限。诬告陷害行为只有情节严重的才构成犯罪。对情节一般的诬告陷害行为，不应以本罪论处。

（2）本罪的既遂。本罪是行为犯，只要行为人实施了诬告行为，虚假告发到达有关的国家机关，就成立本罪既遂，至于告发以后被害人是否受到刑事追究，不影响定罪。

（3）本罪的罪数。在诬告陷害过程中可能会实施伪证行为，诬告也具有诽谤的性质，这些行为都是诬告陷害罪的一个组成部分或者必然具有的危害，或者说属于诬告陷害罪的内在情节，所以只认定为诬告陷害罪一罪。

（三）诬告陷害罪的刑事责任

依照《刑法》第243条的规定，犯本罪的，处3年以下有期徒刑、拘役或者管制；造成严重后果的，处3年以上10年以下有期徒刑。国家机关工作人员犯本罪的，从重处罚。

十六、强迫劳动罪

强迫劳动罪，是指以暴力、威胁或者限制人身自由的方法强迫他人劳动的行为。

本罪侵犯的客体是他人的人身自由权。本罪客观方面表现为以暴力、威胁或者限制人身自由的方法强迫他人劳动的行为，如采取殴打、胁迫、扣发工资、扣留身份证件等手段限制人身自由强迫他人劳动。本罪的主体是一般主体，自然人和单位均可以构成本罪。本罪的主观方面是故意。

罪与非罪的界限。不是所有的强迫劳动行为都构成本罪。下列情形的强迫劳动行为，一般应当予以刑罚处罚：①强迫三人以上劳动的，或者虽未达到三人，但强迫劳动持续时间长的；②强迫未成年人、严重残疾人、精神智力障碍达到限制民事行为能力程度的人或者其他处于特别脆弱状况的人劳动的；③采取殴打、多次体罚虐待、严重威胁、非法限制人身自由等正常人通常无法抗拒、难以抗拒的方式强迫劳动的；④从强迫他人劳动中获利数额较大的，数额较大的标准可参考盗窃罪数额较大的标准确定。对于那些偶尔强迫他人劳动、持续时间短、被强迫的人数少、强迫程度较轻、被强迫者虽然不情愿但尚有选择自由的行为，可以不予刑事追究，而通过民事、行政手段予以处理。

根据《刑法》第244条第2款的规定，明知他人实施强迫劳动行为，而为其招募、运送人员或者有其他协助强迫他人劳动行为的，以本罪论处。

本罪与非法拘禁罪属于法条竞合，刑法对于两罪的规定之间存在重叠，规定非法拘禁罪的条文是一般法条，而本罪条文属于特别法条。行为人强迫劳动本身已构成强迫劳动罪，又在日常工作中实施暴力导致被害人人身严重伤害、死亡的，按照强迫劳动罪和故意伤害罪、故意杀人罪数罪并罚。

依照《刑法》第244条的规定，犯本罪的，处3年以下有期徒刑或者拘役，并处罚金；情节严重的，处3年以上10年以下有期徒刑，并处罚金。单位犯本罪的，对单位判处罚金，并对其直接负责的主管人员和其他直接责任人员，依照自然人犯本罪的规定处罚。

十七、雇用童工从事危重劳动罪

雇用童工从事危重劳动罪，是指违反劳动管理法规，雇用未满16周岁的未成年人从事超强度体力劳动，或者从事高空、井下作业，或者在爆炸性、易燃性、放射性、毒害性等危险环境下从事劳动，情节严重的行为。

本罪侵犯的客体是未成年人的身心健康权。本罪客观方面表现为行为人违反劳动管理法规，雇用未满16周岁的未成年人从事超强度体力劳动，或者从事高空、井下作业，或者在爆炸性、易燃性、放射性、毒害性等危险环境下从事劳动，情节严重的行为。对于“情节严重”的标准，依据2008年最高人民检察院、公安部《关于公安机关管辖的刑事案件立案追诉标准的规定（一）》，涉嫌下列情形之一的，应予立案追诉：①造成未满16周岁的未成年人伤亡或者对其身体健康造成严重危害的；②雇用未满16周岁的未成年人3人以上的；③以强迫、欺骗等手段雇用未满16周岁的未成年人从事危重劳动的；④其他情节严重的情形。本罪的主体是一般主体。本罪的主观方面是故意，即明知雇用未满16周岁的未成年人从事危重劳动，违反劳动管理法规或者侵犯未成年人的身心健康，仍然希望或者放任这种结果发生的心理态度。

依照《刑法》第244条之一的规定，犯本罪的，对直接责任人员，处3年以下有期徒刑或者拘役，并处罚金；情节特别严重的，处3年以上7年以下有期徒刑，并处罚金。有上述行为，造成事故，又构成其他犯罪的，依照数罪并罚的规定处罚。

十八、非法搜查罪

非法搜查罪，是指非法对他人身体或者住宅进行搜查的行为。

本罪侵犯的客体是他人身体和住宅的不受侵犯权。本罪的客观方面表现为非法对他人身体或者住宅进行搜查的行为。非法搜查包括以下两种情形：①无权进行搜查的机关、单位、团体的工作人员或者个人，非法对他人的身体或者住宅进行搜查。②有权进行搜查的国家机关工作人员滥用职权，非法对他人的人身、住宅进行搜查，或者搜查的程序和手续不符合法律规定。本罪的主体是一般主体。本罪的主观方面是直接故意。

依照《刑法》第245条的规定，犯本罪的，处3年以下有期徒刑或者拘役；司法工作人员滥用职权犯本罪的，从重处罚。

十九、非法侵入住宅罪

非法侵入住宅罪，是指未经法定机关批准或者未经住宅主人同意，非法强行侵入他人住宅，或者经要求退出而拒不退出的行为。

本罪侵犯的客体是公民住宅的不可侵犯权。本罪的客观方面表现为实施了非法侵入他人住宅的行为。非法，是指未经住宅主人同意，又没有法律根据，或不依法定程序强行侵入。侵入，一般包括两种情况：一是未经住宅主人许可、没有正当理由而擅自闯入他人住宅；二是经许可或者以正当理由进入住宅后，经要求其退出而无故拒不退出。他人，包括住宅所有权人、对住宅有居住或出入权利的人，以及暂住在某住处的人。住宅，是指用于生活居住的与外界隔绝的住所，包括封闭的院落、牧民的帐篷、渔民的居住船、为生活租用的房屋等。本罪的主体是一般主体。本罪的主观方面只能是故意。由于某种原因误入他人住宅，经要求立即退出的，不构成本罪；但误入他人住宅后，经要求退出而拒不退出的，可能成立本罪。在司法实践中，非法侵入他人住宅，往往与其他犯罪结合在一起，例如，非法侵入他人住宅后，进行盗窃、强奸、杀人等犯罪活动，在这种情况下，非法侵入他人住宅行为与这些犯罪之间存在牵连关系，应择一重罪论处。

依照《刑法》第245条的规定，犯本罪的，处3年以下有期徒刑或者拘役；司法工作人员滥用职权犯本罪的，从重处罚。

二十、侮辱罪

（一）侮辱罪的概念和特征

侮辱罪，是指使用暴力或者其他方法，公然贬低他人人格，破坏他人名誉，情节严重的行为。本罪的主要特征包括：

本罪侵犯的客体是公民的人格和名誉权。公民对自己在社会生活中所获得的社会评价即自己的名誉，依法享有不可侵犯的权利。本罪的对象是特定的个人。本罪客观方面表现为使用暴力或者其他方法，公然贬低他人人格，破坏他人名誉，情节严重的行为。暴力，是指以受害人不能反抗的方法损害其人格、名誉，比如强迫他人“戴高帽”游行，当众剥光他人衣服等。其他方法，是指通过语言、文字、动作、图画等方法损害他人人格、名誉，比如当众嘲笑、辱骂、贴传单等。公然，是指当众或者利用能够使多人听到或者看到的方式，损害他人人格、名誉。情节严重，是指手段恶劣，造成严重后果，或多次实施侮辱行为等。本罪的主体是一般主体，但必须是自然人。本罪的主观方面是故意，行为人具有损害他人人格、破坏他人名誉的目的。

（二）侮辱罪的认定

通过互联网发布信息要求“人肉搜索”，严重降低被害人的社会评价，致使其在现实社会中无法正常工作、学习和生活，最终导致被害人自杀身亡的严重后果的，构成侮辱罪。

本罪与强制侮辱罪的区别。二者之间的主要区别在于：①侵犯的客体和对象不同。前者侵犯的是公民的人格、名誉权，后者侵犯的是公民与性有关的人格尊严；前者的对象没有限制，后者的对象只能是14周岁以上的少女和成年妇女。②客观方面不同。前者可以采取强制方法也可以采取非强制方法，后者只能采取暴力、胁迫等强制方法；前者以公然实施侮辱行为为要件，后者没有此要求，可以是非公然的方式；前者的侮辱行为既可以对被害人当面实施，也可以是在被害人并不在场的情况下实施，后者只能直接对被害人当场实施；前者以情节严重为构成要件，后者不以情节严重为构成要件。③前者是告诉才处理的犯罪，后者不是告诉才处理的犯罪。④动机不同。前者的行为人主要是基于泄愤、报复等动机，而后者的行为人是基于精神空虚等变态心理，以寻求性刺激或变态的性满足为主要动机。

【案例5-2-07】为报复妇女，在大街上边打妇女边骂其“狐狸精”，情节严重的，应以侮辱罪论处。

（三）侮辱罪的刑事责任

依照《刑法》第246条的规定，犯本罪的，处3年以下有期徒刑、拘役、管制或者剥夺政治权利。犯本罪，告诉的才处理，但是严重危害社会秩序和国家利益的除外。

二十一、诽谤罪

（一）诽谤罪的概念和特征

诽谤罪，是指捏造并散布某种事实，损害他人人格、名誉，情节严重的行为。

本罪的客体、主体和主观方面与侮辱罪完全一样。本罪的客观方面表现为捏造并散布事实损害他人人格、名誉，情节严重的行为。捏造，是指无中生有、凭空编造虚假事实。散布，是指在一定范围内加以扩散传播。扩散的方式包括以下两种情形：言语散布，即以口头语言的方式对捏造的事实加以散布；文字散布，即以报刊、书信、出版物或者图画的方式对捏造的事实加以散布。通过信息网络实施诽谤行为的，构成诽谤罪。

（二）诽谤罪的认定

（1）本罪与侮辱罪的界限。二者的区别在于：①手段不同。诽谤罪只能是口头或文字方法，不可能是暴力方法；侮辱罪既可以是口头、文字方法，也可以是暴力方法。②行为方式不同。诽谤罪必须有捏造并散布有损他人名誉的事实的行为；侮辱罪既可以不用具体事实，也可以用真实事实损害他人名誉。

（2）本罪与诬告陷害罪的界限。本罪与诬告陷害罪在客观方面都表现为针对特定对象，采用捏造事实的手段。二者的主要区别在于：①犯罪客体不同。诬告陷害罪侵犯的客体是公民的人身权利和司法机关的正常活动，而诽谤罪侵犯的客体是他人的人格和名誉权利。②捏造的事实内容不同。诬告陷害行为捏造的是犯罪事实，诽谤行为捏造的是足以损害他人的人格、名誉的事实。③行为方式不同。诬告陷害必须向国家机关或者有关部门告发，诽谤是向社会扩散或者让众多的人知道。④主观方面不同。诬告陷害行为意图使他人受刑事追究，诽谤意图损害他人的人格、名誉。

（三）诽谤罪的刑事责任

依照《刑法》第246条的规定，犯本罪的，处3年以下有期徒刑、拘役、管制或者剥夺政治权利。犯本罪，告诉的才处理，但是严重危害社会秩序和国家利益的除外。

二十二、刑讯逼供罪

（一）刑讯逼供罪的概念和特征

刑讯逼供罪，是指司法工作人员对犯罪嫌疑人、被告人使用肉刑或者变相肉刑，逼取口供的行为。本罪的主要特征包括：

（1）本罪侵犯的客体是复杂客体，既侵犯了公民的人身权利，又妨碍了司法机关的正常活动。本罪犯罪对象是犯罪嫌疑人和被告人。

（2）本罪在客观方面表现为司法工作人员利用职权，使用肉刑或者变相肉刑，对犯罪嫌疑人、被告人逼取口供的行为。肉刑，是指捆绑、吊打、非法使用刑具等使犯罪嫌疑人或者被告人的身体器官或者肌肤遭受痛苦的摧残手段。变相肉刑，是指长时间罚冻、罚站、罚饿等不直接伤害身体但造成痛苦的折磨手段。

（3）本罪的主体只能是司法工作人员，即有侦查、检察、审判、监管职责的工作人员。其他人员与司法工作人员伙同刑讯逼供的，以刑讯逼供罪的共犯论处。如果非司法工作人员单独私设公堂、非法审讯，对他人捆绑、逼供、拷打，可以构成非法拘禁罪、故意伤害罪，但不构成刑讯逼供罪。

（4）本罪在主观方面只能由故意构成，并具有逼取口供的目的。犯罪动机不影响犯罪的成立，但不同的犯罪动机对量刑有一定的影响。

（二）刑讯逼供罪的认定

（1）罪与非罪的界限。刑讯逼供行为并不都构成刑讯逼供罪，需结合刑讯逼供的情节加以认定。根据2006年最高人民检察院《关于渎职侵权犯罪案件立案标准的规定》，涉嫌下列情形之一的，应予立案：①以殴打、捆绑、违法使用械具等恶劣手段逼取口供的；②以较长时间冻、饿、晒、烤等手段逼取口供，严重损害犯罪嫌疑人、被告人身体健康的；③刑讯逼供造成犯罪嫌疑人、被告人轻伤、重伤、死亡的；④刑讯逼供，情节严重，导致犯罪嫌疑人、被告人自杀、自残造成重伤、死亡，或者精神失常的；⑤刑讯逼供，造成错案的；⑥刑讯逼供3人次以上的；⑦纵容、授意、指使、强迫他人刑讯逼供，具有上述情形之一的；⑧其他刑讯逼供应予追究刑事责任的情形。该司法解释从犯罪手段、危害结果、犯罪对象人数、没有履行监督责任等方面，确定了本罪的立案标准。

（2）本罪与非法拘禁罪的界限。二者的区别在于：①对象不同。前者的对象是犯罪嫌疑人或被告人，后者的对象可以是任何公民。②行为表现不同。前者表现为使用肉刑或者变相肉刑，后者表现为非法拘禁或以其他方法剥夺他人人身自由。③主体不同。前者的主体是司法工作人员，后者是一般主体。④主观目的不同。前者以逼取口供为目的，后者不要求以逼取口供为目的。

（3）刑讯逼供罪的转化。行为人的行为具备刑讯逼供罪的基本犯罪构成，并且致人伤残、死亡的，刑讯逼供罪转化为故意伤害罪、故意杀人罪，依照故意伤害罪或者故意杀人罪从重处罚。

（三）刑讯逼供罪的刑事责任

依照《刑法》第247条的规定，犯本罪的，处3年以下有期徒刑或者拘役。致人伤残、死亡的，依照《刑法》第234条、第232条的规定定罪从重处罚。

二十三、暴力取证罪

暴力取证罪，是指司法工作人员使用暴力逼取证人证言的行为。

本罪侵犯的客体是复杂客体，即公民的人身权利和司法机关的正常活动。暴力的对象是证人，但对这里的“证人”宜作广义理解，即包括被害人。本罪的客观方面表现为使用暴力逼取证人证言的行为。使用暴力，是指对证人采用殴打、伤害等危害证人人身安全的手段；逼取证人证言，是指强迫证人做出特定内容的证言（包括被害人陈述）。本罪的主体只限于司法工作人员，一般公民可以成为本罪的共犯。本罪的主观方面只限于故意，以逼取证人证言为目的。

罪与非罪的界限。根据2006年最高人民检察院《关于渎职侵权犯罪案件立案标准的规定》，涉嫌下列情形之一的，应予立案：①以殴打、捆绑、违法使用械具等恶劣手段逼取证人证言的；②暴力取证造成证人轻伤、重伤、死亡的；③暴力取证，情节严重，导致证人自杀、自残造成重伤、死亡，或者精神失常的；④暴力取证，造成错案的；⑤暴力取证3人次以上的；⑥纵容、授意、指使、强迫他人暴力取证，具有上述情形之一的；⑦其他暴力取证应予追究刑事责任的情形。

本罪与刑讯逼供罪的界限。二者的主体均为司法工作人员，客观上都实施了暴力行为。二者的区别在于：①犯罪对象不同，前者的犯罪对象是证人，后者的犯罪对象是犯罪嫌疑人或被告人。②主观目的不同，前者的目的是逼取证人证言，后者的目的是逼取口供。

本罪与故意伤害罪的关系。暴力取证导致受害人轻伤的，属于本罪与故意伤害罪的法条竞合，按照特别法优于普通法的原则，应当以本罪处理。暴力取证导致受害人重伤、死亡的，根据情况按照故意伤害罪或者故意杀人罪处理。

依照《刑法》第247条的规定，犯本罪的，处3年以下有期徒刑或者拘役。致人伤残、死亡的，依照《刑法》第234条、第232条的规定定罪从重处罚，即直接以故意伤害罪或者故意杀人罪的规定从重处罚。

二十四、虐待被监管人罪

虐待被监管人罪，是指监狱、拘留所、看守所等监管机构的监管人员，对被监管人进行殴打或体罚虐待，或者指使被监管人殴打或者体罚虐待其他被监管人，情节严重的行为。

本罪侵犯的客体是复杂客体，即监管机关的正常活动和被监管人的人身权利。本罪的犯罪对象是被监管人，包括在监狱、拘役所等劳改场所服刑的已决犯，在看守所羁押的犯罪嫌疑人与被告人，以及在拘留所等场所被行政拘留、刑事拘留、司法拘留的人员。本罪的客观方面表现为监管人员直接对被监管人进行殴打或体罚虐待，或者指使被监管人殴打或者体罚虐待其他被监管人，情节严重的行为。殴打，是指造成被监管人肉体上的暂时痛苦的行为。体罚虐待，是指对被监管人实行肉体上的摧残和精神上的折磨，比如捆绑、滥用械具、任意禁闭、冻饿、罚跪、强迫从事长时间超负荷体力劳动、凌辱人格等。本罪的主体是监狱、拘留所、看守所等监管机构的监管人员，其他公民可以构成本罪的共犯。根据2015年最高人民检察院《关于强制隔离戒毒所工作人员能否成为虐待被监管人罪主体问题的批复》，强制隔离戒毒所中履行监管职责的工作人员属于本罪的主体。本罪的主观方面出自故意。

本罪为情节犯，以情节严重作为犯罪成立的标准。根据2006年最高人民检察院《关于渎职侵权犯罪案件立案标准的规定》，涉嫌下列情形之一的，应予立案：①以殴打、捆绑、违法使用械具等恶劣手段虐待被监管人的；②以较长时间冻、饿、晒、烤等手段虐待被监管人，严重损害其身体健康的；③虐待造成被监管人轻伤、重伤、死亡的；④虐待被监管人，情节严重，导致被监管人自杀、自残造成重伤、死亡，或者精神失常的；⑤殴打或者体罚虐待3人次以上的；⑥指使被监管人殴打、体罚虐待其他被监管人，具有上述情形之一的；⑦其他情节严重的情形。

依照《刑法》第248条的规定，犯本罪的，处3年以下有期徒刑或者拘役；情节特别严重的，处3年以上10年以下有期徒刑；致人伤残、死亡的，依照《刑法》第234条、第232条的规定定罪从重处罚，即直接以故意伤害罪或者故意杀人罪的规定从重处罚。

二十五、煽动民族仇恨、民族歧视罪

煽动民族仇恨、民族歧视罪，是指以各种蛊惑人心的方法，公开煽动民族仇恨、民族歧视，情节严重的行为。

本罪侵犯的客体是少数民族的民族尊严和国家的民族团结。本罪的客观方面表现为实施了煽动民族仇恨、民族歧视的行为。煽动，是指公开以语言、文字、图画或者其他方法，使群众激起或者产生民族仇恨、民族歧视。民族仇恨，是指基于民族的来源、历史、风俗习惯等方面的不同而产生的民族之间相互敌对、仇视的状况。民族歧视，是指按照民族成分划分人们的社会地位和法律地位，限制和侵犯民族的基本权利的现象。此外，煽动民族仇恨、民族歧视的行为必须达到情节严重才能构成本罪。情节严重，是指使用侮辱、造谣等手段进行煽动，或者多次进行煽动、屡教不改，或者造成严重后果或者恶劣影响等。本罪的主体是一般主体，可以是汉族人，也可以是少数民族人。本罪的主观方面是故意，有挑起民族仇恨和民族歧视的目的。

依照《刑法》第249条的规定，犯本罪的，处3年以下有期徒刑、拘役、管制或者剥夺政治权利；情节特别严重的，处3年以上10年以下有期徒刑。情节特别严重，是指煽动手段特别恶劣，或长期进行煽动，或引起民族纠纷、冲突或者民族地区骚乱，后果特别严重或者影响特别恶劣。

二十六、出版歧视、侮辱少数民族作品罪

出版歧视、侮辱少数民族作品罪，是指在出版物中刊载歧视、侮辱少数民族的内容，情节恶劣，造成严重后果的行为。

本罪侵犯的客体是少数民族的民族尊严和国家的民族团结。本罪的客观方面表现为实施了出版歧视、侮辱少数民族内容的出版物的行为。构成本罪，必须情节恶劣，造成严重后果。两者之间应该是并列关系，即构成本罪，既要求情节恶劣，又要求造成严重后果。情节恶劣，包括刊载的内容严重歪曲历史，甚至制造谣言，多次刊载等。造成严重后果，包括严重伤害少数民族群众的感情和自尊心，引起民族纠纷、民族骚乱等。本罪的主体是特殊主体，包括出版物的责任编辑、

审稿人、作者等直接责任人员。本罪的主观方面是故意，即明知是歧视、侮辱少数民族内容的作品，明知在出版物中刊载歧视、侮辱少数民族的内容，会危害少数民族尊严和国家民族团结，并且希望或者放任这种结果发生的心理状态。

本罪与煽动民族仇恨、民族歧视罪的界限。两者都侵犯了民族尊严和国家民族团结，两者的主要区别在于：第一，对象不同。本罪的对象是少数民族；煽动民族仇恨、民族歧视罪的对象不限于少数民族。第二，目的不同。本罪一般是出于民族偏见、取笑、猎奇等，煽动民族仇恨、民族歧视罪的目的在于激起民族仇恨、民族歧视。

依照《刑法》第250条的规定，犯本罪的，处3年以下有期徒刑、拘役或者管制。

二十七、非法剥夺公民宗教信仰自由罪

非法剥夺公民宗教信仰自由罪，是指国家机关工作人员非法剥夺公民的宗教信仰自由，情节严重的行为。

本罪侵犯的客体是公民的宗教信仰自由。《中华人民共和国宪法》第36条规定了公民的宗教信仰自由，宗教信仰自由包括：信仰宗教的自由、不信仰宗教的自由、信仰何种宗教的自由，以及进行宗教活动的自由等。本罪的客观方面表现为非法剥夺公民宗教信仰自由的行为，比如非法干涉他人的合法宗教活动，强迫教徒退教或者改变信仰，强迫公民信教或者信某一教派，非法封闭或者捣毁合法宗教场所、设施等。本罪的主体是特殊主体，即国家机关工作人员。构成本罪必须达到情节严重。情节严重，主要是指非法剥夺公民宗教信仰自由手段恶劣，后果严重，政治影响恶劣等。

依照《刑法》第251条的规定，犯本罪的，处2年以下有期徒刑或者拘役。

二十八、侵犯少数民族风俗习惯罪

侵犯少数民族风俗习惯罪，是指国家机关工作人员侵犯少数民族风俗习惯，情节严重的行为。

本罪侵犯的客体是少数民族保持与改革本民族风俗习惯的权利。本罪的客观方面表现为以强制手段，非法干涉、破坏少数民族风俗习惯或强迫少数民族改变风俗习惯的行为。本罪的主体是国家机关工作人员，主观方面是故意。本罪的成立要求侵犯少数民族风俗习惯的行为达到情节严重。

依照《刑法》第251条的规定，犯本罪的，处2年以下有期徒刑或者拘役。

二十九、侵犯通信自由罪

侵犯通信自由罪，是指故意隐匿、毁弃或者非法开拆他人信件，侵犯公民通信自由权利，情节严重的行为。

本罪侵犯的客体是公民的通信自由和通信秘密的权利。本罪的客观方面表现为隐匿、毁弃或者非法开拆他人信件的行为。隐匿，是指将他人投寄的信件秘密地隐藏起来，使收件人无法查明。毁弃，是指将他人投寄的信件撕毁、烧毁、丢弃，使收件人无法查收。非法开拆，是指违反国家有关规定，未经投寄人或者收件人同意，私自开拆他人信件。他人，包括自然人、法人和非法人组织。信件，是指书信、明信片、贺年卡等。本罪的主体是一般主体。本罪的主观方面是故意，即明知是隐匿、毁弃或者非法开拆他人信件，侵犯他人的通信自由权利和通信秘密，并且希望或者放任这种结果发生的心理态度。构成本罪，还要求情节严重。情节严重，是指多次、经常隐匿、毁弃、非法开拆他人信件，或者隐匿、毁弃、非法开拆他人信件数量较多或者造成严重后果。根据2000年全国人大常委会《关于维护互联网安全的决定》，非法截获、篡改、删除他人电子邮件或者其他数据资料，侵犯公民通信自由和通信秘密的，可以构成本罪。

依照《刑法》第252条的规定，犯本罪的，处1年以下有期徒刑或者拘役。

三十、私自开拆、隐匿、毁弃邮件、电报罪

私自开拆、隐匿、毁弃邮件、电报罪，是指邮政工作人员私自开拆或者隐匿、毁弃邮件、电报的行为。

本罪侵犯的客体是公民的通信自由和通信秘密，以及邮政部门的正常活动。本罪的犯罪对象是邮件和电报。本罪的客观方面表现为行为人利用职务上的便利，私自开拆或者隐匿、毁弃邮件、电报的行为。需要注意的是，将退回的信函当作废品出卖也属于毁弃邮件，应以本罪论处。本罪的主体是特殊主体，即邮政工作人员，包括邮政部门的营业员、发行员、分拣员、投递员、接发员、押运员以及受邮政部门委托的代办员、分邮员。本罪的主观方面是故意，因过失而遗失、毁坏邮件的，不能构成本罪。

【案例5-2-08】甲在任某邮政中心信函分拣组组长期间，先后3次将各地退回信函数万封（约500千克），以每10克0.4元的价格卖给废品收购站，将所得款项占为己有。本案中，甲的行为成立私自毁弃邮件罪。

依照《刑法》第253条的规定，犯本罪的，处2年以下有期徒刑或者拘役。犯本罪而窃取财物的，以盗窃罪论，从重处罚。

三十一、侵犯公民个人信息罪

侵犯公民个人信息罪，是指违反国家有关规定，向他人出售或者提供公民个人信息，情节严重的，或者窃取或以其他方法非法获取公民个人信息的行为。

本罪侵犯的客体是公民的个人隐私和信息安全。本罪的对象是公民个人信息。根据2017年最高人民法院、最高人民检察院《关于办理侵犯公民个人信息刑事案件适用法律若干问题的解释》的规定，公民个人信息，是指以电子或者其他方式记录的能够单独或者与其他信息结合识别自然人身份或者反映特定自然人活动情况的各种信息，包括姓名、身份证号码、通信通讯联系方式、住址、账号密码、财产状况、行踪轨迹等。电话通话清单是电信部门电脑对某一电话主叫或被叫情况、对方电话号码、是否接通及通话时间起止等情况的实时记录，属于公民个人信息的范畴。在司法实践中，手机定位属于动态信息，从生活经验看，公民在某个时间内所处的具体位置在一般情况下并不具有明显的隐私性或者权益性，对于其本人或他人而言都并非值得关注的问题。但是当公民从事某些活动不希望被他人获悉时，因其所处具体方位与所从事的活动之间具有直接联系，一旦被他人获悉，其所从事的活动也就相当程度被暴露，损害其利益，故其所处具体位置就具有明显的隐私性和权益性，属于刑法所保护的公民个人信息。

本罪的客观方面表现为三种类型：第一，非法出售公民个人信息，是指违反国家有关规定将自己掌握的公民个人信息卖给他人，从中牟利的行为。第二，非法提供公民个人信息，是指违反国家有关规定将自己掌握的公民个人信息提供给他人的行为。第三，非法获取公民个人信息，是指窃取或者以其他方法非法获取公民个人信息的行为。根据2017年最高人民法院、最高人民检察院《关于办理侵犯公民个人信息刑事案件适用法律若干问题的解释》的规定，违反国家有关规定，通过购买、收受、交换等方式获取公民个人信息，或者在履行职责、提供服务过程中收集公民个人信息的，属于“以其他方法非法获取公民个人信息”。违反国家有关规定，是指违反了法律、行政法规、规章等国家层面涉及公民个人信息管理方面的规定，比如反洗钱法、商业银行法、居民身份证法、护照法、消费者权益保护法、旅游法、社会保险法、统计法等。非法出售、非法提供公民个人信息的行为必须达到情节严重，才构成犯罪。情节严重，是指出售他人信息获利数额较大、出售多人的信息、多次出售他人信息、公民个人信息被他人使用后给公民造成经济上重大损失或者严重影响公民个人的正常生活等。

本罪的主体是一般主体，包括自然人和单位。本罪的主观方面是故意。

依照《刑法》第253条之一的规定，犯本罪的，处3年以下有期徒刑或者拘役，并处或者单处罚金；情节特别严重的，处3年以上7年以下有期徒刑，并处罚金。单位犯本罪的，对单位判处罚金，并对其直接负责的主管人员和其他直接责任人员，依照自然人犯本罪的规定处罚。违反国家有关规定，将在履行职责或者提供服务过程中获得的公民个人信息，出售或者提供给他人的，依照本罪从重处罚。

三十二、报复陷害罪

（一）报复陷害罪的概念和特征

报复陷害罪，是指国家机关工作人员滥用职权、假公济私，对控告人、申诉人、批评人、举报人实行报复陷害的行为。本罪的主要特征包括：

（1）本罪侵犯的客体是公民的民主权利和国家机关的正常活动。民主权利，包括公民的控告权、申诉权、批评监督权与举报权。本罪的对象是控告人、申诉人、批评人和举报人。《中华人民共和国宪法》第41条规定：中华人民共和国公民对于任何国家机关和国家工作人员，有提出批评和建议的权利；对于任何国家机关和国家工作人员的违法失职行为，有向有关国家机关提出申诉、控告或者检举的权利，但是不得捏造或者歪曲事实进行诬告陷害。对于公民的申诉、控告或者检举，有关国家机关必须查清事实，负责处理。任何人不得压制和打击报复。

（2）本罪客观方面表现为滥用职权、假公济私，对控告人、申诉人、批评人、举报人实行报复陷害的行为。滥用职权，是指违反自己的职务权限或者在自己的职权范围内非法使用权力，对上述人员进行报复陷害。假公济私，是指为了达到报复陷害的目的，假借国家机关的名义或者权力，对上述人员进行报复陷害。报复陷害，是指国家机关工作人员利用手中的权力，对被害人进行政治上、经济上或生活上的迫害，比如降职、降级、调离岗位、经济处罚、开除公职、捏造事实诬陷其存在经济或生活作风问题等。如果国家机关工作人员所采取的报复陷害行为与其职权没有关系，那么不构成本罪。

（3）本罪的主体是特殊主体，即国家机关工作人员。非国家机关工作人员实施的报复陷害行为不能构成本罪。

（4）本罪的主观方面只能由故意构成，并且具有报复陷害他人的目的。

（二）报复陷害罪的认定

（1）本罪与诬告陷害罪的界限。二者主要区别在于：①侵害的客体不同。前者侵害的是公民的民主权利，后者侵害的是公民的人身权利。②对象不同。前者的对象是控告人、申诉人、批评人与举报人，而后者的对象可以是任何公民。③犯罪主体不同。前者的主体只能是国家机关工作人员，而后者的主体可以是任何公民。④犯罪的行为方式不同。前者必须以滥用职权、假公济私为条件，而后者是否利用职权，对犯罪的成立没有影响。⑤犯罪故意的内容不同。前者的行为人有陷害他人的目的，但并非限于使其受刑事处罚，而后者的行为人必须具有意图使他人受刑事处罚的目的。国家机关工作人员为了报复陷害控告人、申诉人、批评人，利用职权、捏造犯罪事实，并向有关机关告发，符合诬告陷害罪特征的，应定诬告陷害罪，不以报复陷害罪论处。

（2）本罪的罪数。国家机关工作人员利用职权的报复陷害行为同时触犯其他犯罪的，属于想象竞合，从一重罪论处。

（三）报复陷害罪的刑事责任

依照《刑法》第254条的规定，犯本罪的，处2年以下有期徒刑或者拘役；情节严重的，处2年以上7年以下有期徒刑。

三十三、打击报复会计、统计人员罪

打击报复会计、统计人员罪，是指公司、企业、事业单位、机关、团体的领导人，对依法履行职责，抵制违反会计法、统计法行为的会计、统计人员实行打击报复，情节恶劣的行为。本罪侵犯的客体是会计、统计人员的合法权益和会计、统计工作的正常进行。本罪的对象是依法履行职责，抵制违反会计法、统计法行为的会计、统计人员。本罪的客观方面表现为对依法履行职责，抵制违反会计法、统计法行为的会计、统计人员实行打击报复。打击报复，主要是指调动工作、撤换职务、强行辞退、克扣工资、克扣奖金或者其他福利等。本罪的主体是公司、企业、事业单位、机关、团体的领导人员。本罪的主观方面是故意，且具有打击报复的目的。此外，构成本罪，必须达到情节恶劣。

依照《刑法》第255条的规定，犯本罪的，处3年以下有期徒刑或者拘役。

三十四、破坏选举罪

（一）破坏选举罪的概念和特征

破坏选举罪，是指在选举各级人民代表大会代表和国家机关领导人员时，以暴力、威胁、欺骗、贿赂、伪造选举文件、虚报选举票数等手段破坏选举或者妨害选民和代表自由行使选举权和被选举权，情节严重的行为。

本罪的主要特征包括：本罪侵犯的客体为公民的选举权和被选举权以及选举的正常秩序。本罪侵犯的对象可以是选举工作人员，也可以是选民、代表。本罪的客观方面表现为在选举各级人民代表大会代表和国家机关领导人员时，以暴力、威胁、欺骗、贿赂、伪造选举文件、虚报选举票数等手段，破坏选举或者妨害选民和代表自由行使选举权和被选举权，情节严重的行为。行为人在选举各级人民代表大会代表和国家机关领导人员时，只要采用了上述手段之一，就构成本罪。破坏其他选举的，例如政党、工会、妇联、共青团、村民委员会或其他社会团体选举和企业、事业单位领导人员的选举，不能构成本罪。本罪的主体为一般主体。可以是有选举权和被选举权的公民，也可以是无选举权和被选举权的公民，还可以是选举工作人员。本罪的主观方面是故意，并且具有破坏选举工作，妨害选民和代表自由行使选举权和被选举权的目的。

（二）破坏选举罪的认定

实施破坏选举罪的行为，其手段又触犯其他罪名的，通常应从一重罪论处。例如，使用暴力破坏选举致人重伤、死亡的，或者砸毁选举设备破坏选举的，分别构成本罪与故意伤害罪、故意杀人罪，或者本罪与故意毁坏财物罪的想象竞合，从一重罪处断。

（三）破坏选举罪的刑事责任

依照《刑法》第256条的规定，犯本罪的，处3年以下有期徒刑、拘役或剥夺政治权利。

三十五、暴力干涉婚姻自由罪

暴力干涉婚姻自由罪，是指以暴力干涉他人行使结婚和离婚自由权利的行为。

本罪侵犯的客体是复杂客体，既侵犯他人的婚姻自由权利，也侵犯他人的人身权利。本罪的客观方面表现为使用暴力方法干涉他人婚姻自由的行为。没有使用暴力或使用极为轻微的暴力干涉他人婚姻自由的，属于一般违反婚姻法的行为，不能认定为本罪。本罪的主体是一般主体，司法实践中主要是被害人的家庭成员、亲属或有抚养关系的人，以及族人或者情夫等。本罪的主观方面是故意。

罪与非罪的界限。我国有的少数民族有抢婚的风俗，而且视这种风俗为结婚的一种方式，对这种抢婚方式，不应作为犯罪处理。但是在实际生活中，有的人向女方求婚遭到拒绝后，便纠集一些人，用暴力手段把女方抢到自己家中，情节严重的，应当按照暴力干涉婚姻自由罪处理。

依照《刑法》第257条的规定，犯本罪的，处2年以下有期徒刑或者拘役；致使被害人死亡的，处2年以上7年以下有期徒刑。致使被害人死亡的，包括因暴力干涉婚姻自由导致被害人自杀和过失致被害人死亡两种情况。如行为人以故意杀人或者故意伤害的方法干涉婚姻自由，属于想象竞合，从一重罪处断。如行为人长期以暴力干涉婚姻自由，其中一次实施故意杀人或者故意伤害行为，那么应当按照本罪与故意杀人罪或者故意伤害罪数罪并罚。犯本罪，未引起被害人死亡的，属于告诉才处理的犯罪。

三十六、重婚罪

（一）重婚罪的概念和特征

重婚罪，是指有配偶而又与他人结婚的，或者明知他人有配偶而与之结婚的行为。

本罪侵犯的客体是我国一夫一妻制的婚姻制度。本罪的客观方面表现为有配偶而重婚，或者明知他人有配偶而与之结婚的行为。有配偶而重婚，是指已经结婚的男女双方中的任何一方，在婚姻关系存续期间，又与他人结婚的行为。明知他人有配偶而与之结婚，是指本人虽然没有结婚，但明知对方是有夫之妇或有妇之夫而与其结婚的行为。结婚，既包括骗取合法手续登记结婚，也包括虽未登记结婚但是以夫妻名义共同生活。本罪的主体包括重婚者和相婚者，前者是指已有配偶的人，在没有依法解除婚姻关系的情况下，又与他人结婚者；后者是指本人虽无配偶，但明知他人有配偶而与之结婚者。本罪的主观方面只能是故意，对相婚者而言，必须是明知他人有配偶而与之结婚。如果行为人蒙受欺骗，不知道对方已有配偶而与之结婚的，不构成本罪。

（二）重婚罪的认定

（1）因遭受自然灾害外流谋生而重婚的；因配偶长期外出下落不明，造成家庭生活严重困难，又与他人结婚的；因强迫、包办婚姻或因婚后受虐待外逃重婚的；被拐卖后再婚的：上述情况都是受客观条件所迫，重婚者的主观恶性较小，可不以重婚罪论。其刑法根据在于《刑法》第13条“但书”。

（2）事实上的重婚与临时姘居的区别。在司法实践中，未办理结婚登记手续即以夫妻名义同居生活，周围群众也认为是夫妻关系的，成为事实婚姻关系。有配偶的人与他人形成的事实婚，或无配偶的人明知他人有配偶而与其形成的事实婚，可以认定是重婚行为。但不以夫妻名义同居生活的临时姘居行为，因不符合婚姻关系的特征，不能成立重婚罪。

（3）已经登记结婚但未同居，或者在提出离婚、提起离婚诉讼期间，双方或一方与第三者登记结婚或者形成事实婚姻的，构成重婚罪。

（三）重婚罪的刑事责任

依照《刑法》第258条的规定，犯重婚罪的，处2年以下有期徒刑或者拘役。

三十七、破坏军婚罪

（一）破坏军婚罪的概念和特征

破坏军婚罪，是指明知是现役军人的配偶，而与之同居或者结婚的行为。本罪的主要特征包括：

（1）本罪侵犯的客体是现役军人的婚姻关系。现役军人，是指具有军籍并正在中国人民解放军或者人民武装警察部队服役的军人，包括军官、文职干部、士兵及具有军籍的学员等，不包括复员军人、退伍军人、转业军人、人民警察以及在部队、人民武装警察部队中工作但没有军籍的工作人员。

（2）本罪的客观方面表现为与现役军人的配偶同居或者结婚的行为。现役军人的配偶，是指现役军人的妻子或丈夫，即与现役军人登记结婚，建立了合法婚姻关系的人，不包括仅与现役军人有婚约关系的“未婚夫”或“未婚妻”。破坏军婚的方式有两种：一是与现役军人的配偶同居，即公开地以夫妻关系共同生活，或者在较长时间内公开或者秘密在一起生活；二是与现役军人的配偶结婚，即登记结婚。

（3）本罪的主体是一般主体。现役军人与其他现役军人的配偶结婚或者同居的，也构成本罪。

（4）本罪的主观方面是故意，即行为人明知对方是现役军人的配偶，明知与对方同居或结婚会破坏现役军人的婚姻关系，并且希望或者放任这种危害结果发生的心理态度。

（二）破坏军婚罪的刑事责任

依照《刑法》第259条的规定，犯本罪的，处3年以下有期徒刑或者拘役。利用职权、从属关系，以胁迫手段奸淫现役军人妻子的，依照强奸罪的规定定罪处罚。

三十八、虐待罪

（一）虐待罪的概念和特征

虐待罪，是指虐待家庭成员，情节恶劣的行为。本罪的主要特征包括：

（1）本罪侵犯的客体是复杂客体，既包括共同生活的家庭成员在家庭生活中的平等权利，也包括被害人的人身权利。

（2）本罪在客观方面表现为对家庭成员实施虐待，情节恶劣的行为。虐待，是指经常以打骂、冻饿、禁闭、有病不给治疗、强迫从事过度劳动、凌辱人格等方法，从肉体上和精神上进行摧残迫害。虐待行为既可以是积极的作为方式，也可以是消极的不作为方式，但不可能是纯粹的不作为。单纯的有病不予治疗、不提供饮食的行为，只能构成遗弃罪。虐待行为具有在一定时间内经常实施、继续实施的特点，家庭成员偶尔发生的打骂行为不是虐待行为。对于虐待手段轻微、持续时间短、没有造成严重后果等情节不恶劣的虐待行为，不以虐待罪论处。根据2015年最高人民法院、最高人民检察院、公安部、司法部《关于依法办理家庭暴力犯罪案件的意见》，情节恶劣包括：虐待持续时间较长、次数较多，虐待手段残忍，虐待造成被害人轻微伤或者患较严重疾病，对未成年人、老年人、残疾人、孕妇、哺乳期妇女、重病患者实施较为严重的虐待行为等。

（3）本罪的主体是特殊主体，要求具有特定身份，即必须是与被害人具有一定的亲属关系和扶养、赡养关系，并且是在一个家庭内共同生活的成员。

（4）本罪在主观方面只能是故意。虐待的动机不影响犯罪的成立。

（二）虐待罪的认定

行为人在虐待家庭成员过程中，往往有意无意造成被害人伤害或者死亡的结果，是否成立故意伤害罪、故意杀人罪，应区别情况处理。如果在虐待过程中过失致使被害人重伤、死亡或者致使被害人自杀的，应以虐待罪的结果加重犯论处。如果行为人长期对受害人进行虐待，其中有一次故意实施伤害或者杀人行为的，属于想象竞合犯，从一重罪论处。如果行为人以故意杀人或者伤害为目的，采取长期虐待的方式实现其目的，可以按照故意杀人罪或者故意伤害罪处理。

（三）虐待罪的刑事责任

依照《刑法》第260条的规定，犯本罪的，处2年以下有期徒刑、拘役或者管制。致使被害人重伤、死亡的，处2年以上7年以下有期徒刑。犯本罪，告诉的才处理，但被害人没有能力告诉，或者因受到强制、威吓无法告诉的除外。致使被害人重伤、死亡，是指由于被害人经常受到虐待，身体和精神受到严重损害或者导致死亡，或者不堪忍受而自杀。

三十九、虐待被监护、看护人罪

虐待被监护、看护人罪，是指对未成年人、老年人、患病的人、残疾人等负有监护、看护职责的人虐待被监护、看护的人，情节恶劣的行为。

本罪侵犯的客体是被监护、看护人的人身权利。本罪的客观方面表现为对未成年人、老年人、患病的人、残疾人等负有监护、看护职责的人虐待被监护、看护的人，情节恶劣的行为。情节恶劣，应当综合考察行为人的手段、对象人数、对象、后果、动机等。本罪的主体是特殊主体，即对未成年人、老年人、患病的人、残疾人等负有监护、看护职责的自然人或者单位。本罪的主观方面是故意，即明知自己对未成年人、老年人、患病的人、残疾人等负有监护、看护职责，并且明知虐待他们会侵犯他们的人身权利，仍然决意实施虐待行为，并且希望或者放任这种结果发生的心理态度。

依照《刑法》第260条之一的规定，犯本罪的，处3年以下有期徒刑或者拘役。单位犯本罪的，对单位判处罚金，并对其直接负责的主管人员和其他直接责任人员，依照自然人犯本罪的规定处罚。实施本罪行为，同时构成其他犯罪的，依照处罚较重的规定定罪处罚。

四十、遗弃罪

遗弃罪，是指对于年老、年幼、患病或者其他没有独立生活能力的人，负有扶养义务而拒绝扶养，情节恶劣的行为。

本罪侵犯的客体是特定人员受扶养的权利。遗弃的对象是年老、年幼、患病或者其他没有独立生活能力的人。本罪的客观方面表现为行为人对年老、年幼、患病或者其他没有独立生活能力的人负有扶养义务而拒绝扶养，情节恶劣的行为。本罪在行为方面的表现方式是不作为，因此，构成本罪必须在客观上具备以下条件：负有扶养义务，具有扶养能力，拒不扶养。本罪的主体是法律上对被遗弃者负有扶养义务，又有扶养能力的人。此外，遗弃罪的成立要求情节恶劣。根据2015年最高人民法院、最高人民检察院、公安部、司法部《关于依法办理家庭暴力犯罪案件的意见》，情节恶劣包括：对被害人长期不予照顾、不提供生活来源；驱赶、逼迫被害人离家，致使被害人流离失所或者生存困难；遗弃患有严重疾病或者生活不能自理的被害人；遗弃致使被害人身体严重损害或者造成其他后果等。

本罪的主体是特殊主体，即对受害人具有扶养义务的人。扶养关系主要包括：夫妻之间的扶养；父母对子女的抚养教育；子女对父母的赡养帮助；养父母与养子女，继父母与继子女，有负担能力的祖父母、外祖父母对父母已经死亡的未成年的孙子女、外孙子女的抚养；有负担能力的孙子女、外孙子女对于子女已经死亡的祖父母、外祖父母的赡养；有负担能力的兄姐对父母已经死亡或者父母无力扶养的未成年弟妹的抚养。本罪的主观方面是故意，即明知自己不履行扶养义务，会侵害被扶养人的权利，仍决意拒绝扶养，并且希望或者放任这种结果发生的心理态度。犯罪的动机多种多样，但动机不影响本罪的成立。

对于因遗弃导致受害人死亡的，应当根据不同情况作出处理，尤其是应考察行为人对死亡结果的主观心理。根据上述《关于依法办理家庭暴力犯罪案件的意见》，如果行为人只是为了逃避扶养义务，并不希望或者放任被害人死亡，将生活不能自理的被害人弃置在福利院、医院、派出所等单位或者广场、车站等行人较多的场所，以遗弃罪定罪处罚。如果行为人希望或者放任被害人死亡结果的发生，不履行必要的扶养义务，致使被害人因缺乏生活照料而死亡，或者将生活不能自理的被害人带至荒山野岭等人迹罕至的场所扔弃，应当以故意杀人罪定罪。

依照《刑法》第261条的规定，犯本罪的，处5年以下有期徒刑、拘役或者管制。

四十一、拐骗儿童罪

拐骗儿童罪，是指使用蒙骗、利诱或者其他方法，使不满14周岁的未成年人脱离家庭或者监护人的行为。

本罪侵犯的客体是他人的家庭关系和未成年人的合法权益。本罪犯罪对象为不满14周岁的男女儿童。本罪的客观方面表现为使用蒙骗、利诱或者其他方法，使不满14周岁的未成年人，脱离家庭或者监护人的行为。本罪的主体是一般主体。本罪的主观方面表现为故意，行为人的动机往往是为了收养或奴役拐骗对象。

本罪与拐卖儿童罪的界限。两者的对象都是不满14周岁的儿童，都可以使用蒙骗、利诱手段。其主要区别在于犯罪目的不同：本罪的行为人主观上是出于出卖以外的目的，比如收养或奴役；拐卖儿童罪的行为人主观上是为了出卖。

如果以出卖或勒索财物为目的拐骗不满14周岁儿童的，应以拐卖儿童罪或绑架罪论处；如果拐骗儿童后产生出卖或勒索目的，进而出卖儿童或者以暴力、胁迫等手段对儿童进行实力支配以勒索钱财的，应分别认定为拐卖儿童罪或绑架罪，与本罪实行数罪并罚。

依照《刑法》第262条的规定，犯本罪的，处5年以下有期徒刑或者拘役。

四十二、组织残疾人、儿童乞讨罪

组织残疾人、儿童乞讨罪，是指以暴力、胁迫手段组织残疾人或者不满14周岁的未成年人乞讨的行为。本罪侵犯的客体是残疾人和未成年人的人身自由权利。本罪的客观方面表现为以暴力、胁迫手段组织残疾人或者不满14周岁的未成年人乞讨的行为。本罪是行为犯，只要实施了以暴力、胁迫手段组织残疾人或者不满14周岁的未成年人乞讨的行为，即构成犯罪。本罪的主体是一般主体，但只有“组织者”才构成犯罪。本罪的主观方面出于故意。

依照《刑法》第262条之一的规定，犯本罪的，处3年以下有期徒刑或者拘役，并处罚金；情节严重的，处3年以上7年以下有期徒刑，并处罚金。情节严重包括：以暴力、胁迫手段组织残疾人、未成年人乞讨，获利较大；强迫乞讨导致残疾人、未成年人身体衰弱，得不到治疗，健康状况严重恶化；被害人无法忍受折磨自杀、自残；强迫残疾人、未成年人制造生理痛苦博取他人同情进行乞讨；强迫被害人采用死缠硬要等方式野蛮乞讨；强迫被害人采用可能造成伤亡或者有伤风化的方式乞讨；组织乞讨人数较多，造成恶劣社会影响等。

四十三、组织未成年人进行违反社会治安管理活动罪

组织未成年人进行违反社会治安管理活动罪，是指组织未成年人进行盗窃、诈骗、抢夺、敲诈勒索等违反治安管理活动的行为。本罪侵犯的客体是未成年人的人身自由权利和社会秩序。本罪的客观方面表现为组织未成年人进行盗窃、诈骗、抢夺、敲诈勒索等违反治安管理活动的行为。本罪是行为犯，只要实施了组织未成年人进行违反治安管理活动的行为，即构成犯罪。本罪的主体是一般主体，

但只有“组织者”才构成犯罪。本罪的主观方面出于故意。

如果未成年人是已满16周岁未满18周岁的人，且未成年人实施的违反治安管理活动符合相应犯罪的犯罪构成要件，那么组织者既属于相应犯罪的共犯，又构成本罪，应当按照想象竞合处理。如果未成年人未满16周岁，且未成年人实施的行为符合相应犯罪的客体和客观要件的，那么组织者可能构成相应犯罪的间接正犯。

依照《刑法》第262条之二的规定，犯本罪的，处3年以下有期徒刑或者拘役，并处罚金；情节严重的，处3年以上7年以下有期徒刑，并处罚金。情节严重包括：组织多人、残疾未成年人、多次组织未成年人进行违法活动，或者对未成年人采取暴力、威胁、虐待等手段，或者通过未成年人的违法行为，获利数额较大等。

思考题

1.安乐死合法化需要哪些条件？

2.故意杀人罪“情节较轻”包括哪些情形？

3.在奸淫幼女类型的强奸罪中，行为人对于未满14周岁的幼女的罪过是什么？这对刑法总论中的罪过理论有什么影响？

4.我国司法实践中如何处理婚内强奸问题？

5.在非法拘禁罪中，行为人使用暴力致人伤残、死亡的，依照故意伤害罪、故意杀人罪的规定定罪处罚。这是否要求行为人具有伤害故意或者杀人故意？

6.诽谤公众人物的刑法边界在何处？

阅读书目

1.陈兴良：《判例刑法教程》（分则篇），北京大学出版社2015年版。

2.林山田：《刑法各罪论》，北京大学出版社2012年版。

3.刘树德、聂昭伟：《侵犯公民人身权利罪类案裁判规则与适用》，北京大学出版社2021年版。

4.张明楷：《侵犯人身罪与侵犯财产罪》，北京大学出版社2021年版。

第六章　侵犯财产罪

侵犯财产罪，根据行为的样态从学理上可以分为两大类：取得财物的犯罪和毁坏财物的犯罪。前者如抢劫罪，后者如故意毁坏财物罪。这些犯罪大多属于自然犯，行为本身具有明显的反社会性和反道义性。

侵犯财产罪是严重扰乱人们日常生活和社会秩序的一类犯罪。

第一节　侵犯财产罪概述

一、侵犯财产罪的概念和特征

侵犯财产罪，是指以非法占有为目的，攫取公私财物，或者故意毁坏公私财物，以及故意破坏生产经营的行为。它的主要特征有：

（1）侵犯的客体是公私财产所有权。在我国刑法理论中，关于财产犯罪客体的学说主要有所有权说、占有说和中间说三种，所有权说是我国刑法理论界的传统观点。①所有权说，如果没有侵犯所有权，基本上就可以排除侵犯财产罪的成立。因此，如果第三人以非法手段取得他人（无论是不是所有权人）合法占有下的财物，可以构成盗窃罪、抢劫罪等侵犯财产罪；而所有权人实施上述行为，又没有借此勒索等后续行为，由于没有侵犯到财产所有权，就不构成侵犯财产的犯罪。②占有说，主要来自日本的刑法理论，认为侵犯财产犯罪侵害的法益是他人对财物事实上的占有。根据占有说，即使是所有权人也不得任意侵犯他人的合法占有，否则就应当承担相应的刑事责任。因此，本人采取不法手段取回自己的财物，亦成立侵犯财产罪。③中间说，主要是对所有权说加以扩张或对占有说加以限制，旨在弥补二者的不足，既不扩大也不缩小财产犯罪的处罚范围。根据中间说的观点，如果所有权人采用秘密窃取等非法手段将财物从合法占有人手中取回，就侵犯了对方的占有权，仍构成相应的财产性犯罪，如盗窃罪等。犯罪对象必须是依法归国家、集体或公民个人所有的财产。我国法律对于非法占有的财产是不予保护的，但它可成为侵犯财产罪的犯罪对象。如抢劫赌场上的赌资、盗窃他人贪污所得的赃款、敲诈勒索走私犯的走私物品等行为，构成犯罪的，同样要定罪判刑。

（2）侵犯财产罪的客观方面表现为行为人实施了各种非法侵犯公私财产的行为。侵犯财产的行为大致可以分为三种类型：非法占有公私财物的行为、非法挪用公私财产的行为和非法毁坏公私财物的行为。是否造成财产损害以及损害大小是除抢劫罪外其他侵犯财产罪定罪量刑的重要根据。这类犯罪的既遂与未遂，一般应当以公私财产所有权是否实际受到侵害为标准。更具体地说，侵犯财产罪主要有以下几种客观表现：第一，采用各种非法方法和手段，将他人控制之下的财物，转移到行为人的控制之下据为己有，如抢劫、抢夺、盗窃、诈骗等犯罪。第二，将业已合法持有的他人财物，应当退还而拒不退还，非法据为己有，如侵占罪。第三，不据为己有，但擅自动用自己经手、管理的财物，如挪用资金罪、挪用特定款物罪。第四，毁坏公私财物，使财物的价值全部或部分丧失，如故意毁坏公私财物罪、破坏生产经营罪。从侵犯财产罪的行为方式上看，大多数犯罪只能以作为的方式实施，例如，抢劫、盗窃、敲诈勒索等罪，不可能以不作为方式实施。

（3）侵犯财产罪的主体多数为一般主体，少数是特殊主体。根据《刑法》第17条的规定，凡是年满16周岁并具有刑事责任能力的人都可以成为侵犯财产罪的主体；已满14周岁不满16周岁的人，可以成为抢劫罪的主体。但是单位不能成为侵犯财产罪的主体。本章的多数犯罪是一般主体，如盗窃罪、诈骗罪、抢夺罪、故意毁坏财物罪等。少数犯罪是特殊主体，要求由具备一定身份的人员构成，如职务侵占罪和挪用资金罪的主体必须是公司、企业或者其他单位的人员。

（4）侵犯财产罪的主观方面只能是故意，其中大部分犯罪以非法占有公私财物为目的。侵犯财产罪主要是以非法占有为目的，或者是以故意毁坏公私财物为目的的犯罪行为，只能由直接故意才能引起侵犯财产犯罪行为的发生。

本章的多数犯罪是以非法占有公私财物为目的的。非法占有，是指明知是公共的或者他人的财物而意图把它非法转归己有或者归第三者占有。而这里的“第三者”，既包括公民个人，也包括集体。这里的“占有”在不同性质的犯罪中有不同的含义，可以是完全排斥所有人或者保管人对财物的控制而永久地占有，如抢劫罪、盗窃罪、诈骗罪、侵占罪等；也可以是为暂时使用而短期非法占有，如挪用资金罪。而故意毁坏财物罪、破坏生产经营罪则以非法毁灭、损坏公私财物为目的。侵犯财产罪的动机多种多样，如贪图钱财，追求享乐，好逸恶劳，泄愤，忌妒或者陷害他人等，犯罪动机一般并不影响本类犯罪的成立，但是在量刑时应予以考虑。

二、侵犯财产罪的对象——“财物”的认定

（一）财物是否仅限于有体物

关于刑法上的财物是否仅限于有体物，理论上存在争议。①有体性说认为，刑法上的财物只限于有体物，包括固体物、液体物与气体物。无形物不是刑法上的财物，不能成为侵犯财产罪的对象。液化气、蒸汽等是财物，但光、热等不是财物。②物理管理可能性说认为，刑法上的财物并不限于有体物，还包括其他具有物理管理可能性的财物，或者说在物理上属于物的，就是刑法上的财物。有体物以及光、热、水力、冷气等是财物，但债权、人的劳动力、牛马的牵引力等不是财物。③事务管理可能性说认为，凡是可以作为一种事务进行管理的物，都是刑法上的财物。有体物、无体物以及债权、人的劳动力、牛马的牵引力等都是财物。

刑法上的财物应包括有体物与无体物，在某些情况下，还包括财产性利益。理由如下：第一，随着社会的发展，许多无体物的经济价值越来越明显，无体物虽然无体，但可以对之进行管理，也可以成为所有权的对象，故应成为侵犯财产罪的对象。第二，我国刑法在财物这一对象之外，没有特别规定财产性利益是部分侵犯财产罪的对象，但财产性利益也应受到法律保护，故在某些情况下能够成为侵犯财产罪的对象。例如，欺骗债权人，使之免除自己债务的，就应以诈骗罪论处。第三，在许多情况下，侵犯财产罪不仅侵犯了具体财物的所有权，而且侵犯了财物所孳生或具有的经济利益，这也说明了刑法上的财物不限于有体物，而应包括有体物、无体物及财产性利益。商标权、专利权、著作权、商业秘密等实际上是无形财产，但由于侵犯这些权利的犯罪主要是一种不正当竞争犯罪，故刑法没有将其规定为侵犯财产罪的对象。

（二）财物是否仅限于有价值之物

既然财物是侵犯财产罪的对象，理当要求财物具有财产性价值。从实际情况看，作为侵犯财产罪对象的财物，一般都是具有客观的经济价值即金钱交换价值的财物。但从理论上说，作为侵犯财产罪对象的财物，并不要求具有客观的经济价值，只要所有人、占有人主观上认为该物具有价值，即使它客观上没有经济价值，也不失为侵犯财产罪的对象。例如，某些纪念品、礼品，本身不一定具有客

观的经济价值，但所有人、占有人认为它具有价值，社会观念也认为这种物值得刑法保护，因而属于财物。一方面，只有客观上与主观上都没有价值的物，才不是刑法上的财物。另一方面，对于所有人、占有人来说没有积极价值，但落入他人之手后可能被用来进行不当活动，进而使所有人、占有人遭受财物损害的物，也应被认定为有价值之物，能够成为侵犯财产罪的对象。例如，银行收回准备销毁的破损货币，对于银行来说没有积极价值，但只要具有使用的可能性，就不能落入他人手中。行为人窃取这种破损货币的，也成立盗窃罪。

作为侵犯财产罪的侵犯对象的财产，其具体的形式可以是生产资料、生活资料等具有经济价值的财物，也可以是代表一定经济价值的有价证券或者有价票证，还可以是电、煤气等无形物。同时，作为侵犯财产罪侵犯对象的财产必须具有所有关系，即必须依法归国家、集体或者公民个人所有。如果是无主物或者遗弃物则不能成为侵犯财产罪的犯罪对象。但是，应当注意以下几点：

（1）根据我国宪法及有关法律规定，矿藏、水流、森林、山岭、草原、荒地、滩涂等自然资源，中国境内地下、内水、领海中遗存的一切文物、古文化遗址、古墓葬、石窟寺以及所有人不明的埋藏物、隐藏物等，均归国家所有。因此，不得将上述财物视为无主物而任意侵占。

（2）遗忘物、遗失物、漂流物不是无主物，它们只是暂时脱离所有人或者保管人的控制。如果拾得遗忘物、遗失物或者打捞漂流物后拒不归还原主，则是非法占有行为。

（3）他人非法占有的财物也不是无主物，如盗窃犯偷得的赃物，走私犯贩运的货物等，本来就是国家、集体或者公民私人所有的合法财产，应依法没收上缴国库，或者返还原主。

因此，侵犯他人非法占有的财物，归根结底还是侵犯了国家、集体或者个人的合法财产所有权，仍以侵犯财产罪论处。此外作为侵犯财产罪对象的财物不仅要有质的要求，还要有量的标准。一般而言，侵犯财产罪都是结果犯，都要求犯罪客体被侵害的程度具有一定的严重性，显著轻微的则不认定为犯罪。相应地，对于侵犯财产罪的犯罪对象而言，也要求在价值上必须达到法定的标准。

（三）财物是否仅限于动产

动产与不动产都是财产，总体上来说，作为侵犯财产罪对象的财物，既包括动产，也包括不动产。但由于侵犯财产罪的具体表现形式不同，不动产只能成为某些犯罪的对象。例如，诈骗罪、侵占罪、敲诈勒索罪、故意毁坏财物罪、破坏生产经营罪的对象既可以是动产，也可以是不动产。而盗窃罪、抢夺罪、聚众哄抢罪、挪用资金罪的对象只能是动产。有争议的是抢劫罪，本书认为抢劫罪的对象既可以是动产，也可以是不动产，当然也可能是财产性利益，如使用暴力手段当场非法占有、控制他人房屋的，使用暴力手段迫使他人当场写出免除债务承诺书的，宜认定为抢劫罪。

（四）财物是否包括违禁品

违禁品一般是指法律禁止个人持有的物品，违禁品属于刑法上的财物没有争议，但其理由则五花八门。例如，行为人可能以占有违禁品为目的，因而违禁品可能成为侵犯财产罪的对象；或者违禁品既不是无主物，也不是脱离占有的物，因而能成为侵犯财产罪的对象；或者违禁品只是行政上禁止个人持有的物品，并不妨碍它可以成为刑法上的财物；或者没收违禁品需要通过一定的法律程序，在没有通过法律程序还不能没收时，他人的占有是可能的，故对于没有通过法律程序的夺取行为，应当处罚；等等。本书认为，没收违禁品需要通过法律程序，故对违禁品的占有也是刑法所保护的法益，违禁品能成为刑法上的财物。

（五）财物是否包括葬祭物

有的国家（如日本）刑法明文规定了取得葬祭物的犯罪，而且其法定刑明显低于盗窃罪。尽管如此，仍然有学者认为，窃取葬祭物的行为是取得葬祭物罪与盗窃罪的想象竞合。我国刑法没有规定取得葬祭物罪，但对窃取葬祭物的行为有进行刑法规制的必要。葬祭物似乎表明所有权人已经放弃了所有权，但这种放弃是附条件的，而且根据社会的一般观念，葬祭者仍然由死者亲属占有。因此，葬祭物可以成为侵犯财产罪的对象。

（六）财物是否包括人的身体

人的身体本身不是财物，不能成为侵犯财产罪的对象。但是，从人的身体上分离出来的部分，可能属于财物。例如，从人的体内抽出的血液、器官，可能成为侵犯财产罪的对象。至于安装在人体中为人体一部分而使用的假肢、假牙等，理当属于财物。

（七）财物是否包括财产凭证

财产凭证主要包括有价支付凭证、有价证券与有价票证，它们虽不同于货币，但表示一定的财产性权利，持有人丧失财产凭证的后果常常是导致财产的损失，换言之，行为人不法取得他人的财产凭证后往往能够进一步取得他人财产。所以，本书认为财产凭证能够成为侵犯财产罪的对象。

综上，作为侵犯财产罪对象的财物，包括具有价值与管理可能性的一切有体物、无体物与财产性利益。侵犯财产罪中的财产包括公共财产与公民私人所有的财产。根据《刑法》第91条的规定，公共财产包括国有财产、劳动群众集体所有的财产、用于扶贫和其他公益事业的社会捐助或者专项基金的财产。此外，在国家机关、国有公司、企业、集体企业和人民团体管理、使用或者运输中的私人财产以公共财产论。根据《刑法》第92条的规定，公民私人所有的财产，包括公民的合法收入、储蓄、房屋和其他生活资料，依法归个人、家庭所有的生产资料，个体户和私营企业的合法财产，依法归个人所有的股份、股票、债券和其他财产。

三、侵犯财产罪的种类

侵犯财产罪包括13个具体罪名，依故意内容的不同可以分为以下三个类型：

（1）占有型，即以非法占有为目的的侵犯财产罪。其中又可以按照犯罪的方式分为以下四种具体类型：①公然强取型犯罪，包括抢劫罪、抢夺罪、聚众哄抢罪、敲诈勒索罪。②秘密窃取型犯罪，即盗窃罪。③骗取型犯罪，即诈骗罪。④侵占型犯罪，包括侵占罪、职务侵占罪、拒不支付劳动报酬罪。其中，第一种类型又可以称为强制占有型犯罪，第二、第三、第四种类型又可合并称为非强制占有型犯罪。

（2）挪用型，即以挪用为目的的侵犯财产罪。包括挪用资金罪、挪用特定款物罪。

（3）毁损型，即以毁损财物为故意内容的侵犯财产罪。包括故意毁坏财物罪、破坏生产经营罪。

第二节　侵犯财产罪罪名分述

一、抢劫罪

（一）抢劫罪的概念和特征

抢劫罪，是指以非法占有为目的，以暴力、胁迫或者其他方法压制公私财产所有人、持有人或者管理人的反抗，当场强行劫取财物的行为。本罪的主要特征包括以下几个方面。

（1）本罪侵犯的客体是复杂客体，既包括公私财物的所有权，又包括公民的人身权利。

（2）本罪的客观方面表现为当场使用暴力、胁迫或者其他强制方法，强行劫取公私财物。暴力、胁迫或者其他强制方法，是抢劫罪的手段行为；强行劫取公私财物，是抢劫罪的目的行为。在抢劫罪的客观要件中，有两点是应当特别予以注意的：

①行为人必须对被害人实施了强制性的行为，这是构成抢劫罪的基本条件，也是区分抢劫罪与抢夺罪的关键所在。强制性行为，包括三种情况：第一，暴力方法，是指对被害人的人身使用暴力，如捆绑、殴打、禁闭、伤害甚至杀害等足以使被害人的身体受到强制，处于不能反抗或者不敢反抗的状态。第二，胁迫方法，是指对被害人以立即使用暴力相威胁，进行精神上的强制，使被害人产生恐惧感，不敢反抗。第三，其他方法，是指对被害人以用酒灌醉或者药物麻醉等方法，使被害人丧失反抗能力，无法反抗。需要说明的是，被害人不能反抗、不敢反抗、无法反抗的状态必须是由行为人的强制性行为造成的，也就是说，行为人的强制性行为与被害人不能反抗、不敢反抗、无法反抗的状态之间具有刑法上的因果关系。如果是被害人由于自己的原因造成醉酒状态，或者是被害人处于昏睡状态，行为人拿走财物，不能认定为抢劫而只能是盗窃。

②财物必须是当场取得的，这是构成抢劫罪的重要条件。这一条件表明行为人的强制性行为与取得财物的结果之间在时间上、场合上具有统一性。对于“当场”的理解不能过于狭窄，暴力、胁迫或者其他方法与取得财物之间虽然持续一定时间，也不属于同一场所，但从整体上看行为并无间断的，也应认定为当场取得财物。例如，行为人对被害人实施暴力，迫使被害人交付财物，但被害人身无分文，行为人令被害人立即从家中取来财物，或者一同前往被害人家中取得财物，也应认定为抢劫罪。但是行为人实施暴力、胁迫行为，导致被害人逃跑时失落财物，行为人在追赶时拾得该财物的，不宜认定为强行劫取财物，即不宜认定为抢劫既遂。

（3）本罪的犯罪主体是一般主体。年满14周岁并具有刑事责任能力的自然人，均能构成抢劫罪的主体。

（4）本罪的主观方面表现为直接故意，并具有非法占有公私财物的目的，如果没有这样的故意内容就不构成抢劫罪。如果行为人只抢回自己被偷走、骗走或者赌博输的财物，不具有非法占有他人财物的目的，不构成抢劫罪。

（二）抢劫罪的认定

（1）转化型抢劫罪。《刑法》第269条规定，犯盗窃、诈骗、抢夺罪，为窝藏赃物、抗拒抓捕或者毁灭罪证而当场使用暴力或者以暴力相威胁的，依照抢劫罪的规定定罪处罚。盗窃、诈骗、抢夺罪转化为抢劫罪必须符合以下三个条件：①行为人必须首先实施了盗窃、诈骗、抢夺行为，这是适用《刑法》第269条的前提条件。②行为人必须当场使用暴力或者以暴力相威胁，这是适用《刑法》第269条的时间和手段条件。这里的“当场”，是指在盗窃、诈骗、抢夺的现场以及行为人刚离开现场即被他人发现并抓捕的情形。对于以摆脱的方式逃脱抓捕，暴力强度较小，未造成轻伤以上后果的，可不认定为“使用暴力”，不以抢劫罪论处[①]。③行为人使用暴力或者以暴力相威胁的目的是为了窝藏赃物、抗拒抓捕或者毁灭罪证，这是适用《刑法》第269条的目的条件。只有上述三个条件同时具备，才能从盗窃、诈骗、抢夺罪转化为抢劫罪。

【案例6-2-01】李某趁正在遛狗的老妇人王某不备，抢下王某装有4000元现金的手包就跑。王某让名贵的宠物狗追咬李某，李某见状在距王某50米处转身将狗踢死后逃离。王某眼见一切，因激愤致心脏病发作而亡。本案中，李某实施暴力行为处距王某仅50米，财产还没有完全脱离控制，因此仍属于“当场”。事后抢劫中的使用暴力或者以暴力相威胁，是指对抓捕者或者阻止其窝藏赃物、毁灭罪证的人使用暴力或者以暴力相威胁，不包括对物的暴力及暴力威胁，李某踢死狗的行为只是逃跑过程中的单纯摆脱行为，不属于对人的暴力或者胁迫。因此，李某将狗踢死不属于事后抢劫中的暴力威胁。

（2）携带凶器抢夺即以抢劫罪认定。《刑法》第267条第2款规定，携带凶器抢夺的定抢劫罪。按照司法解释，“携带凶器抢夺”包括两种情况：①随身携带禁止器械抢夺；②为了实施犯罪而携带其他器械抢夺。如果使用了凶器，就是典型的抢劫，正由于只携带凶器而未使用，才将抢夺认定为抢劫。

（3）抢劫罪的既遂与未遂的认定。抢劫罪侵犯的是复杂客体，包括公私财物的所有权和公民的人身权。因此，按照司法解释，劫取财物或者造成轻伤以上后果，具备其一即可构成抢劫罪既遂。如果在抢劫过程中致人重伤或者死亡的，则属于抢劫罪的结果加重犯。结果加重犯不存在未遂问题，都是抢劫罪既遂，应当按照结果加重犯的规定处罚。

---

① 参见2016年最高人民法院《关于审理抢劫刑事案件适用法律若干问题的指导意见》。

【案例6-2-02】甲深夜进入小超市，持枪胁迫正在椅子上睡觉的店员乙交出现金，乙说："钱在收款机里，只有购买商品才能打开收款机。"甲掏出100元钱给乙说："给你，随便买什么。"乙打开收款机，交出所有现金，甲一把抓跑。事实上，乙给甲的现金只有88元，甲"亏了"12元。本案中，甲从收款机中取得了财物，虽"亏了"12元，未能获利，但不属于因意志以外的原因未得逞，构成抢劫罪既遂。

（三）抢劫罪的刑事责任

依照《刑法》第263条的规定，犯本罪的，处3年以上10年以下有期徒刑，并处罚金；有下列情形之一的，处10年以上有期徒刑、无期徒刑或者死刑，并处罚金或者没收财产：①入户抢劫的；②在公共交通工具上抢劫的；③抢劫银行或者其他金融机构的；④多次抢劫或者抢劫数额巨大的；⑤抢劫致人重伤、死亡的；⑥冒充军警人员抢劫的；⑦持枪抢劫的；⑧抢劫军用物资或者抢险、救灾、救济物资的。

根据2000年最高人民法院《关于审理抢劫案件具体应用法律若干问题的解释》，入户抢劫，是指为实施抢劫行为而进入他人生活的与外界相对隔离的住所，包括封闭的院落、牧民的帐篷、渔民作为家庭生活场所的渔船、为生活租用的房屋等进行抢劫的行为。对于入户盗窃，因被发现而当场使用暴力或者以暴力相威胁的行为，应当认定为入户抢劫。除此之外，对于入户诈骗、抢夺而当场使用暴力或者以暴力相威胁的行为，理当认定为入户抢劫；行为人以抢劫目的入户后，使用暴力使被害人离开"户"进而强取财物的，也应认定为入户抢劫。认定入户抢劫，要注重审查行为人"入户"的目的，将"入户抢劫"与"在户内抢劫"区别开来。因访友办事等原因经户内人员允许入户后，临时起意实施抢劫，或者临时起意实施盗窃、诈骗等犯罪而转化为抢劫的，不应认定为入户抢劫[①]。行为人以抢劫目的侵入住宅，抢劫在住宅内停留的他人财物的行为，同样应认定为入户抢劫。

在公共交通工具上抢劫，既包括在从事旅客运输的各种公共汽车，大、中型出租车，火车，船只，飞机等正在运营中的机动公共交通工具上对旅客、司售、乘务人员实施的抢劫，也包括对运行途中的机动公共交通工具加以拦截后，对公共交通工具上的人员实施的抢劫。小型出租车不应视为公共交通工具。

① 参见2016年最高人民法院《关于审理抢劫刑事案件适用法律若干问题的指导意见》。

抢劫银行或者其他金融机构，是指抢劫银行或者其他金融机构的经营资金、有价证券和客户的资金等。抢劫正在使用中的银行或者其他金融机构的运钞车的，视为“抢劫银行或者其他金融机构”。

多次抢劫，应指3次以上抢劫。抢劫数额巨大的认定标准，参照各地确定的盗窃罪数额巨大的认定标准执行。对抢劫博物馆、重要文物的，应作为抢劫数额巨大处理。

抢劫致人重伤、死亡，既包括行为人的暴力等行为过失致人重伤、死亡，也包括行为人为劫取财物而预谋故意杀人，或者在劫取财物过程中为制服被害人反抗而故意杀人。

冒充军警人员抢劫，是指冒充军人或警察抢劫。

持枪抢劫，是指行为人使用枪支或者向被害人显示持有、佩带的枪支进行抢劫的行为。“枪支”的概念和范围，适用《中华人民共和国枪支管理法》的规定。需要进一步指出的是，这里的“枪”仅限于能发射子弹的真枪，不包括仿真手枪与其他假枪，但不要求枪中装有子弹。

抢劫军用物资或者抢险、救灾、救济物资中的“军用物资”仅限于武装部队（包括武警部队）使用的物资，不包括公安警察使用的物资。“抢险、救灾、救济物资”是指已确定用于或者正在用于抢险、救灾、救济的物资。

【案例6-2-03】甲欠乙十万元久不归还，乙反复催讨。某日，甲持凶器闯入乙家，殴打乙致其重伤，逼迫乙交出十万元欠条并在已备好的还款收条上签字。甲的上述强行索取、销毁欠条，从而消除自己所欠债务的行为，构成抢劫罪，且属于入户抢劫。

【案例6-2-04】在公交车上，歹徒甲看中乘客乙价值5000元的手包，在公交车到站准备开门的时候，甲夺过手包就跑下车，乘客乙追着不放，好心的乘客丙也下车帮忙追赶甲。跑出200米后，甲拿起旁边水果摊的水果刀威胁丙：“再过来我就不客气了。”丙毫不示弱，拼死抢回手包。本案中，对“在公共交通工具上抢劫”应作限制解释，要求暴力、胁迫行为必须发生在公共交通工具上。因为甲的暴力、胁迫行为并没有发生在公共交通工具上，所以该案不构成“在公共交通工具上抢劫”。甲实施抢夺后使用暴力相威胁而抗拒抓捕，应成立转化型抢劫（事后抢劫）。

二、盗窃罪

（一）盗窃罪的概念和特征

盗窃罪，是指以非法占有为目的，窃取数额较大的公私财物或者多次盗窃、入户盗窃、携带凶器盗窃、扒窃的行为。本罪的主要特征是：

（1）本罪侵犯的客体是公私财物的所有权。其对象为公私财物，即国家、集体和个人所有的各种财物，一般指动产，但不动产上之附着物，可与不动产分离的，如田地上的农作物、山上的树木、建筑物上的门窗等，也可以成为本罪的对象。另外，能源如电力、煤气也可成为本罪的对象。

（2）本罪的客观方面表现为窃取数额较大的公私财物或者多次盗窃、入户盗窃、携带凶器盗窃、扒窃的行为。2年内盗窃3次以上的，应当认定为多次盗窃。非法进入供他人家庭生活、与外界相对隔离的住所盗窃的，应当认定为入户盗窃。携带枪支、爆炸物、管制刀具等国家禁止个人携带的器械盗窃，或者为了实施违法犯罪活动携带其他足以危害他人人身安全的器械盗窃的，应当认定为携带凶器盗窃。在公共场所或者公共交通工具上盗窃他人随身携带的财物的，应当认定为扒窃。

盗窃罪的对象是财物，既包括有体物，也包括无体物。根据《刑法》第196条、第210条和第265条的规定，盗窃信用卡并使用的，盗窃增值税专用发票或者可以用于骗取出口退税、抵扣税款的其他发票的，以牟利为目的盗接他人通信线路、复制他人电信号码或者明知是盗接、复制的电信设备、设施而使用的，以盗窃罪论处。将电信卡非法充值后使用，造成电信资费损失数额较大的，以盗窃罪定罪处罚。盗用他人公共信息网络上网账号、密码上网，造成他人电信资费损失数额较大的，以盗窃罪定罪处罚。但盗窃枪支、弹药、公文、印章等物的，不成立盗窃罪。盗窃罪的对象必须是他人占有的财物。

盗窃罪的行为是窃取他人占有的财物。窃取是指使用非暴力胁迫手段，违反财物占有人的意志，将财物转移为自己或第三者（包括单位）占有。窃取的手段与方法没有限制，即便使用了欺骗方法，但如果该欺骗行为并没有使对方基于认识错误处分财产的，仍然成立盗窃罪。例如，行为人将他人从室内骗至室外，然后自己进入室内窃取财物的，成立盗窃罪。再如，行为人伪装成顾客，到商店试穿高档西服，然后逃走的，也成立盗窃罪。

本罪设置为数额犯、次数犯、情节犯。其中“数额较大”“数额巨大”“数额特别巨大”分别为1000~3000元以上、30000~100000元以上、300000~500000元以上[①]。

【案例6-2-05】乙驾车带甲去海边游玩。到达后，乙欲游泳。甲骗乙说：“我在车里休息，把车钥匙给我。”趁乙游泳，甲将该车开往外地卖给他人。本案中，甲对汽车处于占有状态，甲虽然骗取了乙的钥匙，但是开走汽车的行为仍是趁乙游泳时秘密进行的，因此构成盗窃罪。

（3）盗窃罪的主体只能是已满16周岁、具有辨认控制能力的自然人；单位不可能成为盗窃罪的主体，但单位集体盗窃公私财物，所盗财物由单位所有的，应以共同盗窃犯罪追究决定者与实施者的刑事责任；邮政工作人员私自开拆或者隐匿、毁弃邮件、电报而窃取财物的，依照盗窃罪定罪从重处罚。

（4）本罪的主观方面是故意，并且具有非法占有公私财物的目的。即使是自己所有的财产，倘若处于他人合法占有的状态，行为人窃取该财物的，也成立盗窃罪。例如，行为人通过铁路运营部门将自己的财物从甲处托运至乙处，交付托运后行为人窃取该财物，对此应认定为盗窃罪。

（二）盗窃罪的认定

（1）罪与非罪的界限。根据司法解释，偷拿家庭成员或者近亲属的财物，获得谅解的，一般可不按犯罪处理，有必要追究刑事责任的，应当酌情从宽。盗窃公私财物数额较大，行为人认罪、悔罪，退赃、退赔，且具有下列情形之一，情节轻微的，可以不起诉或者免予刑事处罚，必要时，由有关部门予以行政处罚：①具有法定从宽处罚情节的；②没有参与分赃或者获赃较少且不是主犯的；③被害人谅解的；④其他情节轻微、危害不大的。其中，已满16周岁不满18周岁的人盗窃自己家庭或者其他近亲属财物，或者盗窃其他亲属财物但其他亲属要求不予追究的，可不按犯罪处理。

已满16周岁不满18周岁的人实施盗窃行为未超过3次，盗窃数额虽已达到“数额较大”标准，但案发后能如实供述全部盗窃事实并积极退赃，且具有下列情形之一的，可以认定为“情节显著轻微危害不大”，不认为是犯罪：①系又聋又哑的人或者盲人；②在共同盗窃中起辅助或者次要作用，或者被胁迫；③具有其他

① 参见2013年最高人民法院、最高人民检察院《关于办理盗窃刑事案件适用法律若干问题的解释》。

轻微情节的[①]。

（2）本罪与其他犯罪的界限。盗窃广播电视设施、公用电信设施价值数额不大，但是构成危害公共安全犯罪的，依照《刑法》第124条的规定以破坏广播电视设施、公用电信设施罪定罪处罚。盗窃广播电视设施、公用电信设施同时构成盗窃罪和破坏广播电视设施、公用电信设施罪的，择一重罪处罚。盗窃使用中的电力设备，同时构成盗窃罪和破坏电力设备罪的，择一重罪处罚。

盗窃枪支、弹药、爆炸物、危险物质的，只要行为人认识到盗窃对象可能是枪支、弹药、爆炸物、危险物质，就成立盗窃枪支、弹药、爆炸物、危险物质罪。如果行为人没有认识到盗窃对象可能是枪支、弹药、爆炸物、危险物质的，只能认定为盗窃罪。

为盗窃其他财物，盗窃机动车辆当犯罪工具使用的，被盗机动车辆的价值计入盗窃数额；为实施其他犯罪盗窃机动车辆的，以盗窃罪和所实施的其他犯罪实行数罪并罚。为实施其他犯罪，偷开机动车辆当犯罪工具使用后，将偷开的机动车辆送回原处或者停放到原处附近，车辆未丢失的，按照其所实施的犯罪从重处罚。为练习开车、游乐等目的，多次偷开机动车辆，并将机动车辆丢失的，以盗窃罪定罪处罚，在偷开机动车辆过程中发生交通肇事构成犯罪，又构成其他罪的，应当以交通肇事罪和其他罪实行数罪并罚。偷开机动车辆造成车辆损坏的，按照《刑法》第275条的规定以故意毁坏财物罪定罪处罚。偶尔偷开机动车辆，情节轻微的，可以不认为是犯罪。

实施盗窃犯罪，造成公私财物损毁的，以盗窃罪从重处罚，又构成其他犯罪的，择一重罪从重处罚。盗窃公私财物未构成盗窃罪，但因采用破坏性手段造成公私财物损毁数额较大的，以故意毁坏财物罪定罪处罚。盗窃后，为掩盖盗窃罪行或者报复等，故意破坏公私财物构成犯罪的，应当以盗窃罪和构成的其他罪实行数罪并罚。

盗窃技术成果等商业秘密的，按照《刑法》第219条的规定定罪处罚。行为人利用信息网络，诱骗他人点击虚假链接而实际通过预先植入的计算机程序窃取财物构成犯罪的，以盗窃罪定罪处罚。

盗窃罪与抢夺罪有相似之处，但二者又有区别：第一，二者的对象都是他人占有的财物，但抢夺罪中被害人对财物的占有比盗窃罪中被害人的占有更为紧密，或者说，作为犯罪对象的财物被他人支配的强度不同；第二，二者都是不法取得

① 参见2006年最高人民法院《关于审理未成年人刑事案件具体应用法律若干问题的解释》。

他人财物，但抢夺行为表现为对物使用暴力，而盗窃行为仅表现为对财物的转移。

（3）正确认定本罪的着手、未遂与既遂。关于盗窃罪的着手，国外刑法理论与审判实践一般根据不同的盗窃类型予以确定。例如，关于侵入住宅盗窃的案件，少数人主张以侵入住宅作为盗窃罪的着手，多数人认为侵入住宅后开始实施具体的物色财物的行为时为着手。关于侵入无人看守的仓库的盗窃案件，一般来说，开始侵入仓库时就是着手。我国刑法理论一般认为接触财物时为着手。

关于盗窃罪的既遂标准，理论上有接触说、转移说、隐匿说、失控说、控制说、失控加控制说等。本书主张失控加控制说，即盗窃行为已经使被害人丧失了对财物的控制时，或者行为人已经控制了所盗财物时，都是既遂。被害人的失控与行为人的控制通常是统一的，被害人的失控意味着行为人的控制；但二者也存在不统一的情况，即被害人失去了控制，但行为人并没有控制财物，对此也应认定为盗窃既遂，因为就盗窃罪而言，其危害程度的大小不在于行为人是否控制了财物，而在于被害人是否丧失了对财物的控制。因此，即使行为人没有控制财物，但只要被害人失去了对财物的控制，也成立盗窃既遂，没有理由以未遂论处。传统理论大多赞同失控说，认为只要被害人丧失了对自己财物的控制，不管行为人是否控制了该财物，都应当认定为盗窃既遂。这与传统理论界和立法上只把盗窃罪作为数额犯来看待有关，但是如今盗窃罪的设置除了保留其传统数额犯的类型外，还增设了次数犯（多次盗窃）、情节犯（入户盗窃、携带凶器盗窃），失控说作为单一的既遂标准已不合适。

司法实践中存在大量盗窃未遂的案件，处理此类案件一般依据2013年最高人民法院、最高人民检察院《关于办理盗窃刑事案件适用法律若干问题的解释》，即盗窃未遂，具有下列情形之一的，应当依法追究刑事责任：①以数额巨大的财物为盗窃目标的；②以珍贵文物为盗窃目标的；③其他情节严重的情形。盗窃既有既遂，又有未遂，分别达到不同量刑幅度的，依照处罚较重的规定处罚；达到同一量刑幅度的，以盗窃罪既遂处罚。

（三）盗窃罪的刑事责任

依照《刑法》第264条的规定，犯本罪的，处3年以下有期徒刑、拘役或者管制，并处或者单处罚金；数额巨大或者有其他严重情节的，处3年以上10年以下有期徒刑，并处罚金；数额特别巨大或者有其他特别严重情节的，处10年以上有期徒刑或者无期徒刑，并处罚金或者没收财产。

三、诈骗罪

（一）诈骗罪的概念和特征

诈骗罪，是指以非法占有为目的，采用虚构事实或者隐瞒真相的欺骗方法，使受害人陷于错误认识并“自愿”处分财产，从而骗取数额较大的公私财物的行为。本罪的主要特征是：

（1）本罪侵犯的客体是公私财物所有权。诈骗罪侵犯的对象仅限于国家、集体或个人的财物，而不是骗取其他非法利益。有些犯罪活动，虽然也使用某些欺骗手段，甚至也追求某些非法经济利益，但因其侵犯的客体不是或者不限于公私财产所有权，所以不构成诈骗罪。例如，拐卖妇女、儿童的，属于侵犯人身权利罪。诈骗罪的犯罪对象，还应排除金融机构的贷款，因《刑法》已于第193条特别规定了贷款诈骗罪。

（2）本罪的客观方面表现为使用欺诈方法骗取数额较大的公私财物。①行为人实施了欺诈行为。欺诈行为在形式上包括虚构事实和隐瞒真相两类，实质上是使对方陷入处分财产的认识错误的行为。欺诈行为的内容是在具体状况下使对方产生错误认识，并做出行为人所希望的财产处分。欺诈行为本身既可以是作为，也可以是不作为。有告知某种事实的义务，但不履行这种义务使对方陷入错误认识或者继续陷入错误认识，行为人利用这种认识错误取得财产的，也是欺诈行为。根据《刑法》第300条的规定，组织和利用会道门、邪教组织或者利用迷信骗取财物的，以诈骗罪论处。欺诈行为的对方只要求是具有处分财产的权限或者处于可以处分财产地位的人，不要求一定是财物的所有人或占有人。②成立诈骗罪要求对方陷入错误认识之后处分财产。处分财产意味着将被害人的财产转移为行为人占有，或者说使行为人取得被害人的财产，而不限于民法意义上的处分财产（即不限于所有权权能之一的处分）。作出这样的要求是为了区分诈骗罪与盗窃罪。处分财产表现为直接交付财产，或者承诺行为人取得财产，或者承诺转移财产性利益，或者承诺免除行为人的债务。

【案例6-2-06】甲用乙的淘宝账号从网上买了一个手机，用甲自己的银行卡付了款。商家核实信息时，按照淘宝账号信息打电话给了乙，乙骗商家说手机是他买的，并告知商家更改收货地址，商家把手机发货给乙。本案中若承认商家对该货物有处分权，乙欺骗商家而使商家基于认识错误处分财产的行为成立诈骗罪。

此外，诈骗罪并不限于骗取有体物，还包括骗取无形物与财产性利益。根据《刑法》第210条的规定，使用欺骗手段骗取增值税专用发票或者可以用于骗取出口退税、抵扣税款的其他发票的，成立诈骗罪。

（3）本罪的主体为一般主体，且为自然人主体。

（4）本罪的主观方面表现为直接故意。

（二）诈骗罪的认定

（1）认定为诈骗罪的情形。①以欺诈、伪造证明材料或者其他手段骗取养老、医疗、工伤、失业、生育等社会保险金或者其他社会保障待遇的，属于诈骗公私财物的行为[①]。②以虚假、冒用的身份证件办理入网手续并使用移动电话，造成电信资费损失数额较大的，以诈骗罪定罪处罚[②]。③以使用为目的，伪造停止流通的货币，或者使用伪造的停止流通的货币的，以诈骗罪定罪处罚[③]。④使用伪造、变造、盗窃的武装部队车辆号牌，骗免养路费、通行费等各种规费，数额较大的，以诈骗罪定罪处罚[④]。

（2）本罪与其他特殊诈骗罪的界限。刑法除规定上述普通诈骗罪之外，还规定了其他一些特殊诈骗罪，主要包括《刑法》第192条至第200条规定的各种金融诈骗罪，以及《刑法》第224条规定的合同诈骗罪。这些特殊诈骗罪主要在诈骗对象、手段上与普通诈骗罪存在区别，规定这些特殊诈骗罪的法条与《刑法》第266条是特别法条与普通法条的关系，根据特别法条优于普通法条的原则，对符合特殊诈骗罪构成要件的行为，应认定为特殊诈骗罪。因此，《刑法》第266条在规定了诈骗罪的罪状与法定刑之后规定："本法另有规定的，依照规定。"如果行为人实施特殊诈骗行为，但又不符合特殊诈骗罪的构成要件，而符合普通诈骗罪的构成要件的，则以普通诈骗罪论处。例如，行为人实施信用卡诈骗行为，但银行未催收的，不符合信用卡诈骗罪的构成要件；如果符合《刑法》第266条规定的诈骗罪的构成要件，则应依照《刑法》第266条的规定定罪处罚。

（3）本罪与盗窃罪的界限。二者的关键区别在于被害人是否基于认识错误而处分财产。如果不存在被害人处分财产的事实，则不可能成立诈骗罪。例如，机

① 参见2014年全国人民代表大会常务委员会《关于〈中华人民共和国刑法〉第二百六十六条的解释》。

② 参见2000年最高人民法院《关于审理扰乱电信市场管理秩序案件具体应用法律若干问题的解释》。

③ 参见2010年最高人民法院《关于审理伪造货币等案件具体应用法律若干问题的解释(二)》。

④ 参见2002年最高人民法院《关于审理非法生产、买卖武装部队车辆号牌等刑事案件具体应用法律若干问题的解释》。

器不可能被骗，因此，向自动售货机中投入类似硬币的金属片，从而取得售货机内商品的行为，不构成诈骗罪，只能成立盗窃罪。再如，行为人从没有处分能力的幼儿、高度精神病患者那里取得财产的，因为谈不上行为人的欺诈与被害人的处分，故不成立诈骗罪，只成立盗窃罪。实践中发案较多的“以借打手机为名进而非法占有”的行为，实际上也属于盗窃，而非诈骗。

（4）本罪与招摇撞骗罪的界限。两罪都使用骗术，后者也可能获得财产利益，这是二者的相同点。但是二者在侵犯的客体、犯罪手段、财物数额要求和主观目的等方面，均有不同：①侵犯的客体不同。当犯罪分子冒充国家工作人员骗取公私财物时，既侵犯了财产权利，又损害了国家机关的威信和正常活动，属于牵连犯，应当按照行为所侵犯的主要客体和主要危害性来确定罪名并从重处罚。②财物数额要求不同。如果骗取财物数额不大，却严重损害了国家机关的威信，应按招摇撞骗罪论处。反之，则定为诈骗罪。③主观目的不同。招摇撞骗罪以骗取各种非法利益为目的，冒充国家工作人员进行招摇撞骗活动，是损害国家机关的威信、公共利益或者公民合法权益的行为，它所骗取的不仅包括财物（但无数额多少的限制），还包括工作、职务、地位、荣誉等，属于妨害社会管理秩序罪。如果先后分别独立地犯了两种罪，互不牵连则应按照数罪并罚原则处理。

（5）本罪的未遂。诈骗未遂，以数额巨大的财物为诈骗目标，或者具有其他严重情节的，应当定罪处罚。利用发送短信、拨打电话、互联网等电信技术手段对不特定多数人实施诈骗，诈骗数额难以查证，但具有下列情形之一的，应当认定为《刑法》第266条规定的“其他严重情节”，以诈骗罪（未遂）定罪处罚：①发送诈骗信息5000条以上的；②拨打诈骗电话500人次以上的；③诈骗手段恶劣、危害严重的。若数量达到上述规定标准十倍以上，或者诈骗手段特别恶劣、危害特别严重的，应当认定为该条规定的“其他特别严重情节”，以诈骗罪（未遂）定罪处罚。

（6）本罪的共同犯罪。明知他人实施诈骗犯罪，为其提供信用卡、手机卡、通讯工具、通讯传输通道、网络技术支持、费用结算等帮助的，以共同犯罪论处。

（三）诈骗罪的刑事责任

依照《刑法》第266条的规定，犯本罪的，处3年以下有期徒刑、拘役或者管制，并处或者单处罚金；数额巨大或者有其他严重情节的，处3年以上10年以下有期徒刑，并处罚金；数额特别巨大或者有其他特别严重情节的，处10年以上有期徒刑或者无期徒刑，并处罚金或者没收财产。数额较大、数额巨大、其他严重情节、其他特别严重情节，根据2011年最高人民法院、最高人民检察院《关于办理诈骗刑事案件具体应用法律若干问题的解释》认定。诈骗既有既遂，又有未遂，分别达到不同量刑幅度的，依照处罚较重的规定处罚；达到同一量刑幅度的，以诈骗罪既遂处罚。

四、抢夺罪

（一）抢夺罪的概念和特征

抢夺罪，是指以非法占有为目的，公然夺取数额较大的公私财物或者多次抢夺的行为。本罪的主要特征是：

（1）本罪侵犯的客体是公私财物的所有权。在此点上本罪与抢劫罪不同，本罪只侵犯公私财物的所有权，而不危害人身安全，属单一客体。犯罪对象是一般的财物，如金钱、物品等，不包括枪支、弹药、公文、证件、印章等特殊物品，否则不构成本罪。

（2）本罪的客观方面表现为趁人不备，出其不意，对财物行使有形力，使他人不及抗拒，而取得数额较大的财物的行为，或者多次实施抢夺的行为。

抢夺行为是直接夺取财物的行为，即直接对财物实施暴力。行为人在被害人当场可以得知财物被抢的情况下实施抢夺行为，被害人可以当场发觉但通常来不及抗拒，刑法理论上通常所说的“公然”夺取即此意。抢夺行为不必在不特定人或多数人面前实施，相反完全可能在仅有行为人与被害人的场所实施。

抢夺的对象仅限于他人占有的动产，而且原则上应是数额较大的公私财物。如果多次实施抢夺行为的，则不论抢夺的财物数额的多少，也成立此罪。

（3）本罪的主体为一般主体，凡年满16周岁具备刑事责任能力的自然人均可成为本罪主体。

（4）本罪的主观方面只能是直接故意，即行为人明知自己的行为会发生侵害公私财产的结果，并且希望或者放任这种结果发生，还具有不法占有公私财物的目的。

（二）抢夺罪的认定

（1）本罪与抢劫罪的界限。二者相同之处在于客观上都实施了“抢”的行为，主观上都是故意，且都具有非法占有公私财物的目的。区别在于：①实施犯罪的手段不同。抢夺是“公然夺取”财物，而抢劫则是使用“暴力、胁迫或者其他方法”取得财物。②侵犯的客体不同。抢夺罪侵犯的客体是简单客体，即公私财产所有权，而抢劫罪的犯罪客体是复杂客体，包括公私财产所有权和人身权利。③犯罪客观方面的表现不同。抢夺罪是不采用暴力、胁迫等强制方法而公然夺取财物，而抢劫罪则是行为人采取暴力、胁迫或者其他手段迫使被害人交出财物或者直接将财物抢走，即抢夺罪的实行行为是单一行为，抢劫罪的实行行为是复合行为。

值得注意的是，应当区分行为人在抢夺财物的过程中造成被害人伤害的情况。例如，行为人趁人不备夺取他人的项链而造成被害人颈部动脉血管受伤，或者夺取他人手中财物而致使被害人跌倒摔伤。在这种情况下是认定为抢劫罪还是抢夺罪，应当从以下几个方面加以把握：第一，要看强力行为的作用对象和使用目的；第二，要看伤害是不是犯罪分子故意为之；第三，如果行为人行为前本来并没有计划适用暴力手段夺取财物，此时应当直接按照抢劫罪定罪处罚。因为此时行为人的犯意已经发生了转化，其行为完全符合抢劫罪的构成要件。

（2）携带凶器进行抢夺的定性。如果行为人携带凶器进行抢夺，不管凶器是否使用，都依照抢劫罪的规定定罪处罚。携带凶器抢夺，是指行为人随身携带枪支、爆炸物、管制刀具等国家禁止个人携带的器械进行抢夺，或者为了犯罪而携带其他器械进行抢夺的行为①。

行为人随身携带国家禁止个人携带的器械以外的其他器械抢夺，但有证据证明该器械确实不是为了实施犯罪准备的，不以抢劫罪定罪；行为人将随身携带凶器有意加以显示、能为被害人察觉到的，直接适用《刑法》第263条规定的抢劫罪定罪处罚；行为人携带凶器抢夺后，在逃跑过程中为窝藏赃物、抗拒抓捕或者毁灭罪证而当场使用暴力或者以暴力相威胁的，适用《刑法》第267条第2款的规定定罪处罚②。

（三）抢夺罪的刑事责任

依照《刑法》第267条的规定，犯本罪的，处3年以下有期徒刑、拘役或者管制，并处或者单处罚金；数额巨大或者有其他严重情节的，处3年以上10年以下有期徒刑，并处罚金；数额特别巨大或者有其他特别严重情节的，处10年以上有期徒刑或者无期徒刑，并处罚金或者没收财产。

---

① 参见2000年最高人民法院《关于审理抢劫案件具体应用法律若干问题的解释》。

② 参见2005年最高人民法院《关于审理抢劫、抢夺刑事案件适用法律若干问题的意见》。

五、聚众哄抢罪

（一）聚众哄抢罪的概念和特征

聚众哄抢罪，是指以非法占有为目的，聚集多人公然夺取公私财物，数额较大或者情节严重的行为。本罪的主要特征是：

（1）本罪侵犯的客体是公私财产的所有权。本罪的犯罪对象是各种各样的公私财物，一般是具有经济价值的财物。财产有动产与不动产之分，一般对动产成为本罪的犯罪对象没有疑问。动产的范围十分广泛，包括一切可以移动的生产资料和消费资料，如机器设备、牛马、原材料，以及柴米油盐等，不动产上的可移动部分，如房屋上的门窗，果树上结的果实，以及证明不动产产权的文契等，都属于动产范围。对于不动产是否可成为本罪的犯罪对象存在争议。哄抢财物，意味着财物发生转移，从所有者、保管者的控制之下，转移到哄抢者手中，而不动产一般是不能用上述方法转移的，但是不能排除发生以贪利动机侵犯不动产的可能性。刑法未明确规定哄抢只限于动产，因此哄抢不动产也可以本罪定罪。

（2）本罪客观方面表现为组织、策划、指挥众人公然夺取公私财物或者积极参与聚众公然抢夺公私财物，数额较大或者有其他严重情节的行为。聚众哄抢的特点是聚集多人夺取公私财物，从人数上来看，必须是三人或者三人以上，参与哄抢的人员处于随时可能增加或者减少的状态。哄抢人不使用暴力、胁迫手段，依靠人多势众取得财物。

（3）本罪的主体为一般主体，即凡达到刑事责任年龄，具有刑事责任能力的人，均可成为本罪的主体。并非所有参加聚众哄抢的行为人都可以构成本罪，而是其中的首要分子或者积极参加的人才能成为本罪主体。首要分子，是指在聚众哄抢中起组织、策划、指挥作用的人员。积极参加的人，一般是指在聚众哄抢中，积极出主意，起骨干带头作用，哄抢财物较多的人员。

（4）本罪在主观方面表现为故意，即具有聚众哄抢的故意，目的是非法占有公私财物。以非法占有为目的，包括自己占有或者第三者占有。没有非法占有公私财物的目的，不能定本罪，实践中，有的人因与他人发生债务或财产纠纷，采用纠集多人强行夺取对方财物的方法，用以抵债，可以本罪论处。

（二）聚众哄抢罪的认定

（1）本罪与《刑法》第289条规定的聚众“打砸抢”的界限。前者一般只是聚集多人抢夺公私财物，一般不使用暴力手段，即使使用轻微暴力，也不针对人身；后者则是聚集多人又打又砸又抢，是一种破坏性更为强烈的严重犯罪，暴力色彩极为明显、浓厚。前者是一个独立的罪名，后者则不是独立的罪名。

（2）本罪与聚众扰乱公共秩序罪的界限。前者客观方面表现为聚众哄抢公私财物，侵犯的客体是公私财产所有权；后者客观方面表现为聚众扰乱各种公共场所正常秩序，侵犯的客体是社会公共秩序。前者的犯罪对象是公私财产，后者则不一定。

（三）聚众哄抢罪的刑事责任

依照《刑法》第268条的规定，犯本罪的，对首要分子和积极参加的，处3年以下有期徒刑、拘役或者管制，并处罚金；数额巨大或者有其他特别严重情节的，处3年以上10年以下有期徒刑，并处罚金。

六、侵占罪

（一）侵占罪的概念和特征

侵占罪，是指以非法占有他人财物为目的，将代为保管的他人财物或者他人的遗忘物、埋藏物非法占为己有，数额较大，拒不交还的行为。本罪的主要特征是：

（1）本罪客观方面表现为将代为保管的他人财物或者他人的遗忘物、埋藏物非法占为己有，数额较大，拒不交还的行为。第一，行为人必须具有非法占有他人财物的行为，这是构成侵占罪的前提条件。占有，是指主体对财物事实上的支配状态，不仅包括物理范围内的支配，也包括一般社会观念认可的财物支配状态。本罪的犯罪对象是他人的财物，包括：①他人委托自己代为保管的他人财物，既可以是个人财物，也可以是单位的财物。②遗忘物，指财物的所有人或者持有人由于不慎而暂时失去占有、控制的财物。③埋藏物，指埋藏于地下的财物，除了有明确个人归属的以外，所有权都属于国家。第二，侵占的财物必须达到数额较大的程度，这是构成侵占罪的数额条件。第三，拒不退还，这是构成侵占罪的行为条件。如果行为人虽然有非法占有自己代为保管的他人财物、遗忘物、埋藏物的行为，但一经要求其退还或者交出立即退还或者交出的，则不构成侵占罪。

【案例6-2-07】甲是个体干洗店老板，洗衣时发现顾客衣袋内有钱，将钱藏匿，甲构成侵占罪。本案中，甲作为个体干洗店老板，受他人委托，在洗衣期间代为保管他人财物，发现衣袋内有钱时将钱藏匿，属于侵占代为保管的他人财物，构成侵占罪。

（2）本罪的主体为一般主体，凡年满16周岁具有刑事责任能力的自然人均可成为本罪主体。

（3）本罪在主观方面必须出于故意，即明知属于他人交与自己保管的财物、遗忘物或者埋藏物而仍非法占为己有。过失不能构成本罪。构成本罪还必须具有非法占有的目的。仅有故意而无非法占有之目的，如故意毁坏所代管的他人财物、遗忘物或者埋藏物，或者要求他人偿付因代管等支出的费用而迟延交还或者因不小心毁坏或丢失的等，就不能以本罪论处。

（二）侵占罪的认定

（1）本罪与职务侵占罪的界限。这两种犯罪客观方面虽然都表现为侵占财物的行为，但前者是一般主体的犯罪，后者是特殊主体的犯罪；前者侵占的是为他人代为保管的财物或者遗忘物、埋藏物，而后者侵占的是本单位的财物。

（2）本罪与盗窃罪的界限。侵占罪与盗窃罪同属侵犯财产罪，其主体都是一般主体。二者的区别主要表现在：盗窃罪是秘密窃取公私财物的行为，在盗窃时财物并不在行为人控制之下；而侵占罪则是行为人实施侵占行为时，被侵占之物当时已在其实际控制之下。

【案例6-2-08】甲拿着包坐在公园里的长椅上，乙默默坐在甲旁边。甲离开时忘记将自己的包拿走，乙见甲离开，迅速将包拿走。甲走出十米突然想起了自己的包，返回原处未看见包与乙，此时甲虽然离开，但该包仍然归甲占有，乙的行为构成盗窃罪，而非侵占罪。

（3）本罪与贪污罪的界限。①犯罪对象不同。贪污罪的对象只限于公共财产，且不能是不动产；侵占罪的对象不仅可以是公共财物，还可以是私人财物，且包括不动产。②犯罪主体不同。贪污罪的主体是特殊主体，即国家工作人员；侵占罪的主体是一般主体，只要是代为保管他人财物且对其加以侵占的人，均可成为本罪的主体。③犯罪客观方面表现不同。贪污罪表现为行为人必须利用职务上的便利，即利用自己职务范围内的权力和地位所形成的经手管理公共财物的便利条件；侵占罪中行为人是否利用职务上的便利，并不影响该罪的成立。④刑事诉讼地位不同。贪污罪是公诉案件，侵占罪是自诉案件。

（三）侵占罪的刑事责任

依照《刑法》第270条的规定，犯本罪的，处2年以下有期徒刑、拘役或者罚金；数额巨大或者有其他严重情节的，处2年以上5年以下有期徒刑，并处罚金。

七、职务侵占罪

（一）职务侵占罪的概念和特征

职务侵占罪，是指公司、企业或者其他单位的人员，利用职务上的便利，将本单位财物非法占为己有，数额较大的行为。本罪的主要特征是：

（1）本罪侵犯的客体是公司、企业或者其他单位的财产所有权。公司，是指按照《中华人民共和国公司法》规定设立的非国有的有限责任公司和股份有限公司。企业，是指除上述公司以外的非国有的经过工商行政管理机关批准设立的有一定数量的注册资金及一定数量的从业人员的营利性的经济组织，如商店、工厂、饭店、宾馆及各种服务性行业、交通运输行业等经济组织。其他单位，是指除上述公司、企业以外的非国有的社会团体或经济组织，包括集体或者民办的事业单位，以及各类团体。本罪的犯罪对象是上述单位所有的各种财物，包括有形物与无体物，包括动产和不动产。动产，不仅指已在公司、企业、其他单位占有、管理之下的钱财（包括人民币、外币、有价证券等），还包括本单位有权占有而未占有的财物，如公司、企业或其他单位拥有的债权。就财物的形态而言，犯罪对象包括有形物和无形物，如厂房、电力、煤气、天然气、工业产权等。

（2）本罪在客观方面表现为三个特征：①行为人必须利用了职务上的便利，即利用自己职务上所具有的管理、经手本单位财物的方便条件。如果行为人不是利用自己职务上的便利，而是利用自己因工作关系对本单位环境、情况等比较熟悉的方便条件，非法占有本单位财物的，不能构成本罪。②实施了非法占有本单位财物的行为，非法占有的方式可以是侵吞、盗窃、骗取等各种手段。如果非法占有的并不是本单位的财物，不能构成本罪。这种行为除了将代为保管的单位财物非法占为己有的侵占外，还包括利用职务之便的窃取、骗取等行为。根据《刑法》第183条的规定，保险公司的工作人员（国有保险公司的工作人员和国有保险公司委派到非国有保险公司从事公务的人员除外），利用职务上的便利，故意编造未曾发生的保险事故进行虚假理赔，骗取保险金归自己所有的，以职务侵占罪论处。③必须达到数额较大，才能构成本罪。

【案例6-2-09】某公司保安甲以“第二天晚上要去医院看望病人”为由，欺骗保安乙，成功和乙换岗。当晚，甲将其看管的公司仓库内价值5万元的财物运走变卖。本案中公司保安甲利用自己看管仓库的职务便利，将价值5万元的财物运走变卖，构成职务侵占罪。

（3）本罪主体为特殊主体，包括公司、企业或者其他单位的人员。具体是指三种不同身份的自然人：一是股份有限公司、有限责任公司的董事、监事。这些董事、监事必须不具有国家工作人员身份，他们是公司的实际领导者，具有一定的职权，当然可以成为本罪的主体。二是上述公司的人员，是指除公司董事、监事之外的经理、部门负责人和其他一般职员和工人。这些经理、部门负责人以及职员也必须不具有国家工作人员身份，他们或有特定的职权，或因从事一定的工作，可以利用职权或工作之便侵占公司的财物而成为本罪的主体。三是上述公司以外的企业或者其他单位的人员，是指集体性质企业、私营企业、外商独资企业的职工，国有企业、公司，中外合资企业，中外合作企业等中不具有国家工作人员身份的所有职工。综上，凡具有国家工作人员身份的人员，利用职务或者工作上的便利，侵占本单位的财物的，应依照《刑法》第382条、第383条关于贪污罪的规定处罚，不具有国家工作人员身份的人员，利用职务上的便利，侵占本单位财物的，则按本罪论处。这里所说的“国家工作人员”是指在国有公司、企业或者其他公司、企业中行使管理职权，并具有国家工作人员身份的人员，包括受国有公司、国有企业委派或者聘请，作为国有公司、国有企业代表，在中外合资企业、中外合作企业、股份制公司、企业等非国有公司企业中，行使管理职权，并具有国家工作人员身份的人员。具有国家工作人员身份的人，不能成为本罪的主体。

（4）本罪在主观方面是直接故意，且具有非法占有公司、企业或其他单位财物的目的，即行为人妄图在经济上取得对本单位财物的占有、收益、处分的权利。至于是否已经取得或行使了这些权利，并不影响犯罪的构成。

（二）职务侵占罪的认定

（1）认定为本罪的情形。对村民小组组长利用职务上的便利，将村民小组集体财产非法占为己有，数额较大的行为，应当依照《刑法》第271条第1款的规定，以职务侵占罪定罪处罚[①]。在国有资本控股、参股的股份有限公司中从事管理

① 参见1999年最高人民法院《关于村民小组组长利用职务便利非法占有公共财物行为如何定性问题的批复》。

工作的人员，除受国家机关、国有公司、企业、事业单位委派从事公务的以外，不属于国家工作人员。对其利用职务上的便利，将本单位财物非法占为己有，数额较大的，应当依照《刑法》第271条第1款的规定，以职务侵占罪定罪处罚[①]。

（2）本罪与贪污罪的界限。如果是国有公司、企业或者其他国有单位中从事公务的人员和国有公司、企业或者其他国有单位委派到非国有公司、企业以及其他单位从事公务的人员，有利用职务上的便利将本单位财物非法占为己有行为的，依照贪污罪的规定定罪处罚。

（3）本罪与诈骗罪的界限。两种犯罪都是以非法占有为目的，侵犯财产所有权的行为，两者的主要区别在于：①主体要件不同。本罪主体是特殊主体，必须是公司、企业或者其他单位的人员，而诈骗罪的主体为一般主体。②犯罪对象不同。本罪的对象是本公司企业的财物，这种财物实际上已被行为人所掌握，而诈骗罪的对象是不为自己实际控制的他人财物。③客观方面的表现不同。本罪是利用职务上的便利侵占本单位的财物，而诈骗罪则是用虚构的事实或者隐瞒事实真相的方法骗取他人的财物。

【案例6-2-10】甲销售公司的司机徐某负责把货物运送到乙公司，货物送到之后乙公司的老板就将货款当面交付给徐某，由其带回交给甲公司的老板。后来，徐某从甲公司辞职了，甲公司遂聘请丙为新的司机。甲公司的老板对丙不太放心，让丙把货物运到乙公司之后，不要带货款回来了，但甲公司的老板忘了和乙公司的老板说直接把货款汇到甲公司的账户。丙将货物运到乙公司后，主动和乙公司的老板说："我们老板让我把货款带回去。"由于以前一直是这样操作的，乙公司的老板信以为真，将8万元货款交给了丙，丙拿到货款之后逃跑。本案中丙的行为构成诈骗罪，其骗取的财物并不在本单位的保管之下，也没有利用职务上的便利，因此不成立职务侵占罪。

（三）职务侵占罪的刑事责任

依照《刑法》第271条的规定，犯本罪，数额较大的，处3年以下有期徒刑或者拘役，并处罚金；数额巨大的，处3年以上10年以下有期徒刑，并处罚金；数

① 参见2001年最高人民法院《关于在国有资本控股、参股的股份有限公司中从事管理工作的人员利用职务便利非法占有本公司财物如何定罪问题的批复》。

额特别巨大的，处10年以上有期徒刑或者无期徒刑，并处罚金[①]。

八、挪用资金罪

（一）挪用资金罪的概念和特征

挪用资金罪，是指公司、企业或者其他单位的工作人员，利用职务上的便利，挪用单位资金归个人使用或者借贷给他人，数额较大，超过3个月未还的，或者虽然未超过3个月，但数额较大，进行营利活动或者非法活动的行为。本罪的主要特征是：

（1）本罪侵犯的客体是公司、企业或者其他单位资金的使用收益权，对象则是本单位的资金。本单位的资金，是指由单位所有或实际控制使用的一切以货币形式表现出来的财产。

（2）本罪客观方面表现为利用职务上的便利，挪用本单位资金归个人使用或者借贷给他人，在此前提下具体分为三种情况：一是数额较大、超过3个月未还的；二是虽未超过3个月，但数额较大、进行营利活动的；三是进行非法活动的。

利用职务上的便利，即利用自己主管、管理、经手单位资金的便利条件。挪用，是指不经合法批准，擅自动用所主管、管理、经手的单位资金，并准备归还。挪用包括挪用单位资金归个人使用与借贷给他人两种情况，其中的“他人”包括自然人与法人等单位。根据2000年最高人民法院《关于如何理解刑法第二百七十二条规定的“挪用本单位资金归个人使用或者借贷给他人”问题的批复》，公司、企业或者其他单位的非国家工作人员，利用职务上的便利，挪用本单位资金归本人或者其他自然人使用，或者挪用人以个人名义将所挪用的资金借给其他自然人和单位，构成犯罪的，应当以挪用资金罪定罪处罚。根据2000年最高人民检察院《关于挪用尚未注册成立公司资金的行为适用法律问题的批复》，筹建公司的工作人员在公司登记注册前，利用职务上的便利，挪用准备设立的公司在银行开设的临时账户上的资金，归个人使用或者借贷给他人，构成犯罪的，应当以挪用资金罪论处。

（3）本罪主体必须是公司、企业或者其他单位的工作人员，但不包括国有公司、企业或者其他国有单位中从事公务的人员和国有公司、企业或者其他国有单

① 根据2016年最高人民法院、最高人民检察院《关于办理贪污贿赂刑事案件适用法律若干问题的解释》，《刑法》第271条规定的职务侵占罪中的“数额较大”“数额巨大”的数额起点按本解释关于受贿罪、贪污罪相对应的数额标准规定的2倍、5倍执行，即职务侵占罪的“数额较大”的起点为6万元，“数额巨大”的起点为100万元。

位委派到非国有公司、企业以及其他单位从事公务的人员（其行为符合挪用公款罪的构成要件时，成立挪用公款罪）。根据《刑法》第185条的规定，银行或者其他金融机构的工作人员（国有金融机构工作人员和国有金融机构委派到非国有金融机构从事公务的人员除外），利用职务上的便利挪用本单位或者客户资金的，依照挪用资金罪定罪处罚。根据2000年最高人民法院《关于对受委托管理、经营国有财产人员挪用国有资金行为如何定罪问题的批复》，对于受国家机关、国有公司、企业、事业单位、人民团体委托，管理、经营国有财产的非国家工作人员，利用职务上的便利，挪用国有资金归个人使用构成犯罪的，应当以挪用资金罪定罪处罚。

（4）本罪在主观方面只能出于故意，即行为人明知自己在挪用或借贷本单位资金，并且利用了职务上的便利，仍故意为之。

（二）挪用资金罪的认定

挪用本单位资金的行为，有一般违法违纪行为和犯罪行为之分。二者之间的界限，主要可以从以下两个方面分析：①挪用本单位资金的数额。这是衡量挪用本单位资金行为的社会危害性的一个重要方面，对于挪用资金罪中“数额较大，超过3个月未还的”，“虽未超过3个月，但数额较大、进行营利活动的”这两种情形来说，“数额较大”是构成犯罪的必备要件。因此，在这种情况下，是否达到“数额较大”，就成为区分一般的挪用本单位资金的违法违纪行为和犯罪行为的重要标准之一。对于挪用资金罪中“进行非法活动的”这种情况，虽然刑法并未规定数额上的要求，但是从有关的司法解释的精神看，挪用数额很小，社会危害性不大的，并不作为犯罪，而只是作为一般的违法违纪行为处理。②挪用本单位资金的时间。这是衡量挪用本单位资金行为的社会危害性的另一个重要方面。对于本罪中“数额较大、超过3个月未还的”这种情况而言，“超过3个月未还”就是构成挪用资金罪的必备要件。在这种情况下，挪用本单位资金是否“超过3个月未还”就成为区分一般的挪用本单位资金的违法违纪行为和犯罪行为的重要标准之一。对于挪用资金罪中“虽未超过3个月，但数额较大、进行营利活动的”，“进行非法活动的”这两种情况，虽然刑法中并无时间长短的要求，但是如果挪用的时间很短，造成的社会危害性不大，可以不认为是犯罪，而作为一般的挪用本单位资金的违法违纪行为处理。

（三）挪用资金罪的刑事责任

依照《刑法》第272条的规定，犯本罪的，处3年以下有期徒刑或者拘役；数额巨大的，处3年以上7年以下有期徒刑；数额特别巨大的，处7年以上有期徒刑[①]。

九、挪用特定款物罪

（一）挪用特定款物罪的概念和特征

挪用特定款物罪，是指违反国家财经管理制度，挪用用于救灾、抢险、防汛、优抚、扶贫、移民、救济款物，情节严重，致使国家和人民群众利益遭受重大损害的行为。本罪的主要特征是：

（1）本罪侵犯的客体是国家对特定款物专款专用、专物专用的财经管理制度。本罪侵犯的对象，只能是国家用于救灾、抢险、防汛、优抚、扶贫、移民、救济的特定款物，既包括用于上述用途的由国家预算安排的民政事业费，又包括临时调拨的救灾、抢险、防汛等款物以及由国家募捐的救灾、救济款物。根据国家的有关规定，救灾款应重点用于灾情严重地区自力无法克服生活困难的灾民，不得平均分配和发放。抢险、防汛款用于购买抢险、防汛的物资、通讯器材、设备和其他有关开支。优抚款主要用于烈属、军属、残废军人等的抚恤、生活补助，以及疗养、安置等。救济款主要用于农村中由集体供给、补助后生活仍有困难的“五保”户、贫困户的生活救济；城镇居民中无依无靠、无生活来源的孤、老、残、幼和无固定职业、无固定收入的贫困户的生活救济；无依无靠、无生活来源的散居归侨、外侨以及其他人员的生活困难救济等。挪用失业保险基金与下岗职工基本生活保障资金的，属于挪用救济款物[②]。为了救灾、抢险、防汛、优抚、扶贫、移民、救济等方面的需要，国家临时调拨、募捐的或者用上述专款购置的食品、被服、药品、器材设备以及其他物资，也属于作为本罪对象的特定专用物资。特定款物不得挪作他用，也不得混用。挪用其他款物，即使是专用款物，如教育经费，也不能构成本罪。

（2）本罪在客观方面表现为挪用国家用于救灾、抢险、防汛、优抚、扶贫、移民、救济款物，情节严重，致使国家和人民群众利益遭受重大损害的行为。之

---

① 根据2016年最高人民法院、最高人民检察院《关于办理贪污贿赂刑事案件适用法律若干问题的解释》，《刑法》第272条规定的挪用资金罪中的“数额较大”“数额巨大”以及“进行非法活动”情形的数额起点，按照本解释关于挪用公款罪“数额较大”“情节严重”以及“进行非法活动”的数额标准的2倍执行。

② 参见2003年最高人民检察院《关于挪用失业保险基金和下岗职工基本生活保障资金的行为适用法律问题的批复》。

所以不仅要求“情节严重”，还要求有“重大损害”的结果才追究刑事责任，是因为本罪的挪用行为与贪污罪、挪用公款罪、盗窃罪、诈骗罪中获取财物行为的性质毕竟不同。通常认为，构成挪用特定款物罪的情形包括以下几个方面：造成抗洪、抗旱、抗震、防汛等工作重大困难和损失的；挪用特定款物数额较大，直接侵害群众生活利益或者妨害恢复生产自救的；直接导致灾情扩大的；挪用特定款物而造成群众逃荒、疾病、死亡的等。

（3）本罪的主体是特殊主体，即对保管、分配和使用特定款物直接负责的主管人员和其他直接责任人员。

（4）本罪在主观方面表现为故意，即明知是国家救灾、抢险、防汛、优抚、扶贫、移民、救济款物而故意挪用，过失不能构成本罪。

（二）挪用特定款物罪的刑事责任

依照《刑法》第273条的规定，犯本罪的，处3年以下有期徒刑或者拘役；情节特别严重的，处3年以上7年以下有期徒刑。根据最高人民检察院、公安部《关于公安机关管辖的刑事案件立案追诉标准的规定（二）》的规定，挪用特定款物，具有下列情形之一的，应予追诉：①挪用特定款物数额在5000元以上的；②造成国家和人民群众直接经济损失数额在5万元以上的；③虽未达到上述数额标准，但多次挪用特定款物的，或者造成人民群众的生产、生活严重困难的；④严重损害国家声誉，或者造成恶劣社会影响的；⑤其他致使国家和人民群众利益遭受重大损害的情形。

十、敲诈勒索罪

（一）敲诈勒索罪的概念和特征

敲诈勒索罪，是指敲诈勒索公私财物，数额较大或多次敲诈勒索的行为。本罪的主要特征是：

（1）本罪侵犯的客体是复杂客体，不仅侵犯了公私财产所有权，而且侵犯了他人的人身权利等其他权利。

（2）本罪的客观方面，应当把握三个特征：①行为人对被害人采取了威胁或者要挟的方法。威胁或者要挟的方法，是指对财物的所有人、保管人给予精神上的强制，造成其心理上的恐惧，使其不敢反抗。威胁或者要挟的方法通常包括以对被害人及其亲属的人身实施暴力相威胁，以毁坏被害人的人格、名誉相威胁，以毁坏财物相威胁，以揭发被害人的隐私相威胁，以栽赃陷害相威胁，等等。②

行为人迫使被害人交出数额较大的公私财物或者多次敲诈勒索。③行为人已经实际非法占有了数额较大的公私财物或者已经实施了多次敲诈勒索的行为。敲诈勒索的数额、情节等依据2013年最高人民法院、最高人民检察院《关于办理敲诈勒索刑事案件适用法律若干问题的解释》认定。2年内敲诈勒索3次以上的，应认定为“多次敲诈勒索”。

（3）本罪的主体为一般主体。凡达到法定刑事责任年龄且具有刑事责任能力的自然人均能构成本罪。

（4）本罪在主观方面表现为直接故意，必须具有非法强索他人财物的目的。如果行为人不具有这种目的，或者索取财物的目的并不违法，如债权人为讨还久欠不还的债务而使用带有一定威胁成分的语言，催促债务人加快偿还等，则不构成敲诈勒索罪。

（二）敲诈勒索罪的认定

（1）认定为本罪的情形。以在信息网络上发布、删除等方式处理网络信息为由，威胁、要挟他人，索取公私财物，数额较大，或者多次实施上述行为的，依照《刑法》第274条的规定，以敲诈勒索罪定罪处罚[①]。

（2）本罪与抢劫罪的界限。敲诈勒索罪的威胁方法与抢劫罪的胁迫方法有类似之处，二者又都具有非法占有公私财物的目的，二者的区别在于：①前者的威胁既可以当面实施，也可以不当面实施；既可以由自己实施，也可以通过第三者实施。后者的威胁是当面直接对被害人实施的。②前者威胁的内容既可以是当场实现的，也可以是在以后的某个时间实现的，后者威胁的内容只能是当场可以实现的。③前者既可以是当场取得财物，也可以在以后的某个时间取得财物，后者只能是当场取得财物。

（3）本罪与绑架罪的界限。绑架罪中包括了向被绑架人的近亲属及其他人勒索财物的情况，它与敲诈勒索罪的关键区别在于是否实际上绑架了他人。

【案例6-2-11】甲、乙合谋后，由与丙相识的甲将丙骗往外地游玩，乙给丙的家属打电话，声称已经绑架了丙，借以要求丙的家属支付“赎金”，甲、乙不成立绑架罪，而成立敲诈勒索罪。

（4）本罪的既遂与未遂。被害人基于恐惧心理处分财产，行为人取得财物时，

① 参见2013年最高人民法院、最高人民检察院《关于办理利用信息网络实施诽谤等刑事案件适用法律若干问题的解释》。

就是敲诈勒索罪的既遂。但是如果被害人不是基于恐惧心理交付财物，而是基于怜悯心理提供财物，或者为了配合警察逮捕行为人而按约定时间与地点交付财物的（显然不属于处分财产的行为），只能认定为敲诈勒索罪的未遂。对于“多次敲诈勒索的”次数犯，不以行为人是否实际取得财物为既遂、未遂的标准。

（三）敲诈勒索罪的刑事责任

依照《刑法》第274条的规定，犯本罪的，处3年以下有期徒刑、拘役或者管制，并处或者单处罚金；数额巨大或者有其他严重情节的，处3年以上10年以下有期徒刑，并处罚金；数额特别巨大或者有其他特别严重情节的，处10年以上有期徒刑，并处罚金。

十一、故意毁坏财物罪

（一）故意毁坏财物罪的概念和特征

故意毁坏财物罪，是指故意毁灭或者损坏公私财物，数额较大或者情节严重的行为。本罪的主要特征是：

（1）本罪侵犯的客体是公私财物的所有权。犯罪对象可以是各种形式的公私财物，包括生产资料、生活资料，动产、不动产，等等。如果行为人故意毁坏的是刑法另有规定的某些特定财物，危害其他客体要件的，应按刑法有关规定处理。例如，破坏交通工具、交通设备、易燃易爆设备、广播电视、电信设施等危害公共安全的，按刑法分则第2章有关罪名论处。

（2）本罪客观方面表现为毁坏公私财物的行为。对象为公私财物，既可以是动产，也可以是不动产，危害行为表现为毁坏。

关于毁坏的含义，刑法理论上存在不同学说：①物质的毁坏说，认为毁坏是指通过对物的全部或者部分进行物质性破坏、毁损，以致全部不能或者部分不能遵从该财物的本来用法进行使用的行为。根据这一学说，使他人鱼池的鱼游失、将他人的戒指扔入海中等行为不属于毁坏。②有形侵害说，认为毁坏是指针对物体行使有形力，毁损物体或者损害物体的价值、效用的行为。根据这一观点，使他人鱼池的鱼游失的行为不是毁坏，但将他人的戒指扔入海中的行为属于毁坏。③用法侵害说，认为毁坏是指物质性地损害财物的全体或者部分，或者使物达到不能遵从其本来的用法进行使用的状态的行为。④一般的效用侵害说，认为有损财物效用的一切行为，都是毁坏。

本书采取一般的效用侵害说，即不限于从物理上变更或者消灭财物的形体，而是包括丧失或者减少财物效用的一切行为。财物效用的丧失与减少，不仅包括因为物理上、客观上的损害而导致财物的效用丧失或减少，还包括因为心理上、感情上的缘故而导致财物的效用丧失或者减少；不仅包括财物本身的丧失，还包括被害人对财物占有的丧失等。

毁坏财物数额较大或者有其他严重情节的，才成立本罪。但毁坏耕地或者进行破坏性采矿的，成立其他犯罪，不成立本罪；毁坏交通工具、交通设施、易燃易爆等设备，危害公共安全的，成立危害公共安全的犯罪，也不成立本罪。

（3）本罪的主体是一般主体，凡达到刑事责任年龄且具备刑事责任能力的自然人均能构成本罪。

（4）本罪的主观方面表现为故意。犯罪目的不是非法获取财物而是将财物毁坏，这是侵犯财产罪中毁财型犯罪与其他贪利型犯罪的根本区别。犯罪动机各种各样，一般是出于个人报复或忌妒等心理。除刑法特别规定的失火、过失决水、过失爆炸，以及过失破坏交通工具、交通设备、易燃易爆设备、广播电视、电信设施等犯罪需按有关条文追究刑事责任外，过失毁坏公私财物的，不构成犯罪，属于民事赔偿问题。

（二）故意毁坏财物罪的刑事责任

依照《刑法》第275条的规定，犯本罪的，处3年以下有期徒刑、拘役或者罚金；数额巨大或者有其他特别严重情节的，处3年以上7年以下有期徒刑。

十二、破坏生产经营罪

（一）破坏生产经营罪的概念和特征

破坏生产经营罪，是指由于泄愤报复或者其他个人目的，毁坏机器设备、残害耕畜或者以其他方法破坏生产经营的行为。本罪的主要特征是：

（1）本罪所侵犯的客体是正常的生产经营活动。生产经营，就其范围而言，非常广泛，如工业、农业、林业、牧业、渔业、副业等生产经营活动，以及与这些产业的生产经营密切相关的建筑业、运输业等。就性质而言，生产经营既包括国有的，也包括集体的，还包括私有的、外资的等。只要属于生产经营，不论其属于何种性质，对之加以破坏的，都可构成本罪。

（2）本罪在客观方面表现为毁坏机器设备、残害耕畜或以其他方法破坏生产经营的行为。其他方法多种多样，如切断电源、破坏锅炉、破坏供料线、颠倒冷热供给程序、破坏电脑致使生产指挥、工艺流程产生混乱，以影响工业生产；破坏农业机械、排灌设备、农具，毁坏种子、秧苗、树苗、鱼苗等，毁坏农业生产；破坏运输、储存工具，影响商业经营；等等。其方式既可以表现为积极的作为，如砸碎、烧毁，又可以表现为消极的不作为，如明知有故障而不加以排除。但不论方式如何，采用的手段怎样，破坏的对象都必须与生产经营活动直接相联系，破坏用于生产经营的生产工具、生产工艺、生产对象等。如果是毁坏闲置不用或在仓库备用的机器设备、已经收获并未用于加工生产的粮食、水果，残害已经丧失畜役力的待售肉食牲畜的行为，则由于它们与生产经营活动没有直接联系，因此不能构成本罪。构成犯罪的，应以他罪如故意毁坏财物罪等定罪量刑。

（3）本罪的犯罪主体是一般主体，即凡年满16周岁并具有刑事责任能力的自然人均可成为本罪主体。

（4）本罪在主观方面表现为直接故意，并且具有泄愤报复或者其他个人目的。

（二）破坏生产经营罪的认定

（1）本罪与放火罪、决水罪、爆炸罪、投放危险物质罪的界限。放火、决水、爆炸、投放危险物质也可能被用来破坏生产经营，这时行为不仅触犯了破坏生产经营罪，同时也触犯了危害公共安全罪，属想象竞合犯，从一重处。

（2）本罪与破坏交通工具、破坏交通设施、破坏电力设备及易燃易爆设备犯罪的界限。破坏上述特定对象，往往会直接或者间接地使生产经营遭到破坏，对这种破坏行为进行定性，应主要从犯罪对象和客体上分析，凡破坏生产过程中的上述工具、设备，危害的主要是生产经营的，定破坏生产经营罪；凡破坏的是用于公共生活的上述工具、设备，危害的主要是公共安全的，分别按破坏交通工具罪、破坏交通设施罪、破坏电力设备罪和破坏易燃易爆设备罪等定性。

（3）本罪与重大责任事故罪的界限。区别这两种罪，关键要查明行为人主观罪过的形式，首先查明破坏行为是故意实施的，还是过失实施的，其次查明行为人有无泄愤报复等个人动机。过失实施破坏行为，给生产造成重大损失的，构成重大责任事故罪，而出于泄愤报复等个人目的故意实施破坏生产经营行为的，构成破坏生产经营罪。

（三）破坏生产经营罪的刑事责任

依照《刑法》第276条的规定，犯本罪的，处3年以下有期徒刑、拘役或者管制；情节严重的，处3年以上7年以下有期徒刑。

十三、拒不支付劳动报酬罪

（一）拒不支付劳动报酬罪的概念和特征

拒不支付劳动报酬罪，是指以转移财产、逃匿等方法逃避支付劳动者的劳动报酬或者有能力支付而不支付劳动者的劳动报酬，数额较大，经政府有关部门责令支付仍不支付的行为。本罪的主要特征是：

（1）本罪侵犯的客体是双重客体，既侵犯了劳动者的财产权，又妨碍了正常的劳动用工关系，侵犯了社会主义市场经济秩序。

（2）本罪的客观方面表现为以转移财产、逃匿等方法逃避支付报酬或者有能力支付而不支付劳动者的劳动报酬，数额较大，经政府有关部门责令支付仍不支付。以转移财产、逃匿等方法逃避支付劳动者的劳动报酬，是指以逃避支付劳动者的劳动报酬为目的的下列情形之一：①隐匿财产、恶意清偿、虚构债务、虚假破产、虚假倒闭或者以其他方法转移、处分财产的；②逃跑、藏匿的；③隐匿、销毁或者篡改账目、职工名册、工资支付记录、考勤记录等与劳动报酬相关的材料的；④以其他方法逃避支付劳动报酬的。实际上，“有能力支付而不支付劳动者的劳动报酬”是包含前一种类型的。换言之，即使行为人转移财产或者逃匿，但只要支付了劳动报酬就不可能构成本罪。反之，只要不支付劳动报酬，即使行为人既不转移财产又不逃匿，也可能构成本罪。成立本罪还要求数额较大，根据2013年最高人民法院《关于审理拒不支付劳动报酬刑事案件适用法律若干问题的解释》，具有下列情形之一的，应当认定为“数额较大”：①拒不支付1名劳动者3个月以上的劳动报酬且数额在5000元至2万元以上的；②拒不支付10名以上劳动者的劳动报酬且数额累计在3万元至10万元以上的。只有经政府有关部门责令支付仍不支付的行为才构成本罪。若行为人转移财产、逃匿或者声称拒不支付劳动报酬，但是经政府有关部门责令即支付劳动报酬的，则不构成本罪。

（3）本罪主体为一般主体，即企业和自然人。

（4）本罪在主观方面表现为故意，包括直接故意和间接故意，即主观上明知自己“不支付劳动者劳动报酬”的这种不作为行为会产生劳动者不能及时实际得到劳动报酬的社会危害后果，却希望或放任这种后果发生。

（二）拒不支付劳动报酬罪的刑事责任

依照《刑法》第276条之一的规定，犯本罪的，处3年以下有期徒刑或者拘役，并处或者单处罚金；造成严重后果的，处3年以上7年以下有期徒刑，并处罚金。单位犯本罪的，对单位判处罚金，并对其直接负责的主管人员和其他直接责任人员，依照自然人犯本罪的规定处罚。拒不支付劳动报酬，尚未造成严重后果，在提起公诉前支付劳动者的劳动报酬，并依法承担相应赔偿责任的，可以减轻或者免除处罚。

思考题

1. 如何界定“入户抢劫”中“户”的范围？
2. 如何认定盗窃罪的着手、未遂与既遂？
3. 如何定性“携带凶器抢夺”？
4. 如何理解故意毁坏财物罪中的“毁坏”？
5. 如何区分职务侵占罪与贪污罪？
6. 如何区分挪用资金罪与挪用公款罪？

阅读书目

1. 刘明祥：《财产罪专论》，中国人民大学出版社2019年版。
2. 徐一新、王高明：《侵犯财产罪案例与实务》，清华大学出版社2018年版。
3. 张明楷：《侵犯人身罪与侵犯财产罪》，北京大学出版社2021年版。

第七章　妨害社会管理秩序罪

妨害社会管理秩序罪，大多以违反秩序管理法规为前提。秩序管理法规中，一部分与道德规范有密切联系，另一部分则与道德规范没有密切联系，因此，本章犯罪中既有传统型的自然犯，也有现代型的法定犯。

第一节　妨害社会管理秩序罪概述

一、妨害社会管理秩序罪的概念和特征

（一）妨害社会管理秩序罪的概念

妨害社会管理秩序罪，是指故意或过失妨害国家机关或者其他有关机构对日常社会的管理活动，破坏社会正常秩序，情节严重，依法应予刑罚处罚的行为。

刑法规定本类犯罪是为了维护社会管理秩序。社会秩序是指社会生活所必须遵守的行为准则与国家管理活动所调整的社会模式、结构体系和社会关系的有序性、稳定性与连续性。人类并不仅仅满足于能够生存下去的状态，相反具有从混乱走向秩序的倾向。但秩序的形成与维护需要规范，一定的社会秩序总是与一定的行为准则相联系；秩序的形成与维护也需要管理，一定的社会秩序总是依赖于一定的管理活动。公民遵守行为准则与国家从事管理活动，是维护社会秩序的基本条件。因此，在某种意义上说，社会秩序与社会管理秩序是同义语。

所谓社会管理秩序，是一个含义十分广泛的概念，可以从广义、中间意义以及狭义三个层面加以理解。广义的社会管理秩序是指国家机关或有关机构对社会方方面面进行管理所形成的整个社会有条不紊的状态。国家机关或有关机构对社会的管理活动是多方面的，例如政治管理、经济管理、文化管理等，这样的管理形成了相对应的秩序，如政治秩序、经济秩序、文化秩序等。中间意义上的社会管理秩序是指除经济秩序、政治秩序以外的社会秩序，包括军事管理秩序、财产

管理秩序等。狭义的社会管理秩序是指国家机关或有关机构对日常社会生活进行管理而形成的有序状态。这种日常生活，如公共生活、治安管理、司法活动、文化管理、自然资源和环境保护等，既有别于国家生活，也不同于个人生活，成为相对独立的一个领域。刑法所规定的犯罪都从不同角度破坏了社会管理秩序。

本章犯罪所侵犯的社会管理秩序，指的是狭义的社会管理秩序，即除政治秩序、经济秩序、公共安全、公民权利、财产关系、职务行为的廉洁性、国防利益、国家机关正常活动、军事利益以外的其他社会管理秩序。

（二）妨害社会管理秩序罪的特征

（1）本类犯罪侵犯的客体是社会管理秩序，即国家机关或其他有关机构依法对社会进行管理而形成的有序状态。

（2）本类犯罪客观方面表现为行为人实施了违反国家的秩序管理法规，妨害国家对社会的管理活动，破坏社会秩序，情节严重的行为。本章犯罪都表现为妨害国家对社会的管理活动，破坏社会秩序，并且情节严重，因此，大多属于作为犯罪。由于社会管理秩序的范围广泛，秩序管理活动的范围也广泛，妨害社会管理秩序的犯罪行为的具体内容与表现形式多种多样，这是本章犯罪的重要特点。

（3）本类犯罪主体多为一般主体，也有少数是特殊主体。在本章的自然人犯罪主体中，除贩卖毒品罪的主体可以是已满14周岁且具有辨认控制能力的自然人以外，其他自然人犯罪主体必须是已满16周岁且具有辨认控制能力的自然人。少数犯罪要求行为人具有特殊身份，如包庇、纵容黑社会性质组织罪。个别犯罪的主体只能是单位，如采集、供应血液、制作、供应血液制品事故罪。少数犯罪主体既可以由自然人构成也可以由单位构成，如掩饰、隐瞒犯罪所得、犯罪所得收益罪。

（4）本类犯罪主观方面大多数出于故意，其中有少数犯罪要求行为人出于特定目的。例如，赌博罪主观方面要求以营利为目的，制作、复制、出版、贩卖、传播淫秽物品牟利罪主观方面必须以牟利为目的。但也有少数犯罪主观上表现为过失，如医疗事故罪等。

二、妨害社会管理秩序罪的种类

根据《刑法》分则第六章的规定，妨害社会管理秩序罪分为以下九类：

（1）扰乱公共秩序罪。这类犯罪妨害了社会公众生活秩序以及公共场所秩序，具体包括56个罪名：妨害公务罪，袭警罪，煽动暴力抗拒法律实施罪，招摇撞骗罪，伪造、变造、买卖国家机关公文、证件、印章罪，盗窃、抢夺、毁灭国家机关公文、证件、印章罪，伪造公司、企业、事业单位、人民团体印章罪，伪造、变造、买卖身份证件罪，使用虚假身份证件、盗用身份证件罪，冒名顶替罪，非法生产、买卖警用装备罪，非法获取国家秘密罪，非法持有国家绝密、机密文件、资料、物品罪，非法生产、销售专用间谍器材、窃听、窃照专用器材罪，非法使用窃听、窃照专用器材罪，组织考试作弊罪，非法出售、提供试题、答案罪，代替考试罪，非法侵入计算机信息系统罪，非法获取计算机信息系统数据、非法控制计算机信息系统罪，提供侵入、非法控制计算机信息系统程序、工具罪，破坏计算机信息系统罪，拒不履行信息网络安全管理义务罪，非法利用信息网络罪，帮助信息网络犯罪活动罪，扰乱无线电通讯管理秩序罪，聚众扰乱社会秩序罪，聚众冲击国家机关罪，扰乱国家机关工作秩序罪，组织、资助非法聚集罪，聚众扰乱公共场所秩序、交通秩序罪，投放虚假危险物质罪，编造、故意传播虚假恐怖信息罪，编造、故意传播虚假信息罪，高空抛物罪，聚众斗殴罪，寻衅滋事罪，催收非法债务罪，组织、领导、参加黑社会性质组织罪，入境发展黑社会组织罪，包庇、纵容黑社会性质组织罪，传授犯罪方法罪，非法集会、游行、示威罪，非法携带武器、管制刀具、爆炸物参加集会、游行、示威罪，破坏集会、游行、示威罪，侮辱国旗、国徽、国歌罪，侵害英雄烈士名誉、荣誉罪，组织、利用会道门、邪教组织、利用迷信破坏法律实施罪，组织、利用会道门、邪教组织、利用迷信致人重伤、死亡罪，聚众淫乱罪，引诱未成年人聚众淫乱罪，盗窃、侮辱、故意毁坏尸体、尸骨、骨灰罪，赌博罪，开设赌场罪，组织参与国（境）外赌博罪，故意延误投递邮件罪。

（2）妨害司法罪。这类犯罪妨害了司法机关的正常活动秩序，具体包括20个罪名：伪证罪，辩护人、诉讼代理人毁灭证据、伪造证据、妨害作证罪，妨害作证罪，帮助毁灭、伪造证据罪，虚假诉讼罪，打击报复证人罪，泄露不应公开的案件信息罪，披露、报道不应公开的案件信息罪，扰乱法庭秩序罪，窝藏、包庇罪，拒绝提供间谍犯罪、恐怖主义犯罪、极端主义犯罪证据罪，掩饰、隐瞒犯罪所得、犯罪所得收益罪，拒不执行判决、裁定罪，非法处置查封、扣押、冻结的财产罪，破坏监管秩序罪，脱逃罪，劫夺被押解人员罪，组织越狱罪，暴动越狱罪，聚众持械劫狱罪。

（3）妨害国（边）境管理罪。这类犯罪妨害了国（边）境管理秩序，具体包括8个罪名：组织他人偷越国（边）境罪，骗取出境证件罪，提供伪造、变造的出入境证件罪，出售出入境证件罪，运送他人偷越国（边）境罪，偷越国（边）

境罪，破坏界碑、界桩罪，破坏永久性测量标志罪。

（4）妨害文物管理罪。这类犯罪妨害了国家对文物的管理秩序，具体包括10个罪名：故意损毁文物罪，故意损毁名胜古迹罪，过失损毁文物罪，非法向外国人出售、赠送珍贵文物罪，倒卖文物罪，非法出售、私赠文物藏品罪，盗掘古文化遗址、古墓葬罪，盗掘古人类化石、古脊椎动物化石罪，抢夺、窃取国有档案罪，擅自出卖、转让国有档案罪。

（5）危害公共卫生罪。这类犯罪妨害了公共卫生管理秩序，具体包括13个罪名：妨害传染病防治罪，传染病菌种、毒种扩散罪，妨害国境卫生检疫罪，非法组织卖血罪，强迫卖血罪，非法采集、供应血液、制作、供应血液制品罪，采集、供应血液、制作、供应血液制品事故罪，非法采集人类遗传资源、走私人类遗传资源材料罪，医疗事故罪，非法行医罪，非法进行节育手术罪，非法植入基因编辑、克隆胚胎罪，妨害动植物防疫、检疫罪。

（6）破坏环境资源保护罪。这类犯罪破坏了环境资源保护，妨害了对环境资源的管理秩序，具体包括16个罪名：污染环境罪，非法处置进口的固体废物罪，擅自进口固体废物罪，非法捕捞水产品罪，危害珍贵、濒危野生动物罪，非法猎捕、收购、运输、出售陆生野生动物罪，非法狩猎罪，非法占用农用地罪，破坏自然保护地罪，非法采矿罪，破坏性采矿罪，危害国家重点保护植物罪，非法引进、释放、丢弃外来物种罪，盗伐林木罪，滥伐林木罪，非法收购、运输盗伐、滥伐的林木罪。

（7）走私、贩卖、运输、制造毒品罪。这类犯罪通称为毒品犯罪，妨害了国家对毒品的禁止、管理秩序，危害了公共健康，具体包括12个罪名：走私、贩卖、运输、制造毒品罪，非法持有毒品罪，包庇毒品犯罪分子罪，窝藏、转移、隐瞒毒品、毒赃罪，非法生产、买卖、运输制毒物品、走私制毒物品罪，非法种植毒品原植物罪，非法买卖、运输、携带、持有毒品原植物种子、幼苗罪，引诱、教唆、欺骗他人吸毒罪，强迫他人吸毒罪，容留他人吸毒罪，非法提供麻醉药品、精神药品罪，妨害兴奋剂管理罪。

（8）组织、强迫、引诱、容留、介绍卖淫罪。这类犯罪妨害了国家对社会风尚的管理秩序，具体包括6个罪名：组织卖淫罪，强迫卖淫罪，协助组织卖淫罪，引诱、容留、介绍卖淫罪，引诱幼女卖淫罪，传播性病罪。

（9）制作、贩卖、传播淫秽物品罪。这类犯罪妨害了国家对文化市场以及性风尚的管理秩序，具体包括5个罪名：制作、复制、出版、贩卖、传播淫秽物品牟利罪，为他人提供书号出版淫秽书刊罪，传播淫秽物品罪，组织播放淫秽音像制品罪，组织淫秽表演罪。

第二节 扰乱公共秩序罪罪名分述

一、妨害公务罪

（一）妨害公务罪的概念和特征

妨害公务罪，是指以暴力、威胁方法阻碍国家机关工作人员依法执行职务，阻碍人民代表大会代表依法执行代表职务，阻碍红十字会工作人员依法履行职责的行为；或者故意阻碍国家安全机关、公安机关依法执行国家安全工作任务，虽未使用暴力、威胁方法，但造成严重后果的行为。本罪的主要特征是：

（1）本罪侵犯的客体是国家机关、人民代表大会、红十字会、国家安全机关以及公安机关依法执行职务的活动。本罪侵害的对象是依法正在执行职务的国家机关工作人员。执行职务，既包括在国家机关工作时间和场所内进行公务活动，也包括根据特定的命令在其他场所进行公务活动。比如，公安人员不论在何时何地抓捕正在实施犯罪的犯罪嫌疑人，都是依法执行职务。但是超越职权范围的活动，或者滥用职权侵犯国家和人民群众利益的活动，受到他人阻止的，不构成妨害公务罪。本罪的犯罪对象还包括人民代表大会代表和红十字会工作人员。如果阻碍军人执行职务的，依据《刑法》第368条的规定以阻碍军人执行职务罪处罚，不成立妨害公务罪。依法执行国家安全工作任务的国家安全机关、公安机关，依法执行职务的人民警察也是本罪的犯罪对象。

【案例7-2-01】警察调解完甲乙的纠纷，签字后甲心里不平，用脚踹警察，致其轻伤。甲不构成妨害公务罪，而构成故意伤害罪。

（2）本罪客观方面表现为下列阻碍执行职务的情形之一：①以暴力、威胁方法阻碍国家机关工作人员依法执行职务。这是妨害公务罪的典型类型。暴力，指对国家工作人员的身体实行打击或强制，如殴打、捆绑等。威胁，指以口头或者书面的形式，对国家工作人员以实行杀害、伤害、破坏名誉等相要挟，阻碍执行公务。②以暴力、威胁的方法阻碍人民代表大会代表依法执行代表职务。③在自然灾害和突发性事件中，以暴力、威胁方法阻碍红十字会工作人员依法履行职责。④虽未使用暴力、威胁方法，但阻碍国家安全机关、公安机关依法执行国家安全任务，造成严重后果。与前三种类型不同，阻碍执行国家安全工作任务的行为，不要求使用暴力、胁迫方法，但要求造成严重后果。严重后果包括犯罪嫌疑人逃跑，侦查线索中断，犯罪证据灭失，犯罪现场遭到严重破坏，赃款赃物被转移等。

（3）本罪主体必须是已满16周岁并具有辨认、控制能力的自然人，至于行为人与国家机关工作人员的职务行为有无特定关系，不是定罪量刑的考虑因素。

（4）本罪主观方面只能是故意，行为人明知国家机关工作人员、人民代表大会代表、红十字会工作人员、国家安全机关、公安机关的人员正在依法执行或履行职务，而故意以暴力、胁迫方法予以阻碍，希望或者放任使之无法正常执行职务或者履行职责的结果发生。如果行为人不知道所侵害的对象是上述人员，或者虽然知道是上述人员，但不知道其正在依法执行职务，或者误认为其依法执行公务的行为不合法，而加以阻碍，则不构成本罪。

【案例7-2-02】甲看到朋友乙与丙在打架，便上前将丙打成轻伤，实际上丙是便衣警察，正在抓捕乙。甲没有妨害公务的故意，只有故意伤害的故意，所以甲不构成妨害公务罪，而构成故意伤害罪。

（二）妨害公务罪的认定

（1）罪与非罪的界限。对于人民群众与国家机关工作人员的违法乱纪活动作斗争的行为，应当予以鼓励，不能认定为本罪。对于人民群众因合理要求没有得到满足而与国家机关工作人员发生轻微冲突的行为，应当正确疏导，不能认定为本罪。对于使用了轻微暴力、胁迫手段但客观上不足以阻碍国家机关工作人员依法执行职务的行为，应当批评教育，不能认定为犯罪。依法执行公务的对方（如被逮捕者）实施的一般暴力、胁迫行为，不宜认定为妨害公务罪。

（2）正确区分一罪与数罪。如果行为人暴力妨害公务的行为造成了国家机关工作人员、人民代表大会代表、红十字会工作人员、国家安全机关以及公安机关人员的人身伤害或死亡，属于想象竞合犯，应从一重罪论处。妨害公务的行为，可能成为其他犯罪的手段，在这种情况下，原则上应从一重罪论处，但刑法有特别规定的，应当依照刑法的特别规定处理。例如，以暴力、胁迫方法抗拒缉私的，应以走私罪和本罪实行数罪并罚。再如，在运送他人偷越国（边）境中以暴力、胁迫方法抗拒检查的，应选择刑法规定的较重法定刑。此外，本罪的暴力行为如果触犯了其他罪名，如暴力行为致人重伤，抢夺依法执行职务的司法工作人员的枪支等，原则上应从一重罪论处。

（三）妨害公务罪的刑事责任

依照《刑法》第277条第1款至第4款的规定，犯本罪的，处3年以下有期徒刑、拘役、管制或者罚金。这种较轻的法定刑，说明了本罪中的暴力不包括致人重伤、死亡。

二、袭警罪

（一）袭警罪的概念和特征

袭警罪，是指暴力袭击正在依法执行职务的人民警察的行为。本罪的主要特征是：

（1）本罪侵犯的客体是复杂客体，包括国家正常管理秩序和人民警察的人身权益。人民警察执法代表了国家对社会的管理，暴力袭击正在执法的人民警察，既妨害了国家正常社会管理秩序，还可能给执法的人民警察的人身权益造成危险或者侵害。

（2）本罪客观方面表现为暴力袭击正在依法执行职务的人民警察。具体包括以下几个方面：①必须实施了暴力袭击行为，但不要求造成伤害后果[①]。这里的暴力袭击行为包括：第一，实施撕咬、踢打、抱摔、投掷等，对民警人身进行攻击的；第二，实施打砸、毁坏、抢夺民警正在使用的警用车辆、警械等警用装备，对民警人身进行攻击的。因此，这里的“暴力”不仅仅是对人施加的强制力，也包括对物体实施的阻碍人民警察正常执行公务的强制力。如果行为人实施的不是暴力袭击行为而是威胁行为，则不构成本罪，即如果仅仅是以威胁方法阻碍警察依法执行职务的，只能构成妨害公务罪，依照《刑法》第277条第1款的规定处罚。②暴力袭击的对象必须是正在依法执行职务的人民警察[②]。本款规定的警察既包括执行刑事追诉相关的侦查职责的警察，也包括根据其他法律执行治安管理等职责的警察；既包括公安机关、国家安全机关、监狱的人民警察，也包括人民法院、人民检察院的司法警察。如果行为人袭击的对象不是人民警察而是其他国家机关工作人员，不构成本罪，构成妨害公务罪的，依照《刑法》第277条第1款的规定处罚。③行为人暴力袭击的是“正在依法执行职务”的警察，为了报复其执

① 参见2019年最高人民法院、最高人民检察院、公安部《关于依法惩治袭警违法犯罪行为的指导意见》。

②《中华人民共和国人民警察法》第2条规定：人民警察包括公安机关、国家安全机关、监狱的人民警察和人民法院、人民检察院的司法警察。”

法行为而对警察实施暴力袭击、拦截、恐吓等行为，符合《刑法》第234条、第232条、第293条等规定的，应当以故意伤害罪、故意杀人罪、寻衅滋事罪等定罪。

（3）本罪主体是一般主体，即年满16周岁并具有刑事责任能力的自然人。单位妨碍警察执法的行为，应按照自然人犯罪处理，追究单位负责人、直接责任人的刑事责任。

（4）本罪主观方面是故意。故意形态只能是直接故意，间接故意和过失不构成本罪，并且行为人明知对方是正在执行职务的人民警察。

（二）袭警罪的认定

（1）本罪与妨害公务罪的区分。与妨害公务罪相比，袭警罪的行为对象和手段行为具有特殊性，行为对象必须是正在依法执行职务的人民警察，手段行为必须具有暴力性质，并对使用枪支、管制刀具或者驾驶机动车撞击等手段从严处罚。按照上述规定，对于妨害人民警察依法执行职务的，并非一律认定为本罪，而应当根据具体情形进行确定。第一，对于以威胁的方法妨害人民警察依法执行公务的，适用《刑法》第277条第1款的规定，应认定为妨害公务罪。第二，对于故意阻碍公安机关依法执行国家安全工作任务，未使用暴力、威胁方法，造成严重后果的，适用《刑法》第277条第4款的规定，认定为妨害公务罪。

（2）正确区分一罪与数罪。行为人暴力袭击正在执行职务的人民警察，造成人民警察重伤、死亡或者其他严重后果，构成故意伤害罪、故意杀人罪等犯罪的，依照处罚较重的规定定罪处罚；如果行为人以暴力方法抗拒人民警察缉私的，应当依照走私罪和袭警罪数罪并罚；如果行为人以暴力方法抗拒其他国家机关工作人员缉私的，应当依照走私罪和妨害公务罪数罪并罚。

（三）袭警罪的刑事责任

依照《刑法》第277条第5款的规定，犯本罪的，处3年以下有期徒刑、拘役或者管制；使用枪支、管制刀具或者以驾驶机动车撞击等手段，严重危及人民警察人身安全的，处3年以上7年以下有期徒刑。

三、煽动暴力抗拒法律实施罪

（一）煽动暴力抗拒法律实施罪的概念和特征

煽动暴力抗拒法律实施罪，是指故意煽动群众暴力抗拒国家法律、行政法规的实施，扰乱公共秩序的行为。

本罪侵犯的客体是国家法律和行政法规的正常实施秩序。本罪的客观方面表现为煽动群众暴力抗拒国家法律、行政法规实施，扰乱社会秩序的行为。煽动是指以鼓动性言词或文字引导、劝诱、挑动、促使群众实施某种行为。本罪的主体为一般主体，即年满16周岁且具有刑事责任能力的自然人。本罪的主观方面表现为故意，即明知自己的行为会发生群众暴力抗拒国家法律、行政法规实施的结果并且希望这种结果发生的心理状态。过失不能构成本罪。

（二）煽动暴力抗拒法律实施罪的认定

（1）本罪与煽动分裂国家罪、煽动颠覆国家政权罪的界限。主要在于目的和煽动的内容不同，煽动暴力抗拒法律实施罪以阻碍法律、行政法规实施为目的，煽动群众使用暴力抗拒法律、行政法规的实施；而煽动分裂国家罪和煽动颠覆国家政权罪，则是以分裂国家或者倾覆国家政权和社会主义制度为目的，煽动民族分裂、地方割据或者煽动推翻人民民主专政政权和社会主义制度。

（2）本罪与妨害公务罪的界限。《刑法》第277条第1款“以暴力、威胁方法阻碍国家机关工作人员依法执行职务”和第4款“故意阻碍国家安全机关、公安机关依法执行国家安全工作任务，未使用暴力、威胁方法，造成严重后果”，是妨害公务罪的两种客观表现。法律、行政法规的实施是通过行政执法人员、司法人员执行公务来进行的，因而阻碍其执行公务也可看作阻碍法律、行政法规实施。但本罪所针对的不是具体的执行公务行为，而是国家法律、行政法规的实施。二者的客观表现不同，后者表现为行为人以暴力、威胁的方法阻碍国家机关工作人员、人大代表、红十字会工作人员，或未使用暴力、威胁方法阻碍国家安全机关、公安机关依法执行职务或履行职责。如果行为人在煽动特定的多数人暴力抗拒法律、行政法规实施时，在煽动的具体内容中又有以暴力等方法阻碍公务行为的，属想象竞合犯，应以煽动暴力抗拒法律实施罪定罪处罚。

（3）本罪的既遂与未遂。煽动暴力抗拒法律实施罪属于行为犯，只要行为人实施了此种犯罪，即构成本罪的既遂，并不要求被煽动的群众实施了暴力抗拒法律实施的行为，也不要求被煽动群众的抗拒行为造成严重的后果。

（三）煽动暴力抗拒法律实施罪的刑事责任

依照《刑法》第278条的规定，犯本罪的，处3年以下有期徒刑、拘役、管制或者剥夺政治权利；造成严重后果的，处3年以上7年以下有期徒刑。

四、招摇撞骗罪

（一）招摇撞骗罪的概念和特征

招摇撞骗罪，是指以谋取非法利益为目的，冒充国家机关工作人员招摇撞骗的行为。本罪的主要特征是：

（1）本罪侵犯的客体是国家机关的威信及其正常活动，同时损害公共利益或公民的合法权益。

（2）本罪客观方面表现为冒充国家机关工作人员进行招摇撞骗的行为。冒充，是指冒充国家机关中依法从事公务的人员的身份或职位，可以是非国家机关工作人员冒充国家机关工作人员（包括离职的国家机关工作人员冒充在职的国家机关工作人员），也可以是此种国家机关工作人员冒充彼种国家机关工作人员，如行政机关工作人员冒充司法机关工作人员，还可以是下级国家机关工作人员冒充上级国家机关工作人员，当然也包括相反的情况。本罪的客观方面包括冒充国家机关工作人员与招摇撞骗两个行为，如果行为人只是冒充国家机关工作人员而未进行招摇撞骗，或者虽然招摇撞骗但冒充的不是国家机关工作人员，则不构成本罪。

【案例7-2-03】甲整天向他人声称自己是国家机关工作人员，但没有其他动作，甲的行为只有“招摇”，而没有“撞骗”，因此不构成犯罪。

（3）本罪主体为一般主体，即任何达到刑事责任年龄，并具备刑事责任能力的人都可以成为本罪的主体。非国家工作人员和国家工作人员均可构成本罪。

（4）本罪主观方面只能是出于故意，其犯罪目的是为了谋取非法利益。这里所说的“非法利益”，不单指物质利益，也包括各种非物质利益，例如，为了骗取某种政治待遇或者荣誉，甚至为了骗取“爱情”，玩弄异性等。

（二）招摇撞骗罪的认定

（1）本罪与诈骗罪的关系。关于本罪与诈骗罪的关系，刑法理论界存在重大分歧，有的主张二者是普通法条与特殊法条的法条竞合关系，有的主张二者只可能出现事实的竞合，属于想象竞合犯。法条竞合的观点会得出不合理的结论，如果按照特殊法条优先的原则，适用特殊法条以招摇撞骗罪定罪处罚，但招摇撞骗罪的最高法定刑为10年有期徒刑，而诈骗罪的最高法定刑为无期徒刑，适用招摇撞骗罪的法条明显做不到罪刑相适应，而且这两个罪的法益并不存在包含关系。

而按照想象竞合的观点，可以有效地克服法条竞合观点的局限。目前，刑法理论界和司法实践的主流观点都采取了想象竞合的观点①。

（2）本罪与敲诈勒索罪的界限。在司法实践中，行为人冒充国家机关工作人员的身份进行招摇撞骗与假冒国家机关工作人员的身份向被害人进行胁迫、威逼、强行索取财物的行为类似。这两种行为都与职务的国家权力性质有关，其区别在于前者是利用冒充国家机关工作人员的身份欺骗被害人，使之自愿地交出财物，而后者是利用冒充国家机关工作人员的身份恐吓、威胁被害人，使之由于恐惧、害怕而被迫交出财物；前者一般采取比较平和的手段进行，而后者一般采用暴力、威胁的方法进行。

（三）招摇撞骗罪的刑事责任

依照《刑法》第279条的规定，犯本罪的，处3年以下有期徒刑、拘役、管制或者剥夺政治权利；情节严重的，处3年以上10年以下有期徒刑。冒充人民警察招摇撞骗的，从重处罚。

五、伪造、变造、买卖国家机关公文、证件、印章罪

伪造、变造、买卖国家机关公文、证件、印章罪，是指伪造、变造、买卖国家机关的公文、证件、印章的行为。本罪的主要特征是：

（1）本罪侵犯的客体为国家对社会的正常管理秩序。国家机关是代表国家行使管理社会职能的机构，国家机关的公文、证件、印章是国家机关管理社会的重要手段，伪造、变造、买卖国家机关公文、证件、印章的行为，严重扰乱了国家机关管理社会的秩序，具有相当的社会危害性，应予刑罚处罚。

（2）本罪客观方面表现为实施了伪造、变造、买卖国家机关的公文、证件、印章的行为。国家机关包括立法机关、行政机关与司法机关，以及中国共产党的各级机关和中国人民政治协商会议的各级机关。公文，是指以国家机关名义制作的处理公务的文书，即公文书。证件，一般是指有权制作的国家机关颁发的，用以证实身份、权利义务关系或者其他事项的凭证。印章，是指固定了国家机关名

① 2011年最高人民法院、最高人民检察院《关于办理诈骗刑事案件具体应用法律若干问题的解释》第8条规定："冒充国家机关工作人员进行诈骗，同时构成诈骗罪和招摇撞骗罪的，依照处罚较重的规定定罪处罚。"2011年最高人民法院、最高人民检察院《关于办理妨害武装部队制式服装、车辆号牌管理秩序等刑事案件具体应用法律若干问题的解释》第6条规定："实施刑法第三百七十五条规定的犯罪行为，同时又构成逃税、诈骗、冒充军人招摇撞骗等犯罪的，依照处罚较重的规定定罪处罚。"

称等内容并可以通过一定方式表示在其他物体上的图章，应包括印形与印影。印影是指印形加盖在纸张等物体上呈现的形象。伪造公文、证件，是指伪造应当由国家机关制作的公文、证件，包括有形伪造和无形伪造。有形伪造公文、证件是指没有制作权限的人，冒用国家机关名义制作公文、证件。无形伪造公文、证件是指有制作权限的人，擅自以国家机关的名义制作与事实不相符合的公文、证件。

（3）本罪主体是一般主体，即年满16周岁并具有刑事责任能力的自然人，单位不能成为本罪的主体。

（4）本罪主观方面是故意，而且一般为直接故意，即行为人明知其行为是伪造、变造、买卖国家机关公文、证件、印章而决意为之。

依照《刑法》第280条第1款的规定，犯本罪的，处3年以下有期徒刑、拘役、管制或者剥夺政治权利，并处罚金；情节严重的，处3年以上10年以下有期徒刑，并处罚金。伪造、变造、买卖国家机关的公文、证件、印章并用于诈骗、招摇撞骗等犯罪活动的，是牵连犯，按照其中的重罪处罚。

六、盗窃、抢夺、毁灭国家机关公文、证件、印章罪

盗窃、抢夺、毁灭国家机关公文、证件、印章罪，是指盗窃、抢夺、毁灭国家机关的公文、证件、印章的行为。

依照《刑法》第280条第1款的规定，犯本罪的，处3年以下有期徒刑、拘役、管制或者剥夺政治权利，并处罚金；情节严重的，处3年以上10年以下有期徒刑，并处罚金。

七、伪造公司、企业、事业单位、人民团体印章罪

伪造公司、企业、事业单位、人民团体印章罪，是指没有制作权限的人，擅自伪造公司、企业、事业单位、人民团体的印章的行为。公司、企业，包括国有公司、企业，集体性质的公司、企业以及私营和中外合资、中外合作的公司、企业。事业单位与人民团体，没有所有制的限定。伪造印章，包括伪造印形与印影。

2001年最高人民法院、最高人民检察院《关于办理伪造、贩卖伪造的高等院校学历、学位证明刑事案件如何适用法律问题的解释》规定："对于伪造高等院校印章制作学历、学位证明的行为，应当依照刑法第二百八十条第二款的规定，以伪造事业单位印章罪定罪处罚。明知是伪造高等院校印章制作的学历、学位证明而贩卖的，以伪造事业单位印章罪的共犯论处。"本书认为，明知是伪造高等院校印章制作的学历、学位证明而贩卖的，只有事前与伪造者通谋的，才能认定为伪

造事业单位印章罪的共犯；如果在伪造者伪造学历、学位证明后再贩卖的，即使明知为伪造的学历、学位证明，也不能认定为伪造事业单位印章罪的共犯，否则有悖于《刑法》总则关于共同犯罪的规定。

依照《刑法》第280条第2款的规定，犯本罪的，处3年以下有期徒刑、拘役、管制或者剥夺政治权利，并处罚金。

八、伪造、变造、买卖身份证件罪

伪造、变造、买卖身份证件罪，是指伪造、变造、买卖居民身份证、护照、社会保障卡、驾驶证等依法可以用于证明身份的证件的行为。

伪造不仅包括无权制作身份证件的人擅自制作身份证件，而且包括有权制作人制作虚假的身份证件。变造身份证件，是指对真实有效的身份证件的非本质部分进行加工、修改；如果对真实有效的身份证件的本质部分进行加工、修改，则属于伪造身份证件，如更改真实身份证件的姓名、照片的行为，应认定为伪造身份证件。伪造、变造、买卖身份证件罪是伪造、变造、买卖国家机关证件罪的特殊法条，即刑法将身份证、护照、社会保障卡、驾驶证等依法可以用于证明身份的证件从一般国家机关证件中独立出来，规定了独立的罪名。

依照《刑法》第280条第3款的规定，犯本罪的，处3年以下有期徒刑、拘役、管制或者剥夺政治权利，并处罚金；情节严重的，处3年以上7年以下有期徒刑，并处罚金。

九、使用虚假身份证件、盗用身份证件罪

（一）使用虚假身份证件、盗用身份证件罪的概念和特征

使用虚假身份证件、盗用身份证件罪，是指行为人在依照国家规定应当提供身份证明的活动中，使用伪造、变造的身份证、护照、社会保障卡、驾驶证等虚假身份证件的行为，或者盗用他人身份证件，情节严重的行为。本罪的主要特征是：

（1）本罪侵犯的客体是社会公共信用，及行为人使用伪造、变造的居民身份证、护照、社会保障卡、驾驶证等虚假身份证件对社会诚实信用秩序带来的破坏。犯罪对象是虚假的居民身份证、护照、社会保障卡、驾驶证等或者他人的真实的身份证件。此处应当注意对“虚假身份证件”的理解，刑法采用列举加兜底的立法模式，在身份证、护照、社会保障卡、驾驶证后又用了“等依法可以用于证明

身份的证件”进行概括性规定，目的在于严密刑事法网。因此，对“依法可以用于证明身份的证件”应当作限制解释，即仅限于记载的个人信息量和社会公信力与居民身份证、护照、社会保障卡、驾驶证相当的证件。

（2）本罪客观方面表现为在依照国家规定应当提供身份证明的活动中，使用伪造、变造的居民身份证、护照、社会保障卡、驾驶证等依法可以用于证明身份的证件，或者盗用他人的身份证件，情节严重的行为。具体包括以下三个方面的内容：①在依照国家规定应当提供身份证明的活动中实施。国家规定，是指全国人民代表大会及其常务委员会制定的法律、发布的决定，国务院制定的行政法规、规定的行政措施、发布的决定和命令。身份证明，是指由国家相关部门制发的可用于证明公民身份的证件，如居民身份证、护照、社会保障卡、驾驶证等，实践中还应当包括居民户口簿、临时身份证、军官证、武警警官证、士兵证、军队学员证、军队文职干部证、军队离退休干部证、港澳居民来往内地通行证、往来港澳通行证、台湾居民来往大陆通行证、大陆居民往来台湾通行证、外国人居留证、外国人出入境证、外交官证、领事官证、海员证等证件。应当提供真实身份的活动，是指具有重要社会意义或者直接与行为人的权利义务密切相关的活动，行为人在这些活动中需要提供相应的证件以证明其身份具有参加该活动或者享有某权利的资格。例如，在国家组织的公务员考试中，考生需要携带身份证以证明其具有参加公务员考试的资格；驾驶员在驾驶机动车时要随身携带驾驶证以证明其具有驾驶机动车的资格。②使用伪造、变造的或者盗用他人的可以用于证明身份的证件。伪造是指编造、捏造可以用于证明身份的证件，以假乱真；变造是指用涂改、擦消、拼接等方法对用于证明身份证件的姓名、年龄等事项内容进行变更；盗用是指盗窃他人可用于证明身份的证件并使用。使用伪造、变造的居民身份证、护照、社会保障卡、驾驶证等虚假身份证件，是指该证件不是国家机关制作、颁发的，而是伪造、变造的虚假证件，至于证件上的内容是不是行为人的真实身份信息，不影响对本罪的认定。③必须达到情节严重。

（3）本罪主体为一般主体，即年满16周岁并具有刑事责任能力的自然人。

（4）本罪主观方面是故意，而且只能是直接故意。

（二）使用虚假身份证件、盗用身份证件罪的认定

（1）本罪与伪造、变造、买卖身份证件罪的界限。本罪属于伪造、变造、买卖身份证件罪的下游犯罪，因为现实中有可以使用的市场存在，所以会滋生伪造、变造、买卖身份证件的行为。两罪的关键区别在于客观方面不同，本罪在客观方

面表现为使用伪造、变造的居民身份证、护照、社会保障卡、驾驶证等虚假身份证件的行为；而伪造、变造、买卖身份证件罪在客观方面表现为伪造、变造、买卖居民身份证、护照、社会保障卡、驾驶证等依法可以用于证明身份的证件的行为。如果行为人为了使用而伪造、变造、买卖居民身份证、护照、社会保障卡、驾驶证等身份证件的，既构成本罪，又构成伪造、变造、买卖身份证件罪，属于牵连行为，应当按照牵连犯的处断原则，从一重罪论处。

（2）本罪与其他相关犯罪的界限。行为人使用虚假身份证件，往往具有其他非法目的。例如，为了诈骗他人财物而使用伪造、变造的居民身份证与他人签订合同；为了偷越国境，使用伪造、变造的护照等。行为人的行为可能既成立本罪，又构成其他犯罪，此时，应当按照牵连犯的处断原则，依照处罚较重的规定定罪处罚。

（三）使用虚假身份证件、盗用身份证件罪的刑事责任

依照《刑法》第280条之一的规定，犯本罪的，处拘役或者管制，并处或者单处罚金。同时构成其他犯罪的，依照处罚较重的规定定罪处罚。

十、冒名顶替罪

（一）冒名顶替罪的概念和特征

冒名顶替罪，是指行为人盗用、冒用他人身份，顶替他人取得的高等学历教育入学资格、公务员录用资格、就业安置待遇的行为。本罪的主要特征是：

（1）本罪侵犯的客体是正常的社会管理秩序，侵犯对象是他人接受的教育，工作、待遇的权利。

（2）本罪客观方面是行为人盗用、冒用他人身份，顶替他人取得的高等学历教育入学资格、公务员录用资格、就业安置待遇的行为。盗用、冒用，包括采用非法手段获取用于证明他人身份的证件、证明文件、身份档案、材料信息后使用。如以伪造、变造、盗窃、骗取、收买或者胁迫他人的方式以获取用于证明他人身份的证件、证明文件、身份档案、材料信息后使用。他人身份，是指能够证明他人身份的证件、证明文件、身份档案、材料信息。行为人具有盗用、冒用他人身份以达到自己替代他人的社会或法律地位，行使他人相关权利的目的。《刑法》第280条之二第2款规定的组织、指使他人实施冒名顶替行为，实践中主要是组织、指使他人帮助实现冒名顶替，如伪造、变造、买卖国家机关公文、证件、印章、身份证件等行为，构成冒名顶替罪的共犯，并且从重处罚。

(3) 本罪主体为一般主体，即年满16周岁并具有刑事责任能力的自然人。国家工作人员也可构成本罪。

(4) 本罪主观方面是故意，过失不构成本罪。

(二) 冒名顶替罪的认定

(1) 罪与非罪的区分。本罪是行为犯，只要行为人实施了本罪的行为，不论是否实际已经取得相应的资格、利益，均以本罪处理。但是如果行为人不是为了顶替他人，而是在填报信息时出错，或因他人介入，如招录人员失误、他人出于报复而恶意修改信息，致使所填报身份信息不符的，不成立本罪；行为人的实行行为必须是用于获取被冒名人已取得的高等学历教育入学资格、公务员录用资格、就业安置待遇三个方面的特定资格，如果是用于取得其他领域的资格或者福利，以及在被冒名人并未取得以上三个方面资格的情形下则不构成本罪。

(2) 本罪与伪造、变造、买卖身份证件罪的界限。两罪的区别关键在于客观方面不同，本罪的行为方式是盗用、冒用他人真实身份取得某种资格；伪造、变造、买卖身份证件罪在客观方面表现为伪造、变造、买卖居民身份证件的行为。对于为了实施本罪而伪造、变造、买卖身份证件的，应该以牵连犯的处断原则，择一重罪定罪处罚，对于伪造、变造、买卖身份证件后又实施了本罪以外的其他犯罪的，则应数罪并罚。

(3) 正确区分一罪与数罪。国家工作人员实施冒名顶替犯罪或者组织、指使他人实施冒名顶替犯罪，同时构成其他犯罪的，依照数罪并罚的规定处罚。如国家机关工作人员在招收公务员、学生工作中徇私舞弊的，可能构成《刑法》第418条规定的招收公务员、学生徇私舞弊罪；存在行贿、受贿等腐败行为的，可能涉嫌《刑法》第163条规定的非国家工作人员受贿罪、第164条规定的对非国家工作人员行贿罪、第385条规定的受贿罪、第389条规定的行贿罪等。对此，《刑法》第280条之二第3款明确规定国家工作人员实施本条前两款行为，又构成其他犯罪的，依照数罪并罚的规定处罚。

(三) 冒名顶替罪的刑事责任

依照《刑法》第280条之二的规定，犯本罪的，处3年以下有期徒刑、拘役或者管制，并处罚金。组织、指使他人实施前款行为的，依照前款的规定从重处罚。国家工作人员有前两款行为，又构成其他犯罪的，依照数罪并罚的规定处罚。

十一、非法生产、买卖警用装备罪

非法生产、买卖警用装备罪，是指违反国家规定，未经许可生产、买卖人民警察制式服装、车辆号牌等专用标志、警械，情节严重的行为。本罪侵犯的客体是人民警察制式服装、车辆号牌等专用标志、警械的管理秩序。客观方面表现为非法生产、买卖人民警察制式服装、车辆号牌等专用标志、警械，情节严重的行为。主体为一般主体，单位也可以构成本罪。主观方面表现为故意。

依照《刑法》第281条的规定，犯本罪的，处3年以下有期徒刑、拘役或者管制，并处或者单处罚金。单位犯本罪的，对单位判处罚金，并对其直接负责的主管人员和其他直接责任人员，依照自然人犯本罪的规定处罚。

十二、非法获取国家秘密罪

（一）非法获取国家秘密罪的概念和特征

非法获取国家秘密罪，是指以窃取、刺探、收买方法，非法获取国家秘密的行为。本罪的主要特征是：

（1）本罪侵犯的客体是国家的保密制度，其中“国家秘密”属于行为对象，如果不是国家秘密，行为人却误以为是国家秘密而获取的，属于不可罚的不能犯，不成立本罪未遂；非法获取了国家秘密，属于本罪既遂。

（2）本罪客观方面表现为以窃取、刺探、收买方法，非法获取国家秘密的行为。非法获取是指依法不应知悉、取得国家秘密的人知悉、取得了国家秘密，或者用秘密窃取的方式取得国家秘密。非法获取的对象是国家秘密，包括绝密、机密、秘密三种级别的国家秘密。

（3）本罪主体为一般主体，即已满16周岁且具有刑事责任能力的自然人均可构成本罪的主体。

（4）本罪主观方面表现为故意，过失不能构成本罪。本罪的故意应该表现为直接故意，而不能表现为间接故意。要注意本罪与为境外窃取、刺探、收买、非法提供国家秘密、情报罪的界限。二者的区别关键在于是否为境外的机构、组织、个人实施非法获取国家秘密的行为，或者是否将非法获取的国家秘密故意向境外的机构、组织、个人非法提供。

（二）非法获取国家秘密罪的刑事责任

依照《刑法》第282条第1款的规定，犯本罪的，处3年以下有期徒刑、拘役、管制或者剥夺政治权利；情节严重的，处3年以上7年以下有期徒刑。

十三、非法持有国家绝密、机密文件、资料、物品罪

非法持有国家绝密、机密文件、资料、物品罪，是指非法持有属于国家绝密、机密的文件、资料或者其他物品，拒不说明来源与用途的行为。

在认定这类案件性质时，需要注意两点：第一，本罪对象限于机密级和绝密级的国家秘密。第二，本罪与其他涉及国家秘密的犯罪的联系与区别。犯间谍罪，为境外窃取、刺探、收买、非法提供国家秘密、情报罪与非法获取国家秘密罪的，也可能非法持有国家绝密、机密文件、资料、物品，对其非法持有国家秘密的行为不单独定罪。

依照《刑法》第282条第2款的规定，犯本罪的，处3年以下有期徒刑、拘役或者管制。

十四、非法生产、销售专用间谍器材、窃听、窃照专用器材罪

非法生产、销售专用间谍器材、窃听、窃照专用器材罪，是指非法生产、销售专用间谍器材或者窃听、窃照专用器材的行为。专用器材是指进行间谍活动特殊需要的器材，如暗藏式窃听、窃照器材，突发式收发报机，一次性密码本、密写工具，用于获取情报的电子监听、接收器材，等等。

依照《刑法》第283条的规定，犯本罪的，处3年以下有期徒刑、拘役或者管制，并处或者单处罚金；情节严重的，处3年以上7年以下有期徒刑，并处罚金。单位犯本罪的，对单位判处罚金，并对其直接负责的主管人员和其他直接责任人员，依照自然人犯本罪的规定处罚。

十五、非法使用窃听、窃照专用器材罪

非法使用窃听、窃照专用器材罪，是指非法使用窃听、窃照专用器材，造成严重后果的行为。

在认定这类案件性质时，需要注意以下两个问题：①罪与非罪的界限。构成非法使用窃听、窃照专用器材罪必须同时具有非法使用窃听、窃照专用器材和造成严重后果这两个客观要件。②本罪与其他犯罪的界限。非法使用窃听、窃照专用器材罪的对象不包括国家秘密、情报或者商业秘密，行为人非法使用窃听、窃照专用器材窃取国家秘密、情报或者商业秘密，构成其他犯罪的，不以非法使用窃听、窃照专用器材罪论处。

依照《刑法》第284条的规定，犯本罪的，处2年以下有期徒刑、拘役或者管制。

十六、组织考试作弊罪

（一）组织考试作弊罪的概念和特征

组织考试作弊罪，是指在法律规定的国家考试中，组织作弊，扰乱考试秩序的行为。本罪的主要特征是：

（1）本罪侵犯的客体为复杂客体，包括国家对考试组织的管理秩序和他人公平参与考试的权利。

（2）本罪的客观方面表现为在法律规定的国家考试中组织作弊的行为。组织作弊行为一般通过“传出试题”和“传入答案”两个主要过程来实现。整个作案流程组织严密、分工明确、多人配合，共同牟取暴利，其中组织行为居于核心地位。

这里的“组织行为”是指发起、组建和设立考试作弊的团伙（如招募、雇佣、拉拢、收买相关人员等），为组织考试作弊活动制订计划、进行谋划和布置、实际指挥、调整具体措施的实施、人员的分工与安排等。组织的对象也不仅限于考生，组织家长、监考人员或者相关辅导教师参与作弊的，也属于组织作弊。

法律规定的国家考试，是指全国人民代表大会及其常务委员会制定的法律所规定的考试[①]。具体而言，根据有关法律规定，下列考试属于“法律规定的国家考试”：①普通高等学校招生考试、研究生招生考试、高等教育自学考试、成人高等学校招生考试等国家教育考试；②中央和地方公务员录用考试；③国家统一法律职业资格考试、国家教师资格考试、注册会计师全国统一考试、会计专业技术资格考试、资产评估师资格考试、医师资格考试、执业药师职业资格考试、注册建筑师考试、建造师执业资格考试等专业技术资格考试；④其他依照法律由中央或者地方主管部门以及行业组织的国家考试。前述规定的考试涉及的特殊类型招生、特殊技能测试、面试等考试，属于“法律规定的国家考试”。“考试作弊”根据2012年《国家教育考试违规处理办法》第6条的规定予以认定。

（3）本罪主体为一般主体。年满16周岁并具备刑事责任能力的自然人都能成为本罪的主体。本罪仅处罚组织考生作弊的组织者，不处罚参与作弊的考生。

① 参见2019年最高人民法院、最高人民检察院《关于办理组织考试作弊等刑事案件适用法律若干问题的解释》。

（4）本罪主观方面为故意，即明知自己组织考生进行舞弊的行为会损害国家的考试管理秩序及他人公平参与考试的权利，而希望或放任这种危害结果的发生。

（二）组织考试作弊罪的认定

（1）罪与非罪的界限。构成本罪和非法出售、提供试题、答案罪，代替考试罪，所涉及的考试都必须是法律所规定的相关国家考试。在非法律规定的相关考试中，有上述组织作弊，帮助他人组织作弊，非法出售、提供试题、答案和替考行为的均不构成本条所规定之犯罪。

（2）本罪的时效。对于2015年10月31日以前组织考试作弊，为他人组织考试作弊提供作弊器材或者其他帮助，以及非法向他人出售或者提供考试试题、答案，根据修正前的刑法应当以非法获取国家秘密罪，非法生产、销售间谍专用器材罪或者故意泄露国家秘密罪等追究刑事责任的，适用修正前的刑法的有关规定。但是根据《刑法》第284条之一的规定处刑较轻的，适用本罪定罪量刑。

（三）组织考试作弊罪的刑事责任

依照《刑法》第284条之一的规定，犯本罪的，处3年以下有期徒刑或拘役，并处或者单处罚金；情节严重的，处3年以上7年以下有期徒刑，并处罚金。为他人实施上述犯罪提供作弊器材或者其他帮助的，依照上述规定处罚。

十七、非法出售、提供试题、答案罪

（一）非法出售、提供试题、答案罪的概念和特征

非法出售、提供试题、答案罪，是指为实施考试作弊行为，向他人非法出售或者提供法律规定的国家考试的试题和答案的行为。本罪的主要特征是：

（1）本罪侵犯的客体为复杂客体，包括国家对考试组织的管理秩序和他人公平参与考试的权利。

（2）本罪客观方面表现为向他人非法出售或者提供法律规定的国家考试的试题、答案的行为。具体包括以下三个方面的内容：①行为人实施的是非法出售或者提供行为。行为人可以以牟利为目的，向他人提供试题和答案，与他人进行金钱交易，也可以不以牟利为目的，而是出于其他目的，向他人提供试题和答案。②必须是《刑法》第284条之一第1款所规定的“法律规定的国家考试”。③行为人提供的必须是试题、答案，行为人可以是出售或提供试题或答案，也可以是既出售或提供试题，也出售或提供答案。并且，这里的试题、答案要求是真实的，

不能是虚假的，但不要求完全真实，只要求部分真实。

（3）本罪主体为一般主体，即年满16周岁并具备刑事责任能力的自然人。

（4）本罪主观方面为故意，需明知自己提供的是法律规定的国家考试的试题、答案，犯罪目的在于实施考试作弊行为。

（二）非法出售、提供试题、答案罪的认定

实践中，要注意区分本罪与故意泄露国家秘密罪。

故意泄露国家秘密罪，是指违反保守国家秘密法的规定，故意泄露国家秘密，情节严重的行为。①在客体上，本罪侵犯的是国家的考试管理秩序以及考生公平参加考试的权利，故意泄露国家秘密罪侵犯的是国家的保密制度。②客观方面，本罪表现为向他人非法出售、提供试题、答案的行为，故意泄露国家秘密罪表现为口头的、书面的方式，或提供给他人阅读，或非法复制或窃取后送给他人等方式，且需达到情节严重。③本罪主体为一般主体，故意泄露国家秘密罪的主体主要是国家机关工作人员，但非国家机关工作人员也可构成该罪主体。④主观方面，两者均为故意，但是本罪是为了实施考试舞弊行为，而故意泄露国家秘密罪对动机、目的未作要求。

如果行为人为了实施考试作弊行为，向他人出售或提供属于国家秘密的试题、答案，情节严重的，既构成本罪，也构成故意泄露国家秘密罪，属于想象竞合犯，应当从一重处断。如果未达情节严重，如出售、提供属于国家秘密级的一项试题、答案的，应以本罪论处。如果行为人并非为了实施考试作弊行为，而是出于炫耀，以显示自己消息灵通等目的，向他人提供属于国家秘密的试题、答案，且情节严重的，应当认定为故意泄露国家秘密罪，未达情节严重的，不构成犯罪。如果行为人向他人非法出售属于国家秘密的试题、答案进行牟利的，可以推定行为人主观上有实施考试作弊行为的目的。

（三）非法出售、提供试题、答案罪的刑事责任

依照《刑法》第284条之一的规定，犯本罪的，处3年以下有期徒刑或拘役，并处或者单处罚金；情节严重的，处3年以上7年以下有期徒刑，并处罚金。

十八、代替考试罪

（一）代替考试罪的概念和特征

代替考试罪，是指代替他人或者让他人代替自己参加法律所规定的国家考试

的行为。本罪的主要特征是:

（1）本罪所侵犯的客体为复杂客体，包括国家对考试组织的管理秩序和他人公平参与考试的权利。

（2）本罪客观方面表现为代替他人或者让他人代替自己参加法律所规定的国家考试的行为。代替他人，是指冒名顶替应当参加考试的人去参加考试。让他人代替自己，是指指使他人冒名顶替自己去参加自己应当参加的考试。此处所参加的考试，必须是《刑法》第284条之一第1款中所规定的“法律规定的国家考试”。

（3）本罪主体为一般主体，即年满16周岁并具备刑事责任能力的人。包括应试者与替考者，二者是对向性质的共犯关系。但一方构成犯罪，并不意味着另一方必然构成犯罪。被组织起来进行作弊的替考者虽不能成为《刑法》第284条之一第1款组织考试作弊罪的犯罪主体，但是能够成为本罪的处罚对象。

（4）本罪主观方面为故意。

【案例7-2-04】甲生病住院，无法考试。甲的父亲乙让丙代替甲参加考试，对此甲不知情。甲作为应考者不构成本罪，丙作为替考者构成本罪，乙教唆替考者，构成本罪的教唆犯。

（二）代替考试罪的刑事责任

依照《刑法》第284条之一的规定，犯本罪的，处拘役或者管制，并处或者单处罚金。

十九、非法侵入计算机信息系统罪

（一）非法侵入计算机信息系统罪的概念和特征

非法侵入计算机信息系统罪，是指违反国家规定，故意侵入国家事务、国防建设、尖端科学技术领域的计算机信息系统的行为。本罪的主要特征是:

（1）本罪侵犯的客体是国家事务、国防建设、尖端科学技术领域的计算机信息系统安全。

（2）本罪客观方面表现为行为人实施了违反国家规定侵入国家重要计算机信息系统的行为。违反国家规定，是指违反《中华人民共和国计算机信息系统安全保护条例》的规定[①]。本罪的对象限于国家重点保护的计算机信息系统，即国家事

①《计算机信息系统安全保护条例》第4条规定:“计算机信息系统的安全保护工作,重点维护国家事务、经济建设、国防建设、尖端科学技术等重要领域的计算机信息系统的安全。”

务、国防建设、尖端科学技术领域。

（3）本罪主体是一般主体，即年满16周岁并具备刑事责任能力的人。

（4）本罪主观方面是故意，即行为人明知自己的行为违反国家规定会产生非法侵入国家重要计算机信息系统的危害结果，而希望这种结果发生。过失侵入国家重要的计算机信息系统的，不构成本罪。侵入，是指未取得国家有关主管部门依法授权或批准，通过计算机终端侵入国家重要计算机信息系统或者进行数据截收的行为。

（二）非法侵入计算机信息系统罪的认定

在认定这类案件性质时要注意非法侵入计算机信息系统罪与利用计算机实施其他犯罪的联系与区别。侵入国家重点保护的计算机信息系统窃取国家秘密或实施其他犯罪的，应属于牵连犯，按照其中的一个重罪处罚。

（三）非法侵入计算机信息系统罪的刑事责任

依照《刑法》第285条的规定，犯本罪的，处3年以下有期徒刑或者拘役。单位犯本罪的，对单位判处罚金，并对其直接负责的主管人员和其他直接责任人员，依照自然人犯本罪的规定处罚。

二十、非法获取计算机信息系统数据、非法控制计算机信息系统罪

非法获取计算机信息系统数据、非法控制计算机信息系统罪，是指违反国家规定，侵入国家事务、国防建设、尖端科学技术领域以外的计算机信息系统或者采用其他技术手段，获取该计算机信息系统中存储、处理或者传输的数据，或者对该计算机信息系统实施非法控制，情节严重的行为。

依照《刑法》第285条的规定，犯本罪的，处3年以下有期徒刑或者拘役，并处或者单处罚金；情节特别严重的，处3年以上7年以下有期徒刑，并处罚金。单位犯本罪的，对单位判处罚金，并对其直接负责的主管人员和其他直接责任人员，依照自然人犯本罪的规定处罚。

二十一、提供侵入、非法控制计算机信息系统程序、工具罪

提供侵入、非法控制计算机信息系统程序、工具罪，是指提供专门用于侵入、非法控制计算机信息系统的程序、工具，或者明知他人实施侵入、非法控制计算机信息系统的违法犯罪行为而为其提供程序、工具，情节严重的行为。

依照《刑法》第285条的规定，犯本罪的，处3年以下有期徒刑或者拘役，并

处或者单处罚金；情节特别严重的，处3年以上7年以下有期徒刑，并处罚金。单位犯本罪的，对单位判处罚金，并对其直接负责的主管人员和其他直接责任人员，依照自然人犯本罪的规定处罚。

二十二、破坏计算机信息系统罪

（一）破坏计算机信息系统罪的概念和特征

破坏计算机信息系统罪，是指违反国家规定，对计算机信息系统功能和计算机信息系统中存储、处理、传输的数据和应用程序进行破坏，造成计算机信息系统不能正常运行，后果严重的行为。本罪的主要特征是：

（1）本罪侵犯的客体是国家对计算机信息系统的安全运行管理制度和计算机信息系统的所有人及合法用户的合法权益。

（2）本罪客观方面表现为违反国家规定，对计算机信息系统功能和计算机信息系统中存储、处理、传输的数据和应用程序进行破坏，造成计算机信息系统不能正常运行，后果严重的行为，包括三种行为方式：①违反国家规定，使用删除、修改、增加、干扰等技术操作方法，造成计算机信息系统不能正常运行，后果严重的；②违反国家规定，对计算机信息系统中存储、处理或者传输的数据和应用程序进行删除、修改、增加的操作，后果严重的；③故意制作、传播计算机病毒等破坏性程序，影响计算机系统正常运行，后果严重的。

（3）本罪主体为一般主体，年满16周岁且具有刑事责任能力的自然人均可构成本罪。

（4）本罪主观方面必须出于故意，过失不能构成本罪。如果因疏忽大意或者技术不熟练甚或失误而致使计算机信息系统功能，或计算机信息系统中存储、处理或者传输的数据、应用程序遭受破坏，则不构成本罪。

（二）破坏计算机信息系统罪的认定

在认定这类案件性质时，需要注意以下两个问题：

（1）本罪的破坏手段是以技术操作方式实施的，如果直接对计算机硬件设备进行毁坏、拆卸的，依照刑法的有关规定定罪处罚，不以本罪论处。

（2）本罪与利用计算机实施其他犯罪的界限。利用计算机实施金融诈骗、盗窃、贪污、挪用公款、窃取国家秘密或者其他犯罪的，依照刑法有关规定定罪处罚。因利用计算机犯罪又导致计算机信息系统不能正常运行，后果严重的，应当按照牵连犯择一重罪处罚。

（三）破坏计算机信息系统罪的刑事责任

依照《刑法》第286条的规定，犯本罪的，处5年以下有期徒刑或者拘役；后果特别严重的，处5年以上有期徒刑。单位犯本罪的，对单位判处罚金，并对其直接负责的主管人员和其他直接责任人员，依照自然人犯本罪的规定处罚。

二十三、拒不履行信息网络安全管理义务罪

（一）拒不履行信息网络安全管理义务罪的概念和特征

拒不履行信息网络安全管理义务罪，是指网络服务提供者不履行法律、行政法规规定的信息网络安全管理义务，经监管部门责令采取改正措施而拒不改正，致使违法信息大量传播，或用户信息泄露并造成严重后果，或刑事案件证据灭失并且情节严重，或有其他严重情节的行为。本罪的主要特征是：

（1）本罪侵犯的客体是有关国家网络安全的管理制度。

（2）本罪客观方面表现为三个方面：①行为违法，即网络服务提供者不履行法律、行政法规规定的信息网络安全管理义务；②拒不改正，即经监管部门责令采取改正措施而拒不改正；③产生后果，即导致违法信息大量传播，或用户信息泄露并造成严重后果，或刑事案件证据灭失且情节严重，或有其他严重情节。

网络服务提供者，是指通过信息网络向公众提供信息或者为获取网络信息等目的提供服务的机构，包括网络上的一切提供设施、信息和中介、接入等技术服务的个人用户、网络服务商以及非营利组织，可以分为网络接入服务提供者、网络平台服务提供者、网络内容及产品服务提供者。法律、行政法规规定的信息网络安全管理义务，是指国家对于网络服务提供者在履行网络安全管理义务方面的相关规定。网络监管，是指网络营运监管、网络内容监管、网络版权监管、网络经营监管、网络安全监管、网络经营许可监管等。监管部门，是指代表政府参与网络监管的主要职能部门，如通信管理部门、互联网新闻宣传管理部门、公安部门、文化部门、广播电影电视管理部门和新闻出版部门等。

（3）本罪主体为特殊主体，即年满16周岁且具有刑事责任能力的网络服务提供者。单位也可构成本罪。

（4）本罪主观方面只能是故意，过失不构成本罪。

（二）拒不履行信息网络安全管理义务罪的刑事责任

依照《刑法》第286条之一的规定，犯本罪的，处3年以下有期徒刑、拘役或

者管制，并处或者单处罚金。单位犯本罪的，对单位判处罚金，并对其直接负责的主管人员和其他直接责任人员，依照自然人犯本罪的规定处罚。实施本罪行为，同时构成其他犯罪的，依照处罚较重的规定定罪处罚。

二十四、非法利用信息网络罪

非法利用信息网络罪，是指非法利用信息网络，实施违法或者犯罪活动，情节严重的行为。

非法利用信息网络罪的客观方面主要表现如下：①设立用于实施诈骗、传授犯罪方法、制作或者销售违禁物品、管制物品等违法犯罪活动的网站、通讯群组的；②发布有关制作或者销售毒品、枪支、淫秽物品等违禁物品、管制物品或者其他违法犯罪信息的；③为实施诈骗等违法犯罪活动发布信息的。

依照《刑法》287条之一的规定，犯本罪的，处3年以下有期徒刑或者拘役，并处或者单处罚金；单位犯本罪的，对单位判处罚金，并对其直接负责的主管人员和其他直接责任人员，依照自然人犯本罪的规定处罚。犯本罪，同时构成其他犯罪的，依照处罚较重的规定定罪处罚。

二十五、帮助信息网络犯罪活动罪

帮助信息网络犯罪活动罪，是指明知他人利用信息网络实施犯罪，为其犯罪提供互联网接入、服务器托管、网络存储、通讯传输等技术支持，或者提供广告推广、支付结算等帮助，情节严重的行为。

需要注意的是，成立本罪要遵循共犯从属性原则。也就是说，如果实行者不构成犯罪，则帮助者也不构成犯罪。

【案例7-2-05】甲明知乙想要通过网络进行诈骗，为乙提供网络接入服务，但乙后来没有实施诈骗活动。缺少乙的犯罪行为，甲的行为本身侵害法益的危险性降低，不值得刑罚处罚。但如果乙借助该网络支持实施诈骗，则甲构成帮助信息网络犯罪活动罪。

依照《刑法》287条之二的规定，犯本罪的，处3年以下有期徒刑或者拘役，并处或者单处罚金。单位犯本罪的，对单位判处罚金，并对其直接负责的主管人员和其他直接责任人员，依照自然人犯本罪的规定处罚。犯本罪，同时构成其他犯罪的，依照处罚较重的规定定罪处罚。

二十六、扰乱无线电通讯管理秩序罪

（一）扰乱无线电通讯管理秩序罪的概念和特征

扰乱无线电通讯管理秩序罪，是指违反国家规定，擅自设置、使用无线电台（站），或者擅自使用无线电频率，干扰无线电通讯秩序，情节严重的行为。本罪的主要特征是：

（1）本罪侵犯的客体是国家无线电管理制度。为了加强无线电管理，保护空中电波秩序，有效利用无线电频谱资源，保证各种无线电业务的正常进行，国务院于1993年9月11日颁布了《中华人民共和国无线电管理条例》。该条例规定，在中华人民共和国境内设置、使用无线电台（站）和研制、生产、进口无线电发射设备，以及使用辐射无线电波的非无线电设备，都必须遵守国家有关规定。无线电管理工作实行统一领导、统一规划、分工管理、分级负责的原则，贯彻科学管理、保护资源、保障安全、促进发展的方针。无线电频谱资源属国家所有。国家对无线电频谱实行统一规划、合理开发、科学管理、有偿使用的原则。无线电通讯攸关人们的日常生活与社会的发展进步，任何有碍无线电通讯的行为均应受到法律的制裁。

（2）本罪客观方面表现为违反国家规定，擅自设置、使用无线电台（站），或者擅自占用无线电频率，经责令停止使用后拒不停止使用，干扰无线电通讯正常进行，造成严重后果的行为。

根据《中华人民共和国无线电管理条例》的规定，设置、使用无线电台（站）的单位和个人，必须提出书面申请，办理设台（站）审批手续，领取电台执照。设置、使用无线电台（站），应当具备下列条件：①有可用的无线电频率；②所使用的无线电发射设备依法取得无线电发射设备型号核准证且符合国家规定的产品质量要求；③有熟悉无线电管理规定、具备相关业务技能的人员；④有明确具体的用途，且技术方案可行；⑤有能够保证无线电台（站）正常使用的电磁环境，拟设置的无线电台（站）对依法使用的其他无线电台（站）不会产生有害干扰。

擅自设置、使用无线电台（站），擅自占用无线电频率的行为，经责令停止使用后拒不停止使用，干扰无线电通讯正常进行且造成严重后果的，才构成犯罪，否则只构成一般违法行为，承担行政责任和民事责任。干扰无线电通讯正常进行，指对依法开展无线电通讯业务的无线电通信系统的接收产生有害影响，通常表现为接收性能下降、误解或信息遗漏。

（3）本罪主体为一般主体，凡达到刑事责任年龄且具备刑事责任能力的自然人均能构成本罪，单位亦能成为本罪的主体。单位犯本罪时，实行两罚制，即对单位判处罚金，并对其直接负责的主管人员和其他直接责任人员判处相应的刑罚。

（4）本罪主观方面表现为直接故意，即明知其擅自设置、使用无线电站（台），或者擅自占用无线电频率的行为会干扰无线电通讯的正常进行而为之。间接故意和过失均不构成本罪。

根据2017年最高人民法院、最高人民检察院《关于办理扰乱无线电通讯管理秩序等刑事案件适用法律若干问题的解释》，下列情况构成犯罪：①未经批准设置无线电广播电台，非法使用广播电视专用频段的频率的；②未经批准设置通信基站，强行向不特定用户发送信息，非法使用公众移动通信频率的；③未经批准使用卫星无线电频率的；④非法设置、使用无线电干扰器的。

（二）扰乱无线电通讯管理秩序罪的刑事责任

本罪属结果犯，只有造成严重后果者才能构成犯罪。严重后果一般包括以下几个方面：①干扰重要无线电通信系统的接收，造成重大误解或信息遗漏，危害严重的；②干扰无线电导航或其他安全业务的正常进行，造成人身伤亡或财产损失的；③干扰按照规划开展的无线电广播电视业务，严重地损害、阻碍或一再阻断广播电视的接收，后果严重的；④其他因干扰而造成严重后果的，如严重妨害公安机关对重大案犯的抓捕行动，妨害了军事行动等。

依照《刑法》第288条的规定，犯本罪的，处3年以下有期徒刑、拘役或者管制，并处或者单处罚金；情节特别严重的，处3年以上7年以下有期徒刑，并处罚金。单位犯本罪的，对单位判处罚金，并对其直接负责的主管人员和其他直接责任人员，依照上述规定处罚。

二十七、聚众扰乱社会秩序罪

（一）聚众扰乱社会秩序罪的概念和特征

聚众扰乱社会秩序罪，是指聚众扰乱社会秩序，情节严重，致使工作、生产、营业和教学、科研、医疗无法进行，造成严重损失的行为。本罪的主要特征是：

（1）本罪侵犯的客体是社会秩序。这里所说的社会秩序不是广义的一般的社会秩序，而是指特定范围内的社会秩序，具体是指国家机关与人民团体的工作秩序，企业单位的生产与营业秩序，事业单位的教学、科研与医疗秩序。侵犯的对象是国家机关、企事业单位和人民团体。

（2）本罪客观方面表现为聚众扰乱社会秩序。聚众，是指首要分子纠集特定或者不特定之多数人于一定地点，而成为可以从事共同行为的一群人。扰乱，是指造成社会秩序的混乱与社会心理的不安，具体表现为使社会秩序的有序性变为无序性，使社会秩序的稳定性变为动乱性，使社会秩序的连续性变为间断性。扰乱社会秩序，情节严重（不限于客观方面的情节），致使工作、生产、营业和教学、科研、医疗无法进行，造成严重损失的，才成立本罪。

（3）本罪主体为已满16周岁并具有辨认、控制能力的自然人。但刑法仅仅处罚其中的首要分子与积极参加者，对于一般参加者不以犯罪论处。

（4）本罪主观方面为故意，但由于是聚众犯罪，故意的内容极为复杂。首先，要求首要分子与积极参与者具有超越个人意思的集体意思，即多众的共同意思。其次，要求具有形成聚众的意思与作为聚众成员从事活动的意思，但是不要求参加扰乱活动的全体成员之间具有意思联络。

（二）聚众扰乱社会秩序罪的刑事责任

依照《刑法》第290条第1款的规定，犯本罪的，对首要分子处3年以上7年以下有期徒刑；对其他积极参加的，处3年以下有期徒刑、拘役、管制或者剥夺政治权利。

二十八、聚众冲击国家机关罪

（一）聚众冲击国家机关罪的概念和特征

聚众冲击国家机关罪，是指组织、策划、指挥或者积极参加聚众冲击国家机关的活动，致使国家机关工作无法进行，造成严重损失的行为。本罪的主要特征是：

（1）本罪侵犯的客体是国家机关的正常工作秩序。

（2）本罪客观方面表现为聚众冲击国家机关，致使国家机关无法工作，造成严重损失的行为。

（3）本罪主体为一般主体，凡年满16周岁且具备刑事责任能力的自然人均能构成本罪。但并非一切聚众冲击国家机关的人均构成本罪，构成本罪的只能是聚众冲击国家机关的首要分子和其他积极参加者。首要分子，即在聚众冲击国家机关犯罪中起组织、策划、指挥作用的犯罪分子；其他积极参加者，是指除首要分子以外的在犯罪活动中起主要作用的犯罪分子。对于一般参加者，只能追究其行政责任，不能成为本罪主体。

（4）本罪主观方面只能是故意。行为人往往企图通过冲击活动，制造事端，给国家机关施加压力，以实现自己的某种无理要求或者借机发泄不满情绪。

（二）聚众冲击国家机关罪的认定

（1）本罪与妨害公务罪的界限。二者的区别主要在于行为对象和行为方式不同，聚众冲击国家机关罪的对象是国家机关，限于聚众冲击的方式；而妨害公务罪的对象是正在依法执行职务的国家机关工作人员，不限于聚众的方式。从实质上讲，聚众冲击国家机关罪妨害的是国家机关的工作秩序，而妨害公务罪所针对的是国家机关工作人员的具体职务活动。

（2）本罪与聚众扰乱社会秩序罪的界限。一是行为对象有所不同，本罪的对象限于国家机关，而聚众扰乱社会秩序罪的对象还包括国家机关以外的单位；二是行为方式有所不同，本罪的行为方式是聚众冲击，而聚众扰乱社会秩序罪的行为方式是聚众扰乱。

（三）聚众冲击国家机关罪的刑事责任

依照《刑法》第290条第2款的规定，犯本罪的，对首要分子，处5年以上10年以下有期徒刑；对其他积极参加的，处5年以下有期徒刑、拘役、管制或者剥夺政治权利。

二十九、扰乱国家机关工作秩序罪

（一）扰乱国家机关工作秩序罪的概念和特征

扰乱国家机关工作秩序罪，是指多次扰乱国家机关正常工作秩序，经行政处罚后仍不改正，造成严重后果的行为。本罪的主要特征是：

（1）本罪侵犯的客体是国家机关的正常工作秩序，扰乱对象必须是国家机关。

（2）本罪客观方面有三个方面的要求：①扰乱行为达到多次。通常是指3次以上，但多次的时间间隔没有规定。②经行政处罚后仍不改正。行政处罚的次数不限。③造成严重后果。本处使用的“严重后果”与《刑法》第290条第1款使用的“严重损失”有很大的区别。损失通常是指有形物质的丧失或价值减损，而本罪中的“严重后果”不仅包括物质上的损失，还可以包括无形的损失，例如正常的工作秩序被破坏。

（3）本罪主体为一般主体，凡年满16周岁且具备刑事责任能力的自然人均能构成本罪。

（4）本罪主观方面只能由故意构成，过失不构成本罪。

（二）扰乱国家机关工作秩序罪的刑事责任

依照《刑法》第290条第3款的规定，犯本罪的，处3年以下有期徒刑、拘役或者管制。

三十、组织、资助非法聚集罪

（一）组织、资助非法聚集罪的概念和特征

组织、资助非法聚集罪，是指多次组织、资助他人非法聚集，扰乱社会秩序，情节严重的行为。本罪的主要特征是：

（1）本罪侵犯的客体是社会秩序。

（2）本罪客观方面表现为多次组织、资助他人非法聚集。具体包括以下几个方面的内容：①多次。通常是指3次以上，时间间隔没有规定。②被组织者、被资助者有非法聚集的事实发生。如果本罪追究未遂的话，就不要求实际发生了非法聚集，即只要行为人已着手实施非法聚集，但由于意志以外的原因而未得逞的，也可构成本罪。③扰乱社会秩序并达到情节严重的程度。

（3）本罪主体是一般主体。

（4）本罪主观方面是故意。

（二）组织、资助非法聚集罪的刑事责任

依照《刑法》第290条第4款的规定，犯本罪的，处3年以下有期徒刑、拘役或者管制。

三十一、聚众扰乱公共场所秩序、交通秩序罪

聚众扰乱公共场所秩序、交通秩序罪，是指组织、策划、指挥聚众扰乱车站、码头、民用航空站、商场、公园、影剧院、展览会、运动场以及其他公共场所秩序，聚众堵塞交通或者破坏交通秩序，抗拒、阻碍国家治安管理工作人员依法执行职务，情节严重的行为。

依照《刑法》第291条的规定，犯本罪的，对首要分子，处5年以下有期徒刑、拘役或者管制。

三十二、投放虚假危险物质罪

（一）投放虚假危险物质罪的概念和特征

投放虚假危险物质罪，是指投放虚假的爆炸性、毒害性、放射性、传染病病原体等物质，严重扰乱社会秩序的行为。本罪的主要特征是：

（1）本罪侵犯的客体是正常的社会秩序。

（2）本罪客观方面表现为投放虚假的爆炸性、毒害性、放射性、传染病病原体等物质，严重扰乱社会秩序的行为。

（3）本罪主体是一般主体。凡年满16周岁且具有刑事责任能力的自然人均能构成本罪。

（4）本罪主观方面是故意。

（二）投放虚假危险物质罪的认定

注意本罪与投放危险物质罪的界限：①侵犯的客体不同。投放虚假危险物质罪侵犯的客体是社会公共秩序，投放危险物质罪侵犯的客体是公共安全。②投放的物质属性不同。投放虚假危险物质罪所投放的是不具有爆炸性、毒害性、放射性、传染病病原体等危险属性的物质，投放危险物质罪所投放的必须是爆炸性、毒害性、放射性、传染病病原体等物质。③故意的内容不同。投放虚假危险物质罪以扰乱社会公共秩序为故意内容，投放危险物质罪则以危害公共安全为故意内容。

（三）投放虚假危险物质罪的刑事责任

依照《刑法》第291条之一的规定，犯本罪的，处5年以下有期徒刑、拘役或者管制；造成严重后果的，处5年以上有期徒刑。

三十三、编造、故意传播虚假恐怖信息罪

编造、故意传播虚假恐怖信息罪，是指编造爆炸威胁、生化威胁、放射威胁等恐怖信息，或者明知是编造的恐怖信息而故意传播，严重扰乱社会秩序的行为。

本罪中的“虚假恐怖信息”“严重扰乱社会秩序”等，依据2013年最高人民法院《关于审理编造、故意传播虚假恐怖信息刑事案件适用法律若干问题的解释》予以认定。该解释规定，编造、故意传播虚假恐怖信息，严重扰乱社会秩序，同时又构成其他犯罪的，择一重罪处罚。2014年最高人民法院、最高人民检察院、

公安部《关于办理暴力恐怖和宗教极端刑事案件适用法律若干问题的意见》规定，编造以发生爆炸威胁、生化威胁、放射威胁、劫持航空器威胁、重大灾情、重大疫情等严重威胁公共安全的事件为内容的虚假恐怖信息，或者明知是虚假恐怖信息而故意传播、散布，严重扰乱社会秩序的，以编造、故意传播虚假恐怖信息罪定罪处罚。

依照《刑法》第291条之一的规定，犯本罪的，处5年以下有期徒刑、拘役或者管制；造成严重后果的，处5年以上有期徒刑。

三十四、编造、故意传播虚假信息罪

编造、故意传播虚假信息罪，是指编造虚假的险情、疫情、灾情、警情，在信息网络或者其他媒体上传播，或者明知是上述虚假信息，故意在信息网络或者其他媒体上传播，严重扰乱社会秩序的行为。

依照《刑法》第291条之一第2款的规定，犯本罪的，处3年以下有期徒刑、拘役或者管制；造成严重后果的，处3年以上7年以下有期徒刑。

三十五、高空抛物罪

（一）高空抛物罪的概念和特征

高空抛物罪，是指行为人从建筑物或者其他高空抛掷物品，情节严重的行为。本罪的主要特征是：

（1）本罪侵犯的客体是社会管理秩序。

（2）本罪客观方面表现为行为人实施了从建筑物或者其他高空抛掷物品的行为。这里需要注意以下几点：①物品必须是从建筑物或者其他高空抛掷，如果不是从建筑物或者其他高空抛掷的，不构成本罪。这里所说的“建筑物”，是指人工建筑而成的东西，既包括居住建筑、公共建筑，也包括构筑物。居住建筑，是指供人们居住使用的建筑；公共建筑，是指供人们购物、办公、学习、就医、娱乐、参加体育活动等使用的建筑，如商店、办公楼、影剧院、体育馆、医院等；构筑物，是指不具备、不包含或不提供人类居住功能的人工建筑，如桥梁、堤坝、隧道、水塔、电塔、纪念碑、围墙、水泥杆等。其他高空，是指距离地面有一定高度的空间，如飞机、热气球、脚手架、井架、施工电梯、吊装机械等。②行为人必须是实施了抛掷物品的行为。抛掷物品，是指向外投、扔、丢弃物品的行为。如果行为人没有实施抛掷物品的行为，物品是由于刮风、下雨等原因，从建筑物或高空中坠落的，即使该物品是行为人的，也不构成本罪。③必须是情节严重的行为。这里所说的“情节严重”，主要是指多次实施高空抛掷物品行为、高空抛掷物品数量较大、在人员密集场所实施、造成一定损害等，具体可以视情节依照相关规定处理。

（3）本罪主体是一般主体，即年满16周岁并具有刑事责任能力的自然人。

（4）本罪主观方面是故意。

（二）高空抛物罪的认定

（1）本罪与以危险方法危害公共安全罪的界限。①高空抛掷物品与以危险方法危害公共安全的行为性质不同。《刑法》第114条规定的“以其他危险方法”应当是与放火、决水、爆炸、投放危险物质性质相当的危害公共安全行为，而高空抛掷物品虽然存在危害公共安全的可能性，但一般情况下不具有现实的危险性，实践中大多数高空抛掷物品行为并未造成危害后果，有的虽然造成一定危害后果，但后果也不严重。②两罪侵害的客体不同。本罪侵害的是社会管理秩序，而以危险方法危害公共安全罪危害的是公共安全。③两罪构成条件不同。高空抛掷物品行为一般不具有现实危险性，要求达到情节严重才构成本罪；而以危险方法危害公共安全行为具有一定的现实危险性，不以情节严重或者造成严重后果为构成要件。

（2）本罪与其他罪名的关系。行为人实施高空抛物行为，也可能同时触犯刑法的其他规定，构成刑法规定的其他犯罪，属法条竞合，应当依照处罚较重的规定定罪处罚。如行为人实施了高空抛掷物品的行为，造成人员伤亡、公私财产重大损失等，符合《刑法》第235条规定的过失致人重伤罪、第233条规定的过失致人死亡罪、第234条规定的故意伤害罪、第232条规定的故意杀人罪、第115条规定的以危险方法危害公共安全罪、第275条规定的故意毁坏财物罪构成要件或者构成其他犯罪的，采取从一重罪处罚的原则，即依照处罚较重的规定定罪处罚。依照刑法有关规定定罪处罚的，对于行为人高空抛掷物品的行为，可以作为处罚的量刑情节予以考虑。

（三）高空抛物罪的刑事责任

依照《刑法》第291条之二的规定，犯本罪的，处1年以下有期徒刑、拘役或者管制，并处或者单处罚金。实施高空抛物行为，同时构成其他犯罪的，依照处罚较重的规定定罪处罚。

三十六、聚众斗殴罪

（一）聚众斗殴罪的概念和特征

聚众斗殴罪，是指故意组织、策划、指挥或者积极参加聚众斗殴的行为。本罪的主要特征是：

（1）本罪侵犯的客体是社会公共秩序，即社会公共生活的安定状态。

（2）本罪客观方面表现为组织、策划、指挥或者积极参加聚众斗殴的行为。聚众斗殴是指双方或多方人数均在3人以上的相互施加暴力攻击人身的行为，斗殴双方往往事先约定，因此一般纠集的人数较多。

（3）本罪主体是年满16周岁且具备刑事责任能力的自然人，只有聚众斗殴的首要分子和其他积极参加者，才能构成聚众斗殴罪主体。首要分子，是指在聚众斗殴中起组织、策划、指挥作用的犯罪分子；其他积极参加者，是指除首要分子以外的在聚众斗殴中起重要作用的犯罪分子。

（4）本罪主观方面是故意。

在认定这类案件性质时要注意区分聚众斗殴罪与其他罪的界限。聚众斗殴致人轻伤的，应认定为聚众斗殴罪，不需另定故意伤害罪；在聚众斗殴的过程中致人重伤、死亡的，应当以故意伤害罪或者故意杀人罪论处。

（二）聚众斗殴罪的刑事责任

依照《刑法》第292条的规定，犯本罪的，对首要分子和其他积极参加者处3年以下有期徒刑、拘役或者管制；有下列情形之一的，处3年以上10年以下有期徒刑：①多次聚众斗殴的；②聚众斗殴人数多、规模大、社会影响恶劣的；③在公共场所或者交通要道聚众斗殴，造成社会秩序严重混乱的；④持械聚众斗殴的。

三十七、寻衅滋事罪

（一）寻衅滋事罪的概念和特征

寻衅滋事罪，是指寻衅滋事，破坏公共秩序的行为。本罪的主要特征是：

（1）本罪侵犯的客体是社会公共秩序。寻衅滋事行为往往会侵犯公民的人身权利或者财产权利，但不因此认为本罪侵犯的客体是复杂的客体。因为在公共场所起哄闹事，造成公共场所秩序严重混乱的行为不一定会直接侵犯到公民的人身权利或者财产权利。

（2）本罪客观方面表现为下列寻衅滋事行为之一：①随意殴打他人，情节恶劣的；②追逐、拦截、辱骂、恐吓他人，情节恶劣的；③强拿硬要或者任意毁损、占用公私财物，情节严重的；④在公共场所起哄闹事，造成公共场所秩序严重混乱的。关于第④种情形，根据2013年最高人民法院、最高人民检察院《关于办理利用信息网络实施诽谤罪等刑事案件适用法律若干问题的解释》规定，编造虚假信息，或者明知是编造的虚假信息，在信息网络上散布，或者组织、指使人员在信息网络上散布、起哄闹事，造成公共秩序严重混乱的，依照《刑法》第293条第1款第四项的规定，以寻衅滋事罪论处。根据该规定，将网络空间解释为本罪的“公共场所”，有学者认为此解释属于类推解释①。

（3）本罪主体为一般主体，凡年满16周岁且具备刑事责任能力的自然人均能构成本罪。

（4）本罪主观方面为故意。

（二）寻衅滋事罪的认定

（1）本罪与故意伤害罪的界限。二者的主要区别在于犯罪动机不同：前者往往是无端寻衅、打人取乐、发泄或者显示威风，因此侵害的对象往往是不特定的人；而后者往往是产生于一定的事由或恩怨，因此对象一般是特定事情的关系人。

（2）本罪与强制猥亵、侮辱罪的界限。二者的区别在于前者的行为对象虽然也包括妇女，但其行为方式不包括使用暴力、胁迫的手段对妇女进行猥亵、侮辱。追逐、拦截妇女并强制猥亵、侮辱的，应以强制猥亵、侮辱罪论处。

（3）本罪与聚众扰乱社会秩序罪，聚众扰乱公共场所秩序、交通秩序罪的界限。动机和起因不同：本罪基于寻求刺激的动机，无端生事；而后两者往往是为了满足某种个人的要求，事出有因，企图用聚众闹事的方式向有关单位施加压力，以达到获取个人利益的目的。

（三）寻衅滋事罪的刑事责任

依照《刑法》第293条的规定，犯本罪的，处5年以下有期徒刑、拘役或者管制。纠集他人多次实施上述行为，严重破坏社会秩序的，处5年以上10年以下有期徒刑，可以并处罚金。

---

① 参见张明楷:《言论自由与刑事犯罪》,载《清华法学》2016年第1期。

三十八、催收非法债务罪

（一）催收非法债务罪的概念和特征

催收非法债务罪，是指行为人使用暴力、胁迫方法，限制他人人身自由或者侵入他人住宅，恐吓、跟踪、骚扰他人的方法，催收高利放贷等产生的非法债务，情节严重的行为。本罪的主要特征是：

（1）本罪侵犯的客体是国家对社会正常的管理秩序和公民人身权利及财产权利。

（2）本罪的客观方面，《刑法》第293条之一规定了三类行为方式：①暴力、胁迫。暴力，是指以殴打、伤害他人身体的方法，使被害人不能抗拒的行为。需要注意的是，行为人使用暴力、胁迫方法是为了催收高利放贷等产生的非法债务。如果是为了其他目的，则可能涉嫌其他犯罪，例如行为人当场使用暴力、胁迫抢劫公私财物，与催收非法债务没有关系的，则可以《刑法》第263条规定的抢劫罪定罪处罚。胁迫，是指对被害人施以威胁、压迫，进行精神上的强制，迫使被害人就范，不敢抗拒的行为。如威胁伤害被害人及其亲属，威胁要对被害人及其亲属施以暴力。②限制他人人身自由或者侵入他人住宅。限制他人人身自由的方式多样，如捆绑、关押、扣留身份证件、不让随意外出或者与外界联系等。根据本条的规定，为催收高利放贷等产生的非法债务而限制他人人身自由，还需要情节严重，才能构成本罪，如采取拘禁方式或者多次、以恶劣手段限制人身自由等，否则依照非法拘禁罪的规定处罚[①]。侵入他人住宅表现为未经住宅内用户同意，非法强行闯入他人住宅，或者无正当理由进入他人住宅，经住宅用户要求其退出仍拒不退出的行为。如果实施侵入他人住宅的行为，只造成一般危害的，可以根据《中华人民共和国治安管理处罚法》第40条的规定，给予治安处罚。需要注意的是，《刑法》第245条规定了非法侵入住宅罪，如果行为人侵入他人住宅，具有严重危害性的，则可按照《刑法》第245条规定的非法侵入住宅罪定罪处罚。如果行为人侵入他人住宅的目的是催收非法债务，且具有多次、手段恶劣等严重情节的，则可依法按照本罪规定处罚。③恐吓、跟踪、骚扰他人。恐吓有多种形式，如邮寄恐吓物、子弹等威胁他人人身安全，故意携带、展示管制刀具、枪械，使用凶猛动物。总体上，行为手段或者行为方式使他人产生心理恐惧或者形成心理强制，

---

①《刑法》第238条第3款规定，为索取债务非法扣押、拘禁他人的，依照非法拘禁罪的规定处罚。

就属于恐吓。跟踪，指对他人及其亲属实施尾随、守候、贴靠、盯梢等行为，使被害人在内心产生恐惧不安。骚扰也有多种形式，如以破坏生活设施、设置生活障碍、贴报喷字、拉挂横幅、燃放鞭炮等方式扰乱他人正常生活、工作、生产、经营秩序等。

（3）本罪主体为一般主体，即年满16周岁并且具有刑事责任能力的自然人。

（4）本罪主观方面是故意，目的是催收非法债务。

（二）催收非法债务罪的认定

（1）本罪与寻衅滋事罪的界限。①犯罪主观方面不同。催收非法债务罪主观方面是为了讨债，寻衅滋事罪主观方面是藐视社会秩序，特别是民事纠纷型寻衅滋事，更是对国家机关管理行为的公然挑衅。②客体不同。前者侵犯的是他人人身权和财产权利，比如到债务人家里实施暴力、威胁或者打电话、滋扰等，强调的是对个人权利的侵犯；后者强调的是对社会管理秩序的侵犯，公然挑衅公权力，比如在公共场所实施，采取残忍的、侮辱宣泄等与正常暴力更有情绪化的手段，如逼人脱衣服等。③入罪标准不同。一次暴力催收非法债务就可以构成犯罪，但一次暴力寻衅滋事行为可能不构成犯罪。

（2）本罪与非法拘禁罪、非法侵入住宅罪的关系。非法拘禁罪、非法侵入住宅罪与催收非法债务罪属于想象竞合关系。采取剥夺他人人身自由、非法侵入他人住宅的方式催收非法债务，无论剥夺他人人身自由、非法侵入他人住宅的行为是否构成犯罪，均应当以催收非法债务罪定罪处罚。当然，如果具体的行为方式也构成犯罪，则以催收非法债务罪从重处罚。

（三）催收非法债务罪的刑事责任

依照《刑法》第293条之一的规定，犯本罪的，处3年以下有期徒刑、拘役或者管制，并处或者单处罚金。

三十九、组织、领导、参加黑社会性质组织罪

（一）组织、领导、参加黑社会性质组织罪的概念和特征

组织、领导、参加黑社会性质组织罪，是指组织、领导和积极参加黑社会性质组织的行为。本罪的主要特征是：

（1）本罪侵犯的客体是社会管理秩序。黑社会性质组织的产生和存在对社会秩序和公众安全构成极大威胁。黑社会性质组织犯罪的形式多种多样，如贩卖毒

品、走私武器、暴力杀人、组织卖淫、腐蚀官员等。

（2）本罪客观方面表现为组织、领导、积极参加或者参加黑社会性质组织的行为。①行为人组织、领导、参加的对象是黑社会性质组织。根据《刑法》第294条的规定，黑社会性质组织应当同时具备以下特征：第一，形成较稳定的犯罪组织，人数较多，有明确的组织者、领导者，骨干成员基本固定。第二，有组织地通过违法犯罪活动或者其他手段获取经济利益，具有一定的经济实力，以支持该组织的活动。第三，以暴力、威胁或者其他手段，有组织地多次进行违法犯罪活动，为非作恶，欺压、残害群众。2018年最高人民法院、最高人民检察院、公安部、司法部《关于办理黑恶势力犯罪案件若干问题的指导意见》规定，暴力、威胁色彩虽不明显，但实际是以组织的势力、影响和犯罪能力为依托，以暴力、威胁的现实可能性为基础，足以使他人产生恐惧、恐慌进而形成心理强制或者足以影响、限制人身自由、危及人身财产安全或者影响正常生产、工作、生活的手段，属于《刑法》第294条第5款第（三）项中的"其他手段"，包括但不限于所谓的"谈判""协商""调解"以及滋扰、纠缠、哄闹、聚众造势等手段。第四，通过实施违法犯罪活动，或者利用国家工作人员的包庇或者纵容，称霸一方，在一定区域或者行业内，形成非法控制或者重大影响，严重破坏经济、社会生活秩序。②行为的方式是组织、领导、参加。组织，主要是指在黑社会性质组织建立之前，通过策划、指挥、招揽、引诱、拉拢、胁迫、安排、调配等行为倡导、发起、组建黑社会性质组织的行为。领导，是指在黑社会性质组织建立以后，对该组织起策划、决策、指挥作用，处于统率、支配的地位。参加，包括积极参加和一般参加。其中积极参加是指明知是黑社会性质的组织而以积极的态度加入该组织，或在成为该组织成员后积极参与该组织所进行的违法犯罪活动。一般参加是指组织中的一般成员，包括随声附和者、消极对待者。③只要实施了组织、领导、参加黑社会性质组织行为的即成立本罪。本罪在犯罪形态上属于行为犯，亦即一旦行为人实施了组织、领导、参加黑社会性质组织行为的，不论其是否已进行了其他违法犯罪活动，也不论其事后是继续留在该组织还是已经脱离该组织，均已构成本罪。

（3）本罪主体为一般主体，即年满16周岁并且具有刑事责任能力的自然人。

（4）本罪在主观方面是直接故意，即明知是黑社会性质的组织而组织、领导和积极参加。

（二）组织、领导、参加黑社会性质组织罪的认定

（1）黑社会性质组织与普通刑事犯罪集团的界限。黑社会性质组织具有攫取金钱权力、称霸一方的目的，以暴力、威胁为基本手段，从事各种各样的违法犯罪活动，并且具有较强的政治、经济实力，较大的组织规模及较严密的组织形式。而普通犯罪集团虽然也是有组织、有预谋、有计划地进行犯罪，但其目的是具体的，如进行盗窃、抢劫，或者走私、贩毒，因而通常实施一种或数种犯罪，集团的规模、政治经济实力尚不足以称霸一方，集团的内部分工相对简单，在组织形式上也不如黑社会性质组织严密。

（2）一罪与数罪的问题。组织、领导、参加黑社会性质组织罪是刑法上独立的犯罪，因此，犯本罪，又有其他犯罪行为的，如指使组织成员杀人、放火或者接受组织派遣任务实行杀人、放火等犯罪行为的，应当实行数罪并罚。

（三）组织、领导、参加黑社会性质组织罪的刑事责任

依照《刑法》第294条的规定，组织、领导黑社会性质的组织的，处7年以上有期徒刑，并处没收财产；积极参加的，处3年以上7年以下有期徒刑，可以并处罚金或者没收财产；其他参加的，处3年以下有期徒刑、拘役、管制或者剥夺政治权利，可以并处罚金。犯本罪又有其他犯罪行为的，依照数罪并罚的规定处罚。

四十、入境发展黑社会组织罪

入境发展黑社会组织罪，是指境外的黑社会组织的人员到中华人民共和国境内发展组织成员的行为。

本罪侵犯的客体是社会治安管理秩序。本罪的客观方面表现为境外黑社会组织到中华人民共和国境内发展组织成员的行为，即在中国境内吸收中国境内公民成为其组织成员的行为。本罪的主体是特殊主体，即境外的黑社会组织的人员。本罪的主观方面为故意。在认定这类案件性质时要注意，境外的黑社会组织人员到中国境内发展组织成员的，即构成犯罪，如果又有其他犯罪行为的，应当依照数罪并罚的规定处罚。

依照《刑法》第294条的规定，犯本罪的，处3年以上10年以下有期徒刑。犯本罪又有其他犯罪行为的，依照数罪并罚的规定处罚。

四十一、包庇、纵容黑社会性质组织罪

包庇、纵容黑社会性质组织罪，是指国家机关工作人员包庇黑社会性质的组

织或者纵容黑社会性质的组织进行犯罪活动的行为。

本罪侵犯的客体是复杂客体，既妨害了国家打击黑社会性质组织的正常活动，又侵犯了社会管理秩序。本罪的客观方面表现为包庇黑社会性质的组织，或者纵容黑社会性质的组织进行违法犯罪活动的行为。包庇，是指国家机关工作人员为使黑社会性质组织及其成员逃避查禁而通风报信，隐匿、毁灭、伪造证据，阻止他人作证、检举、揭发，指使他人作伪证，帮助逃匿，或者阻挠其他国家机关工作人员查禁等行为。纵容，是指国家机关工作人员不依法履行职责，放纵黑社会性质组织进行违法犯罪活动的行为，即明知是黑社会性质的组织进行的违法犯罪活动而放纵、宽容，听之任之，不予制止，不加查处。本罪的主体是特殊主体，即国家机关工作人员。本罪的主观方面为故意。

依照《刑法》第294条的规定，犯本罪的，处5年以下有期徒刑；情节严重的，处5年以上有期徒刑。犯本罪又有其他犯罪行为的，依照数罪并罚的规定处罚。

四十二、传授犯罪方法罪

（一）传授犯罪方法罪的概念和特征

传授犯罪方法罪，是指故意使用语言、文字、动作、图像或者其他手段，将犯罪方法传授给他人的行为。本罪的主要特征是：

（1）本罪侵犯的客体是社会治安管理秩序。

（2）本罪客观方面表现为使用各种手段将犯罪方法传授给他人。各种手段，包括口头传授、书面传授与动作示范传授，公开传授与秘密传授，直接传授与间接传授。犯罪方法，包括预备犯罪，实行犯罪的技术、步骤、办法等。他人，既可以是达到法定年龄的人，也可以是未达到法定年龄的人。被传授的人是否掌握、接受了犯罪方法，不影响本罪的成立。

（3）本罪主体是已满16周岁并具有辨认、控制能力的自然人。从司法实践上看，主要是一些常习犯、累犯以及其他长期、经常作案的罪犯。

（4）本罪主观方面只能是故意，明知是犯罪方法而故意传授给他人。

（二）传授犯罪方法罪的认定

本罪与教唆犯罪的区别：①侵犯的法益性质不同。前者侵犯的是社会管理秩序，后者依所教唆的犯罪性质而定。②客观行为不同。前者是将犯罪方法传授给他人，后者是使他人产生犯罪决意。③对象要求不同。前者对被传授的对象没有限定，后者要求教唆对象是达到法定年龄、具有辨认控制能力的人。④故意内容不同。前者是对传授犯罪方法具有故意，后者是对所教唆的犯罪具有故意。⑤成立共同犯罪的情况不同。传授犯罪方法的，即使被传授的人按照所传授的方法实施了犯罪，二者也不成立共犯；如果被教唆的人犯被教唆的罪，则二者成立共犯。⑥定罪量刑的根据不同。传授犯罪方法罪是独立的罪名，具有独立的法定刑；而教唆犯罪不是独立罪名，没有独立的法定刑。

在实践中存在教唆犯罪与传授犯罪方法相结合或相竞合的情况，即对同一犯罪内容同时实施教唆行为与传授犯罪方法的行为，或者用传授犯罪方法的手段使他人产生犯罪决意。在这种情况下，原则上从一重罪论处。但是，如果行为人分别对不同的对象实施教唆行为与传授犯罪方法，或者向同一对象教唆此罪而传授彼罪的犯罪方法，则应按所教唆的罪与传授犯罪方法罪实行数罪并罚。

（三）传授犯罪方法罪的刑事责任

依照《刑法》第295条的规定，犯本罪的，处5年以下有期徒刑、拘役或者管制；情节严重的，处5年以上10年以下有期徒刑；情节特别严重的，处10年以上有期徒刑或者无期徒刑。

四十三、非法集会、游行、示威罪

（一）非法集会、游行、示威罪的概念和特征

非法集会、游行、示威罪，是指举行集会、游行、示威未依照法律规定申请或者申请未经许可，或者未按照主管机关许可的起止时间、地点、路线进行，又拒不服从解散命令，严重破坏社会秩序的行为。本罪侵犯的客体是国家对集会、游行、示威活动的管理制度。本罪的客观方面表现为行为人举行了集会、游行、示威活动，未依照法律规定申请或者申请未获许可，或者未按照主管机关许可的起止时间、地点、路线进行，并且拒不服从解散命令，严重破坏社会秩序的行为。本罪主体为一般主体，但只有集会、游行、示威的负责人和直接责任人员才承担刑事责任。本罪主观方面为故意。

（二）非法集会、游行、示威罪的认定

（1）罪与非罪的界限。行为人虽然有非法举行集会、游行、示威的行为，但没有拒不服从解散命令，或者没有造成严重破坏社会秩序的结果的，不以犯罪论处。

（2）本罪与其他罪的界限。本罪与聚众扰乱社会秩序罪、聚众冲击国家机关罪以及聚众扰乱公共场所秩序、交通秩序罪都具有聚众性，都可能发生于公共场所，都会造成严重破坏社会秩序的结果，区别的关键在于本罪以举行具有集会、游行、示威性质的活动为前提。

（三）非法集会、游行、示威罪的刑事责任

依照《刑法》第296条的规定，犯本罪的，对集会、游行、示威的负责人和直接负责人员，处5年以下有期徒刑、拘役、管制或者剥夺政治权利。

四十四、非法携带武器、管制刀具、爆炸物参加集会、游行、示威罪

（一）非法携带武器、管制刀具、爆炸物参加集会、游行、示威罪的概念和特征

非法携带武器、管制刀具、爆炸物参加集会、游行、示威罪，是指违反法律规定，携带武器、管制刀具或者爆炸物参加集会、游行、示威的行为。

本罪侵犯的客体是复杂客体，既侵犯了国家对集会、游行、示威的管理制度，又侵犯了国家对武器、管制刀具、爆炸物的管理制度。本罪的客观方面表现为行为人实施了违反法律规定，携带武器、管制刀具或者爆炸物参加集会、游行、示威的行为。这里的违反法律规定，指的是行为人违反了《中华人民共和国集会游行示威法》等法律的规定。本罪主体为一般主体。本罪主观方面为故意。

（二）非法携带武器、管制刀具、爆炸物参加集会、游行、示威罪的刑事责任

依照《刑法》第297条的规定，犯本罪的，处3年以下有期徒刑、拘役、管制或者剥夺政治权利。

四十五、破坏集会、游行、示威罪

破坏集会、游行、示威罪，是指扰乱、冲击或者以其他方法破坏依法举行的集会、游行、示威，造成公共秩序混乱的行为。

本罪侵犯的客体是复杂客体，既侵犯了国家对集会、游行、示威的管理制度，又侵犯了社会治安管理秩序。

依照《刑法》第298条的规定，犯本罪的，处5年以下有期徒刑、拘役、管制

或者剥夺政治权利。

四十六、侮辱国旗、国徽、国歌罪

侮辱国旗、国徽、国歌罪，是指行为人在公众场合故意以焚烧、毁损、涂划、玷污、践踏等方式侮辱中华人民共和国国旗、国徽或者故意篡改中华人民共和国国歌歌词、曲谱，以歪曲、贬损方式奏唱国歌，或者以其他方式侮辱国歌，情节严重的行为。

本罪是故意犯罪，并具有使国旗、国徽、国歌受辱的目的，如果因为意外事件或者过失而使国旗、国徽、国歌在客观上受辱的，不构成犯罪。侮辱国旗、国徽、国歌的行为必须发生在公共场合，还必须达到一定程度才构成犯罪，所以应从侮辱国旗、国徽、国歌行为的手段、动机、后果、次数等方面综合考虑。情节轻微或者显著轻微，危害不大的，不构成犯罪。

依照《刑法》第299条的规定，犯本罪的，处3年以下有期徒刑、拘役、管制或者剥夺政治权利。

四十七、侵害英雄烈士名誉、荣誉罪

（一）侵害英雄烈士名誉、荣誉罪的概念和特征

侵害英雄烈士名誉、荣誉罪，是指行为人以侮辱、诽谤或者以其他方式侵害英雄烈士的名誉、荣誉，损害社会公共利益，情节严重的行为。本罪的主要特征是：

（1）本罪侵犯的客体是社会公共利益。侵犯的对象是英雄烈士的名誉、荣誉。英雄烈士，是指那些在革命斗争、保卫祖国、社会主义现代化建设事业中，以及为争取大多数人的合法利益而壮烈牺牲的人员。

（2）本罪的客观方面表现为行为人通过侮辱、诽谤或者其他方式侵害英雄烈士的名誉、荣誉，损害社会公共利益，情节严重的行为。侮辱，是指通过语言、文字或者其他方式辱骂、贬低、嘲讽英雄烈士的行为。诽谤，是指捏造事实并进行散播，公然丑化、贬损英雄烈士，损害其名誉、荣誉的行为。以其他方式，通常指以“还原历史”“探究细节”等名义，否定、丑化英雄烈士，非法披露涉及英雄烈士隐私的信息或图片等。情节严重，是指侮辱、诽谤或者以其他方式侵害英雄烈士的名誉、荣誉，损害社会公共利益，造成严重的不良影响或者侵害行为持续时间长、范围广等情形。

（3）本罪主体是一般主体。凡达到刑事责任年龄（16周岁）且具备刑事责任能力的人均能构成本罪。

（4）本罪主观方面是故意。

（二）侵害英雄烈士名誉、荣誉罪的刑事责任

依照《刑法》第299条之一的规定，犯本罪，情节严重的，处3年以下有期徒刑、拘役、管制或者剥夺政治权利。

四十八、组织、利用会道门、邪教组织、利用迷信破坏法律实施罪

组织、利用会道门、邪教组织、利用迷信破坏法律实施罪，是指组织、利用会道门、邪教组织或者利用迷信破坏国家法律、行政法规实施的行为。本罪有两种方式：一是组织的方式，即发起成立会道门、邪教组织或者恢复已被取缔的会道门、邪教组织，发展门徒、招收会员；二是利用的方式，指依靠、凭借会道门、邪教组织的力量进行活动。

在认定这类案件性质时，需要注意以下三个问题：

（1）本罪与因愚昧落后而进行的迷信活动的区别。后者没有破坏国家法律实施的目的，不认为是犯罪。

（2）本罪与煽动分裂国家罪、煽动颠覆国家政权罪的界限。如果以会道门和邪教组织作掩护，宣传煽动分裂国家、颠覆国家政权，具有危害国家安全性质的，则应按照煽动分裂国家罪或者煽动颠覆国家政权罪论处。

（3）本罪与煽动暴力抗拒法律实施罪的界限。二者区别的关键在于：本罪限于采取利用会道门、邪教组织、迷信的方式，而不限定煽动暴力；后罪不包括采取利用迷信的方式煽动，但限定煽动的内容必须包含暴力。

依照《刑法》第300条的规定，犯本罪的，处3年以上7年以下有期徒刑，并处罚金；情节特别严重的，处7年以上有期徒刑或者无期徒刑，并处罚金或者没收财产；情节较轻的，处3年以下有期徒刑、拘役、管制或者剥夺政治权利，并处或者单处罚金。犯本罪又有奸淫妇女、诈骗财物等犯罪行为的，依照数罪并罚的规定处罚。

四十九、组织、利用会道门、邪教组织、利用迷信致人重伤、死亡罪

组织、利用会道门、邪教组织、利用迷信致人重伤、死亡罪，是指组织和利

用会道门、邪教组织或者利用迷信欺骗他人，致人重伤、死亡的行为。

本罪侵犯的客体是复杂客体，既侵犯了他人的生命权利，又侵犯了社会治安管理秩序。

在认定这类案件性质时，需要注意以下三个问题：

（1）本罪与组织、利用会道门、邪教组织、利用迷信破坏法律实施罪的界限。二者的共同之处是都以组织、利用会道门、邪教组织、利用迷信为特征；不同之处在于前者以致人重伤、死亡为客观要件，但不以破坏法律实施为要件，后者以破坏法律实施为要件，但不以致人重伤、死亡为要件。

（2）本罪与故意杀人罪的界限。本罪通常表现为利用会道门、邪教组织、迷信愚弄他人，使其自杀、接受怪异的生活方式、采用迷信的治疗方法等而导致死亡。如果利用迷信唆使信徒杀害其他信徒或者他人的，应当以故意杀人罪论处。

（3）组织和利用会道门、邪教组织或者利用迷信奸淫妇女、诈骗财物的，依照数罪并罚的规定处罚。

依照《刑法》第300条的规定，犯本罪的，处3年以上7年以下有期徒刑，并处罚金；情节特别严重的，处7年以上有期徒刑或者无期徒刑，并处罚金或者没收财产；情节较轻的，处3年以下有期徒刑、拘役、管制或者剥夺政治权利，并处或者单处罚金。

五十、聚众淫乱罪

聚众淫乱罪，是指聚集众人进行集体淫乱活动或者多次参加多人进行的淫乱活动的行为。

本罪侵犯的客体是国家对社会风尚的管理秩序。本罪的客观方面表现为行为人实施聚众淫乱的行为。聚众淫乱，是指纠集三人以上群奸群宿（聚众奸宿）或进行其他淫乱活动。淫乱行为除了自然性交以外，还包括其他刺激、兴奋、满足性欲的行为，如聚众从事手淫、鸡奸等行为。在聚众淫乱活动中，参与者应是自愿的，而不是被强迫的。本罪主体为一般主体，但本罪仅处罚聚众淫乱的首要分子和多次参加聚众淫乱的人员。只有在聚众淫乱中起组织、策划、指挥作用的首要分子，或者虽不是首要分子但多次参加聚众淫乱的人，才成立本罪。本罪主观方面为故意。

依照《刑法》第301条的规定，犯本罪的，处5年以下有期徒刑、拘役或者管制。

五十一、引诱未成年人聚众淫乱罪

引诱未成年人聚众淫乱罪，是指引诱未成年人参加聚众淫乱活动的行为。本罪侵犯的客体是复杂客体，既侵犯了社会的风化，又侵犯了未成年人的身心健康。

在认定这类案件性质时，需要注意的问题是：引诱是教唆的一种形式，引诱未成年人参加聚众淫乱，实际上是聚众淫乱罪的教唆犯犯罪行为，但法律将这一行为单独规定为犯罪，不再按聚众淫乱罪的教唆犯来处理。以其他方式教唆未成年人参加聚众淫乱的，按聚众淫乱罪的教唆犯处理。

依照《刑法》第301条的规定，犯本罪的，处5年以下有期徒刑、拘役或者管制，并依照聚众淫乱罪从重处罚。

五十二、盗窃、侮辱、故意毁坏尸体、尸骨、骨灰罪

盗窃、侮辱、故意毁坏尸体、尸骨、骨灰罪，是指秘密窃取尸体或者公然侮辱、故意毁坏尸体、尸骨、骨灰的行为。本罪的主要特征是：

（1）本罪侵犯的客体是社会风尚和公共秩序，保护的法益是公众对尸体、尸骨、骨灰的虔敬感情。本罪的行为对象是尸体、尸骨、骨灰。尸体，是指已经死亡的人的身体的全部或者一部分。孕妇腹中的死亡胎儿，即使具有人的形体，也不是尸体；尚未死亡的被害人的身体，不是尸体；无生命的尸体如已蜕化分离的，则为遗骨或遗发，不能称为尸体。尸骨是指尸体腐烂后剩下的骨头。骨灰是指尸体火化后烧成的灰。

（2）本罪在客观方面表现为盗窃、侮辱、故意毁坏尸体、尸骨、骨灰的行为。本罪属选择性罪名，有盗窃、侮辱、故意毁坏尸体、尸骨、骨灰行为之一的，即构成本罪。盗窃尸体、尸骨、骨灰，是指无权处分尸体、尸骨、骨灰的人将其转移为自己或者第三者占有的行为。如从坟墓中、停尸间或其他任何停放尸体的地方秘密窃取尸体。盗窃尸体、尸骨、骨灰的一部分的，也可能成立本罪。侮辱尸体、尸骨、骨灰，是指以暴露、猥亵、损毁、涂划、践踏等方式损害尸体、尸骨、骨灰，实施凌辱行为或者伤害有关人员感情的行为。故意毁坏尸体、尸骨、骨灰，是指故意毁损尸体、尸骨、骨灰完整性的一切行为。既包括对整具尸体的毁损或者破坏，也包括对尸体一部的损坏，如非法解剖、违法摘取尸体器官、分割尸体、砍掉尸体的某部分、破坏尸体外表的完整性、抛洒骨灰盒中的骨灰等。

（3）本罪主体为一般主体。凡年满16周岁且具备刑事责任能力的自然人均能构成本罪。

（4）本罪的主观方面表现为故意。即行为人明知是他人的尸体、尸骨、骨灰而予以盗窃、侮辱、故意毁坏，行为人的动机和目的是多种多样的，有的出于泄愤报复，有的是为了盗窃财物。过失盗窃、侮辱、毁坏尸体、尸骨、骨灰者，不构成犯罪。

依照《刑法》第302条的规定，犯本罪的，处3年以下有期徒刑、拘役或者管制。

五十三、赌博罪

赌博罪，是指以营利为目的，聚众赌博或者以赌博为业的行为。

本罪侵犯的客体是社会风尚和管理秩序。赌博的特征是输赢具有偶然性。如果设定好结局，则名为赌局，实为骗局。以赌局为骗局，诈骗钱财，符合诈骗罪的特征，不定赌博罪，应该定诈骗罪。

在认定这类案件性质时，需要注意以下两个问题：

（1）罪与非罪的界限。①应把“赌徒”“赌棍”与一般参与赌博的群众区别开来，对前者应依法追究刑事责任，对后者主要是批评教育。②对于亲属或者朋友之间带有娱乐性质的赌博行为，不应当作为犯罪处理。③对于以营利为目的，巧立名目，设置骗局，非法发行彩票，从中渔利的，应当视为聚众赌博，按照赌博罪的规定追究刑事责任。

（2）本罪与其他罪的界限。①行为人设置圈套诱骗他人参赌以获取钱财，属赌博行为，构成犯罪的，应当以赌博罪定罪处罚；参赌者识破骗局要求退还所输钱财时，设赌者又使用暴力或者以暴力相威胁，拒绝退还的，应以赌博罪从重处罚；致参赌者伤害或死亡的，应以赌博罪和故意伤害罪或者故意杀人罪实行数罪并罚。②对于因赌博引起打架斗殴，致人重伤、死亡或者直接行凶杀人的，应分别按故意伤害罪或者故意杀人罪处理。“赌徒”用暴力、胁迫手段抢走他人赌资，或者经预谋而抢劫赌场的，按照抢劫罪处理。

依照《刑法》第303条的规定，犯本罪的，处3年以下有期徒刑、拘役或者管制，并处罚金。

五十四、开设赌场罪

开设赌场罪，是指以营利为目的，设立、承包、租赁专门用于赌博活动场所，提供赌博用具的行为。

在认定这类案件性质时，需要注意以下三个问题：①赌博场所既包括较为常见的进行赌博活动的固定或者不固定、常设或者不常设的场所，也包括近些年来出现的在网络上进行赌博活动的场所。建立赌博网站，或者为赌博网站担任代理，接受投注的行为，属于开设赌场罪的行为。②我国公民在我国领域外周边地区开设赌场，以吸引我国公民为主要客源的，以开设赌场罪论处。③明知他人开设赌场而为其提供资金、计算机网络、通讯费用结算等直接帮助的，以开设赌场罪论处。

依照《刑法》第303条的规定，犯本罪的，处5年以下有期徒刑、拘役或者管制，并处罚金；情节严重的，处5年以上10年以下有期徒刑，并处罚金。

五十五、组织参与国（境）外赌博罪

（一）组织参与国（境）外赌博罪的概念和特征

组织参与国（境）外赌博罪，是指行为人实施组织中华人民共和国公民参与国（境）外赌博，数额巨大或者有其他严重情节的行为。本罪的主要特征是：

（1）本罪侵犯的客体是正常的社会管理秩序。

（2）本罪客观方面表现为实施组织中华人民共和国公民参与国（境）外赌博的行为。具体包括以下几方面的内容：①组织中华人民共和国公民参与国（境）外赌博，包括直接组织中国公民赴国（境）外赌博，或者以旅游、公务的名义组织中国公民赴国（境）外赌博，或者以提供赌博场所、提供赌资、设定赌博方式等组织中国公民赴国（境）外赌博，或者利用信息网络、通讯终端等传输赌博视频、数据，组织中国公民参与国（境）外赌博等。②组织的对象必须是中华人民共和国公民。这里所说的“中华人民共和国公民”仅限于中国大陆具有中华人民共和国国籍的人。如果组织的是境外人员参与赌博的，则不构成本罪，如果构成其他犯罪的，按照刑法有关规定予以处罚。③必须达到数额巨大或者有其他严重情节。

（3）本罪主体是组织者。组织者，是指组织、召集中国公民参与国（境）外赌博的人员，既包括犯罪集团，也包括比较松散的犯罪团伙，还可以是个人组织他人参与国（境）外赌博；组织者可以是一个人，也可以是多人；可以有比较严密的组织结构，也可以是为了进行一次赌博行为临时纠结在一起。

（4）本罪主观方面是故意。

（二）组织参与国（境）外赌博罪的刑事责任

依照《刑法》第303条的规定，犯本罪的，处5年以下有期徒刑、拘役或者管制，并处罚金；情节严重的，处5年以上10年以下有期徒刑，并处罚金。

五十六、故意延误投递邮件罪

故意延误投递邮件罪，是指邮政工作人员严重不负责任，故意延误投递邮件，致使公共财产、国家和人民利益遭受重大损失的行为。

本罪侵犯的客体是国家对邮政的管理秩序。客观方面表现为邮政工作人员严重不负责任，故意延误投递邮件，致使公共财产、国家和人民利益遭受重大损失的行为。不是出于故意而是由于过失致使邮件延误投递的，不构成本罪。本罪主体为特殊主体，即邮政工作人员。本罪主观方面为故意，即明知是应按时投递的邮件却故意拖延，过失不构成本罪。

依照《刑法》第304条的规定，犯本罪的，处2年以下有期徒刑或者拘役。

第三节　妨害司法罪罪名分述

一、伪证罪

（一）伪证罪的概念和特征

伪证罪，是指在刑事诉讼中，证人、鉴定人、记录人、翻译人对与案件有重要关系的情节，故意作虚假证明、鉴定、记录、翻译，意图陷害他人或者隐匿罪证的行为。本罪的主要特征是：

（1）本罪侵犯的客体是复杂客体，即国家的司法权和公民的人身权利、民主权利。

（2）本罪客观方面表现为在刑事诉讼中对与案件有重要关系的情节作虚假的证明、鉴定、记录、翻译的行为。①伪证发生在刑事诉讼过程中，即发生在刑事案件的立案、侦查、起诉、审判的过程中。②伪证的行为方式包括作为与不作为。③行为人必须有作虚假的证明、鉴定、记录、翻译的行为。“虚假”一般包括两种情况：一是无中生有，捏造或者夸大事实以陷人入罪；二是将有说无，掩盖或者缩小事实以开脱罪责。④虚假的证明、鉴定、记录、翻译的内容，必须是与案件有重要关系的情节。这里的案件只限于刑事案件，在民事案件中作伪证的，不成立本罪。与案件有重要关系的情节，是指对案件结论有影响的情节，即与是否构成犯罪、犯罪的性质、罪行的轻重、量刑的轻重具有重要关系的情节。伪证行为足以影响案件结论即可，不要求实际上影响了案件结论。

（3）本罪主体是特殊主体，即刑事诉讼中的证人、鉴定人、记录人、翻译人。其中“证人”包括被害人。

（4）本罪主观方面是故意，即有意作虚假的证明、鉴定、记录、翻译。

（二）伪证罪的认定

（1）罪与非罪的界限。如果证人根据自己的经验、记忆如实地作出了陈述，即使事后被证明与案件的客观事实有出入，也不能认定为犯罪。如果鉴定人、记录人、翻译人不是有意作伪证，而是由于业务水平不高或工作疏忽，而提供了错误的鉴定结论、记录、翻译的，不能认定为犯罪。刑事案件的被告人、犯罪嫌疑人就与自己有利害关系的情节作虚假陈述的，不构成本罪。

（2）本罪与诬告陷害罪的区别。①伪证罪发生在刑事诉讼的过程中；诬告陷害罪发生在立案侦查之前，而且可能是引起立案侦查的原因。②伪证罪是对与刑事案件有重要关系的情节作虚假的证明、鉴定、记录、翻译，诬告陷害罪是捏造犯罪事实。③伪证罪的主体是证人、鉴定人、记录人、翻译人，诬告陷害罪的主体是一般主体。④伪证罪主观上既可以是意图陷害他人，也可能是意图为他人开脱罪责；而诬告陷害罪的意图是使他人受刑事处分。行为人诬告他人犯罪，引起了司法机关的追诉活动后，在刑事诉讼中又作伪证的，原则上宜从一重罪处罚。

（三）伪证罪的刑事责任

依照《刑法》第305条的规定，犯本罪的，处3年以下有期徒刑或者拘役；情节严重的，处3年以上7年以下有期徒刑。

二、辩护人、诉讼代理人毁灭证据、伪造证据、妨害作证罪

（一）辩护人、诉讼代理人毁灭证据、伪造证据、妨害作证罪的概念和特征

辩护人、诉讼代理人毁灭证据、伪造证据、妨害作证罪，是指在刑事诉讼中，辩护人、诉讼代理人毁灭、伪造证据，帮助当事人毁灭、伪造证据，威胁、引诱证人违背事实改变证言或者作伪证的行为。本罪的主要特征是：

（1）本罪侵犯的客体是司法机关的正常刑事诉讼活动。

（2）本罪客观方面表现为实施下列行为之一：①行为人直接或者唆使当事人以外的人毁灭、伪造证据；②帮助当事人毁灭、伪造证据；③威胁、引诱证人违

背事实改变证言或者作伪证。

（3）本罪主体是特殊主体，仅指刑事案件的辩护人和诉讼代理人。

（4）本罪主观方面表现为故意。要注意伪造证据与证据失实的区别。《刑法》第306条第2款规定："辩护人、诉讼代理人提供、出示、引用的证人证言或者其他证据失实，不是有意伪造的，不属于伪造证据。"

（二）辩护人、诉讼代理人毁灭证据、伪造证据、妨害作证罪的刑事责任

依照《刑法》第306条的规定，犯本罪的，处3年以下有期徒刑或者拘役；情节严重的，处3年以上7年以下有期徒刑。

三、妨害作证罪

（一）妨害作证罪的概念和特征

妨害作证罪，是指以暴力、威胁、贿买等方法阻止证人作证或者指使他人作伪证的行为。本罪的主要特征是：

（1）本罪侵犯的客体是司法机关的正常诉讼活动。

（2）本罪客观方面表现为两类妨害作证的行为：①以暴力、威胁、贿买等方法阻止证人作证；②指使他人作伪证。

【案例7-3-01】甲是乙的上司，甲的重大贪污罪行被乙发现。为防止乙作证，甲将乙派往境外工作。甲的行为虽然防止了乙作证，但不属于以暴力、威胁、贿买等方法阻止乙作证，所以不构成本罪。

（3）本罪主体是一般主体。

（4）本罪主观方面表现为故意，即意图使证人不作证或者作伪证。

（二）妨害作证罪的认定

（1）本罪与辩护人、诉讼代理人毁灭证据、伪造证据、妨害作证罪的界限。二者的区别在于主体和诉讼的范围不同，前者为一般主体，后者为特殊主体；前者发生在各种诉讼中，而后者只能发生在刑事诉讼中。

（2）行为人以暴力、威胁、贿买等方法阻止证人作证或者指使他人作伪证，但证人依然作证、他人未作伪证的，成立妨害作证罪未遂；只有客观上阻止了证人作证或者使他人作出了伪证，才成立妨害作证罪既遂。

(3)“以暴力、威胁、贿买等方法”：该规定表明，《刑法》已经将第305条规定的伪证罪的教唆犯正犯化，即将伪证罪的教唆犯作为妨害作证罪的正犯来处理。但按照同类解释规则，其他方法须与暴力、威胁、贿买等方法类似。

(4)犯罪嫌疑人、被告人采取一般的嘱托、请求、劝诱等方法阻止他人作证或者指使他人作伪证的，因为缺乏期待可能性，不以妨害作证罪论处。如果犯罪嫌疑人、被告人采取暴力、威胁、贿买等方法阻止他人作证或者指使他人作伪证的，具有期待可能性，应认定为妨害作证罪。共犯人采取一般的请求、利诱方法阻止同案犯作供述或者指使同案犯作虚假供述的（如同案犯之间的串供行为），因缺乏期待可能性，不成立犯罪；如果以暴力、威胁、贿买等方法阻止同案犯作供述，或者指使同案犯作虚假供述的，构成妨害作证罪。

(5)因采取暴力手段阻止证人作证或指使他人作伪证而触犯其他罪名的，应当按照处理牵连犯的原则，从一重罪处断。

（三）妨害作证罪的刑事责任

依照《刑法》第307条的规定，犯本罪的，处3年以下有期徒刑或者拘役；情节严重的，处3年以上7年以下有期徒刑。司法工作人员犯本罪的，从重处罚。

四、帮助毁灭、伪造证据罪

（一）帮助毁灭、伪造证据罪的概念和特征

帮助毁灭、伪造证据罪，是指其他人帮助当事人毁灭、伪造证据，情节严重的行为。本罪的主要特征是：

(1)本罪侵犯的客体是司法机关的正常活动，对象是当事人。这里的当事人不包括自己，自己帮自己不算帮助。自己犯罪，为自己毁灭、伪造证据，不具有期待的可能性，不构成犯罪。这里的当事人也不包括共犯人，因为也不具有期待的可能性。如果不是帮助当事人而是帮助当事人以外的他人毁灭、伪造证据，则不能构成本罪。

【案例7-3-02】甲、乙共同盗窃了丙的财物。为防止公安人员提取指纹，甲在丙报案前擦掉了乙留在现场的指纹。甲不构成犯罪。

(2)本罪客观方面表现为帮助当事人毁灭、伪造证据。①隐匿证据属于这里的“毁灭证据”，变造证据属于这里的“伪造证据”。②帮助当事人里的“帮助”

应该作扩大解释，包括狭义的帮助行为，还包括实行行为、教唆行为。

【案例7-3-03】甲杀了人，乙是帮助者。甲教唆乙帮助自己毁灭尸体，乙毁灭了尸体（实行），乙构成帮助毁灭证据罪，甲不构成该罪的教唆犯；甲自己毁灭尸体，请乙提供刀具，乙提供了刀具（帮助），乙构成帮助毁灭证据罪，甲不构成该罪；甲在乙的教唆下毁灭尸体，乙构成帮助毁灭证据罪，甲不构成该罪。

（3）本罪主体为一般主体，即年满16周岁且具有刑事责任能力的自然人，均可构成本罪。

（4）本罪主观方面是故意，即行为人明知对方是案件的当事人，但为了达到帮助当事人的目的仍决意实施帮助其毁灭、伪造证据的行为。

（二）帮助毁灭、伪造证据罪的认定

（1）司法工作人员为了徇私枉法、枉法裁判而帮助当事人毁灭、伪造证据的，又触犯徇私枉法罪或民事、行政枉法裁判罪，属牵连犯罪，应当择重罪即徇私枉法罪或民事、行政枉法裁判罪从重处罚。

（2）本罪与辩护人、诉讼代理人毁灭证据、伪造证据罪的界限。①主体不同。本罪的主体为一般主体，年满16周岁且具有刑事责任能力的自然人均可构成本罪；而后者的主体为特殊主体，只有刑事诉讼中的辩护人、诉讼代理人才能构成该罪。②帮助的对象不同。本罪帮助当事人毁灭、伪造证据中的当事人，既包括刑事诉讼中的当事人，也包括民事、行政诉讼中的当事人；而后者的当事人则仅限于刑事诉讼中的当事人。③毁灭、伪造的证据范围不同。本罪证据既可以是刑事诉讼证据，也可以是民事诉讼及行政诉讼证据；而后者则仅限于刑事诉讼包括刑事附带民事诉讼的证据。④对情节的要求不同。本罪必须以情节严重为构成要件，而后者则无这一要求。⑤发生的时间不同。本罪既可以发生在刑事诉讼中，又可以发生在民事诉讼、行政诉讼中，还可以发生在上述诉讼前；而后者则只能发生在刑事诉讼中。在刑事诉讼前，帮助当事人毁灭、伪造证据，构成犯罪的，仍要以本罪治罪科刑，而不是构成辩护人、诉讼代理人毁灭证据、伪造证据罪。⑥所侵犯的客体不尽相同。本罪侵犯的客体既包括司法机关正常的刑事诉讼活动，也包括司法机关正常的民事诉讼、行政诉讼活动；而后者侵犯的仅是司法机关正常的刑事诉讼活动。

（三）帮助毁灭、伪造证据罪的刑事责任

依照《刑法》第307条的规定，犯本罪的，处3年以下有期徒刑或者拘役。司法工作人员犯本罪的，从重处罚。

五、虚假诉讼罪

（一）虚假诉讼罪的概念和特征

虚假诉讼罪，是指诉讼参加人以捏造的事实提起民事诉讼，妨害司法秩序或者严重侵害他人合法权益的行为。本罪的主要特征是：

（1）本罪侵犯的客体是正常的司法秩序和他人的合法权益。

（2）本罪客观方面是以捏造的事实提起民事诉讼，妨害司法秩序或者严重侵害他人合法权益的行为。

以捏造的事实提起民事诉讼，根据司法解释的规定，包括以下情形：①与夫妻一方恶意串通，捏造夫妻共同债务的；②与他人恶意串通，捏造债权债务关系和以物抵债协议的；③与公司、企业的法定代表人、董事、监事、经理或者其他管理人员恶意串通，捏造公司、企业债务或者担保义务的；④捏造知识产权侵权关系或不正当竞争关系的；⑤在破产案件审理过程中申报捏造的债权的；⑥与被执行人恶意串通，捏造债权或者对查封、扣押、冻结财产的优先权、担保物权的；⑦单方或者与他人恶意串通，捏造身份、合同、侵权、继承等民事法律关系的其他行为；⑧隐瞒债务已经全部清偿的事实，向人民法院提起民事诉讼，要求他人履行债务的；⑨向人民法院申请执行基于捏造的事实作出的仲裁裁决、公证债权文书，或者在民事执行过程中以捏造的事实对执行标的提出异议、申请参与执行财产分配的[①]。

妨害司法秩序或者严重侵害他人合法权益的行为，根据司法解释的规定，包括：①致使人民法院基于捏造的事实采取财产保全或者行为保全措施的；②致使人民法院开庭审理，干扰正常司法活动的；③致使人民法院基于捏造的事实作出裁判文书、制作财产分配方案，或者立案执行基于捏造的事实作出的仲裁裁决、公证债权文书的；④多次以捏造的事实提起民事诉讼的；⑤曾因以捏造的事实提起民事诉讼被采取民事诉讼强制措施或受过刑事追究的；⑥其他妨害司法秩序或者严重侵害他人合法权益的情形。

---

① 参见2018年最高人民法院、最高人民检察院《关于办理虚假诉讼刑事案件适用法律若干问题的解释》。

（3）本罪主体是一般主体，即一般的诉讼参与人，包括自然人和单位。

（4）本罪主观方面只能是故意，过失不构成本罪。

（二）虚假诉讼罪的刑事责任

依照《刑法》第307条之一的规定，犯本罪的，处3年以下有期徒刑、拘役或者管制，并处或者单处罚金；情节严重的，处3年以上7年以下有期徒刑，并处罚金。单位犯本罪的，对单位判处罚金，并对其直接负责的主管人员和其他直接责任人员，依照上述规定处罚。实施本罪行为，非法占有他人财产或者逃避合法债务，又构成其他犯罪的，依照处罚较重的规定定罪从重处罚。司法工作人员利用职权，与他人共同实施本罪行为的，从重处罚；同时构成其他犯罪的，依照处罚较重的规定定罪从重处罚。

六、打击报复证人罪

打击报复证人罪，是指对证人进行打击报复的行为。

本罪侵犯的客体是证人依法作证的权利。本罪的客观方面表现为对证人进行打击报复的行为，对象是已经在诉讼过程中依法作证的证人。了解案件情况但尚未作证的人，属于妨害作证罪的对象，不是本罪的对象。通过加害证人近亲属的方式来报复证人的，可以构成本罪。本罪的主体为一般主体。本罪的主观方面表现为故意。

依照《刑法》第308条的规定，犯本罪的，处3年以下有期徒刑或者拘役；情节严重的，处3年以上7年以下有期徒刑。

七、泄露不应公开的案件信息罪

（一）泄露不应公开的案件信息罪的概念和特征

泄露不应公开的案件信息罪，是指司法工作人员、辩护人、诉讼代理人或者其他诉讼参与人，泄露依法不公开审理的案件中不应当公开的信息的行为。本罪的主要特征是：

（1）本罪所侵犯的客体是复杂客体，包括司法机关正常的诉讼秩序，具体而言是司法机关正常的审判秩序，以及诉讼当事人涉案信息的安全。

（2）本罪客观方面表现为泄露依法不公开审理的案件中不应当公开的信息，造成信息公开传播或者其他严重后果。

（3）本罪主体为特殊主体，即不公开审理的案件中的司法工作人员、辩护人、诉讼代理人或者其他诉讼参与人。

(4) 本罪主观方面为故意，既可是直接故意，也可是间接故意，行为人主观上需明知所泄露的信息属于不公开审理的案件信息。至于主观上有没有牟利的目的，不影响本罪的认定。

(二) 泄露不应公开的案件信息罪的刑事责任

依照《刑法》第308条之一的规定，犯本罪的，处3年以下有期徒刑、拘役或者管制，并处或者单处罚金。实施本罪行为，泄露国家秘密的，依照《刑法》第398条（故意泄露国家秘密罪）的规定定罪处罚。

八、披露、报道不应公开的案件信息罪

(一) 披露、报道不应公开的案件信息罪的概念和特征

披露、报道不应公开的案件信息罪，是指公开披露、报道不应当公开的案件信息，情节严重的行为。本罪的主要特征是：

(1) 本罪所侵犯的客体是复杂客体，即司法机关正常的审判秩序，以及诉讼当事人涉案信息的安全。

(2) 本罪客观方面表现为行为人公开披露、报道依法不公开审理的案件中不应当公开的信息，情节严重的行为。披露，是指发表、公布。报道，是指通过报纸、杂志、广播、电视或其他形式把信息告诉公众。披露、报道的案件信息为《刑法》第308条之一第1款中所规定的不公开审理案件中不应当公开的信息，包括国家秘密、商业秘密、个人隐私等信息。情节严重，指造成信息公开传播或者因信息泄露而给利益相关者带来严重损失，如国家秘密为他人所知悉，可能造成危害社会稳定、经济发展、国防安全或者其他严重危害后果；诉讼参与人的个人隐私为他人所知悉，导致其名誉、人格遭到贬损，甚至引发自伤、自杀等严重后果；商业秘密为他人所知悉，给商业秘密所有者带来严重的经济损失；等等。

(3) 本罪主体为一般主体，既可以是自然人，也可以是单位，但不包括司法工作人员、辩护人、诉讼代理人，一般为新闻媒体工作者和相关新闻媒体机构。

(4) 本罪主观方面为故意，直接故意和间接故意均可。行为人应当明知披露、报道的信息为不公开审理案件中不应当公开的信息，出于何种动机对是否构成本罪并无影响。

（二）披露、报道不应公开的案件信息罪的刑事责任

依照《刑法》第308条之一的规定，犯本罪的，处3年以下有期徒刑、拘役或者管制，并处或者单处罚金。单位犯本罪的，对单位判处罚金，并对其直接负责的主管人员和其他直接责任人员，依照上述规定处罚。

九、扰乱法庭秩序罪

（一）扰乱法庭秩序罪的概念和特征

扰乱法庭秩序罪，是指扰乱法庭秩序的行为，包括下列情形：①聚众哄闹、冲击法庭的；②殴打司法工作人员或者诉讼参与人的；③侮辱、诽谤、威胁司法工作人员或者诉讼参与人，不听法庭制止，严重扰乱法庭秩序的；④有毁坏法庭设施，抢夺、损毁诉讼文书、证据等扰乱法庭秩序行为，情节严重的。本罪的主要特征是：

（1）本罪侵犯的客体是人民法院审理案件的正常秩序。

（2）本罪客观方面表现为聚众哄闹、冲击法庭或者殴打司法工作人员或者诉讼参与人的行为；侮辱、诽谤、威胁司法工作人员或者诉讼参与人，不听法庭制止，严重扰乱法庭秩序的行为；毁坏法庭设施，抢夺、损毁诉讼文书、证据等，情节严重的行为。哄闹、冲击法庭必须采取聚众的形式，殴打司法工作人员则不要求采取聚众的形式。

（3）本罪主体为一般主体。

（4）本罪主观方面表现为故意。当聚众哄闹、冲击法庭或者殴打司法工作人员的行为同时触犯本罪与其他严重犯罪时，不能实行数罪并罚，而应该按照想象竞合犯的原则，从一重罪处断。

（二）扰乱法庭秩序罪的刑事责任

依照《刑法》第309条的规定，犯本罪的，处3年以下有期徒刑、拘役、管制或者罚金。

十、窝藏、包庇罪

（一）窝藏、包庇罪的概念和特征

窝藏、包庇罪，是指明知是犯罪的人而为其提供隐藏处所、财物，帮助其逃匿或者作假证明包庇的行为。本罪的主要特征是：

（1）本罪侵犯的客体是司法机关的正常活动。

（2）本罪客观方面表现为为犯罪的人提供隐藏处所、财物，帮助其逃匿或者作假证明包庇的行为。犯罪的人，不是严格意义上的已经被法院定罪的罪犯，而应广义地理解为包括逍遥法外的涉嫌犯罪人和逍遥法外的罪犯。明知是一般违法分子而故意窝藏、包庇的，一般也不构成本罪。但现行《刑法》第362条扩大了本罪的对象范围，将一般违法的卖淫者、嫖娼者纳入了其对象范围。本罪的行为包括四种形式：①提供隐藏处所；②提供财物，资助或协助犯罪人逃匿；③提供其他便利条件帮助逃匿；④作假证明包庇。本罪的行为对象是已经实施了犯罪行为、正在受追查或者正在逃匿的人，包括已决犯与未决犯。

（3）本罪主体是一般主体。

（4）本罪主观方面是故意，既明知对方是犯罪的人，又具有使其逃避法律制裁的意图。

（二）窝藏、包庇罪的认定

（1）本罪与知情不举的界限。知情不举是指明知是犯罪分子而不检举告发的行为，与本罪的区别在于主观上没有使犯罪分子逃避法律制裁的目的，客观上没有实施窝藏、包庇的行为。

（2）本罪与伪证罪的界限。作假证明包庇的行为与伪证行为相似，区别在于：①犯罪主体不同。包庇罪是一般主体，伪证罪是特殊主体。②犯罪的时间不同。包庇罪可以在刑事诉讼过程中实施，也可以在此之前实施，而伪证罪只能在刑事诉讼过程中实施。因此，特定的主体在刑事诉讼中作伪证以包庇犯罪分子的，构成伪证罪，其他人在刑事诉讼之前或之中提供假证明包庇犯罪分子的，构成包庇罪。但是，包庇罪和伪证罪可以构成想象竞合。

【案例7-3-04】甲向公安司法机关作伪证帮助犯罪人逃避刑事追究，同时构成包庇罪和伪证罪，属于想象竞合，择一重罪论处。

（3）本罪与帮助毁灭、伪造证据罪的界限。二者的区别在于发生的场合和行为对象不同，包庇罪的作假证明限于在刑事诉讼中为犯罪分子作假证明；而帮助毁灭、伪造证据罪的伪造证据，可以是在任何诉讼案件中伪造任何证据（包括伪造证明）。作假证明实际上是伪造证据的情况之一。帮助当事人毁灭罪证、湮灭罪迹的行为，应属于帮助毁灭、伪造证据罪的行为之一，对这种行为应以帮助毁灭、伪造证据罪论处，不再以包庇罪论处。

（4）国家机关工作人员包庇黑社会性质组织的，成立包庇黑社会性质组织罪。

（5）应当特别注意刑法关于包庇罪的特别规定。按照《刑法》第362条的规定，旅馆业、饮食服务业、文化娱乐业、出租汽车业等单位的人员，在公安机关查处卖淫、嫖娼活动时，为违法犯罪分子通风报信，情节严重的，依照《刑法》第310条的规定即包庇罪定罪处罚。这种特殊包庇罪的特征在于：①客观方面表现为在公安机关查处卖淫、嫖娼活动时，为违法犯罪分子通风报信，情节严重的行为；②犯罪主体是旅馆业、饮食服务业、文化娱乐业、出租汽车业等单位的人员，包括在上述单位工作或者受雇用的一切人员；③主观方面是故意，具有使卖淫嫖娼人员逃避查处的目的。但对于公安机关查处其他不构成犯罪的行为时，为被查处者通风报信的，不成立犯罪。

（三）窝藏、包庇罪的刑事责任

依照《刑法》第310条的规定，犯本罪的，处3年以下有期徒刑、拘役或者管制；情节严重的，处3年以上10年以下有期徒刑。事前通谋的，以共同犯罪论处。

十一、拒绝提供间谍犯罪、恐怖主义犯罪、极端主义犯罪证据罪

拒绝提供间谍犯罪、恐怖主义犯罪、极端主义犯罪证据罪，是指明知他人有间谍犯罪或者恐怖主义、极端主义犯罪行为，在司法机关向其调查有关情况、收集有关证据时，拒绝提供，情节严重的行为。

本罪侵犯的客体是国家安全机关、公安机关打击与防范间谍犯罪、恐怖主义犯罪、极端主义犯罪的正常活动。

依照《刑法》第311条的规定，犯本罪的，处3年以下有期徒刑、拘役或者管制。

十二、掩饰、隐瞒犯罪所得、犯罪所得收益罪

（一）掩饰、隐瞒犯罪所得、犯罪所得收益罪的概念和特征

掩饰、隐瞒犯罪所得、犯罪所得收益罪，是指明知是犯罪所得及其产生的收益而予以窝藏、转移、收购、代为销售或者以其他方法掩饰、隐瞒的行为。本罪的主要特征是：

（1）本罪侵犯的客体为司法机关的正常活动。

（2）本罪客观方面表现为对他人的犯罪所得及其产生的收益予以窝藏、转移、收购、代为销售或者以其他方法掩饰、隐瞒的行为。行为对象是他人犯罪所得及

其产生的收益。行为人以窝藏、转移、收购、销售的方式，掩饰、隐瞒自己犯罪所得及其产生的收益，不是刑法上独立意义的犯罪行为。

（3）本罪主体是一般主体，包括自然人和单位。

（4）本罪主观方面是故意，即明知是通过犯罪手段获得的钱财而仍然予以窝藏、转移、收购、代为销售或者以其他方法掩饰、隐瞒，行为人可以在行为前"明知"，也可以在行为过程中"明知"。

（二）掩饰、隐瞒犯罪所得、犯罪所得收益罪的认定

（1）罪与非罪的界限。偶尔因贪图便宜，对来路不明的物品予以收买的，不宜以犯罪处理。

（2）本罪与共同犯罪的界限。本罪是在他人犯罪获取赃物之后实施的。如果在作案前有通谋，作案后帮助窝赃、销赃、掩饰、隐瞒，从中分赃或者廉价收买其赃物从中渔利的，构成共同犯罪，不属于本罪的行为。

（3）掩饰、隐瞒犯罪所得、犯罪所得收益，认罪、悔罪并退赃、退赔，且具有下列情形之一的，可以认定为犯罪情节轻微，免予刑事处罚：①具有法定从宽情节的；②为近亲属掩饰、隐瞒犯罪所得及其产生的收益，且系初犯、偶犯的；③有其他情节轻微情形的。行为人为自用而掩饰、隐瞒犯罪所得，财物价值达到3千元至1万元以上的标准，认罪、悔罪并退赃、退赔的，一般可不认为是犯罪；依法追究刑事责任的，应当酌情从宽。

（4）盗用单位名义实施掩饰、隐瞒犯罪所得及其产生的收益行为，违法所得由行为人私分的，依照刑法和相关司法解释的规定，按有关自然人犯罪的规定定罪处罚。

（三）掩饰、隐瞒犯罪所得、犯罪所得收益罪的刑事责任

依照《刑法》第312条的规定，犯本罪的，处3年以下有期徒刑、拘役或者管制，并处或者单处罚金；情节严重的，处3年以上7年以下有期徒刑，并处罚金。单位犯本罪的，对单位判处罚金，并对其直接负责的主管人员和其他直接责任人员，依照上述规定处罚。

十三、拒不执行判决、裁定罪

（一）拒不执行判决、裁定罪的概念和特征

拒不执行判决、裁定罪，是指对人民法院的判决、裁定有能力执行而拒不执

行，情节严重的行为。本罪的主要特征是：

（1）本罪侵犯的客体是司法机关的正常活动和人民法院判决、裁定的权威性。

（2）本罪客观方面表现为对人民法院已发生法律效力的判决、裁定有能力执行而拒不执行的行为。

根据全国人民代表大会常务委员会《关于〈中华人民共和国刑法〉第三百一十三条的解释》，人民法院的判决、裁定，是指人民法院依法作出的具有执行内容并已经发生法律效力的判决、裁定。人民法院为依法执行支付令、生效的调解书、仲裁裁决、公证债权文书等所作的裁定属于该条规定的裁定。

有能力执行而拒不执行，情节严重，是指以下情况：①被执行人隐藏、转移、故意毁损财产或者无偿转让财产、以明显不合理的低价转让财产，致使判决、裁定无法执行的；②担保人或者被执行人隐藏、转移、故意毁损或者转让已向人民法院提供担保的财产，致使判决、裁定无法执行的；③协助执行义务人接到人民法院协助执行通知书后，拒不协助执行，致使判决、裁定无法执行的；④被执行人、担保人、协助执行义务人与国家机关工作人员通谋，利用国家机关工作人员的职权妨害执行，致使判决、裁定无法执行的；⑤其他有能力执行而拒不执行，情节严重的行为。

（3）本罪犯罪主体是特殊主体，包括被执行人、担保人和协助执行义务人，可以是自然人，也可以是单位。

（4）本罪主观方面是故意，即明知是已经生效的判决、裁定有义务执行而拒不执行。

（二）拒不执行判决、裁定罪的认定

（1）本罪与妨害公务罪的界限。①犯罪主体不同。本罪的主体是判决、裁定的被执行人、担保人和协助执行义务人，自然人、单位均可；妨害公务罪的主体是一般主体，即自然人主体。②行为对象不同。本罪妨害的是法院执行判决、裁定的活动，而妨害公务罪妨害的是国家机关工作人员的公务活动。③行为方式不同。本罪不限于采取暴力、威胁的方式，而妨害公务罪则限于采取暴力、威胁方式。

（2）国家机关工作人员犯本罪的处罚。国家机关工作人员与被执行人、担保人、协助执行义务人通谋，利用国家机关工作人员的职权妨害执行，致使判决、裁定无法执行的，以本罪的共犯追究刑事责任。国家机关工作人员收受贿赂或者滥用职权，有妨害执行致使判决、裁定无法执行行为，同时又构成受贿罪、滥用

职权罪的，依照处罚较重的规定定罪处罚。

（3）拒不执行判决、裁定的被告人在一审宣告判决前，履行全部或者部分执行义务的，可以酌情从宽处罚。拒不执行支付赡养费、抚养费、抚育费、抚恤金、医疗费用、劳动报酬等判决、裁定的，可以酌情从重处罚。

（三）拒不执行判决、裁定罪的刑事责任

依照《刑法》第313条的规定，犯本罪的，处3年以下有期徒刑、拘役或者罚金；情节特别严重的，处3年以上7年以下有期徒刑，并处罚金。单位犯本罪的，对单位判处罚金，并对其直接负责的主管人员和其他直接责任人员，依照上述规定处罚。

十四、非法处置查封、扣押、冻结的财产罪

非法处置查封、扣押、冻结的财产罪，是指对司法机关已经查封、扣押、冻结的财产，隐藏、转移、变卖或者故意毁损，情节严重的行为。

在认定这类案件性质时要注意，行为人为了拒不执行判决、裁定，在判决、裁定生效以后隐藏、转移、变卖、毁损已经被司法机关查封、扣押、冻结的财产，对抗判决、裁定执行的，应当以拒不执行判决、裁定罪定罪处罚；如果是在判决、裁定生效之前就实施了妨害已被查封、扣押、冻结的财产的行为，导致判决、裁定无法执行的，应以本罪论处。

依照《刑法》第314条的规定，犯本罪的，处3年以下有期徒刑、拘役或者罚金。

十五、破坏监管秩序罪

破坏监管秩序罪，是指依法被关押的罪犯，破坏监管秩序，情节严重的行为。本罪侵犯的客体是监管场所的正常监管秩序。

本罪客观方面表现为破坏监管秩序，情节严重的行为，具体包括：①殴打监管人员的；②组织其他被监管人破坏监管秩序的；③聚众闹事，扰乱正常监管秩序的；④殴打、体罚或者指使他人殴打、体罚其他被监管人的。殴打监管人员如果致人重伤、死亡的，则属于本罪与故意伤害罪等罪的想象竞合犯，择一重罪处罚。

本罪主体是特殊主体，是正在被依法关押服刑的已决犯，包括在监狱服刑的罪犯和在看守所代为执行的罪犯，不包括已被逮捕关押但尚未被定罪判刑的未决

犯，也不包括未被关押的已决犯。本罪的主观方面是故意。

依照《刑法》第315条的规定，犯本罪的，处3年以下有期徒刑。

十六、脱逃罪

脱逃罪，是指依法被关押的罪犯、被告人、犯罪嫌疑人从羁押、刑罚执行场所或者押解途中逃走的行为。本罪的主要特征是：

（1）本罪侵犯的客体是监管场所的正常监管秩序。

（2）本罪客观方面表现为依法被关押的罪犯、被告人、犯罪嫌疑人从关押场所或者押解途中脱逃的行为。脱逃，即离开关押场所，方式包括作为与不作为。行为人摆脱了监管机关和监管人员的实力支配时，属于脱逃既遂；但行为人逃出关押场所后，尚明显处于被监管人员追捕的过程中，属于脱逃未遂。

（3）本罪主体是特殊主体，即依法被逮捕、关押的罪犯、被告人、犯罪嫌疑人，包括已经拘留、逮捕而尚未判决的未决犯和已被判处拘役以上剥夺自由刑罚的罪犯。被行政拘留的人，被司法机关采取拘传、取保候审、监视居住等强制措施的犯罪嫌疑人、被告人，被判处管制、拘役、徒刑宣告缓刑的罪犯以及被假释的罪犯不是本罪的主体。

（4）本罪主观方面为故意。

依照《刑法》第316条的规定，犯本罪的，处5年以下有期徒刑或者拘役。

十七、劫夺被押解人员罪

（一）劫夺被押解人员罪的概念和特征

劫夺被押解人员罪，是指劫持押解途中的罪犯、被告人、犯罪嫌疑人的行为。

本罪侵犯的客体是国家对人犯的监督管理秩序。本罪的客观方面表现为劫夺押解途中的罪犯、被告人、犯罪嫌疑人的行为。行为的对象是押解途中的罪犯、被告人、犯罪嫌疑人。劫夺监狱、看守所等关押场所的罪犯、被告人、犯罪嫌疑人，不构成本罪。本罪主体为一般主体。本罪的主观方面为故意。

（二）劫夺被押解人员罪的认定

（1）本罪与妨害公务罪的界限。押解人犯从广义上讲属于一种公务活动，因此，劫夺被押解人员的行为也具有妨害公务的性质。二者的主要区别在于目的不同，本罪必须具有劫夺人犯的目的，而妨害公务罪不具有此特定目的；如果行为人不具有劫夺被押解人员的意图，仅以暴力、威胁的方法妨碍押解工作，不构成本罪，但可以构成妨害公务罪。

（2）关于罪数问题。行为人因使用暴力方法劫夺被押解人员，造成押解人员伤害或者死亡的，或者杀害押解人员后劫夺被押解人员的，或者劫夺被押解人员后为灭口又杀害押解人员的，应当按照数罪并罚的原则处理。

（三）劫夺被押解人员罪的刑事责任

依照《刑法》第316条的规定，犯本罪的，处3年以上7年以下有期徒刑；情节严重的，处7年以上有期徒刑。

十八、组织越狱罪

组织越狱罪，是指依法被关押的罪犯、被告人、犯罪嫌疑人有组织、有计划地以非暴动方式越狱逃跑的行为。

本罪侵犯的客体是国家对在押人员的监管秩序。本罪的客观方面表现为行为人实施了组织越狱的行为。其具体表现有两种方式：一是组织越狱，二是积极参加有组织的越狱。越狱，是指逃离监狱、看守所等国家设立的刑罚执行场所或者关押犯罪嫌疑人、被告人的场所，包括押解途中。本罪主体是特殊主体，即依法被关押的犯罪分子，包括已决犯和未决犯。本罪主观方面为故意。

依照《刑法》第317条的规定，犯本罪的，对首要分子和积极参加者，处5年以上有期徒刑；对其他参加者，处5年以下有期徒刑或者拘役。

十九、暴动越狱罪

暴动越狱罪，是指依法被关押的犯罪分子，以有组织或者聚众的形式集体使用暴力手段强行越狱的行为。

本罪侵犯的客体是国家对在押人员的监管秩序。本罪的客观方面表现为行为人实施了暴动越狱的行为。本罪的主体是特殊主体，即在押的罪犯、犯罪嫌疑人、被告人。本罪的主观方面为故意。

依照《刑法》第317条的规定，犯本罪的，对首要分子和积极参加者，处10年以上有期徒刑或者无期徒刑；情节特别严重的，处死刑；对其他参加者，处3年以上10年以下有期徒刑。

二十、聚众持械劫狱罪

聚众持械劫狱罪，是指狱外的人聚众持械劫夺被依法关押在狱中的犯罪分子的行为。

在认定这类案件性质时，要注意区分聚众持械劫狱罪与劫夺被押解人员罪的界限。两者的区别在于是否具有聚众、持械的特征。持械，是指行为人手拿刀、枪、棍棒等凶器实施劫狱的行为。

依照《刑法》第317条的规定，犯本罪的，对首要分子和积极参加者，处10年以上有期徒刑或者无期徒刑；情节特别严重的，处死刑；对其他参加者，处3年以上10年以下有期徒刑。

第四节　妨害国（边）境管理罪罪名分述

一、组织他人偷越国（边）境罪

组织他人偷越国（边）境罪，是指违反国家出入国（边）境管理法规，非法组织他人偷越我国国境或边境的行为。

本罪侵犯的客体是国家对国（边）境的正常管理秩序。这里的“国（边）境”，既指国境，即我国与外国的疆界，又指边境，即我国大陆与台、港、澳地区在行政区划上的交界。本罪的客观方面表现为行为人实施了非法组织他人出入国（边）境的行为。本罪主体为一般主体。本罪的主观方面为故意，行为人出于何种动机、目的，不影响本罪的成立。

在认定这类案件性质时，要注意以下两个问题：①根据2012年最高人民法院、最高人民检察院《关于办理妨害国（边）境管理刑事案件应用法律若干问题的解释》，领导、策划、指挥他人偷越国（边）境或者在首要分子指挥下，实施拉拢、引诱、介绍他人偷越国（边）境等行为的，属于“组织他人偷越国（边）境”的行为。②犯本罪并对被组织人有杀害、伤害、强奸、拐卖等犯罪行为，或者对检查人员有杀害、伤害等犯罪行为的，依照数罪并罚的规定处罚。

依照《刑法》第318条的规定，犯本罪的，处2年以上7年以下有期徒刑，并处罚金；有下列情形之一的，处7年以上有期徒刑或者无期徒刑，并处罚金或者没收财产：①组织他人偷越国（边）境集团的首要分子；②多次组织他人偷越国（边）境或者组织他人偷越国（边）境人数众多的；③造成被组织人重伤、死亡的；④剥夺或者限制被组织人人身自由的；⑤以暴力、威胁方法抗拒检查的；⑥违法所得数额巨大的；⑦有其他特别严重情节的。

二、骗取出境证件罪

骗取出境证件罪，是指以劳务输出、经贸往来或者其他名义，弄虚作假，骗取护照、签证等出境证件，为组织他人偷越国（边）境使用的行为。

依照《刑法》第319条的规定，犯本罪的，处3年以下有期徒刑，并处罚金；情节严重的，处3年以上10年以下有期徒刑，并处罚金。单位犯本罪的，对单位判处罚金，并对其直接负责的主管人员和其他直接责任人员，依照自然人犯本罪的规定处罚。

三、提供伪造、变造的出入境证件罪

提供伪造、变造的出入境证件罪，是指为他人提供伪造、变造的护照、签证等出入境证件的行为。

“为他人提供”中的“提供”包括有偿提供与无偿提供。该犯罪行为不能认为是偷越国（边）境罪的帮助犯，而属于实行犯。行为人伪造出入境证件后又提供给他人的，应从一重罪处罚；如果出售出入境证件的，同时触犯买卖国家机关证件罪与本罪，属于想象竞合犯，择一重罪处罚。

依照《刑法》第320条的规定，犯本罪的，处5年以下有期徒刑，并处罚金；情节严重的，处5年以上有期徒刑，并处罚金。

四、出售出入境证件罪

出售出入境证件罪，是指向他人出售护照、签证等出入境证件的行为。对于出售伪造、变造的出入境证件的行为，则应以提供伪造、变造的出入境证件罪论处。

依照《刑法》第320条的规定，犯本罪的，处5年以下有期徒刑，并处罚金；情节严重的，处5年以上有期徒刑，并处罚金。

五、运送他人偷越国（边）境罪

运送他人偷越国（边）境罪，是指非法将偷越国（边）境的人员送出或者送入国（边）境的行为。

依照《刑法》第321条的规定，犯本罪的，处5年以下有期徒刑、拘役或者管制，并处罚金；有下列情形之一的，处5年以上10年以下有期徒刑，并处罚金：①多次实施运送行为或者运送人数众多的；②所使用的船只、车辆等交通工具不具备必要的安全条件，足以造成严重后果的；③违法所得数额巨大的；④有其他特别严重情节的。在运送他人偷越国（边）境中造成被运送人重伤、死亡，或者以暴力、威胁方法抗拒检查的，处7年以上有期徒刑，并处罚金。

犯本罪，对被运送人有杀害、伤害、强奸、拐卖等犯罪行为，或者对检查人员有杀害、伤害等犯罪行为的，依照数罪并罚的规定处罚。

六、偷越国（边）境罪

偷越国（边）境罪，是指违反国（边）境管理法规，偷越国（边）境，情节严重的行为，或者为参加恐怖活动组织、接受恐怖活动培训或者实施恐怖活动，偷越国（边）境的行为。

依照《刑法》第322条的规定，犯本罪的，处1年以下有期徒刑、拘役或者管制，并处罚金；为参加恐怖活动组织、接受恐怖活动培训或者实施恐怖活动，偷越国（边）境的，处1年以上3年以下有期徒刑，并处罚金。

七、破坏界碑、界桩罪

破坏界碑、界桩罪，是指故意破坏国家边境界碑、界桩的行为。

依照《刑法》第323条的规定，犯本罪的，处3年以下有期徒刑或者拘役。

八、破坏永久性测量标志罪

破坏永久性测量标志罪，是指故意破坏国家设立的永久性测量标志的行为。

依照《刑法》第323条的规定，犯本罪的，处3年以下有期徒刑或者拘役。

第五节　妨害文物管理罪罪名分述

一、故意损毁文物罪

故意损毁文物罪，是指故意损毁国家保护的珍贵文物或者被确定为全国重点文物保护单位、省级文物保护单位的文物的行为。

本罪侵犯的客体是国家的文物管理制度。客观方面表现为损毁国家保护的珍贵文物和国家级、省级文物保护单位的文物的行为。损毁的对象包括两类：一是国家保护的珍贵文物。根据《中华人民共和国文物保护法》的规定，珍贵文物包括具有重大历史、科学、艺术价值的纪念物、艺术品、工艺美术品、革命文献资料、手稿、古旧图书资料以及代表性实物等。珍贵文物依法分为一级文物、二级文物、三级文物，是否属于珍贵文物由有关部门鉴定确认。此外，具有科学价值的古脊椎动物化石和古人类化石同文物一样受国家保护。二是被确定为全国重点文物保护单位和省级文物保护单位的文物。

依照《刑法》第324条的规定，犯本罪的，处3年以下有期徒刑或者拘役，并处或者单处罚金；情节严重的，处3年以上10年以下有期徒刑，并处罚金。

二、故意损毁名胜古迹罪

故意损毁名胜古迹罪，是指故意损毁国家保护的名胜古迹，情节严重的行为。

在认定这类案件时，要注意区分故意损毁名胜古迹罪与故意损毁文物罪对情节的不同要求。故意损毁名胜古迹罪以情节严重为条件，而故意损毁文物罪没有情节严重的限制条件。

依照《刑法》第324条的规定，犯本罪的，处5年以下有期徒刑或者拘役，并处或者单处罚金。

三、过失损毁文物罪

过失损毁文物罪，是指过失损毁国家保护的珍贵文物或者被确定为全国重点文物保护单位、省级文物保护单位的文物，造成严重后果的行为。

本罪侵犯的客体为国家的文物管理制度。本罪客观方面的具体表现可以是捣毁、拆除、污损、挖掘、焚烧等形式。该行为的特征表现为以下两个方面：①损毁行为是行为人为实现危害结果之外的其他目的而实施的。②过失损毁行为是包含发生危害结果可能性的行为。本罪主体为一般主体。本罪的主观方面为过失，包括疏忽大意的过失和过于自信的过失。

依照《刑法》第324条的规定，犯本罪的，处3年以下有期徒刑或者拘役。

四、非法向外国人出售、赠送珍贵文物罪

非法向外国人出售、赠送珍贵文物罪，是指违反文物保护法规，将收藏的国家禁止出口的珍贵文物私自出售或者私自赠送给外国人的行为。

本罪侵犯的客体是国家对珍贵文物的管理活动，犯罪对象是珍贵文物。本罪的客观方面表现为违反文物保护法规，将收藏的国家禁止出口的珍贵文物私自出售或者私自赠送给外国人的行为。本罪的主体为一般主体，单位亦可成为本罪主体。本罪的主观方面表现为故意，如果行为人主观上确实不知是珍贵文物或者被

他人欺骗利用，因其主观上没有犯罪的故意，不应按本罪处罚。

依照《刑法》第325条的规定，犯本罪的，处5年以下有期徒刑或者拘役，可以并处罚金。单位犯本罪的，对单位判处罚金，并对其直接负责的主管人员和其他直接责任人员，依照上述规定处罚。

五、倒卖文物罪

（一）倒卖文物罪的概念和特征

倒卖文物罪，是指以牟利为目的，倒卖国家禁止经营的文物，情节严重的行为。本罪的主要特征是：

（1）本罪侵犯的客体是国家对文物的管理活动。

（2）本罪客观方面表现为违反国家文物保护法规，倒卖国家禁止经营的文物，情节严重的行为。倒卖，是指以牟利为目的，出售或者为出售而收购、运输、储存的行为。

（3）本罪主体为一般主体，即年满16周岁且具有刑事责任能力的自然人，单位也可以构成本罪的主体。

（4）本罪主观方面为直接故意，即行为人明知是国家禁止经营的文物而倒卖，并且希望产生破坏文物管理活动的严重危害后果。同时，构成本罪还要求行为人在倒卖故意支配下，具有牟利的目的。如果行为人不具有牟利的目的，而纯粹属于个人爱好，则不宜以犯罪论处。

（二）倒卖文物罪的认定

在认定这类案件时，要注意区分倒卖文物罪与非法经营罪的界限。二者的区别在于对象不同。前者的犯罪对象为国家禁止经营的文物，后者的犯罪对象为未经许可经营专营、专卖物品或者其他限制买卖的物品、买卖进出口许可证、进出口原产地证明以及其他法律、行政法规规定的经营许可证或者批准文件。

（三）倒卖文物罪的刑事责任

依照《刑法》第326条的规定，犯本罪的，处5年以下有期徒刑或者拘役，并处罚金；情节特别严重的，处5年以上10年以下有期徒刑，并处罚金。单位犯本罪的，对单位判处罚金，并对其直接负责的主管人员和其他直接责任人员，依照上述规定处罚。

六、非法出售、私赠文物藏品罪

非法出售、私赠文物藏品罪，是指国有博物馆、图书馆等单位，违反文物保护法规，将国家保护的文物藏品出售或者私自赠送给非国有单位或者个人的行为。

依照《刑法》第327条的规定，犯本罪的，对单位判处罚金，并对其直接负责的主管人员和其他直接责任人员，处3年以下有期徒刑或者拘役。

七、盗掘古文化遗址、古墓葬罪

盗掘古文化遗址、古墓葬罪，是指盗掘具有历史、艺术、科学价值的古文化遗址、古墓葬的行为。

在认定这类案件性质时，需要注意以下三个问题：

（1）本罪与故意损毁文物罪、故意损毁名胜古迹罪的界限。区别在于：①目的不同。本罪具有窃取文物的目的，而后两罪不具此目的。②行为对象不同。本罪的对象限于古文化遗址、古墓葬，而后两罪的对象一个限于珍贵文物、国家级和省级文物保护单位的文物，一个限于名胜古迹。③行为方式不同。本罪限于盗掘的方式，而后两罪可以包括任何方式的损毁。如果是在盗掘古文化遗址、古墓葬的过程中，又损毁珍贵文物或者名胜古迹的，应当以本罪处罚。

（2）本罪与盗窃罪的界限。盗掘古文化遗址、古墓葬并窃取文物的，仍以本罪论处；盗掘其他墓葬窃取财物数额较大的，以盗窃罪论处；窃取他人已挖掘出来的珍贵文物的，也应当以盗窃罪论处。

（3）关于本罪的既遂。行为人只要实施了盗掘古文化遗址、古墓葬的行为，即构成本罪的既遂，至于是否窃取了文物，并不影响成立本罪的既遂。

依照《刑法》第328条的规定，犯本罪的，处3年以上10年以下有期徒刑，并处罚金。情节较轻的，处3年以下有期徒刑、拘役或者管制，并处罚金。有下列情形之一的，处10年以上有期徒刑或者无期徒刑，并处罚金或者没收财产：①盗掘确定为全国重点文物保护单位和省级文物保护单位的古文化遗址、古墓葬的；②盗掘古文化遗址、古墓葬集团的首要分子；③多次盗掘古文化遗址、古墓葬的；④盗掘古文化遗址、古墓葬，并盗窃珍贵文物或者造成珍贵文物严重破坏的。

八、盗掘古人类化石、古脊椎动物化石罪

盗掘古人类化石、古脊椎动物化石罪，是指盗掘国家保护的具有科学价值的古人类化石和古脊椎动物化石的行为。

在认定这类案件性质时，要注意区分本罪与盗掘古文化遗址、古墓葬罪的界限。二者的主要区别在于行为对象不同。前者犯罪对象为古人类化石、古脊椎动物化石，后者为古文化遗址、古墓葬。

依照《刑法》第328条的规定，犯本罪的，依照盗掘古文化遗址、古墓葬罪的法定刑处罚。

九、抢夺、窃取国有档案罪

抢夺、窃取国有档案罪，是指抢夺、窃取国家所有的档案的行为。本罪侵犯的客体是国家对档案的管理制度和国家对国有档案的所有权。

在认定这类案件性质时，需要注意以下两个问题：

（1）本罪与抢夺罪、盗窃罪的界限。三者的主要区别在于行为对象不同。前者的行为对象是国有档案，后两者的行为对象是公私财物。三者的关系在一定意义上属于特别法与普通法之间的关系，所以在适用上遵循特别法优于普通法的原则。如果抢夺、窃取对象中既有国有档案，又有其他公私财物的，则应按照本罪与后两罪并罚。由于刑法没有规定抢劫国有档案罪，根据举重以明轻的当然解释原理，抢劫国有档案的，因为抢劫能够包容评价为抢夺，所以可以按照抢夺国有档案罪论处。

（2）如果抢夺、窃取的国有档案属于国家秘密，同时又触犯非法获取国家秘密罪的，是想象竞合犯，应当按照其中的重罪处罚。

依照《刑法》第329条的规定，犯本罪的，处5年以下有期徒刑或者拘役。

十、擅自出卖、转让国有档案罪

擅自出卖、转让国有档案罪，是指违反档案法的规定，擅自出卖、转让国家所有的档案，情节严重的行为。

在认定这类案件性质时要注意罪与非罪的界限。①擅自出卖、转让的是否为国有档案，如果出卖、转让的对象不是国有档案，则不能按本罪处罚。②是否情节严重。如果擅自出卖、转让国有档案的行为没有达到情节严重，则也不能构成本罪。③是否违反档案法的规定。如果根据档案法的规定转让国有档案的，则是适法行为。④是否出于故意。如果由于过失而出卖、转让国有档案的，则按一般的违法行为处理。

依照《刑法》第329条的规定，犯本罪的，处3年以下有期徒刑或拘役。犯本罪同时又构成刑法规定的其他犯罪的，依照处罚较重的规定定罪处罚。

第六节　危害公共卫生罪罪名分述

一、妨害传染病防治罪

（一）妨害传染病防治罪的概念和特征

妨害传染病防治罪，是指违反传染病防治法的规定，引起甲类传染病[①]以及依法确定采取甲类传染病预防、控制措施的传染病传播或者有传播严重危险的行为。本罪的主要特征为：

（1）本罪侵犯的客体是国家关于传染病防治的管理制度。

（2）本罪客观方面表现为违反国家传染病防治法规定，引起甲类传染病以及依法确定采取甲类传染病预防、控制措施的传染病传播或者有传播严重危险的行为，在具体行为方式上包括以下几种情形：①供水单位供应的饮用水不符合国家规定的卫生标准的；②拒绝按照疾病预防控制机构提出的卫生要求，对传染病病原体污染的污水、污物、场所和物品进行消毒处理的；③准许或者纵容传染病病人、病原携带者和疑似传染病病人从事国务院卫生行政部门规定禁止从事的易使该传染病扩散的工作的；④出售、运输疫区中被传染病病原体污染或者可能被传染病病原体污染的物品，未进行消毒处理的；⑤拒绝执行县级以上人民政府、疾病预防控制机构依照传染病防治法提出的预防、控制措施的。

【案例7-6-01】在新冠肺炎疫情期间，甲在全球疫情蔓延的形势下，出国旅游返回后故意隐瞒出入境情况，不执行隔离规定，多次出入公共场所，造成43名密切接触者被集中隔离，其单位所在办公大楼被封闭7天。甲违反传染病防治法的规定，拒绝执行卫生防疫机构依照传染病防治法提出的预防、控制措施，引起新型冠状病毒传播的严重危险，构成妨害传染病防治罪。

（3）本罪主体为一般主体。

（4）本罪主观方面表现为过失。

---

① 甲类传染病的范围，依照《中华人民共和国传染病防治法》和国务院有关规定确定，主要指鼠疫、霍乱等传染病。采取甲类传染病预防、控制措施的传染病，是指乙类传染病中传染性非典型肺炎，炭疽中的肺炭疽，人感染高致病性禽流感，以及国务院卫生行政部门根据需要报经国务院批准公布的其他需要按甲类传染病管理的乙类传染病和突发原因不明的传染病。

（二）妨害传染病防治罪的刑事责任

依照《刑法》第330条的规定，犯本罪的，处3年以下有期徒刑或者拘役；后果特别严重的，处3年以上7年以下有期徒刑。单位犯本罪的，对单位判处罚金，并对其直接负责的主管人员和其他直接责任人员，依照上述规定处罚。

二、传染病菌种、毒种扩散罪

（一）传染病菌种、毒种扩散罪的概念和特征

传染病菌种、毒种扩散罪，是指从事实验、保藏、携带、运输传染病菌种、毒种的人员，违反国务院卫生行政部门的有关规定，造成传染病菌种、毒种扩散，后果严重的行为。

本罪侵犯的客体是双重客体，即本罪同时侵犯了国家对传染病菌种、毒种的管理秩序和人民群众的生命健康。本罪的客观方面表现为行为人违反国务院卫生行政部门的有关规定，在从事实验、保藏、携带、运输传染病菌种、毒种的过程中造成传染病菌种、毒种扩散，后果严重的行为。本罪主体是特殊主体，仅限于自然人。主观方面是过失。

（二）传染病菌种、毒种扩散罪的刑事责任

依照《刑法》第331条的规定，犯本罪的，处3年以下有期徒刑或者拘役；后果特别严重的，处3年以上7年以下有期徒刑。

三、妨害国境卫生检疫罪

（一）妨害国境卫生检疫罪的概念和特征

妨害国境卫生检疫罪，是指违反国境卫生检疫规定，引起检疫传染病传播或者有传播严重危险的行为。检疫传染病，是指鼠疫、霍乱、黄热病以及国务院规定和公布的其他传染病。

本罪侵犯的客体是国家对国境卫生检疫的正常管理活动。本罪的客观方面表现为实施了违反国境卫生检疫规定，引起检疫传染病的传播，或者有传播严重危险的行为。本罪主体是一般主体，但一般是出入国（边）境的人才可能构成本罪，不出入国（边）境的人不会直接成为本罪的主体，单位也可以成为本罪主体。本罪的主观方面表现为故意，即行为人明知应当接受卫生检疫检查而故意逃避或拒绝，过失不构成本罪。

（二）妨害国境卫生检疫罪的刑事责任

依照《刑法》第332条的规定，犯本罪的，处3年以下有期徒刑或者拘役，并处或者单处罚金。单位犯本罪的，对单位判处罚金，并对其直接负责的主管人员和其他直接责任人员，依照上述规定处罚。

四、非法组织卖血罪

非法组织卖血罪，是指非法组织他人出卖血液的行为。

本罪侵犯的客体是国家血液采集、供应的管理制度和公民的健康权利。客观方面表现为行为人实施了非法组织卖血的行为。主体为一般主体。主观方面为故意。行为人多具有牟利的目的，但法律未规定必须以牟利为目的。

在认定这类案件性质时要注意，按照《刑法》第333条第2款的规定，非法组织他人卖血，对他人造成伤害的，应当以故意伤害罪追究刑事责任。本罪中的“他人”必须是不特定的人或者多数人，故劝诱特定个人出卖血液的，不成立犯罪。

依照《刑法》第333条的规定，犯本罪的，处5年以下有期徒刑，并处罚金。

五、强迫卖血罪

强迫卖血罪，是指以暴力、威胁方法强迫他人出卖血液的行为。

在认定这类案件性质时要注意以下两个问题：

（1）本罪与非法组织卖血罪的区别：本罪的客观方面表现为以暴力、威胁方法强迫他人出卖血液，而后者则是非法组织他人出卖血液。

（2）按照《刑法》第333条第2款的规定，强迫他人卖血，对他人造成伤害的，应当以故意伤害罪追究刑事责任，而且所判处的刑罚不能低于强迫卖血罪的法定最低刑，即不能低于5年有期徒刑。

依照《刑法》第333条的规定，犯本罪的，处5年以上10年以下有期徒刑，并处罚金。

六、非法采集、供应血液、制作、供应血液制品罪

非法采集、供应血液、制作、供应血液制品罪，是指违反血液制品管理法规，未经有关机构许可，擅自采集、供应血液或者擅自制作、供应血液制品，不符合国家规定的标准，足以危害人体健康的行为。

【案例7-6-02】李某某私购采血用离心机一台及其他采血工具，伙同其妻刘某某先后非法采集三十余人的血液，加工后卖给他人转售。李某某、刘某某未经国家主管部门批准而非法采集、供应血液，足以危害人体健康，其行为已构成非法采集、供应血液、制作、供应血液制品罪。

在认定这类案件性质时，需要注意以下两个问题：

（1）本罪是危险犯，以“足以危害人体健康”为构成要件。如果行为人实施了本罪所要求的危害行为，但并未达到上述危险，则不能以本罪认定，属于一般的违法行为，由有关行政部门予以行政处分。

（2）本罪的危害行为包括两类：采集、供应血液，制作、供应血液制品①。行为人只要实施了任何一类行为就可构成本罪，如果行为人同时实施了两类行为，仍应以一罪认定，而不以数罪并罚。

依照《刑法》第334条的规定，犯本罪的，处5年以下有期徒刑或者拘役，并处罚金；对人体健康造成严重危害的，处5年以上10年以下有期徒刑，并处罚金；造成特别严重后果的，处10年以上有期徒刑或者无期徒刑，并处罚金或者没收财产。

七、采集、供应血液、制作、供应血液制品事故罪

采集、供应血液、制作、供应血液制品事故罪，是指经国家主管部门批准采集、供应血液或者制作、供应血液制品的部门，不依照规定进行检测或者违背其他操作规定，造成危害他人身体健康后果的行为。

在认定这类案件性质时，要注意区分采集、供应血液、制作、供应血液制品事故罪与非法采集、供应血液、制作、供应血液制品罪的界限。二者的主要区别在于：①主体不同。前者是特殊主体，即只能是有资格从事血液制品生产经营活动的单位；后者是一般主体，并且只能是自然人。②客观方面表现不同。前者表现为违反有关规定的行为，并以实际造成损害他人身体健康的后果为要件；后者以不符合国家标准、足以损害他人健康的危险状态为要件。③主观方面不同。前者为责任事故型的过失犯罪，后者为故意犯罪。

依照《刑法》第334条的规定，犯本罪的，对单位判处罚金，并对其直接负责的主管人员和其他直接责任人员，处5年以下有期徒刑或者拘役。

① “血液”“血液制品”“危害人体健康”“特别严重后果”等，根据2008年最高人民法院、最高人民检察院《关于办理非法采供血液等刑事案件具体应用法律若干问题的解释》认定。

八、非法采集人类遗传资源、走私人类遗传资源材料罪

非法采集人类遗传资源、走私人类遗传资源材料罪，是指违反国家有关规定，非法采集我国人类遗传资源或者非法运送、邮寄、携带我国人类遗传资源材料出境，危害公众健康或者社会公共利益，情节严重的行为。

本罪侵犯的客体是公众健康或者社会公共利益。本罪的客观方面表现为违反国家有关规定，非法采集我国人类遗传资源或者非法运送、邮寄、携带我国人类遗传资源材料出境的行为[①]。本罪的主体为一般主体。本罪的主观方面表现为故意。

本罪是一个选择性罪名，非法采集人类遗传资源，或者非法运送、邮寄、携带人类遗传资源材料，只要实施了这些行为中的一种，就构成本罪。根据《刑法》第334条的规定，这两个罪名适用的对象范围存在差别，非法采集人类遗传资源包括人类遗传资源材料和人类遗传资源信息；而非法运送、邮寄、携带人类遗传资源材料仅针对人类遗传资源材料。

依照《刑法》第334条之一的规定，犯本罪的，处3年以下有期徒刑、拘役或者管制，并处或者单处罚金；情节特别严重的，处3年以上7年以下有期徒刑，并处罚金。

九、医疗事故罪

（一）医疗事故罪的概念和特征

医疗事故罪，是指医务人员由于严重不负责任，造成就诊人死亡或者严重损害就诊人身体健康的行为。本罪的主要特征为：

（1）本罪侵犯的客体是国家对医务人员的管理秩序和就诊人的生命及健康权利。

（2）本罪客观方面表现为严重不负责任，致使就诊人死亡或者健康受到严重损害的行为。行为既可以是作为，也可以是不作为，前者如护理人员打错针、发错药，后者如值班医生擅离职守。行为造成就诊人死亡或者严重损害就诊人身体健康的，才成立本罪。

（3）本罪的主体只能是医务人员，即直接从事诊疗护理事务的人员，包括国

① 根据《中华人民共和国人类遗传资源管理条例》的规定，人类遗传资源包括人类遗传资源材料和人类遗传资源信息，人类遗传资源材料是指含有人体基因组、基因等遗传物质的器官、组织、细胞等遗传材料，人类遗传资源信息是指利用人类遗传资源材料产生的数据等信息资料。

家、集体医疗单位的医生、护士、药剂人员，以及经主管部门批准开业的个体行医人员。

（4）本罪的主观方面是过失。本罪疏忽大意的过失常常具体表现为：在医疗事故的发生中，根据行为人相应职称和岗位责任制要求，应当预见到和可以预见到自己的行为可能造成对病员的危害结果，因为疏忽大意而未能预见到；或对于危害病员生命、健康的不当做法，应当做到有效的防范，因为疏忽大意而未能做到，致使危害结果发生。如不执行或不正确执行规章制度和履行职责，对危重病员推诿、拒治；对病史采集、病员检查、处理漫不经心，马虎草率；擅离职守；遇到不能胜任的技术操作，既不请示，也不请人帮助，一味蛮干；擅自做无指征和有禁忌症的手术和检查等。

本罪过于自信的过失一般表现为，行为人虽然预见到自己的行为可能给病员造成危害结果，但是轻信借助自己的技术、经验或有利的客观条件能够避免，因而导致了判断上和行为上的失误，导致发生危害结果。故意致人死亡的，视性质与情节成立故意杀人等罪。

（二）医疗事故罪的认定

（1）本罪与医疗技术事故的界限。医疗事故分为责任事故和技术事故。责任事故是指医务人员因违反规章制度、诊疗护理常规等失职行为所致的事故；技术事故是指医务人员因技术过失所致的事故[①]。技术事故一般是指医务人员因技术水平不高、缺乏临床经验等技术上的失误所导致的事故，而不是因为严重不负责任所导致的事故。因此，对医疗技术事故不能认定为本罪。

（2）本罪与医疗意外事故的界限。医疗意外事故，是指由于医务人员不能预见或者不可抗拒的原因而导致就诊人死亡或者严重损害就诊人身体健康的事故。在这种情况下，由于医务人员主观上没有过失，故不能认定为本罪。

（3）本罪与一般医疗事故的界限。一般医疗事故，是指医务人员虽然有不负责任的行为，也造成了一定的危害结果，但没有造成刑法所规定的致人死亡或严重损害人身健康的情况。

（4）本罪与过失致人死亡罪、过失致人重伤罪的区别。《刑法》第233条、第235条分别规定了过失致人死亡罪和过失致人重伤罪。本罪与后两个罪在行为的危害后果、主观方面有着相似之处，但在客体、客观方面、主体上有所不同。首先，本罪不仅侵犯他人的生命健康权利，还侵犯国家的医疗管理活动，后两个罪则仅

① 参见《医疗事故处理条例》。

侵犯他人的生命健康权利。其次，本罪的危害行为是行为人在从事医务活动中发生的，后两个罪没有此要求，方式手段可以多样。最后，主体不同。本罪是特殊的主体，仅限于依法从事医务工作的人员，后两个罪是一般主体，凡已满16周岁且具有刑事责任能力的人均能成为它们的主体。

（三）医疗事故罪的刑事责任

依照《刑法》第335条的规定，犯本罪的，处3年以下有期徒刑或者拘役。

十、非法行医罪

（一）非法行医罪的概念和特征

非法行医罪，是指未取得医生执业资格的人非法行医，情节严重的行为。

本罪侵犯的客体是国家对医务人员的管理秩序和就诊人的生命及健康权利。本罪的客观方面表现为非法行医，情节严重的行为，即无医生执业资格的人从事诊疗活动，包括在医疗机构中从事诊疗活动和擅自开业从事诊疗活动。本罪的主体是一般主体，但只能是未取得医生执业资格的人。本罪的主观方面为故意。不要求营利的目的，故未取得医生执业资格的人免费为他人行医，情节严重的，应认定为非法行医罪。

（二）非法行医罪的认定

（1）具有下列情形之一的，属于“未取得医生执业资格的人非法行医”[①]：①未取得或者以非法手段取得医师资格从事医疗活动的；②被依法吊销医师执业证书期间从事医疗活动的；③未取得乡村医生执业证书，从事乡村医疗活动的；④家庭接生员实施家庭接生以外的医疗行为的。

（2）区分本罪与医疗事故罪。①客观方面不同。本罪在客观方面表现为违反国家有关医疗管理的法律、法规的规定，非法行医，情节严重的行为。医疗事故罪在客观方面表现为医务人员在合法的诊疗护理过程中，违反规章制度，严重不负责任，造成就诊人死亡或者严重损害就诊人身体健康的行为。②主体不同。本罪的主体是没有医生执业资格的人，医疗事故罪的主体是有相应资格的医务人员。③主观方面不同。本罪的主观方面为故意，医疗事故罪的主观方面为过失。

【案例7-6-03】医生甲退休后，擅自为病人看病两年多。某日，甲为乙治疗，

① 参见2016年最高人民法院《关于审理非法行医刑事案件具体应用法律若干问题的解释》。

需注射青霉素。乙自述以前曾注射过青霉素，甲便未作皮试就给乙注射青霉素，乙因青霉素过敏而死亡。本案中，甲虽然之前是医生，但其退休后就不再具有医生执业资格，仍擅自为人看病两年多，构成非法行医罪，由于过失导致乙过敏死亡，属于非法行医罪的结果加重犯。

（3）本罪与故意杀人罪、故意伤害罪、过失致人死亡罪和过失致人重伤罪的区别。非法行医罪的危害结果有多种表现，但其中一种危害结果是造成就诊人员伤亡，这与后四罪的后果有相同之处。它们之间的区别主要表现为：①客体不同。非法行医罪侵犯的客体是国家对医务人员的管理制度和公众的生命健康安全，而后四罪所侵犯的客体仅是特定公民的生命健康权利。②客观方面不同。非法行医罪发生在非法从事医疗活动的过程中，而后四罪的发生一般都不在医疗活动的过程中。③主体不同。非法行医罪的主体是特殊主体，限于未取得医生执业资格的人，而后四罪的主体是一般主体。④主观方面不同。非法行医罪的行为人对严重不良后果的心理态度是过失或间接故意，而故意杀人罪、故意伤害罪的主观方面为直接故意或间接故意，过失致人死亡罪、过失致人重伤罪的主观方面为过失。

（4）非法行医行为系造成就诊人死亡的直接、主要原因的，应认定为《刑法》第336条第1款规定的“造成就诊人死亡”的情形，以非法行医罪的结果加重犯论处。非法行医行为并非造成就诊人死亡的直接、主要原因的，可不认定为《刑法》第336条第1款规定的“造成就诊人死亡”的情形。

（三）非法行医罪的刑事责任

依照《刑法》第336条的规定，犯本罪的，处3年以下有期徒刑、拘役或者管制，并处或者单处罚金；严重损害就诊人身体健康的，处3年以上10年以下有期徒刑，并处罚金；造成就诊人死亡的，处10年以上有期徒刑，并处罚金。

十一、非法进行节育手术罪

非法进行节育手术罪，是指无医生执业资格的人擅自为他人进行节育复通手术、假节育手术、终止妊娠手术或者摘取宫内节育器，情节严重的行为。本罪侵犯的客体是国家的计划生育制度和就诊人的健康及生命权利。

在认定这类案件性质时，需要注意以下两个问题：

（1）本罪与非法行医罪的界限。本罪实际上是非法行医罪的特殊类型，因此符合非法进行节育手术罪的犯罪构成要件的行为，也符合非法行医罪的犯罪构成要件。二者的主要区别在于：非法进行节育手术罪侵犯的客体除包括他人的生命、健康权之外，还特别包括国家的计划生育管理秩序。

（2）本罪的构成要求行为人非法进行节育手术的行为达到情节严重的程度，如果行为人非法进行节育手术的行为没有达到情节严重的程度，那就不能构成犯罪，而应该按一般违法行为处理。若非法进行节育手术并且严重损害就诊人健康或者造成就诊人死亡的，应当按非法进行节育手术罪而不按其他罪论处。

依照《刑法》第336条的规定，犯本罪的，处3年以下有期徒刑、拘役或者管制，并处或者单处罚金；严重损害就诊人身体健康的，处3年以上10年以下有期徒刑，并处罚金；造成就诊人死亡的，处10年以上有期徒刑，并处罚金。

十二、非法植入基因编辑、克隆胚胎罪

非法植入基因编辑、克隆胚胎罪，是指将基因编辑、克隆的人类胚胎植入人体或者动物体内，或者将基因编辑、克隆的动物胚胎植入人体内，情节严重的行为。本罪的主要特征是：

（1）本罪侵犯的客体为公众健康以及社会公共利益。

（2）本罪客观方面表现为将基因编辑、克隆的人类胚胎植入人体或者动物体内，或者将基因编辑、克隆的动物胚胎植入人体内的行为，具体行为类型包括三种：一是将基因编辑、克隆的人类胚胎植入人体内；二是将基因编辑、克隆的人类胚胎植入动物体内；三是将基因编辑、克隆的动物胚胎植入人体内。需要注意，这其中并不包括“将基因编辑、克隆的动物胚胎植入动物体内”的行为类型。

（3）本罪主体为一般主体，达到刑事责任年龄且具备刑事责任能力的人均可成为本罪的主体。

（4）本罪主观方面表现为故意，过失不构成本罪。

依照《刑法》第336条之一的规定，犯本罪的，处3年以下有期徒刑或者拘役，并处罚金；情节特别严重的，处3年以上7年以下有期徒刑，并处罚金。

十三、妨害动植物防疫、检疫罪

妨害动植物防疫、检疫罪，是指违反有关动植物防疫、检疫的国家规定，引起重大动植物疫情的，或者有引起重大动植物疫情危险，情节严重的行为。

依照《刑法》第337条的规定，犯本罪的，处3年以下有期徒刑或者拘役，并处或者单处罚金。单位犯本罪的，对单位判处罚金，并对其直接负责的主管人员和其他直接责任人员，依照自然人犯本罪的规定处罚。

第七节 破坏环境资源保护罪罪名分述

一、污染环境罪

（一）污染环境罪的概念和特征

污染环境罪，是指违反国家规定，排放、倾倒或者处置有放射性的废物、含传染病病原体的废物、有毒物质或者其他有害物质，严重污染环境的行为。本罪的主要特征为：

（1）本罪侵犯的客体是国家环境保护制度和公私财产与公民生命、健康的安全。本罪的对象为有害物质，具体包括放射性废物、含传染病病原体的废物、有毒物质或者其他有害物质。

（2）本罪客观方面表现为违反国家规定，排放、倾倒或者处置有放射性的废物、含传染病病原体的废物、有毒物质或者其他有害物质，严重污染环境的行为。①构成本罪的行为必须是违反国家规定的行为。违反国家规定是指违反全国人民代表大会及其常务委员会制定的有关环境保护方面的法律，以及国务院制定的相关行政法规、行政措施、发布的决定或命令[①]。②实施排放、倾倒或处置行为。排放是指把各种有害物质排入土地、水体、大气的行为，包括泵出、溢出、泄出、喷出、倒出等；倾倒是指通过船舶、航空器、平台或者其他载运工具，向土地、水体、大气倾卸有害物质的行为；处置是指以焚烧、填埋或其他改变有害物质属性的方式处理有害物质或者将其置于特定场所或者设施并不再取回的行为。③必须造成了严重污染环境的后果[②]。本罪属结果犯，行为人非法排放、倾倒、处置有害物质的行为是否构成犯罪，应对其行为所造成的后果加以认定，如该行为造成严重后果，则以本罪论，否则不能以犯罪论处。

（3）本罪主体为一般主体，凡是达到刑事责任年龄并具有刑事责任能力的人，均可构成本罪。单位可以成为本罪主体。

（4）本罪主观方面表现为过失。这种过失是针对行为人对造成严重污染环境

① 这些法律、法规主要包括《中华人民共和国环境保护法》《中华人民共和国大气污染防治法》《中华人民共和国水污染防治法》《中华人民共和国海洋环境保护法》《中华人民共和国固体废物污染环境防治法》等法律，以及《放射性同位素与射线装置安全和防护条例》等一系列专门法规。

② “严重污染环境”的标准，参见2016年最高人民法院、最高人民检察院《关于办理环境污染刑事案件适用法律若干问题的解释》。

的后果的心理态度而言的，行为人对这种事故及严重后果本应预见，但由于疏忽大意而没有预见，或者虽已预见但轻信能够避免。至于行为人对违反国家规定排放、倾倒、处置有害物质这一行为本身则常常是故意为之，但这并不影响本罪的过失犯罪性质。

（二）污染环境罪的认定

在认定这类案件性质时，要注意区分本罪与危险物品肇事罪的界限。二者的主要区别在于：①对象不同。本罪的对象是有毒有害的物质，危险物品肇事罪的对象是危险品。②发生的场合和违反的规定不同。本罪是在排放、处理废物过程中发生的，违反的是环境保护法规，危险物品肇事罪是在危险物品的生产、使用、运输、管理过程中发生的，违反的是危险物品管理规定。

（三）污染环境罪的刑事责任

依照《刑法》第338条、第346条的规定，犯本罪的，处3年以下有期徒刑或者拘役，并处或者单处罚金；情节严重的，处3年以上7年以下有期徒刑，并处罚金。有以下情形之一的，处七年以上有期徒刑，并处罚金：①在饮用水水源保护区、自然保护地核心保护区等依法确定的重点保护区域排放、倾倒、处置有放射性的废物、含传染病病原体的废物、有毒物质，情节特别严重的；②向国家确定的重要江河、湖泊水域排放、倾倒、处置有放射性的废物、含传染病病原体的废物、有毒物质，情节特别严重的；③致使大量永久基本农田基本功能丧失或者遭受永久性破坏的；④致使多人重伤、严重疾病，或者致人严重残疾、死亡的。

单位犯本罪的，对单位判处罚金，对其直接负责的主管人员和其他直接责任人员依照上述规定处罚。

二、非法处置进口的固体废物罪

（一）非法处置进口的固体废物罪的概念和特征

非法处置进口的固体废物罪，是指违反国家规定，将境外的固体废物进境倾倒、堆放、处置的行为。本罪的主要特征为：

（1）本罪的犯罪对象是境外的各种固体废物。固体废物是指在生产建设、日常生活和其他活动中产生的污染环境的固态半固态废弃物。无论哪一种固体废物，都可成为本罪的对象。

（2）本罪客观方面表现为违反国家规定，将境外的固体废物进境倾倒、堆放、处置的行为。①必须是违反国家规定的行为。②实施了将境外的固体废物进境倾倒、堆放、处置的行为。本罪属行为犯，只要实施了进境倾倒、堆放、处置固体废物的行为，即构成犯罪。

（3）本罪主体为一般主体，即凡是达到刑事责任年龄并具有刑事责任能力的人，均可构成本罪。单位也可成为本罪主体。实践中，本罪的主体大多为废物进口单位或废物利用单位。

（4）本罪主观方面表现为故意，过失不构成本罪。

（二）非法处置进口的固体废物罪的认定

（1）本罪与污染环境罪的界限。两者在犯罪主体和犯罪的同类客体上都是相同的。两者的主要区别是：①犯罪直接客体不同。本罪侵犯的客体是国家有关固体废物污染防治的管理制度，而后罪侵犯的客体为国家对环境保护和污染防治的管理制度。②犯罪客观要件不同。本罪在客观上表现为违反国家规定，将境外的固体废物进境倾倒、堆放、处置的行为，犯罪对象仅限于进口的固体废物；而后罪在客观上则表现为违反国家规定排放、倾倒或者处置有害物质的行为。③犯罪主观要件不同。本罪在主观上表现为故意，而后罪主观上是过失。

（2）本罪与走私废物罪的界限。两者的主体是相同的，区别主要在于：①主观要件均为故意，但是故意的内容不同。本罪的故意表现为行为人明知将境外的固体废物进境倾倒、堆放、处置的行为违反国家对环境保护和污染防治的管理活动和管理制度，并有可能污染环境而为之；而后罪的故意表现为明知运输进境的固体废物是国家禁止进口的，仍逃避海关的监管将其运输进境。②客体要件不同。本罪侵犯的客体是国家有关固体废物污染防治的管理活动和管理制度，属于妨害社会管理秩序的犯罪；而后罪侵犯的客体是国家的对外贸易管理，属于破坏社会主义市场经济秩序的犯罪。③客观要件不同。本罪的犯罪对象是国家允许进口的，主要是限制进口的固体废物；后罪的犯罪对象是境外固体废物，不受是否禁止的或限制进口的固体废物的制约。

（三）非法处置进口的固体废物罪的刑事责任

依照《刑法》第339条、第346条的规定，犯本罪的，处5年以下有期徒刑或者拘役，并处罚金；造成重大环境污染事故，致使公私财产遭受重大损失或者严重危害人体健康的，处5年以上10年以下有期徒刑，并处罚金；后果特别严重的，处10年以上有期徒刑，并处罚金[①]。单位犯本罪的，对单位判处罚金，并对其直接负责的主管人员和其他直接责任人员，依照上述规定处罚。

三、擅自进口固体废物罪

（一）擅自进口固体废物罪的概念和特征

擅自进口固体废物罪，是指未经国务院有关主管部门许可，擅自进口固体废物用作原料，造成重大环境污染事故，致使公私财产遭受重大损失或者严重危害人体健康的行为。

本罪侵犯的客体是国家对固体废物污染环境的防治制度[②]。本罪的客观方面表现为未经国务院有关主管部门许可，擅自进口固体废物用作原料，造成重大环境污染事故，致使公私财产遭受重大损失或者严重危害人体健康的行为。本罪的主体为一般主体，即凡是达到刑事责任年龄且具有刑事责任能力的人，均可构成本罪。单位也可构成本罪。本罪的主观方面表现为过失。也就是说，行为人对造成的严重危害后果主观上是过失的，但是对于未经国务院有关部门许可，擅自进口固体废物用作原料是法律禁止的，行为人则是明知的。

（二）擅自进口固体废物罪的认定

（1）本罪与非法处置进口的固体废物罪的界限。二者的主要区别在于目的不同。本罪具有利用废物作原料的目的，而后罪则是以将境外的固体废物进境倾倒、堆放、处置为目的。

（2）本罪与走私废物罪的界限。二者的主要区别在于是否逃避海关监管。走私废物罪必须有逃避海关监管的行为，而本罪没有逃避海关监管的行为。

（3）以原料利用为名，进口不能用作原料的固体废物、液态废物和气态废物的，依照《刑法》第152条的规定，以走私废物罪定罪处罚。

（三）擅自进口固体废物罪的刑事责任

依照《刑法》第339条、第346条的规定，犯本罪的，处5年以下有期徒刑或者拘役，并处罚金；后果特别严重的，处5年以上10年以下有期徒刑，并处罚

① 关于具体量刑标准，参见2016年最高人民法院、最高人民检察院《关于办理环境污染刑事案件适用法律若干问题的解释》。

② 根据《中华人民共和国固体废物污染环境防治法》的规定，国家禁止进口不能用作原料的废物，限制进口可以用作原料的固体废物。

金[①]。单位犯本罪的，对单位判处罚金，并对其直接负责的主管人员和其他直接责任人员，依照上述规定处罚。

四、非法捕捞水产品罪

（一）非法捕捞水产品罪的概念和特征

非法捕捞水产品罪，是指违反水产资源保护法规，在禁渔区、禁渔期或者使用禁用的工具、方法捕捞水产品，情节严重的行为。

本罪侵犯的客体是国家对水产资源的保护制度。本罪的客观方面表现为违反水产资源保护法规，在禁渔区、禁渔期或者使用禁用的工具、方法捕捞水产品的行为。本罪的主体为一般主体，即凡是达到刑事责任年龄且具有刑事责任能力的人，均可构成本罪，单位也可成为本罪的主体。本罪的主观方面表现为故意，至于是否为了营利或者其他目的，均不影响本罪的成立，过失不构成本罪。

（二）非法捕捞水产品罪的认定

（1）合法行为与犯罪的界限。因科学研究等特殊需要，在禁渔区、禁渔期捕捞或者使用禁用的渔具、方法，或者捕捞重点保护的渔业资源品种，只要经过省级以上人民政府渔业行政主管部门批准，即为合法，不构成本罪[②]。

（2）一般违法行为与犯罪的界限。不具备情节严重的非法捕捞水产品的行为，如未按渔业法规定取得捕捞许可证而擅自进行捕捞，数量不大的；使用禁用的渔具和方法捕捞水产品但未造成严重危害后果的；偶尔违反捕捞许可证关于作业类型、场所、时限等方面的规定进行捕捞的：属于一般违法行为，尚未构成犯罪，由渔业主管部门或公安机关予以行政处罚。情节是否严重，是区分两者的标准。

（三）非法捕捞水产品罪的刑事责任

依照《刑法》第340条、第346条的规定，犯本罪的，处3年以下有期徒刑、拘役、管制或者罚金。单位犯本罪的，对单位判处罚金，并对其直接负责的主管人员和其他直接责任人员，依照上述规定处罚。

---

① 关于具体量刑标准，参见2016年最高人民法院、最高人民检察院《关于办理环境污染刑事案件适用法律若干问题的解释》。

② 参见《中华人民共和国渔业法实施细则》第19条。

五、危害珍贵、濒危野生动物罪

（一）危害珍贵、濒危野生动物罪的概念和特征

危害珍贵、濒危野生动物罪，是指违反野生动物保护法规，未经有关部门批准，非法猎捕、杀害国家重点保护的珍贵、濒危野生动物，或者非法收购、运输、出售国家重点保护的珍贵、濒危野生动物及其制品的行为[①]。本罪侵犯的客体是国家对珍贵、濒危野生动物的保护制度。犯罪对象是国家重点保护的珍贵、濒危野生动物及其制品。本罪的客观方面表现为非法猎捕、杀害国家重点保护的珍贵、濒危野生动物，或者非法收购、运输、出售国家重点保护的珍贵、濒危野生动物及其制品的行为。同时具备以上多种方式的，也只构成一罪，不能数罪并罚。本罪主体为一般主体，自然人、单位均可成为本罪主体。本罪的主观方面表现为故意，过失不构成本罪。

（二）危害珍贵、濒危野生动物罪的认定

（1）本罪与非法捕捞水产品罪的界限。二者的主要区别在于对象不同。本罪的对象限于珍贵、濒危野生动物及其制品，其中包括珍贵、濒危的水生动物及其制品，而后罪的对象是一般水产品。

（2）本罪与非法狩猎罪的区别。①本罪的对象是国家重点保护的珍贵、濒危野生动物，包括陆生和水生的野生动物，而后者对象为陆生的一般野生动物。②本罪表现为未经合法许可擅自对珍贵、濒危野生动物进行猎捕、杀害或者非法收购、运输、出售国家重点保护的珍贵、濒危野生动物及其制品，而后者表现为违反狩猎法规，在禁猎区、禁猎期或者使用禁用的工具、方法进行狩猎，破坏野生动物资源，情节严重的行为。③本罪侵犯的客体为国家对珍贵、濒危野生动物保护的管理活动，而后者侵犯的的客体是国家对一般野生动物资源保护的管理活动。

（三）危害珍贵、濒危野生动物罪的刑事责任

依照《刑法》第341条、第346条的规定，犯本罪的，处5年以下有期徒刑或者拘役，并处罚金；情节严重的，处5年以上10年以下有期徒刑，并处罚金；情节特别严重的，处10年以上有期徒刑，并处罚金或者没收财产。单位犯本罪的，对单位判处罚金，并对其直接负责的主管人员和其他直接责任人员，依照上述规

① 珍贵、濒危野生动物，包括列入国家重点保护野生动物名录的国家一级、二级保护野生动物，列入《濒危野生动植物种国际贸易公约》附录一、附录二的野生动物以及驯养繁殖的上述物种。

定处罚。

六、非法狩猎罪

非法狩猎罪，是指违反狩猎法规，在禁猎区、禁猎期或者使用禁用的工具、方法进行狩猎，破坏野生动物资源，情节严重的行为。

本罪侵犯的客体是国家保护野生动物资源的管理制度。本罪的客观方面表现为违反狩猎法规，在禁猎区、禁猎期或者使用禁用的工具、方法进行狩猎，破坏野生动物资源，情节严重的行为[①]。本罪主体是一般主体，自然人、单位均可构成本罪主体。本罪的主观方面表现为故意，即明知是在禁猎区、禁猎期或者使用禁用的工具、方法进行狩猎而故意为之。

依照《刑法》第341条、第346条的规定，犯本罪的，处3年以下有期徒刑、拘役、管制或者罚金。单位犯本罪的，对单位判处罚金，并对其直接负责的主管人员和其他直接责任人员，依照上述规定处罚。

七、非法猎捕、收购、运输、出售陆生野生动物罪

非法猎捕、收购、运输、出售陆生野生动物罪，是指违反野生动物保护管理法规，以食用为目的非法猎捕、收购、运输、出售《刑法》第341条第1款规定以外的在野外环境自然生长繁殖的陆生野生动物，情节严重的行为。

本罪侵犯的客体是国家对陆生野生动物的管理保护制度。犯罪对象只能是《刑法》第341条第1款规定的"珍贵、濒危野生动物"以外的陆生野生动物。本罪在客观方面表现为违反野生动物保护管理法规，猎捕、收购、运输、出售陆生野生动物及其制品的行为。收购，是指未经有关部门批准以金钱作价，购买陆生野生动物及其制品的行为；运输，是指未经批准，私自运输陆生野生动物及其制品的行为；出售，是指未经批准，以牟利为目的出价售卖陆生野生动物及其制品的行为，至于是否已实际获得利益，并不影响犯罪的成立。本罪主体是一般主体，自然人、单位均可成为本罪主体。本罪的主观方面表现为故意，过失不构成本罪。

本罪的构成需要行为人非法猎捕、收购、运输、出售陆生野生动物的行为达到情节严重的程度，如果行为人的行为没有达到情节严重的程度，那就不能构成犯罪，而应该按一般违法行为处理。

依照《刑法》第341条第3款、第346条的规定，犯本罪的，处3年以下有期

① "情节严重"的标准，依照2000年最高人民法院《关于审理破坏野生动物资源刑事案件具体应用法律若干问题的解释》确定。

徒刑、拘役、管制或者罚金。单位犯本罪的，对单位判处罚金，并对其直接负责的主管人员和其他直接责任人员，依照上述规定处罚。

八、非法占用农用地罪

非法占用农用地罪，是指违反土地管理法规，非法占用耕地、林地等农用地，改变被占用土地用途，数量较大，造成耕地、林地等农用地大量毁坏的行为。

本罪侵犯的客体是国家的农用地管理制度。本罪的对象是耕地、林地等农用地资源。本罪的客观方面表现为违反土地管理法规，非法占用耕地、林地等农用地，改作他用，数量较大，造成农用地大量毁坏的行为。本罪主体既可以是自然人，也可以是单位。本罪的主观方面表现为故意。

依照《刑法》第342条、第346条的规定，犯本罪的，处5年以下有期徒刑或者拘役，并处或者单处罚金。单位犯本罪的，对单位判处罚金，并对其直接负责的主管人员和其他直接责任人员，依照上述规定处罚。

九、破坏自然保护地罪

破坏自然保护地罪，是指违反自然保护地管理法规，在国家公园、国家级自然保护区进行开垦、开发活动或者修建建筑物，造成严重后果或者有其他恶劣情节的行为。

依照《刑法》第342条之一、第346条的规定，犯本罪的，处5年以下有期徒刑或者拘役，并处或者单处罚金。犯本罪，同时构成其他犯罪的，依照处罚较重的规定定罪处罚。单位犯本罪的，对单位判处罚金，并对其直接负责的主管人员和其他直接责任人员，依照上述规定处罚。

十、非法采矿罪

（一）非法采矿罪的概念和特征

非法采矿罪，是指违反矿产资源法的规定，未取得采矿许可证擅自采矿，擅自进入国家规划矿区、对国民经济具有重要价值的矿区和他人矿区范围采矿，或者擅自开采国家规定实行保护性开采的特定矿种，情节严重的行为。本罪的主要特征为：

（1）本罪侵犯的客体是国家对矿产资源和矿业生产的管理制度以及国家对矿

产资源的所有权。本罪的对象是矿产资源[①]。

(2) 本罪客观上表现为违反矿产资源法的规定，非法采矿，情节严重的行为，包括三种情形：①未取得采矿许可证擅自采矿；②擅自进入国家规划矿区，对国民经济具有重要价值的矿区和他人矿区范围采矿；③擅自开采国家规定实行保护性开采的特定矿种。

(3) 本罪主体为一般主体，但一般限于直接责任人员，具体包括国营、集体或乡镇矿山企业中作出非法采矿决策的领导人员和主要执行人员，以及聚众非法采矿的煽动、组织、指挥人员和个体采矿人员。单位亦可构成本罪。

(4) 本罪主观上出于故意。其目的是为获取矿产品以牟利。

(二) 非法采矿罪的刑事责任

依照《刑法》第343条、第346条的规定，犯本罪的，处3年以下有期徒刑、拘役或者管制，并处或者单处罚金；情节特别严重的，处3年以上7年以下有期徒刑，并处罚金。单位犯本罪的，对单位判处罚金，并对其直接负责的主管人员和其他直接责任人员，依照上述规定处罚。

十一、破坏性采矿罪

(一) 破坏性采矿罪的概念和特征

破坏性采矿罪，是指违反矿产资源法的规定，采取破坏性的开采方法开采矿产资源，造成矿产资源严重破坏的行为。

本罪侵犯的客体是国家对矿产资源的管理活动。本罪的对象是矿产资源，包括各种呈固态、液态或气态的金属矿产、非金属矿产、燃料矿产和地下热能等。本罪的客观方面表现为违反矿产资源法的规定，采取破坏性的开采方法开采矿产资源，造成矿产资源严重破坏的行为。本罪的主体为一般主体，自然人、单位均可成为本罪主体。本罪的主观方面表现为故意，过失不能构成本罪。

(二) 破坏性采矿罪的认定

本罪与故意毁坏财物罪的界限。本罪与故意毁坏财物罪的相似之处在于它们都侵犯了财物的所有权，主观上都出于故意。但两罪之间存在着本质的差别：①客体不同。破坏性采矿罪主要侵犯的是国家保护矿产资源的管理制度，而故意毁

① 这里的"矿产资源"，是指在地质运动过程中形成的，蕴藏于地壳之中的，能为人们用于生产和生活的各种矿物质的总称，包括各种呈固态、液态或气态的金属矿产、非金属矿产、燃料矿产和地下热能等。

坏财物罪侵犯的则是公私财物的所有权。②客观方面不同。破坏性采矿罪在客观上表现为违反矿产资源保护法的规定，实施破坏性的采矿行为，从而造成矿产资源破坏，但这种行为并没有改变矿产资源的性质，只是在某种程度上造成巨大浪费现象，降低或减少其利用率和回收率，从而造成对整体矿产资源的破坏，但矿产资源本身仍具有其原有价值和使用价值；而故意毁坏财物罪在客观上则表现为毁坏行为，即毁灭、损坏，其结果是使公私财物的使用价值或价值部分或全部丧失。③主体不同。破坏性采矿罪的主体既可以是自然人，也可以是单位；而故意毁坏财物罪的犯罪主体只能由自然人构成。

（三）破坏性采矿罪的刑事责任

依照《刑法》第343条、第346条的规定，犯本罪的，处5年以下有期徒刑或者拘役，并处罚金。单位犯本罪的，对单位判处罚金，并对其直接负责的主管人员和其他直接责任人员，依照上述规定处罚。

十二、危害国家重点保护植物罪

（一）危害国家重点保护植物罪的概念和特征

危害国家重点保护植物罪，是指违反国家规定，非法采伐、毁坏珍贵树木或者国家重点保护的其他植物，或者非法收购、运输、加工、出售珍贵树木或者国家重点保护的其他植物及其制品的行为。本罪的主要特征为：

（1）本罪侵犯的客体是国家的林业管理制度，包括林木区域、分布、林木种植、林木树种规划、林木采伐等各项林业管理制度。犯罪对象是珍贵树木或者国家重点保护的其他植物及其制品等。

（2）本罪客观方面表现为违反国家规定，非法采伐、毁坏国家重点保护植物，或者非法收购、运输、加工、出售国家重点保护植物及其制品，破坏国家林业管理制度的行为。非法采伐，是指违反森林资源保护法律、法规的规定，未经允许擅自砍伐国家重点保护植物的行为[①]。毁坏，是指毁灭和损坏，亦即使国家重点保护植物的价值或使用价值部分丧失或者全部丧失的行为，如造成国家重点保护植物数量减少、濒于灭绝或者已经绝种等。毁坏的方法是多种多样的，如果行为人采用放火、爆炸等方法毁坏国家重点保护植物的，由于已危害到不特定公私财产

① 此外，根据2020年最高人民法院、最高人民检察院《关于适用〈中华人民共和国刑法〉第三百四十四条有关问题的批复》，对于非法移栽珍贵树木或者国家重点保护的其他植物行为，同样依照《刑法》第344条的规定定罪处罚。

的安全，应以危害公共安全罪中的具体犯罪论处。收购，是指以营利为目的，予以购买。如果行为人收购的是合法采伐的林木，则不构成本罪。

（3）本罪主体为一般主体。凡达到刑事责任年龄、具备刑事责任能力的自然人均可以构成本罪主体，单位也可成为本罪主体。

（4）本罪主观方面只能由故意构成，过失不构成本罪。

（二）危害国家重点保护植物罪的认定

要注意区分本罪与盗伐林木罪、滥伐林木罪的界限。本罪与盗伐林木罪、滥伐林木罪都属于侵害林木资源的犯罪，侵犯的客体都是国家对森林资源保护的管理制度，犯罪主体均包括自然人和单位，且主观罪过形式都是故意，但本罪与盗伐林木罪、滥伐林木罪之间仍是有区别的，主要表现在：

①犯罪的客观方面不同。本罪表现为违反森林法的规定，非法采伐和毁坏国家重点保护植物或者非法收购、运输、加工、出售珍贵树木或者国家重点保护的其他植物及其制品的行为，其中不仅包括非法采伐的行为，还包括故意毁坏、非法收购、运输、加工、出售的行为，行为人只要实施了非法采伐、毁坏、非法收购、运输、加工、出售行为即可构成本罪，不要求达到情节严重；而盗伐林木罪、滥伐林木罪则分别表现为未经林业行政主管部门批准，私自采伐国有、集体所有或个人承包经营管理的林木的行为（此为盗伐林木的行为），和未经林业行政主管部门批准并核发采伐许可证，或虽有许可证，但不按照该许可证的要求而任意采伐的行为（此为滥伐林木的行为），其中，构成盗伐林木罪和滥伐林木罪均要求“数量较大”。②犯罪对象不同。本罪的对象只能是国家重点保护植物，即《国家重点保护野生植物名录》和《国家珍贵树种名录》所列的国家重点保护植物，盗伐林木罪和滥伐林木罪的对象则是国家重点保护植物以外的其他各种树木。

（三）危害国家重点保护植物罪的刑事责任

依照《刑法》第344条、第346条的规定，犯本罪的，处3年以下有期徒刑、拘役或者管制，并处罚金；情节严重的，处3年以上7年以下有期徒刑，并处罚金。单位犯本罪的，对单位判处罚金，并对其直接负责的主管人员和其他直接责任人员，依照上述规定处罚。

十三、非法引进、释放、丢弃外来入侵物种罪

非法引进、释放、丢弃外来入侵物种罪，是指违反国家规定，非法引进、释放或者丢弃外来入侵物种，情节严重的行为。

本罪侵犯的客体是国家的自然环境保护制度。客观方面表现为违反国家规定，非法引进、释放或者丢弃外来入侵物种，情节严重的行为。行为人只要实施非法引进外来入侵物种、非法释放外来入侵物种或者非法丢弃外来入侵物种其中任何一种行为即构成本罪，同时实施多个行为类型也只定本罪一罪，不数罪并罚。本罪主体为一般主体，凡达到刑事责任年龄、具备刑事责任能力的自然人均可以构成本罪，单位也可成为本罪主体。本罪的主观方面只能由故意构成，过失不构成本罪。

依照《刑法》第344条之一、第346条的规定，犯本罪的，处3年以下有期徒刑或者拘役，并处或者单处罚金。单位犯本罪的，对单位判处罚金，并对其直接负责的主管人员和其他直接责任人员，依照上述规定处罚。

十四、盗伐林木罪

（一）盗伐林木罪的概念和特征

盗伐林木罪，是指以非法占有为目的，盗伐国家、集体所有的森林或者其他林木，以及盗伐他人自留山上成片林木，数量较大，破坏森林资源的行为。本罪的主要特征为：

（1）本罪侵犯的客体是国家的森林资源保护制度。

（2）本罪客观方面表现为违反森林法规，盗伐国家、集体或他人所有的森林或其他林木，数量较大的行为。盗伐行为包括：①擅自砍伐国家、集体、他人所有或者他人承包经营管理的森林或者其他林木；②擅自砍伐本单位或者本人承包经营管理的森林或者其他林木；③在林木采伐许可证规定的地点以外采伐国家、集体、他人所有或者他人承包经营管理的森林或者其他林木[①]。

【案例7-7-01】甲在林区偷扒具有药用价值的树皮，致使数量较大的林木枯死。本案中，甲偷扒树皮的行为导致数量较大的林木枯死，导致国家的森林资源受到损害，应当认定为盗伐林木罪。

（3）本罪主体是一般主体，既包括自然人，也包括单位；对雇用他人盗伐林木构成犯罪的案件，如果被雇者不知是盗伐他人林木的，应由雇主承担刑事责任（雇主为间接正犯）；如果被雇者明知是盗伐他人林木的，应按盗伐林木罪的共犯

① 参见2000年最高人民法院《关于审理破坏森林资源刑事案件具体应用法律若干问题的解释》。

论处。

（4）本罪主观方面是故意，即以非法占有为目的而盗伐国家、集体或他人所有的森林或其他林木。以毁坏为目的砍伐国家、集体或者他人的林木的，应认定为故意毁坏财物罪。

【案例7-7-02】甲公司竖立的广告牌被路边树枝遮挡，甲公司在未取得采伐许可的情况下，将遮挡广告牌的部分树枝砍掉，所砍树枝共计6立方米。本案中，甲公司不具有非法占有的目的，而盗伐林木罪要求主观上具有非法占有的目的，因此甲公司不成立盗伐林木罪。

（二）盗伐林木罪的认定

（1）本罪与盗窃罪的界限。将国家、集体、他人所有并已经伐倒的树木秘密据为己有，以及偷砍他人房前屋后、自留地种植的零星树木，数量较大的，应定盗窃罪。

【案例7-7-03】甲在本村村民张某外出期间，盗伐张某院落外面的零星树木，数量较大。盗伐林木罪侵犯的客体是国家森林资源保护制度，本案中村民张某院落外面的零星树木属于张某个人所有，甲的盗伐行为属于侵犯财产权的行为，构成盗窃罪。

（2）本罪与危害国家重点保护植物罪的界限。二者的主要区别在于对象不同。本罪对象是普通林木，而危害国家重点保护植物罪的对象是珍贵树木和国家重点保护的其他植物。

（三）盗伐林木罪的刑事责任

依照《刑法》第345条、第346条的规定，犯本罪的，处3年以下有期徒刑、拘役或者管制，并处或者单处罚金；数量巨大的，处3年以上7年以下有期徒刑，并处罚金；数量特别巨大的，处7年以上有期徒刑，并处罚金。盗伐国家级自然保护区内的森林或者其他林木的，从重处罚。单位犯本罪的，对单位判处罚金，并对其直接负责的主管人员和其他直接责任人员，依照上述规定处罚。

十五、滥伐林木罪

（一）滥伐林木罪的概念和特征

滥伐林木罪，是指违反森林法及其他森林保护法规，未经林业行政主管部门及法律规定的其他主管部门批准并核发采伐许可证，或者虽持有采伐许可证，但违反采伐证所规定的地点、数量、树种、方式而任意采伐本单位所有或管理的林木，以及本人自留山上的森林或者其他林木，数量较大的行为。

本罪客观方面表现为违反森林法的规定，滥伐森林或者其他林木，数量较大的行为。这里的森林与其他林木的范围与盗伐林木罪的对象范围基本相同。但是，滥伐属于自己所有的林木的，也可能成立本罪，因为属于个人所有的林木，也是国家森林资源的一部分，虽然不能成为盗伐林木罪的对象，却可以成为滥伐林木罪的对象。根据2000年最高人民法院《关于审理破坏森林资源刑事案件具体应用法律若干问题的解释》，下列行为属于滥伐林木：①未经林业行政主管部门及法律规定的其他主管部门批准并核发林木采伐许可证，或者虽持有林木采伐许可证，但违反林木采伐许可证规定的时间、数量、树种或者方式，任意采伐本单位所有或者本人所有的森林或者其他林木的；②超过林木采伐许可证规定的数量采伐他人所有的森林或者其他林木的。林木权属争议一方在林木权属确权之前，擅自砍伐森林或者其他林木，数量较大的，以滥伐林木罪论处。

（二）滥伐林木罪的刑事责任

依照《刑法》第345条、第346条的规定，犯本罪的，处3年以下有期徒刑、拘役或者管制，并处或者单处罚金；数量巨大的，处3年以上7年以下有期徒刑，并处罚金。滥伐国家的自然保护区内的森林或者其他林木的，从重处罚。单位犯本罪的，对单位判处罚金，并对其直接负责的主管人员和其他直接责任人员，依照上述规定处罚。

十六、非法收购、运输盗伐、滥伐的林木罪

（一）非法收购、运输盗伐、滥伐的林木罪的概念和特征

非法收购、运输盗伐、滥伐的林木罪，是指非法收购、运输明知是盗伐、滥伐的林木，情节严重的行为。

本罪侵犯的客体是国家对森林资源的管理活动。犯罪对象是盗伐、滥伐的林

木。本罪的客观方面表现为非法收购、运输盗伐、滥伐的林木，情节严重的行为。“情节严重”包括以下几种情形：多次作案的，收购的数量较大的，屡教不改的，对管理人员履行职责进行阻挠的，造成恶劣社会影响的，等等。本罪的主体为一般主体，自然人、单位皆可以成为本罪主体。本罪的主观方面表现为故意。

（二）非法收购、运输盗伐、滥伐林木罪的认定

（1）本罪与掩饰、隐瞒犯罪所得、犯罪所得收益罪的界限。盗伐、滥伐的林木在广义上属于赃物，因此对其进行非法收购、运输的行为也属于一种收购赃物的行为。区分的关键在于收购的对象不同：对非法收购、运输盗伐、滥伐的林木的行为，应以本罪论处；对非法收购、运输盗伐、滥伐的林木以外的其他赃物的行为，应以掩饰、隐瞒犯罪所得、犯罪所得收益罪论处。

（2）本罪与盗伐林木罪、滥伐林木罪共犯的界限。唆使他人盗伐、滥伐林木而后予以低价收购的，或者与盗伐、滥伐的犯罪分子事先通谋，承担盗伐、滥伐林木的运输分工的，应以盗伐林木罪、滥伐林木罪的共犯论处。

（三）非法收购、运输盗伐、滥伐林木罪的刑事责任

依照《刑法》第345条、第346条的规定，犯本罪的，处3年以下有期徒刑、拘役或者管制，并处或者单处罚金；情节特别严重的，处3年以上7年以下有期徒刑，并处罚金。单位犯本罪的，对单位判处罚金，并对其直接负责的主管人员和其他直接责任人员，依照上述规定处罚。

第八节　走私、贩卖、运输、制造毒品罪罪名分述

本节罪的犯罪对象毒品，是指鸦片、海洛因、甲基苯丙胺（冰毒）、吗啡、大麻、可卡因以及国家规定管制的其他能够使人形成瘾癖的麻醉药品和精神药品。毒品的数量以查证属实的走私、贩卖、运输、制造、非法持有毒品的数量计算，不以纯度折算。

一、走私、贩卖、运输、制造毒品罪

（一）走私、贩卖、运输、制造毒品罪的概念和特征

走私、贩卖、运输、制造毒品罪，是指明知是毒品而故意实施走私、贩卖、运输、制造的行为。本罪的主要特征为：

（1）本罪侵犯的客体是国家对毒品的管理制度和人民的生命健康[①]。本罪的对象是毒品。《刑法》第357条规定："本法所称的毒品，是指鸦片、海洛因、甲基苯丙胺（冰毒）、吗啡、大麻、可卡因以及国家规定管制的其他能够使人形成瘾癖的麻醉药品和精神药品。"

（2）本罪客观方面表现为行为人走私、贩卖、运输、制造毒品的行为。①走私毒品，是指非法运输、携带、邮寄毒品进出国（边）境的行为，行为方式主要是输入毒品与输出毒品。此外，对在领海、内海运输、收购、贩卖国家禁止进出口的毒品，以及直接向走私毒品的犯罪人购买毒品的，应视为走私毒品。②贩卖毒品，是指有偿转让毒品或者以贩卖为目的而非法收购毒品。有偿转让毒品，即行为人将毒品交付给对方，并从对方获取物质利益。贩卖方式既可以是公开的，也可以是秘密的；既可以是行为人请求对方购买，也可以是对方请求行为人转让；既可以是直接交付给对方，也可以是间接交付给对方。在间接交付的场合，如果中间人认识到是毒品而帮助转交给买方的，则该中间人的行为也是贩卖毒品；如果中间人没有认识到是毒品，则不构成贩卖毒品罪。出于贩卖目的而非法收买毒品的，也应认定为贩卖毒品。③运输毒品，是指采用携带、邮寄、利用他人或者使用交通工具等方法在我国领域内将毒品从此地转移到彼地。运输毒品必须限制在国内，而且不是在领海、内海运输国家禁止进出口的毒品，否则便是走私毒品。行为人先将毒品从甲地运往乙地，由于某种原因，又将毒品运回甲地的，属于运输毒品。④制造毒品，一般是指使用毒品原植物而制作成毒品。它包括以下几种情况：一是将毒品以外的物作为原料，提取或制作成毒品，如将罂粟制成鸦片。二是毒品的精制，即去掉毒品中的不纯物，使之成为纯毒品或纯度更高的毒品，如去除海洛因中所含的不纯物。三是使用化学方法使一种毒品变为另一种毒品，如使用化学方法将吗啡制作成海洛因。四是使用化学方法以外的方法使一种毒品变为另一种毒品，如将盐酸吗啡加入蒸馏水，使之成为注射液。五是非法按照一定的处方针对特定人的特定情况调制毒品。上述五种行为都属于制造毒品。

【案例7-8-01】甲为蒋某代购仅用于吸食的毒品，并在交通费等必要开销之外收取了若干"劳务费"。本案中，代购者甲变相加价贩卖毒品从中牟利，因此对代购者甲应以贩卖毒品罪定罪。

①《中华人民共和国药品管理法》《中华人民共和国禁毒法》《麻醉药品和精神药品管理条例》等都对麻醉药品和精神药品的供应、运输、生产等作了具体而严格的规定，任何单位和个人违反规定走私、贩卖、运输、制造毒品，都直接侵犯了有关毒品管制法律法规。

本罪是选择性罪名，凡实施了走私、贩卖、运输、制造毒品行为之一的，即以该行为确定罪名。凡实施了其中两种以上行为的，如运输、贩卖毒品，定为运输、贩卖毒品罪，不实行数罪并罚。运输、贩卖同一种毒品的，毒品数量不重复计算；不是同一种毒品的，毒品数量累计计算。居间介绍买卖毒品的，无论是否获利，均以贩卖毒品罪的共犯论处。走私毒品，又走私其他物品构成犯罪的，按走私毒品罪和构成的其他走私罪分别定罪，实行数罪并罚。

【案例7-8-02】王某贩卖海洛因50克，运输甲基苯丙胺30克，走私鸦片500克。走私、贩卖、运输、制造毒品罪，是选择性罪名，即行为人仅实施了其中一个行为的，如走私毒品，仅定走私毒品罪一罪；如果行为人实施了其中多种行为的，如走私毒品、贩卖毒品和运输毒品，也定走私、贩卖、运输毒品罪一罪。本案中，王某实施了贩卖、运输、走私毒品等多个行为，其行为构成走私、贩卖、运输毒品罪，不需要数罪并罚。

对多次走私、贩卖、运输、制造毒品，未经处理的，毒品数量累计计算。未经处理。既包括未经刑罚处理，也包括未作行政处理。但对于犯罪已过追诉时效的，则毒品数量不再累计计算。已作处理的，应视为已经结案。

（3）本罪主体是一般主体，即达到刑事责任年龄且具有刑事责任能力的自然人均可成为本罪主体。根据《刑法》第17条第2款的规定：已满14周岁未满16周岁的人贩卖毒品的，应当负刑事责任。但是，对于走私、运输、制造毒品犯罪，只有达到16周岁才负刑事责任。

（4）本罪主观方面表现为故意，且是直接故意，即明知是毒品而走私、贩卖、运输、制造，过失不构成本罪。如果行为人主观上不明知是毒品，而是被人利用而实施了走私、贩卖、运输、制造的行为，就不构成犯罪。本罪一般以营利为目的，但也不能排除其他目的，法律没有要求构成本罪必须以营利为目的。

（二）走私、贩卖、运输、制造毒品罪的认定

（1）本罪与其他犯罪的界限。对于走私其他货物、物品的，以实际走私的货物、物品的性质认定犯罪，不能认定为走私毒品罪。行为人在一次走私活动中，既走私毒品又走私其他货物、物品的，一般应按走私毒品罪和构成的其他走私罪，实行数罪并罚。行为人故意以非毒品冒充毒品或者明知是假毒品而贩卖营利的，应认定为诈骗罪，而非贩卖毒品罪，但行为人不明知是毒品而贩卖，事实上具有贩卖毒品的可能性的，应认定为贩卖毒品罪（未遂）。行为人在生产、销售的食品

中掺入微量毒品的，应认定为生产、销售有毒、有害食品罪，不宜认定为贩卖毒品罪。

（2）本罪的既遂与未遂。走私、贩卖、运输、制造毒品罪有四种行为方式，其既遂与未遂的标准因行为方式而异。

第一，走私毒品罪的既遂与未遂。走私毒品主要分为输入毒品与输出毒品，输入毒品分为陆路输入、海路输入与空路输入。陆路输入毒品，越国境线使毒品进入国内领域内的时刻为既遂。海路、空路输入毒品，装载毒品的船舶到达本国港口或航空器到达本国领土内时为既遂，否则为未遂。

第二，贩卖毒品罪的既遂与未遂。贩卖毒品罪以毒品实际上转移给买方为既遂。转移毒品后行为人是否已经获取了利益，则并不影响既遂的成立。毒品实际上没有转移时，即使已经达成转移的协议，或者行为人已经获得了利益，也不能认为是既遂。

第三，运输毒品罪的既遂与未遂。行为人以将毒品从甲地运往乙地为目的，开始运输毒品时，是运输毒品罪的着手，毒品到达目的地时是犯罪既遂，到达目的地后，即使由于某种原因而将毒品运回原地或者其他地方时，也是犯罪既遂。

第四，制造毒品罪的既遂与未遂。制造毒品罪应以实际上制造毒品为既遂标准，至于制造出来的毒品数量多少、纯度高低等，都不影响既遂的成立。着手制造毒品后，没有实际上制造出毒品的，则是制造毒品未遂。

第五，对于居间介绍买卖毒品的，无论是否获利，均以贩卖毒品罪的共犯论处。走私、贩卖、运输、制造毒品，无论数量多少，都应当追究刑事责任，予以刑罚处罚。

（三）走私、贩卖、运输、制造毒品罪的刑事责任

依照《刑法》第347条的规定，犯本罪，有下列情形之一的，处15年有期徒刑、无期徒刑或者死刑，并处没收财产：①走私、贩卖、运输、制造鸦片1000克以上、海洛因或者甲基苯丙胺50克以上或者其他毒品数量大的；②走私、贩卖、运输、制造毒品集团的首要分子；③武装掩护走私、贩卖、运输、制造毒品的；④以暴力抗拒检查、拘留、逮捕，情节严重的；⑤参与有组织的国际贩毒活动的。

走私、贩卖、运输、制造鸦片200克以上不满1000克、海洛因或者甲基苯丙胺10克以上不满50克或者其他毒品数量较大的，处7年以上有期徒刑，并处罚金。走私、贩卖、运输、制造鸦片不满200克、海洛因或者甲基苯丙胺不满10克或者其他少量毒品的，处3年以下有期徒刑、拘役或者管制，并处罚金；情节严

重的，处3年以上7年以下有期徒刑，并处罚金。

单位犯本罪的，对单位判处罚金，并对直接负责的主管人员和其他直接责任人员，依照上述有关规定处罚。利用、教唆未成年人走私、贩卖、运输、制造毒品，或者向未成年人出售毒品的，从重处罚。多次走私、贩卖、运输、制造毒品，未经处理的，毒品数量累计计算。

二、非法持有毒品罪

（一）非法持有毒品罪的概念和特征

非法持有毒品罪，是指非法持有鸦片、海洛因、甲基苯丙胺或者其他毒品数量较大的行为。本罪的主要特征是：

（1）本罪客观方面表现为非法持有数量较大的毒品。①行为人所持有的必须是毒品。②持有毒品的行为必须具有非法性，即行为人持有毒品时，没有合法的根据。如果行为人合法持有毒品，则不构成犯罪。例如，医生因病人病情的需要，为使用毒品而持有毒品的，经过有权机关批准从事毒品管理职业的，经过有权机关批准制造毒品后持有毒品或依法运输毒品的，都是合法行为，不构成非法持有毒品罪。③必须实施持有毒品的行为。持有是一种事实上的支配，行为人与物之间存在一种事实上的支配与被支配的关系。持有具体表现为直接占有、携有、藏有或者以其他方法支配毒品。只要行为人认识到它的存在，能够对之进行管理或者支配，就是持有。持有是一种持续行为，只有当毒品在一定时间内由行为人支配时，才构成持有；至于时间的长短，则并不影响持有的成立，只是一种量刑情节，但如果时间过短，不足以说明行为人事实上支配着毒品时，则不能认为是持有。④非法持有毒品达到一定数量才构成犯罪，即非法持有鸦片200克以上、海洛因或者甲基苯丙胺10克以上或者其他毒品数量较大的，才成立非法持有毒品罪。

【案例7-8-03】甲无牟利目的，为江某代购仅用于吸食的毒品，达到非法持有毒品罪的数量标准。本案中，甲不以牟利为目的，为他人代购仅用于吸食的毒品，毒品数量超过非法持有毒品罪的最低数量标准，对代购者甲应以非法持有毒品罪定罪。

【案例7-8-04】甲认为自己管理毒品不安全，将数量较大的毒品委托给乙保管，乙同意。对非法持有毒品罪中的“持有”应作广义的理解，“持有”并不限于直接持有，通过他人持有，也不影响持有的成立。本案中，甲、乙均成立非法持有毒品罪。

（2）本罪主观方面是故意，行为人明知是毒品而非法持有。对于没有认识到是毒品而持有的，不能认定为本罪。

（二）非法持有毒品罪的认定

（1）罪与非罪的界限。非法持有毒品的数量不符合刑法中“数量较大”的要求的，不构成犯罪。

（2）罪数问题。因实施其他毒品犯罪而持有毒品的，按所实施的毒品犯罪定罪处罚，不数罪并罚。

（3）本罪与走私、贩卖、运输、制造毒品罪的区别。①客观方面表现不同。本罪的行为特点是各种形式的“持有”，而后罪的行为方式限于“走私、贩卖、运输、制造”四种。②成立犯罪的标准不同。本罪属于数额犯，须行为人持有法定数量的毒品才构成犯罪；而后罪属于行为犯，只要行为人实施了走私、贩卖、运输、制造毒品的行为之一，不论数量多少，都成立犯罪。

（4）持有假毒品的行为认定。如果行为人误将假毒品当作真毒品而持有，是否能以本罪认定？此种情况属于事实上的认识错误，应以本罪论处，形态是实行终了的未遂。

（三）非法持有毒品罪的刑事责任

依照《刑法》第348条的规定，犯本罪，非法持有鸦片1000克以上、海洛因或者甲基苯丙胺50克以上或者其他毒品数量大的，处7年以上有期徒刑或者无期徒刑，并处罚金；非法持有鸦片200克以上不满1000克、海洛因或者甲基苯丙胺10克以上不满50克或者其他毒品数量较大的，处3年以下有期徒刑、拘役或者管制，并处罚金；情节严重的，处3年以上7年以下有期徒刑，并处罚金。

三、包庇毒品犯罪分子罪

（一）包庇毒品犯罪分子罪的概念和特征

包庇毒品犯罪分子罪，是指明知是走私、贩卖、运输、制造毒品的犯罪分子，而向司法机关作虚假证明掩盖其罪行，或者帮助其湮灭罪证，以使其逃避法律制裁的行为。本罪的主要特征为：

（1）本罪侵犯的客体是司法机关同毒品犯罪分子作斗争的正常活动。

（2）本罪客观方面表现为行为人对明知是走私、贩卖、运输、制造毒品罪的犯罪分子给予保护，使其逃避法律制裁的行为。这些犯罪分子既包括尚未被抓获而潜逃在外的犯罪分子，也包括已被抓获的已决犯和未决犯。包庇，是指向司法机关作假证明掩盖走私、贩卖、运输、制造毒品的犯罪分子罪行，或者帮助其毁灭罪证，以使其逃避法律制裁的行为。实践中，如果明知是公安机关正在追捕的走私、贩卖、运输、制造毒品的案犯，而仍向其提供资助或者交通工具，帮助该案犯潜逃的，或者帮助毒品犯罪分子毁灭罪迹，隐匿、转移、销毁罪证等，都属于包庇毒品犯罪分子的行为。

（3）本罪主体为一般主体，即凡是达到刑事责任年龄并具有刑事责任能力的人均可构成本罪。国家机关工作人员包庇毒品犯罪分子的，应从重处罚。

（4）本罪主观方面表现为故意，过失不构成犯罪。行为人的动机多种多样，有的是出于亲友之情，有的是出于哥们义气，有的是出于贪图钱财等，无论出于何种动机，只要明知是走私、贩卖、运输、制造毒品的犯罪分子而予以包庇的，均构成本罪。窝藏走私、贩卖、运输、制造毒品犯罪分子的，也应当按照本罪处罚。

（二）包庇毒品犯罪分子罪的认定

（1）本罪与毒品犯罪的共犯的界限。犯包庇毒品犯罪分子罪，事先通谋的，以走私、贩卖、运输、制造毒品罪的共犯论处。

（2）本罪与窝藏、包庇罪的界限。二者的主要区别在于行为对象不同，本罪包庇的对象限于走私、贩卖、运输、制造毒品的犯罪分子。

（三）包庇毒品犯罪分子罪的刑事责任

依照《刑法》第349条的规定，犯本罪的，处3年以下有期徒刑、拘役或者管制；情节严重的，处3年以上10年以下有期徒刑[①]。缉毒人员或者其他国家机关工作人员掩护、包庇走私、贩卖、运输、制造毒品的犯罪分子的，从重处罚。

---

① 根据2016年最高人民法院《关于审理毒品犯罪案件适用法律若干问题的解释》的规定，包庇走私、贩卖、运输、制造毒品的犯罪分子，具有下列情形之一的，应当认定为《刑法》第349条第1款规定的“情节严重”：一是被包庇的犯罪分子依法应当判处15年有期徒刑以上刑罚的；二是包庇多名或者多次包庇走私、贩卖、运输、制造毒品的犯罪分子的；三是严重妨害司法机关对被包庇的犯罪分子实施的毒品犯罪进行追究的；四是其他情节严重的情形。

四、窝藏、转移、隐瞒毒品、毒赃罪

（一）窝藏、转移、隐瞒毒品、毒赃罪的概念和特征

窝藏、转移、隐瞒毒品、毒赃罪，是指明知是毒品或者毒品犯罪所得的财物而为犯罪分子窝藏、转移、隐瞒的行为。

本罪侵犯的客体是国家司法机关同毒品犯罪作斗争的正常活动。本罪的客观方面表现为行为人实施了窝藏、转移、隐瞒毒品、毒赃的行为。毒赃，是指犯罪分子通过走私、贩卖、运输、制造毒品所获得的钱或物。本罪主体为一般主体。本罪的主观方面为故意，即行为人明知是走私、贩卖、运输、制造毒品的犯罪分子的毒品、毒赃而故意予以窝藏、转移、隐瞒，否则不成立本罪。

（二）窝藏、转移、隐瞒毒品、毒赃罪的认定

（1）本罪与掩饰、隐瞒犯罪所得、犯罪所得收益罪的界限。这是普通法条与特别法条之间的关系。规定本罪的法条是特别法条，窝藏、隐瞒的仅限于毒品犯罪所得及其产生的收益；规定掩饰、隐瞒犯罪所得、犯罪所得收益罪的法条是普通法条，该罪中的犯罪所得及其收益是指毒品犯罪以外的犯罪所得及其产生的收益。

（2）本罪与毒品犯罪的共犯的界限。犯窝藏、转移、隐瞒毒品、毒赃罪，事先通谋的，以走私、贩卖、运输、制造毒品罪的共犯论处。

（三）窝藏、转移、隐瞒毒品、毒赃罪的刑事责任

依照《刑法》第349条的规定，犯本罪的，处3年以下有期徒刑、拘役或者管制；情节严重的，处3年以上10年以下有期徒刑。缉毒人员或者其他国家机关工作人员掩护、包庇走私、贩卖、运输、制造毒品的犯罪分子的，从重处罚。

五、非法生产、买卖、运输制毒物品、走私制毒物品罪

非法生产、买卖、运输制毒物品、走私制毒物品罪，是指违反国家规定，非法生产、买卖、运输醋酸酐、乙醚、三氯甲烷或者其他用于制造毒品的原料、配剂，或者携带上述物品进出境，情节较重的行为。

依照《刑法》第350条的规定，犯本罪的，处3年以下有期徒刑、拘役或者管制，并处罚金；情节严重的，处3年以上7年以下有期徒刑，并处罚金；情节特别严重的，处7年以上有期徒刑，并处罚金或者没收财产。单位犯本罪的，对单位

判处罚金，并对其直接负责的主管人员和其他直接责任人员，依照上述规定处罚。明知他人制造毒品而为其生产、买卖、运输特定制毒物品的，以制造毒品罪的共犯论处。

六、非法种植毒品原植物罪

（一）非法种植毒品原植物罪的概念和特征

非法种植毒品原植物罪，是指明知是罂粟、大麻等毒品原植物而非法种植且数量较大，或者经公安机关处理后又种植，或者抗拒铲除的行为。本罪的主要特征是：

（1）本罪侵犯的客体是国家对毒品原植物种植的管制。本罪的对象是毒品原植物，即用来提炼、加工成鸦片、海洛因、甲基苯丙胺、吗啡、可卡因等麻醉药品和精神药品的原植物。

（2）本罪客观方面表现为行为人实施了违反国家有关法规，非法种植毒品原植物数量较大，或经公安机关处理后又种植，或抗拒铲除的行为。种植，是指播种、施肥、灌溉、割取津液、收取种子等，不论行为人实施了上述全部行为还是只实施了一种行为，都可视为种植。只要有证据证明行为人确实有种植的行为，即使没有成苗，从面积上估算，达到刑法规定数量的，也构成本罪。

（3）本罪主体为一般主体，即凡达到刑事责任年龄并具有刑事责任能力的人，均可构成本罪。

（4）本罪主观方面表现为故意，过失不构成本罪，即行为人明知是制造毒品的原植物而非法种植，不论其目的是营利还是个人享用，均构成本罪。

（二）非法种植毒品原植物罪的刑事责任

依照《刑法》第351条的规定，犯本罪，有下列情形之一的，处5年以下有期徒刑、拘役或者管制，并处罚金：①种植罂粟500株以上不满3000株或者其他毒品原植物数量较大的；②经公安机关处理后又种植的；③抗拒铲除的。非法种植罂粟3000株以上或者其他毒品原植物数量大的，处5年以上有期徒刑，并处罚金或者没收财产。非法种植毒品原植物，在收获前自动铲除的，可以免除处罚。

七、非法买卖、运输、携带、持有毒品原植物种子、幼苗罪

非法买卖、运输、携带、持有毒品原植物种子、幼苗罪，是指非法买卖、运输、携带、持有未经灭活的罂粟等毒品原植物种子或者幼苗，数量较大的行为。

本罪侵犯的客体是国家对毒品原植物的管理制度。买卖、运输、携带、持有已经灭活的毒品原植物的种子或者幼苗的不构成本罪。本罪客观方面表现为行为人实施了违反国家有关法规，非法买卖、运输、携带、持有毒品原植物种子或者幼苗，数量较大的行为。非法买卖，是指以金钱或者实物作价非法购买或者出售未经灭活的毒品原植物种子或者幼苗的行为。非法运输，是指未经国家有关部门批准，私自从事未经灭活的罂粟等毒品原植物种子或者幼苗运输的行为，包括国内运输和在国境、边境非法输入输出。非法携带、持有，是指违反国家规定，没有合法的携带权、持有权而占有、携带、藏有或者以其他方式携带、持有未经灭活的罂粟等毒品原植物种子或幼苗的行为。构成本罪还必须具备数量较大这一要素。本罪主体为一般主体，即凡达到刑事责任年龄并具有刑事责任能力的人，均可构成本罪。本罪的主观方面表现为故意，过失不构成本罪。

依照《刑法》第352条的规定，犯本罪的，处3年以下有期徒刑、拘役或者管制，并处或者单处罚金。

八、引诱、教唆、欺骗他人吸毒罪

引诱、教唆、欺骗他人吸毒罪，是指通过引诱、教唆、欺骗的方法使他人吸食、注射毒品的行为。

本罪与一般教唆犯罪的界限：①侵犯的客体不同。前者侵犯的客体是复杂客体，既侵害了社会治安管理秩序，又侵害了他人的身体健康；后者侵犯的客体则取决于所教唆犯罪的客体，如教唆杀人罪侵犯的客体是他人的生命权利。②罪名不同。前者是一个独立罪名，吸毒行为法律上没有规定为犯罪，而教唆他人吸毒的行为，法律上规定为独立犯罪；后者则不是独立罪名，对于教唆犯，要按照其所教唆的罪来确定罪名，教唆犯属于共同犯罪。

依照《刑法》第353条的规定，犯本罪的，处3年以下有期徒刑、拘役或者管制，并处罚金；情节严重的，处3年以上7年以下有期徒刑，并处罚金。引诱、教唆、欺骗未成年人吸食、注射毒品的，从重处罚。

九、强迫他人吸毒罪

（一）强迫他人吸毒罪的概念和特征

强迫他人吸毒罪，是指违背他人意志，迫使他人吸食、注射毒品的行为。

本罪侵犯的客体是社会治安管理秩序和他人的身体健康，属于复杂客体。客观方面表现为行为人违背他人的意志，使用暴力、胁迫或者其他强制手段迫使他人吸食、注射毒品的行为。本罪主体为一般主体。本罪的主观方面表现为故意，过失不构成本罪，即行为人明知是毒品，而故意强迫他人吸食、注射。

（二）强迫他人吸毒罪的认定

（1）罪与非罪的界限。刑法对此罪没有规定“情节严重”作为必要要件，也就是说只要实施了强迫他人吸毒的行为，原则上就构成本罪，而不论被害人是否吸食、注射毒品或吸食、注射毒品成瘾。但实践中并不是任何强迫他人吸毒的行为都构成犯罪，应综合全案的各种情况，根据刑法的规定，如果情节显著轻微，危害不大的，不认为是犯罪，可给予行政处罚。

（2）本罪与引诱、教唆、欺骗他人吸毒罪的界限。强迫他人吸毒罪与引诱、教唆、欺骗他人吸毒罪在主体、客体、主观方面相同，明显的区别在于客观方面的表现不同。前者为采取暴力、胁迫等强制性的手段，后者则是用引诱、教唆、欺骗等手段。此外，从犯罪对象的态度来看，前者在暴力、胁迫下不情愿地吸毒，后者在引诱、教唆、欺骗下，由不愿到情愿吸毒。二者的法定刑也是不同的，要严格加以区分，不能造成重罪轻判或轻罪重判的问题。如果行为人对同一个人同时实施了强迫、引诱、教唆、欺骗的手段，造成他人吸毒的后果，应择一重罪处罚，定强迫他人吸毒罪；如果行为人对不同的人分别采取上述手段，促使他人吸毒，则分别构成两个罪名，应予以数罪并罚。

（三）强迫他人吸毒罪的刑事责任

依照《刑法》第353条的规定，犯本罪的，处3年以上10年以下有期徒刑。强迫未成年人吸毒的，从重处罚。

十、容留他人吸毒罪

容留他人吸毒罪，是指为他人吸食、注射毒品提供场所的行为。

本罪侵犯的客体是社会的正常管理秩序和人们的身心健康。客观方面表现为行为人实施了容留他人吸毒的行为。主体为一般主体，即凡达到刑事责任年龄并具有刑事责任能力的人，均可构成本罪。主观方面表现为故意，过失不构成本罪。构成本罪不要求主观上具有牟利目的。

【案例7-8-05】甲以牟利为目的容留刘某吸食毒品，同时向其出卖毒品。本案中甲构成容留他人吸毒罪和贩卖毒品罪，应数罪并罚[①]。

依照《刑法》第354条的规定，犯本罪的，处3年以下有期徒刑、拘役或者管制，并处罚金。

十一、非法提供麻醉药品、精神药品罪

（一）非法提供麻醉药品、精神药品罪的概念和特征

非法提供麻醉药品、精神药品罪，是指依法从事生产、运输、管理、使用国家管制的麻醉药品、精神药品的单位和人员，违反国家规定，明知他人是吸食、注射毒品的人，而向其提供国家规定管制的能够使人形成瘾癖的麻醉药品、精神药品的行为。

本罪侵犯的客体是国家对麻醉药品、精神药品的管理制度。本罪的客观方面表现为违反国家规定，向吸毒者提供国家规定管制的能够使人形成瘾癖的麻醉药品、精神药品。本罪主体为特殊主体，即依法从事生产、运输、管理、使用国家管制的麻醉药品、精神药品的人员和单位。单位包括生产厂家以及销售、运输、管理、教学科研、医疗等部门。本罪主观方面只能是故意，要求行为人有下列三个方面的明知：①明知提供毒品的对象是吸食、注射毒品的人；②明知对方是用于吸食或注射；③明知自己所提供的是毒品。如果行为人因过失而将毒品提供给他人，造成严重后果的，应以医疗事故罪等追究刑事责任。

（二）非法提供麻醉药品、精神药品罪的刑事责任

依照《刑法》第355条的规定，犯本罪的，处3年以下有期徒刑或者拘役，并处罚金；情节严重的，处3年以上7年以下有期徒刑，并处罚金。单位犯本罪的，对单位判处罚金，并对其直接负责的主管人员和其他直接责任人员，依照上述规定处罚。

还要注意的是，依法从事生产、运输、管理、使用国家管制的麻醉药品、精神药品的单位和人员，非法向走私、贩卖毒品的犯罪分子提供麻醉药品、精神药品的，以走私、贩卖毒品罪论处；以牟利为目的向吸毒者提供麻醉药品、精神药品的，以贩卖毒品罪论处。行为人出于医疗目的，违反有关药品管理规定，非法

① 2016年最高人民法院《关于审理毒品犯罪案件适用法律若干问题的解释》规定，向他人贩卖毒品后又容留其吸食、注射毒品，或者容留他人吸食、注射毒品并向其贩卖毒品构成犯罪的，以贩卖毒品罪和容留他人吸毒罪数罪并罚。

贩卖上述麻醉药品或者精神药品，扰乱市场秩序，情节严重的，以非法经营罪定罪处罚。

按照《刑法》第356条的规定，因走私、贩卖、运输、制造、非法持有毒品罪被判过刑，又犯本节规定之罪的，从重处罚。此为毒品犯罪的再犯。

十二、妨害兴奋剂管理罪

妨害兴奋剂管理罪，是指引诱、教唆、欺骗运动员使用兴奋剂参加国内、国际重大体育竞赛，或者明知运动员参加上述竞赛而向其提供兴奋剂，情节严重的行为。

本罪侵犯的客体是国家对兴奋剂的管理制度、重大体育竞赛公平公正的管理秩序和运动员的健康权利。本罪的客观方面表现为引诱、教唆、欺骗运动员使用兴奋剂参加国内、国际重大体育竞赛，或者明知运动员参加上述竞赛而向其提供兴奋剂的行为。本罪主体为一般主体，凡达到刑事责任年龄、具备刑事责任能力的自然人均可以构成本罪，单位也可成为本罪主体。本罪的主观方面只能由故意构成，过失不构成本罪。

依照《刑法》第355条之一的规定，犯本罪的，处3年以下有期徒刑或者拘役，并处罚金。组织、强迫运动员使用兴奋剂参加国内、国际重大体育竞赛的，从重处罚。

第九节　组织、强迫、引诱、容留、介绍卖淫罪罪名分述

一、组织卖淫罪

（一）组织卖淫罪的概念和特征

组织卖淫罪，是指以招募、雇佣、引诱、容留等手段，控制他人从事卖淫活动的行为。

本罪客观方面表现为组织他人卖淫的行为。组织，是指以招募、雇佣、引诱、容留等手段，控制他人从事卖淫活动的行为[①]。卖淫，是指以营利为目的，满足不特定对方的性欲的行为，包括与不特定的对方发生性交和从事其他猥亵活动。本罪主体是已满16周岁并具有辨认、控制能力的自然人。组织者既可以是一人，也

① “他人”既包括女性，也包括男性，组织多名男性卖淫，同样应当以组织卖淫罪追究刑事责任。

可以是多人。旅馆业、饮食服务业、文化娱乐业、出租汽车业等单位的人员或者负责人，利用本单位的条件，组织他人卖淫的，应认定为组织卖淫罪。本罪主观上只能出于故意，虽然卖淫以营利为目的，组织卖淫者通常也以营利为目的，但刑法并没有将营利目的规定为本罪的主观要件要素。

（二）组织卖淫罪的认定

根据2017年最高人民法院、最高人民检察院《关于办理组织、强迫、引诱、容留、介绍卖淫刑事案件适用法律若干问题的解释》的规定，以招募、雇佣、纠集等手段，管理或者控制他人卖淫，卖淫人员在三人以上的，应当认定为《刑法》第358条规定的“组织他人卖淫”。组织卖淫者是否设置固定的卖淫场所、组织卖淫者人数多少、规模大小，不影响组织卖淫行为的认定。

根据上述司法解释的规定，组织他人卖淫，具有下列情形之一的，应当认定为《刑法》第358条第1款规定的“情节严重”：①卖淫人员累计达十人以上的；②卖淫人员中未成年人、孕妇、智障人员、患有严重性病的人累计达五人以上的；③组织境外人员在境内卖淫或者组织境内人员出境卖淫的；④非法获利人民币一百万元以上的；⑤造成被组织卖淫的人自残、自杀或者其他严重后果的；⑥其他情节严重的情形。

（三）组织卖淫罪的刑事责任

依照《刑法》第358条的规定，犯本罪的，处5年以上10年以下有期徒刑，并处罚金；情节严重的，处10年以上有期徒刑或者无期徒刑，并处罚金或者没收财产。组织未成年人卖淫的，从重处罚。犯本罪，并有杀害、伤害、强奸、绑架等犯罪行为的，依照数罪并罚的规定处罚。依照《刑法》第361条的规定，旅馆业、饮食服务业、文化娱乐业、出租汽车业等单位的人员，利用本单位的条件，组织他人卖淫的，按照组织卖淫罪定罪处罚；前述单位的主要负责人犯本罪的，从重处罚。

二、强迫卖淫罪

强迫卖淫罪，是指违背他人的意志，迫使他人卖淫的行为。

本罪侵犯的客体是他人的人身权利和性的不可侵犯的权利，犯罪的对象是“他人”，这里的“他人”主要是指妇女，但也包括不满14周岁的幼女和男性。本罪客观方面表现为违背他人意志，用暴力、胁迫或者其他方法迫使他人卖淫。如果仅仅是采用物质引诱、暗示、鼓动他人卖淫，没有违背他人意志的，不能构成本罪。本罪主体是一般主体。本罪的主观方面表现为故意，且为直接故意。

依照《刑法》第358条的规定，犯本罪的，处5年以上10年以下有期徒刑，并处罚金；情节严重的，处10年以上有期徒刑或者无期徒刑，并处罚金或者没收财产。强迫未成年人卖淫的，从重处罚。犯本罪，并有杀害、伤害、强奸、绑架等犯罪行为的，依照数罪并罚的规定处罚。依照《刑法》第361条的规定，旅馆业、饮食服务业、文化娱乐业、出租汽车业等单位的人员，利用本单位的条件，强迫他人卖淫的，按照强迫卖淫罪定罪处罚；前述单位的主要负责人犯本罪的，从重处罚。

三、协助组织卖淫罪

协助组织卖淫罪，是指为组织卖淫的人招募、运送人员或者其他协助组织他人卖淫的行为。

协助组织卖淫的行为包括为组织卖淫的人招募、运送人员，或者其他的协助行为，例如充当皮条客、保镖、管账人等。如果刑法没有规定本罪，对协助组织他人卖淫的行为，应认定为组织卖淫罪的共犯，但刑法考虑到这种行为的严重危害程度，避免将本罪主体以从犯论进而从轻、减轻或者免除从罚，从而导致刑罚畸轻现象，便将协助组织他人卖淫的行为规定为独立犯罪。据此，协助组织他人卖淫的行为与组织他人卖淫的行为，不构成共同犯罪，应当分别定罪量刑处罚。

依照《刑法》第358条的规定，犯本罪的，处5年以下有期徒刑，并处罚金；情节严重的，处5年以上10年以下有期徒刑，并处罚金。

四、引诱、容留、介绍卖淫罪

引诱、容留、介绍卖淫罪，是指利用金钱、物质等手段诱使他人卖淫，或者提供场所给他人卖淫使用，或者使卖淫人员与嫖客发生联系，得以实现卖淫嫖娼的行为。

本罪引诱行为的对象不包括幼女。引诱，是指在他人本无卖淫意愿的情况下，使用勾引、利诱等手段使他人从事卖淫活动的行为。容留，是指允许他人在自己管理的场所卖淫或者为他人卖淫提供场所的行为。介绍，一般是指在卖淫者与嫖客之间牵线搭桥，勾通撮合，使他人卖淫得以实现的行为。实施引诱、容留、介绍三种行为之一的，即可构成本罪；同时实施上述行为的，也只认定为一罪，不实行数罪并罚。本罪主体是已满16周岁并具有辨认、控制能力的自然人。旅馆业、饮食服务业、文化娱乐业、出租汽车业等单位的人员，利用本单位的条件，引诱、容留、介绍他人卖淫的，应认定为本罪。本罪主观方面必须出于故意，但是否出于营利目的，不影响本罪的成立。

依照《刑法》第359条的规定，犯本罪的，处5年以下有期徒刑、拘役或者管制，并处罚金；情节严重的，处5年以上有期徒刑，并处罚金。

五、引诱幼女卖淫罪

引诱幼女卖淫罪，是指引诱不满14周岁的幼女进行卖淫的行为。

本罪侵犯的客体是社会治安管理秩序，同时也严重摧残了幼女的身心健康。本罪的犯罪对象是幼女，幼女是指不满14周岁的少女。本罪客观方面表现为引诱幼女卖淫的行为。引诱，是指行为人利用金钱或其他物质或非物质性利益作诱饵，或者采取灌输腐朽思想等其他手段，勾引、诱惑、劝导、怂恿幼女从事卖淫活动。卖淫，是指为谋利，与不特定的他人进行性交或者其他性行为。行为人引诱幼女向他人卖淫才能构成本罪，若是引诱幼女与自己发生性关系，则应依具体案情以强奸罪论处。行为人的行为方式仅限于引诱，若是组织、强迫、容留、介绍幼女卖淫的，则应分别以组织卖淫罪、强迫卖淫罪和容留、介绍卖淫罪论处。本罪主体为一般主体。本罪的主观方面表现为故意。

依照《刑法》第359条的规定，犯本罪的，处5年以上有期徒刑，并处罚金。

六、传播性病罪

传播性病罪，是指明知自己患有梅毒、淋病等严重性病而进行卖淫嫖娼的行为。

本罪侵犯的客体是双重客体，即他人的身体健康和社会治安管理秩序。行为人在明知自己患有梅毒、淋病等严重性病的情况下，仍旧进行卖淫、嫖娼活动，其行为将直接传播性病，对他人的身体健康造成危害。本罪客观方面表现为严重性病患者实施卖淫嫖娼的行为。卖淫、嫖娼是相对应的行为，卖淫是指以营利为目的，与不特定的他人发生性交或从事其他淫乱活动，嫖娼则是指以交付金钱或其他财物为代价与卖淫者发生性交或从事其他淫乱活动。本罪主体是特殊主体，即已满16周岁并具有刑事责任能力，且患有梅毒、淋病等严重性病的人。本罪主观方面表现为故意，即行为人明知自己患有严重性病，而出于某种动机或为达到某种目的，仍然进行卖淫或嫖娼。过失不构成本罪。行为人的“明知”可以是确切知道自己患有某种严重性病，也可以是其知道可能患有某种严重性病。假如行为人未被确诊为患有严重性病，但根据其知识、阅历能证实其明知可能患有严重性病的，也应视为“明知”。

依照《刑法》第360条的规定，犯本罪的，处5年以下有期徒刑、拘役或者管制，并处罚金。

第十节　制作、贩卖、传播淫秽物品罪罪名分述

一、制作、复制、出版、贩卖、传播淫秽物品牟利罪

（一）制作、复制、出版、贩卖、传播淫秽物品牟利罪的概念和特征

制作、复制、出版、贩卖、传播淫秽物品牟利罪，是指以牟利为目的，制作、复制、出版、贩卖、传播淫秽物品的行为。本罪的主要特征为：

（1）本罪侵犯的客体是社会的道德风尚和国家对文化事业的管理制度。对象是淫秽物品[①]。

（2）本罪客观方面表现为制作、复制、出版、贩卖、传播淫秽物品的行为。①行为人所制作、复制、出版、贩卖、传播的必须是淫秽物品。②本罪行为表现为制作、复制、出版、贩卖、传播淫秽物品。制作，是指生产、录制、编写、绘画、印刷等创造、产生淫秽物品的行为。复制，是指通过翻印、翻拍、复印、转录等方式将原已存在的淫秽物品制作一份或多份的行为。出版，是指将淫秽作品编辑加工后，经过复制向公众发行的行为。贩卖，通常是指低价购进再高价卖出的行为，但也应包括单纯的有偿转让淫秽物品的行为。传播，是指通过播放、陈列，在互联网上建立淫秽网站、网页等方式使淫秽物品让不特定或者多数人感知，以及通过出借、赠送等方式散布、流传淫秽物品的行为。实施上述行为之一的，即可成立本罪；同时实施上述行为的，也只成立一罪。

（3）本罪主体必须是已满16周岁并具有辨认、控制能力的自然人以及单位。

（4）本罪主观方面必须出于故意，并具有牟利目的。本罪的故意要求行为人认识到自己制作、复制、出版、贩卖、传播的是淫秽物品。此外还必须具有牟利目的。

【案例7-10-01】甲以盈利为目的复制淫秽物品后，因内心害怕又将其销毁。

①《刑法》第367条第1款规定：“本法所称淫秽物品，是指具体描绘性行为或者露骨宣扬色情的诲淫性的书刊、影片、录像带、录音带、图片及其他淫秽物品。”

本案中行为人甲以牟利为目的实施了复制淫秽物品的行为，复制行为本身已经实施完毕，而牟利的目的并不需要行为人已经实际取得利益。未实际获利或者获利较少的，均不影响本罪的成立。因此甲构成复制淫秽物品牟利罪的既遂。

（二）制作、复制、出版、贩卖、传播淫秽物品牟利罪的刑事责任

依照《刑法》第363条、第366条的规定，犯本罪的，处3年以下有期徒刑、拘役或者管制，并处罚金；情节严重的，处3年以上10年以下有期徒刑，并处罚金；情节特别严重的，处10年以上有期徒刑或者无期徒刑，并处罚金或者没收财产。单位犯本罪的，对单位判处罚金，并对其直接负责的主管人员和其他直接责任人员，依照上述规定处罚。

二、为他人提供书号出版淫秽书刊罪

为他人提供书号出版淫秽书刊罪，是指违反国家关于书号管理的规定，向其他单位或者个人提供书号，致使淫秽书刊得以出版的行为。本罪的主要特征是：

（1）本罪侵犯的客体是社会的道德风尚和国家对出版业的管理制度。

（2）本罪客观方面表现为违反国家关于书号管理的规定，向他人提供书号致使他人得以出版淫秽书刊的行为。

（3）本罪犯罪主体是特殊主体，通常是新闻出版部门的管理人员或者单位。

（4）本罪主观方面是过失，即在不知他人用于出版淫秽书刊的情况下为他人提供书号。如果明知他人用于出版淫秽书刊而提供书号的，应当以出版淫秽物品牟利罪的共犯论处。

依照《刑法》第363条、第366条的规定，犯本罪的，处3年以下有期徒刑、拘役或者管制，并处或者单处罚金。单位犯本罪的，对单位判处罚金，并对其直接负责的主管人员和其他直接责任人员，依照上述规定处罚。

三、传播淫秽物品罪

传播淫秽物品罪，是指传播淫秽的书刊、影片、音像、图片或者其他淫秽物品，情节严重的行为。

在认定这类案件性质时，需要注意两个问题：

（1）罪与非罪的界限。构成本罪必须情节严重，所谓“情节严重”主要包括以下情形：多次传播的；传播的次数虽然不多，但传播的数量大的；传播的对象

人数多、造成恶劣影响的或者造成严重后果的；等等。有传播行为但情节没有达到严重程度的，不构成犯罪。

（2）本罪与传播淫秽物品牟利罪的界限。二者的区别在于：①是否具有牟利的目的；②构成犯罪是否要情节严重。

依照《刑法》第364条、第366条的规定，犯本罪的，处2年以下有期徒刑、拘役或者管制。单位犯本罪的，对单位判处罚金，并对其直接负责的主管人员和其他直接责任人员依照上述规定处罚。向未成年人传播淫秽物品的，从重处罚。

四、组织播放淫秽音像制品罪

组织播放淫秽音像制品罪，是指召集多人播放淫秽电影、录像等音像制品的行为。

在认定这类案件性质时，需要注意以下两个问题：

（1）本罪与传播淫秽物品牟利罪的界限。二者有交叉，淫秽音像制品是淫秽物品的一种，组织播放是传播的一种方式，如果组织播放音像制品具有牟利的目的，则构成传播淫秽物品牟利罪；如果不具有牟利的目的，则构成组织播放淫秽音像制品罪。

（2）本罪与传播淫秽物品罪的界限。组织播放淫秽音像制品罪只限于“组织播放”这一特定的行为方式。

依照《刑法》第364条、第366条的规定，犯本罪的，处3年以下有期徒刑、拘役或者管制，并处罚金；情节严重的，处3年以上10年以下有期徒刑，并处罚金。单位犯本罪的，对单位判处罚金，并对其直接负责的主管人员和其他直接责任人员，依照上述规定处罚。制作、复制淫秽音像制品并组织播放的，从重处罚。向不满18周岁的未成年人传播淫秽物品的，从重处罚。

五、组织淫秽表演罪

组织淫秽表演罪，是指以招募、雇用、引诱等手段控制、管理他人进行淫秽表演的行为。

本罪客观方面表现为“组织进行淫秽表演”，这是刑法明文规定的罪状。刑法没有规定为“组织他人进行淫秽表演”，说明了以下两点：第一，虽然本罪的主体只是组织者，但组织者本人是否直接进行淫秽表演，不影响本罪的成立。第二，虽然通常是组织“他人”进行淫秽表演，但不排除组织人与动物一起进行淫秽表演或者组织动物进行淫秽表演。组织，是指策划、指挥、安排进行淫秽表演的行为。如招聘、雇用他人进行淫秽表演，联系演出、提供场所等进行淫秽表演，组织多人观看淫秽表演，等等。进行淫秽表演，是指露骨宣扬色情内容的表演，如展示妇女的乳房，展示人、动物的性器官，展示人的各种自然或者非自然性交行为，展示人与动物的性交行为，展示动物之间的交配行为，等等。

依照《刑法》第365条、第366条的规定，犯本罪的，处3年以下有期徒刑、拘役或者管制，并处罚金；情节严重的，处3年以上10年以下有期徒刑，并处罚金。单位犯本罪的，对单位判处罚金，并对其直接负责的主管人员和其他直接责任人员，依照上述规定处罚。

思考题

1. 招摇撞骗罪与诈骗罪、敲诈勒索罪的区别有哪些？
2. 如何区分窝藏、包庇罪和伪证罪？
3. 妨害公务罪的犯罪对象有哪些？
4. 聚众斗殴罪的犯罪主体有哪些？
5. 组织、领导、参加黑社会性质组织罪的特征是什么？对该罪“以暴力、胁迫或者其他手段”中的“其他手段”如何理解？
6. 虚假诉讼罪中“妨害司法秩序或者严重侵害他人合法权益”的情形有哪些？
7. 如何理解医疗事故罪中的“医疗事故”？
8. 如何区分盗窃罪、滥伐林木罪以及盗伐林木罪？
9. 如何确定走私、贩卖、运输、制造毒品罪的既遂标准？
10. 如何理解非法持有毒品罪中的“持有”？

阅读书目

1. 陈自强：《环境犯罪的本质及其展开》，四川大学出版社2017年版。
2. 豆军峰：《妨害社会管理秩序罪案例与实务》，清华大学出版社2017年版。
3. 高铭暄、马克昌：《刑法学》，北京大学出版社2019年版。
4. 金伟峰等：《中国禁毒法律制度研究》，上海社会科学院出版社2016年版。
5. 张明楷：《刑法学教程》（第四版），北京大学出版社2016年版。

第八章　危害国防利益罪

危害国防利益罪侵害或威胁我国的国防利益。国防利益是关系国家生存、发展和安全保障的重要利益，危害国防利益就会影响国防现代化建设，危害国家的生存、发展和安全。危害国防利益是本类罪区别于其他九类罪的本质特征。

第一节　危害国防利益罪概述

一、危害国防利益罪的概念和特征

危害国防利益罪，是指违反国防法律、法规，拒绝或者逃避国防义务，危害作战和军事行动，妨害国防管理秩序，或者以其他形式危害国防利益，依照法律应当受刑罚处罚的行为。本类犯罪的主要特征是：

（1）本类犯罪侵犯的客体是我国的国防利益。国防利益，是指为防备和抵抗外来侵略，制止武装颠覆，保卫国家的主权、统一、领土完整和安全所进行的军事活动，以及与军事有关的政治、经济、外交、科技、教育等方面活动的利益，包括国防资产、国防建设方面的利益、国防管理秩序、武装力量建设、作战和军事行动方面的利益等。危害国防利益罪侵害的对象包括：武装部队，军人，军用武器装备，军事设施，军事通信，军事禁区和军事管理区，兵员，部队的公文、证件、印章，武装部队专用标志，等等。

（2）本类犯罪在客观方面表现为违反国防法规，危害国防利益的行为。危害国防利益行为的具体内容表现为，妨害军队作战和军事行动、破坏国防建设、危害国防管理秩序和拒绝或逃避履行国防义务等四个方面。就客观方面的行为方式来说，有作为，也有不作为。有的犯罪无论战时还是平时都能构成，有的则只能在战时才能构成。根据《刑法》第451条的规定，战时是指国家宣布进入战争状态、部队受领作战任务或者遭敌突然袭击时。部队执行戒严任务或者处置突发性暴力事件时，也以战时论。

（3）本类犯罪主体多数为一般主体，只有个别犯罪的主体是特殊主体。如战时拒绝、逃避征召、军事训练罪的主体仅限于预备役人员，接送不合格兵员罪的主体是征兵工作人员。多数犯罪只能由自然人实施，少数犯罪既可由自然人实施，也可由单位实施。如故意提供不合格武器装备、军事设施罪，非法生产、买卖武装部队制式服装罪等。有些犯罪则只能由单位实施，如战时拒绝、故意延误军事订货罪。

（4）本类犯罪在主观方面一般出于故意，只有过失提供不合格武器装备、军事设施罪和过失损坏武器装备、军事设施、军事通信罪2个罪主观方面属于过失，其他21个罪的主观方面均为故意。

二、危害国防利益罪的种类

危害国防利益罪一共有23个具体犯罪。根据危害国防利益行为构成犯罪的时间是否限于战时，可将危害国防利益罪分为以下两类：

（1）平时危害国防利益罪。包括阻碍军人执行职务罪，阻碍军事行动罪，破坏武器装备、军事设施、军事通信罪，过失损坏武器装备、军事设施、军事通信罪，故意提供不合格武器装备、军事设施罪，过失提供不合格武器装备、军事设施罪，聚众冲击军事禁区罪，聚众扰乱军事管理区秩序罪，冒充军人招摇撞骗罪，煽动军人逃离部队罪，雇用逃离部队军人罪，接送不合格兵员罪，伪造、变造、买卖武装部队公文、证件、印章罪，盗窃、抢夺武装部队公文、证件、印章罪，非法生产、买卖武装部队制式服装罪，伪造、盗窃、买卖、非法提供、非法使用武装部队专用标志罪。

（2）战时危害国防利益罪。包括战时拒绝、逃避征召、军事训练罪，战时拒绝、逃避服役罪，战时故意提供虚假敌情罪，战时造谣扰乱军心罪，战时窝藏逃离部队军人罪，战时拒绝、故意延误军事订货罪，战时拒绝军事征收、征用罪。

第二节　危害国防利益罪罪名分述

一、阻碍军人执行职务罪

（一）阻碍军人执行职务罪的概念和特征

阻碍军人执行职务罪，是指以暴力、威胁方法阻碍军人依法执行职务的行为。

本罪的主要特征是：

（1）本罪侵犯的客体为国防秩序与军人的人身权利。犯罪对象必须是正在依法执行职务的军人。依照《刑法》第450条的规定，军人是指中国人民解放军的现役军官、文职干部、士兵及具有军籍的学员和中国人民武装警察部队的现役警官、文职干部、士兵及具有军籍的学员以及文职人员、执行军事任务的预备役人员和其他人员。

（2）本罪在客观方面表现为以暴力、威胁方法阻碍军人依法执行职务的行为。首先，行为人必须使用了暴力、威胁的方法。暴力，是指对依法执行职务的军人的人身进行袭击或者强制的方法，通常表现为攻击、殴打、伤害、捆绑、拘禁等有形力，还包括用酒灌醉、用药物麻醉等无形力。威胁，是指以将要实施暴力为内容的威胁。其次，行为的指向必须是正在依法执行职务的军人。如果针对的不是正在执行职务的军人，不构成本罪。

（3）本罪的主体是除军人以外的自然人，即年满16周岁并具有刑事责任能力的自然人。如果军人采用暴力、威胁的方法，阻碍军人依法执行职务的，按照《刑法》第426条规定的阻碍执行军事职务罪定罪处罚。

（4）本罪在主观方面为直接故意。

（二）阻碍军人执行职务罪的认定

（1）本罪与妨害公务罪的界限。本罪与妨害公务罪在犯罪对象、犯罪客体等方面均有区别。本罪与妨害公务罪存在法条竞合关系，根据特别法优于普通法的原则，对阻碍军人依法执行职务的行为应当一律以本罪论处。

（2）一罪与数罪的界限。如果行为人使用暴力阻碍军人依法执行职务，致使军人重伤、死亡的，或者在阻碍军人依法执行职务的过程中抢夺、抢劫枪支、弹药的，其行为同时触犯阻碍军人执行职务罪和故意伤害罪，故意杀人罪，抢夺枪支、弹药罪，抢劫枪支、弹药罪等罪名。这种情况属于一行为触犯数罪名的想象竞合犯，应当按照从一重罪原则处断，即应按照处罚较重的罪名定罪处罚。

（三）阻碍军人执行职务罪的刑事责任

依照《刑法》第368条第1款的规定，犯本罪的，处3年以下有期徒刑、拘役、管制或者罚金。

二、阻碍军事行动罪

（一）阻碍军事行动罪的概念和特征

阻碍军事行动罪，是指故意阻碍武装部队军事行动，造成严重后果的行为。本罪侵犯的客体是武装部队的军事行动。本罪在客观方面表现为阻碍武装部队的军事行动，造成严重后果的行为。阻碍武装部队的军事行动的具体方法除暴力、威胁外，还包括其他一切可能妨害武装部队的军事行动的方法。本罪是结果犯，行为人实施阻碍武装部队的军事行动的行为，必须造成严重后果，才能构成犯罪。本罪的主体是一般主体，包括军人和非军人。本罪在主观方面为故意。

（二）阻碍军事行动罪的认定

（1）本罪与武装叛乱、暴乱罪的界限。武装叛乱、暴乱罪是指采取武装对抗的形式，反叛国家、和政府进行对抗的行为。在策划、组织、煽动群众暴力阻碍武装部队的军事行动中，与国家和政府进行公开的武力对抗的，其行为则同时触犯了武装叛乱、暴乱罪和阻碍军事行动罪，属于想象竞合犯，应当按照从一重罪处断的原则，以武装叛乱、暴乱罪论处。如果仅仅是策划、组织、煽动群众用非暴力的手段阻碍武装部队的军事行动，并且造成严重后果的，则只能以本罪论处。但是行为人在阻碍武装部队的军事行动的过程中，策划、胁迫、勾引、收买武装部队人员、人民警察、民兵进行武装叛乱或者武装暴乱的，其行为则分别构成本罪和武装叛乱、暴乱罪，应当数罪并罚。

（2）本罪与阻碍军人执行职务罪的界限。两者的区别主要在于：①侵犯的客体不同。本罪侵犯的客体是武装部队的军事行动，而阻碍军人执行职务罪侵犯的客体是国防秩序与军人的人身权利。②犯罪的客观方面不完全相同。本罪的客观方面表现为阻碍武装部队的军事行动，造成严重后果的行为；而阻碍军人执行职务罪的客观方面表现为以暴力、威胁方法阻碍军人依法执行职务的行为。具体来讲，本罪属于结果犯，后者属于行为犯；本罪对犯罪手段没有任何要求，无论何种手段只要对军事行动具有阻碍作用即可，后罪以暴力、威胁方法为手段要件。

（三）阻碍军事行动罪的刑事责任

依照《刑法》第368条第2款的规定，犯本罪的，处5年以下有期徒刑或者拘役。

三、破坏武器装备、军事设施、军事通信罪

破坏武器装备、军事设施、军事通信罪，是指故意破坏武器装备、军事设施、军事通信的行为。本罪侵犯的客体是军队战斗力的物质保障，即国家防务及武装部队的战斗力和军事通信能力。犯罪对象是武器装备、军事设施、军事通信。武器装备，是指武装部队用于实施和保障作战行动的武器、武器系统和军事技术器材。军事设施，是指国家直接用于军事目的的建筑、场地和设备。军事通信，是指武装部队为实施指挥或者武器控制而运用各种通信手段进行的信息传递活动。本罪的客观方面表现为破坏武器装备、军事设施、军事通信的行为。破坏，是指以各种方法使武器装备、军事设施、军事通信全部或部分不能正常使用。本罪的主体是一般主体，包括军人与非军人。本罪在主观方面表现为故意，即明知是武器装备、军事设施或者军事通信而故意破坏。

依照《刑法》第369条第1款、第3款的规定，犯本罪的，处3年以下有期徒刑、拘役或者管制；破坏重要武器装备、军事设施、军事通信的，处3年以上10年以下有期徒刑；情节特别严重的，处10年以上有期徒刑、无期徒刑或者死刑。战时犯本罪的，从重处罚。

四、过失损坏武器装备、军事设施、军事通信罪

过失损坏武器装备、军事设施、军事通信罪，是指过失损坏武器装备、军事设施、军事通信，造成严重后果的行为。本罪侵犯的客体是国防建设秩序。本罪的客观方面表现为行为人实施了损坏武装力量的武器装备、军事设施、军事通信的行为，并造成了严重后果。严重后果，一般是指造成武器装备、军事设施或军事通信失去使用价值，造成重大财产损失或人员伤亡，严重影响军事行动，等等。本罪的主体是一般主体，即年满16周岁并具有刑事责任能力的自然人。本罪在主观方面是过失。

依照《刑法》第369条第2款、第3款的规定，犯本罪的，处3年以下有期徒刑或者拘役；造成特别严重后果的，处3年以上7年以下有期徒刑。战时犯本罪的，从重处罚。

五、故意提供不合格武器装备、军事设施罪

故意提供不合格武器装备、军事设施罪，是指明知是不合格的武器装备、军事设施而提供给武装部队的行为。本罪侵犯的客体是武器装备、军事设施的质量

管理制度。本罪在客观方面表现为将不合格的武器装备、军事设施提供给武装部队的行为。不合格，是指不符合规定的质量标准。提供，是指生产、修理、施工、采购等单位或者个人通过销售、调拨等方式，交付武装部队。本罪的主体为一般主体，包括自然人和单位。本罪在主观方面为故意。

依照《刑法》第370条第1款、第3款的规定，犯本罪的，处5年以下有期徒刑或者拘役；情节严重的，处5年以上10年以下有期徒刑；情节特别严重的，处10年以上有期徒刑、无期徒刑或者死刑。单位犯本罪的，对单位判处罚金，并对其直接负责的主管人员和其他直接责任人员，依照上述规定处罚。

六、过失提供不合格武器装备、军事设施罪

过失提供不合格武器装备、军事设施罪，是指违反武器装备、军事设施的质量管理规定，不严格履行武器装备、军事设施的检验职责，过失将不合格的武器装备、军事设施提供给武装部队，造成严重后果的行为。本罪侵犯的客体是武器装备、军事设施的质量管理秩序。本罪的客观方面表现为违反武器装备、军事设施的质量管理规定，不严格履行武器装备、军事设施的检验职责，过失将不合格的武器装备、军事设施提供给武装部队，造成严重后果的行为。本罪的主体是一般主体，即年满16周岁并具有刑事责任能力的自然人。本罪在主观方面是过失。

依照《刑法》第370条2款的规定，犯本罪的，处3年以下有期徒刑或者拘役；造成特别严重后果的，处3年以上7年以下有期徒刑。

七、聚众冲击军事禁区罪

聚众冲击军事禁区罪，是指聚众冲击军事禁区，严重扰乱军事禁区秩序的行为。本罪侵犯的客体是军事禁区的管理秩序。本罪在客观方面表现为聚众冲击军事禁区，严重扰乱军事禁区秩序。“聚众冲击军事禁区”中的“聚众”是指纠集多人，强行闯入军事禁区，或占据办公地点，或毁坏财物，或殴打人员；“冲击”是指强行闯入军事禁区。只有严重扰乱军事禁区秩序的才构成犯罪。本罪的主体为一般主体，但法律规定只追究聚众冲击军事禁区中的首要分子和其他积极参加的人员的刑事责任。本罪在主观方面是故意。

依照《刑法》第371条第1款的规定，犯本罪的，对首要分子处5年以上10年以下有期徒刑；对其他积极参加的，处5年以下有期徒刑、拘役、管制或者剥夺政治权利。

八、聚众扰乱军事管理区秩序罪

聚众扰乱军事管理区秩序罪，是指聚众扰乱军事管理区秩序，情节严重，致使军事管理区工作无法进行，造成严重损失的行为。本罪侵犯的客体是军事管理区的管理秩序。本罪在客观方面表现为聚众扰乱军事管理区秩序，情节严重，致使军事管理区工作无法进行，造成严重损失的行为。本罪的主体为一般主体，但只追究首要分子和其他积极参加者的刑事责任。本罪在主观方面是故意。

依照《刑法》第371条第2款的规定，犯本罪的，对首要分子，处3年以上7年以下有期徒刑；对其他积极参加的，处3年以下有期徒刑、拘役、管制或者剥夺政治权利。

九、冒充军人招摇撞骗罪

（一）冒充军人招摇撞骗罪的概念和特征

冒充军人招摇撞骗罪，是指以谋取非法利益为目的，冒充军人招摇撞骗的行为。本罪侵犯的客体是军人的声誉和军队的正常活动。本罪在客观方面表现为冒充军人招摇撞骗的行为。冒充军人，一般是指非军人冒充军人的身份，也包括军衔、职务级别较低的军人冒充军衔、职务级别较高的军人，或者一般部门的军人冒充机要部门的军人。招摇撞骗，是指以假冒的军人身份或者职务，进行炫耀，并利用他人对军人的信任，实施了骗取政治荣誉、职务待遇或者其他非法利益的行为。非法利益，既包括金钱、财物等物质利益，也包括荣誉、异性的爱等非物质性利益。本罪的主体是一般主体。本罪在主观方面只能是故意。

（二）冒充军人招摇撞骗罪的认定

（1）罪与非罪的界限。如果行为人仅仅出于虚荣动机冒充军人身份，没有进一步实施招摇撞骗行为的，不能以本罪论处。

（2）本罪与招摇撞骗罪的界限。本罪与《刑法》第279条规定的招摇撞骗罪的区别在于：第一，侵犯的客体不同。本罪侵犯的客体是军人的声誉和军队的正常活动，而招摇撞骗罪侵犯的客体是国家机关的声誉和正常活动。第二，冒充的对象不同。冒充军人招摇撞骗罪的冒充对象是军人，而招摇撞骗罪的冒充对象是国家机关工作人员。

（3）本罪与诈骗罪的界限。如果行为人冒充军人骗取财物，一行为同时触犯了冒充军人招摇撞骗罪和诈骗罪两个罪名，属于想象竞合犯，应当从一重处断。

当然，如果骗取的财物数额不大，尚未达到诈骗罪立案标准则无所谓想象竞合犯，可直接以冒充军人招摇撞骗罪论处。

（三）冒充军人招摇撞骗罪的刑事责任

依照《刑法》第372条的规定，犯本罪的，处3年以下有期徒刑、拘役、管制或者剥夺政治权利；情节严重的，处3年以上10年以下有期徒刑。

十、煽动军人逃离部队罪

煽动军人逃离部队罪，是指以口头、书面等形式鼓动军人逃离部队，情节严重的行为。本罪侵犯的客体是部队的兵员管理秩序。本罪在客观方面表现为以口头、书面等形式鼓动军人逃离部队，情节严重的行为。本罪的主体是年满16周岁并具有刑事责任能力的自然人。本罪在主观方面是故意。

依照《刑法》第373条的规定，犯本罪的，处3年以下有期徒刑、拘役或者管制。

十一、雇用逃离部队军人罪

雇用逃离部队军人罪，是指明知是逃离部队的军人而雇用，情节严重的行为。本罪侵犯的客体是部队的兵员管理秩序。本罪在客观方面表现为雇用逃离部队军人，情节严重的行为。本罪的主体是年满16周岁并具有刑事责任能力的自然人。本罪在主观方面是故意，即明知是逃离部队的军人而予以雇用。

依照《刑法》第373条的规定，犯本罪的，处3年以下有期徒刑、拘役或者管制。

十二、接送不合格兵员罪

接送不合格兵员罪，是指征兵工作人员在征兵工作中徇私舞弊，将不符合条件的应征公民接送进部队，情节严重的行为。本罪侵犯的客体是征兵工作的正常活动。本罪在客观方面表现为在征兵工作中徇私舞弊，接收或者向部队输送不合格兵员，情节严重的行为。本罪的主体是特殊主体，即在征兵工作中负有征兵职责的征兵工作人员。本罪在主观方面是故意，即行为人明知接送的是不合格兵员，而予以接送。

依照《刑法》第374条的规定，犯本罪，情节严重的，处3年以下有期徒刑或者拘役；造成特别严重后果的，处3年以上7年以下有期徒刑。

十三、伪造、变造、买卖武装部队公文、证件、印章罪

伪造、变造、买卖武装部队公文、证件、印章罪，是指故意伪造、变造、买卖武装部队公文、证件、印章的行为。本罪侵犯的客体是武装部队的公文、证件、印章管理秩序。本罪在客观方面表现为伪造、变造、买卖武装部队公文、证件、印章的行为。伪造，是指无权制作的人员和单位非法制作。变造，是指利用涂改、剪贴、更换照片等改变其真实内容的方法制作。买卖，是指购买和出卖。行为人只要有上述行为之一即可构成本罪。本罪的主体是一般主体，包括军人和非军人。本罪在主观方面是故意。其中买卖武装部队公文、证件、印章罪必须以非法获利为目的。

依照《刑法》第375条第1款的规定，犯本罪的，处3年以下有期徒刑、拘役、管制或者剥夺政治权利；情节严重的，处3年以上10年以下有期徒刑。

十四、盗窃、抢夺武装部队公文、证件、印章罪

盗窃、抢夺武装部队公文、证件、印章罪，是指盗窃、抢夺武装部队公文、证件、印章的行为。本罪侵犯的客体是武装部队的公文、证件、印章管理秩序。本罪在客观方面表现为盗窃、抢夺武装部队公文、证件、印章的行为。本罪的主体是年满16周岁并具有刑事责任能力的自然人。本罪在主观方面是故意，并具有非法占有的目的。

依照《刑法》第375条第1款的规定，犯本罪的，处3年以下有期徒刑、拘役、管制或者剥夺政治权利；情节严重的，处3年以上10年以下有期徒刑。

十五、非法生产、买卖武装部队制式服装罪

非法生产、买卖武装部队制式服装罪，是指非法生产、买卖武装部队制式服装，情节严重的行为。本罪侵犯的客体是武装部队制式服装的管理秩序。本罪在客观方面表现为非法生产、买卖武装部队制式服装，情节严重的行为。本罪的主体是年满16周岁并具有刑事责任能力的自然人，单位也可以构成本罪。本罪在主观方面是故意。

依照《刑法》第375条第2款、第4款的规定，犯本罪的，处3年以下有期徒刑、拘役或者管制，并处或者单处罚金。单位犯本罪的，对单位判处罚金，并对其直接负责的主管人员和其他直接责任人员，依照上述规定处罚。

十六、伪造、盗窃、买卖、非法提供、非法使用武装部队专用标志罪

伪造、盗窃、买卖、非法提供、非法使用武装部队专用标志罪，是指伪造、盗窃、买卖、非法提供、非法使用武装部队车辆号牌等专用标志，情节严重的行为。本罪侵犯的客体是军用标志管理秩序。本罪在客观方面表现为伪造、盗窃、买卖、非法提供、非法使用武装部队车辆号牌等专用标志，情节严重的行为。本罪的主体是年满16周岁并具有刑事责任能力的自然人，单位也可以构成本罪。本罪在主观方面是故意。

依照《刑法》第375条第3款、第4款的规定，犯本罪的，处3年以下有期徒刑、拘役或者管制，并处或者单处罚金；情节特别严重的，处3年以上7年以下有期徒刑，并处罚金。单位犯本罪的，对单位判处罚金，并对其直接负责的主管人员和其他直接责任人员，依照上述规定处罚。

十七、战时拒绝、逃避征召、军事训练罪

战时拒绝、逃避征召、军事训练罪，是指预备役人员战时拒绝、逃避征召或者军事训练，情节严重的行为。本罪侵犯的客体是战时预备役人员的征召秩序和军事训练管理秩序。本罪在客观方面表现为战时拒绝、逃避征召或者军事训练，情节严重的行为。本罪的主体是特殊主体，仅限于预备役人员。预备役人员，是指军队外服兵役的人员，包括编入民兵组织或者经过登记服预备役的人员，分为预备役军官和预备役士兵。本罪在主观方面是故意。

依照《刑法》第376条第1款的规定，犯本罪的，处3年以下有期徒刑或者拘役。

十八、战时拒绝、逃避服役罪

战时拒绝、逃避服役罪，是指公民战时拒绝、逃避服役，情节严重的行为。本罪侵犯的客体是国家战时兵役管理秩序。本罪在客观方面表现为战时拒绝、逃避服役，情节严重的行为。拒绝服役，是指拒不履行兵役义务。逃避服役，是指以某种行为或虚假理由躲避服兵役。行为人往往以自伤身体、隐匿、假装病残逃避服役，或者雇请他人冒名顶替。情节严重，是指经教育后仍然拒绝、逃避服役义务的，拒绝、逃避服役影响作战或其他重要军事任务完成的，煽动他人拒绝、逃避服兵役的，以暴力手段拒绝服役的，等等。本罪的主体是依法应服兵役的公

民，主要是应征公民。本罪在主观方面是故意。认定本罪应注意区分罪与非罪的界限。只有情节严重的才能构成本罪，因此，“情节严重”与否是划分本罪与非罪的最主要的标准。此外，还应注意战时与平时的界限，若是平时拒绝、逃避服兵役的，则不能以本罪论处。

依照《刑法》第376条第2款的规定，犯本罪的，处2年以下有期徒刑或者拘役。

十九、战时故意提供虚假敌情罪

战时故意提供虚假敌情罪，是指战时非军职人员故意向武装部队提供虚假敌情，对作战造成严重后果的行为。本罪侵犯的客体是我军的作战利益。本罪在客观方面表现为向武装部队提供虚假敌情，因而对作战造成严重后果的行为。虚假敌情，是指不符合真实情况的敌情，包括虚假的敌方军事以及与军事有关的政治、经济、科技、气象、地理等方面的情况。严重后果，包括对作战部署进行较大调整、造成人员伤亡、贻误战机等。本罪的主体是年满16周岁并具有刑事责任能力的自然人。本罪在主观方面是故意，即明知自己提供虚假敌情会影响部队对敌情的正确判断，危害作战和国防利益，并希望或放任这种危害结果的发生。

依照《刑法》第377条的规定，犯本罪的，处3年以上10年以下有期徒刑；造成特别严重后果的，处10年以上有期徒刑或者无期徒刑。

二十、战时造谣扰乱军心罪

战时造谣扰乱军心罪，是指在战时情况下，制造谣言，迷惑群众，动摇军心的行为。本罪侵犯的客体是部队的作战利益。本罪在客观方面表现为战时造谣惑众、扰乱军心的行为。造谣惑众、扰乱军心，是指制造谣言并散布谣言，蛊惑官兵，或煽动怯战、厌战的情绪，扰乱军人心理。本罪的主体是年满16周岁并具有刑事责任能力的自然人。本罪在主观方面是故意，即明知自己造谣惑众、扰乱军心的行为会影响部队士气，危害作战行动，并希望或者放任这种危害结果的发生。

依照《刑法》第378条的规定，犯本罪的，处3年以下有期徒刑、拘役或者管制；情节严重的，处3年以上10年以下有期徒刑。

二十一、战时窝藏逃离部队军人罪

战时窝藏逃离部队军人罪，是指战时明知是逃离部队的军人而为其提供隐蔽处所、财物，情节严重的行为。本罪侵犯的客体是战时部队军人管理秩序。本罪在客观方面表现为战时为逃离部队的军人提供隐蔽处所、财物，情节严重的行为。逃离部队的军人，是指为逃避服役而不经请假私自离队的军人和探亲、休假、住院、出差、学习逾期不归的军人。情节严重，是指因窝藏逃离部队军人影响部队作战及其他重要军事任务完成的，战时国家发布动员令后窝藏的，窝藏多名逃离部队军人的，经批评教育后继续窝藏的，造成其他严重后果的，等等。本罪的主体是年满16周岁并具有刑事责任能力的自然人。本罪在主观方面是故意，即明知是战时逃离部队的军人而窝藏。

依照《刑法》第379条的规定，犯本罪的，处3年以下有期徒刑或者拘役。

二十二、战时拒绝、故意延误军事订货罪

战时拒绝、故意延误军事订货罪，是指战时生产、销售单位无正当理由拒绝或者故意延误军事订货，情节严重的行为。本罪侵犯的客体是军事订货秩序。本罪在客观方面表现为战时无正当理由拒绝、延误军事订货，情节严重的行为。本罪的主体为特殊主体，即生产、销售单位。本罪在主观方面是故意，即行为人明知是军事订货而拒绝或者延误。

依照《刑法》第380条的规定，犯本罪的，对单位判处罚金，并对其直接负责的主管人员和他直接责任人员，处5年以下有期徒刑或者拘役；造成严重后果的，处5年以上有期徒刑。

二十三、战时拒绝军事征收、征用罪

战时拒绝军事征收、征用罪，是指在战时情况下，公民对国家、政府和武装力量征用其所属的房屋、车辆、场地等作战所需的物资，能够提供而拒绝提供，情节严重的行为。本罪侵犯的客体是战时军事征收、征用制度。军事征收、征用是武装力量在特定情况下为保证完成作战等军事任务所采取的应急措施。本罪在客观方面表现为战时拒绝军事征收、征用，情节严重的行为。拒绝军事征收、征用，是指行为人不将被征收、征用的个人的房屋设施、交通工具或者其他物资交付武装部队或供其使用。情节严重，是指以暴力抗拒军事征收、征用的，或者严重影响作战等军事任务完成的，或者造成其他严重后果的。本罪的主体为一般主体，即年满16周岁并具有刑事责任能力的自然人。本罪的主观方面是故意，即行为人明知是军事征收、征用而予以拒绝。

依照《刑法》第381条的规定，犯本罪的，处3年以下有期徒刑或者拘役。

思考题

1. 怎样理解危害国防利益罪的概念和构成?

2. 阻碍军人执行职务罪与妨害公务罪的主要区别是什么?

3. 如何区分冒充军人招摇撞骗罪与诈骗罪?

4. 阻碍军事行动罪的构成要件是什么?

阅读书目

1. 陈兴良:《判例刑法学(教学版)》(第二版),中国人民大学出版社2018年版。

2. 阮齐林、方鹏:《刑法分则案例研习》,中国政法大学出版社2018年版。

3. 魏东:《刑法分则解释论要》,北京大学出版社2020年版。

第九章　贪污贿赂罪

贪污贿赂罪，又称腐败犯罪，因其侵犯国家廉政建设制度，腐蚀和动摇国家政权的根基，一直是我国刑法打击的重点。2014年中共中央在《关于全面推进依法治国若干重大问题的决定》中明确要求："加快推进反腐败国家立法，完善惩治和预防腐败体系，形成不敢腐、不能腐、不想腐的有效机制，坚决遏制和预防腐败现象。"当下随着反腐败斗争的深入，我国反腐败立法体系日臻健全，立法技术日趋完善，为惩治贪污贿赂犯罪提供了较为完备的刑事法治保障。根据刑法分则第八章的规定，本类犯罪涵盖14个具体罪名，基本适应了新时期反腐败斗争的需要。

第一节　贪污贿赂罪概述

一、贪污贿赂罪的概念和特征

贪污贿赂罪，是指国家工作人员实施的贪污、受贿、挪用公款等贪利犯罪以及与上述行为具有关联性、对向性的犯罪行为。本类犯罪的主要特征是：

（1）本类犯罪侵犯的客体是国家的廉政建设制度和公共财产所有权。其中，贪污、挪用类犯罪侵犯了职务行为的廉洁性，同时也侵犯了公共财产的所有权；贿赂类犯罪属于典型的权钱交易型犯罪，侵犯了职务行为的不可收买性。

（2）本类犯罪在客观方面一般表现为国家工作人员利用职务上的便利，实施贪污、受贿、挪用公款的行为。少数犯罪如行贿罪、介绍贿赂罪等虽然不是由国家工作人员利用职务之便实施的，但是与国家工作人员实施的受贿罪具有对向性、撮合性或者关联性。本类犯罪多数由作为构成（如贪污罪），少数犯罪（如隐瞒境外存款罪）则由不作为构成。

（3）本类犯罪中多数犯罪的主体是特殊主体，如贪污罪、受贿罪、挪用公款罪、巨额财产来源不明罪、隐瞒境外存款罪等，主体必须是国家工作人员。少数与受贿具有对向性或者撮合性的犯罪，如行贿罪、对单位行贿罪和介绍贿赂罪则是一般主体。

(4) 本类犯罪在主观方面均由故意构成，过失不能构成本类犯罪。

二、贪污贿赂罪的种类

根据刑法分则第八章的规定，贪污贿赂罪一共规定了14个具体罪名：贪污罪、挪用公款罪、受贿罪、单位受贿罪、利用影响力受贿罪、行贿罪、对有影响力的人行贿罪、对单位行贿罪、介绍贿赂罪、单位行贿罪、巨额财产来源不明罪、隐瞒境外存款罪、私分国有资产罪、私分罚没财物罪。这14种具体犯罪从犯罪主体角度可以分为四类：①作为自然人的特殊主体实施的犯罪，包括贪污罪、挪用公款罪、受贿罪、利用影响力受贿罪、巨额财产来源不明罪、隐瞒境外存款罪。②作为自然人的一般主体实施的犯罪，包括行贿罪、介绍贿赂罪。③以单位为主体实施的犯罪，包括单位受贿罪、单位行贿罪、私分国有资产罪、私分罚没财物罪。④单位和自然人均可实施的犯罪，如对有影响力的人行贿罪、对单位行贿罪。

第二节　贪污贿赂罪罪名分述

一、贪污罪

(一) 贪污罪的概念和特征

贪污罪，是指国家工作人员和受国家机关、国有公司、企业、事业单位、人民团体委托管理、经营国有财产的人员，利用职务上的便利，侵吞、窃取、骗取或者以其他手段非法占有公共财物或国有财物，数额较大或者有其他较重情节的行为。本罪的主要特征是：

(1) 本罪侵犯的客体是复杂客体，既侵犯了公职人员的职务廉洁性，也侵犯了公共财产所有权。本罪的犯罪对象是公共财产。根据《刑法》第91条的规定，公共财产是指下列财产：①国有财产；②劳动群众集体所有的财产；③用于扶贫和其他公益事业的社会捐助或者专项基金的财产；④在国家机关、国有公司、企业、集体企业和人民团体管理、使用或者运输中的私人财产[①]。此外，根据《刑

①《刑法》第271条第2款规定，国有公司、企业或者其他国有单位中从事公务的人员和国有公司、企业或者其他国有单位委派到非国有公司、企业以及其他单位从事公务的人员，利用职务上的便利，非法占有本单位财物的，以贪污罪定罪处罚。故贪污罪的对象在特定情况下也可以是非公共财物。

法》第394条的规定，国家工作人员在国内公务活动或者对外交往中接受的礼物，依照国家规定应当交公而不交公，数额较大的，也可以成为贪污罪的对象。

（2）本罪在客观方面表现为行为人利用职务上的便利，侵吞、窃取、骗取或者以其他手段非法占有公共财物或国有财物，数额较大或者有其他较重情节的行为。首先，行为人必须利用职务上的便利。利用职务上的便利，是指利用职务上主管、管理、经营、经手公共财物的权力及方便条件。利用职务上的便利是构成贪污罪的一个重要特征，也是贪污罪区别于其他侵犯财产罪的主要标志。其次，行为人必须侵吞、窃取、骗取或者以其他手段非法占有公共财物。侵吞，是指行为人利用职务上的便利，将自己主管、经手、管理的公共财物非法占为己有。窃取，是指行为人利用职务上的便利，秘密窃取由本人合法管理的公共财物占为己有，即通常所说的监守自盗。骗取，是指行为人利用职务上的便利，采用虚构事实、隐瞒真相的方法，非法占有公共财物。根据《刑法》第183条第2款的规定，国有保险公司的工作人员和国有保险公司委派到非国有保险公司从事公务的人员利用职务上的便利，故意编造未曾发生的保险事故进行虚假理赔，骗取保险金归自己所有的，应当以贪污罪论处。其他手段，是指行为人利用职务上的便利，使用侵吞、窃取、骗取以外的其他方法占有公共财物。如利用职权，巧立名目，私分大量公款、公物，冒名借出公款，存入银行取息归己等。最后，行为人非法占有公共财物，必须达到数额较大或者有其他较重情节。

【案例9-2-01】某国有公司出纳意图非法占有本人保管的公共财物，但不使用自己手中的钥匙和所知道的密码，而是使用铁棍将自己保管的保险柜打开并取走现金3万元。之后，为伪造作案现场，声称失窃。本案中，该出纳将自己基于职务保管的财物据为己有，成立贪污罪。

（3）本罪的主体是特殊主体，具体包括两类人员：

第一类是国家工作人员，根据《刑法》第93条的规定，这类人员包括：①国家机关中从事公务的人员；②国有公司、企业、事业单位、人民团体中从事公务的人员；③国家机关、国有公司、企业、事业单位委派到非国有公司、企业、事业单位、社会团体从事公务的人员；④其他依照法律从事公务的人员。其他依照法律从事公务的人员包括：第一，依法履行职责的各级人民代表大会代表；第二，依法履行职责的各级人民政协委员；第三，依法履行审判职责的人民陪审员；第四，协助乡、镇人民政府、街道办事处从事行政管理工作的村民委员会、居民委员会等农村和城市基层组织人员；第五，其他由法律授权从事公务的人员。其中，根据2000年全国人大常委会《关于〈中华人民共和国刑法〉第九十三条第二款的解释》，村民委员会等村基层组织的人员协助人民政府从事下列行政管理工作，属于《刑法》第93条第2款规定的“其他依照法律从事公务的人员”：救灾、抢险、防汛、优抚、扶贫、移民、救济款物的管理；社会捐助公益事业款物的管理；国有土地的经营和管理；土地征收、征用补偿费用的管理；代征、代缴税款；有关计划生育、户籍、征兵工作；协助人民政府从事的其他行政管理工作。据此，村民委员会等村基层组织的人员从事上述公务，利用职务上的便利，非法占有公共财物的，应以贪污罪论处。

【案例9-2-02】某村民委员会主任，在协助政府管理土地征用补偿费时，利用职务便利将其中数额较大的款项据为己有，构成贪污罪。

第二类是受国家机关、国有公司、企业、事业单位、人民团体委托管理、经营国有财产的人员，主要是指因承包、租赁、聘用等而管理、经营国有财产的人员。

（4）本罪主观方面只能是故意，行为人具有非法占有公共财物的目的。

（二）贪污罪的认定

（1）本罪与侵占罪、盗窃罪和诈骗罪的界限。贪污罪的行为包括了侵占、窃取、骗取公共财物的行为，它们之间的主要区别在于：①犯罪客体不同。前者侵犯的是复杂客体，后者则仅侵犯了公私财产所有权。②犯罪对象不同。前者的对象仅限于公共财物，后者的对象既可以是公共财物，也可以是公民私人所有的财物。③犯罪主体不同。前者是特殊主体，而后者是一般主体。④犯罪的客观方面不同。是否利用职务上的便利是区分贪污罪与侵占罪、盗窃罪和诈骗罪的关键。

（2）本罪与职务侵占罪的界限。本罪与职务侵占罪在主观上都是故意犯罪，并且都以非法占有为目的，在客观上都以利用职务上的便利为必备要件。二者的主要区别是：①犯罪主体不同。本罪的主体是国家工作人员以及受国家机关、国有公司、企业、事业单位、人民团体委托管理、经营国有财产的人员，职务侵占罪的主体是公司、企业或者其他单位中不具有国家工作人员身份的工作人员。②犯罪对象不同。本罪的犯罪对象是公共财物；职务侵占罪的犯罪对象不限于国有财物，还包括集体所有和个体所有的财物。③客观方面不同。本罪在客观方面表现为利用职务上的便利，侵吞、窃取、骗取或者以其他手段非法占有公共财物；

而职务侵占罪在客观方面表现为利用职务上的便利，侵占本单位财物的行为。

（3）本罪共犯的认定。对于国家工作人员与他人勾结，共同非法占有单位财物的行为，应当按照2000年最高人民法院《关于审理贪污、职务侵占案件如何认定共同犯罪几个问题的解释》的规定定罪处罚。①行为人与国家工作人员勾结，利用国家工作人员的职务便利，共同侵吞、窃取、骗取或者以其他手段非法占有公共财物的，以贪污罪共犯论处。②行为人与公司、企业或者其他单位的人员勾结，利用公司、企业或者其他单位人员的职务便利，共同将该单位财物非法占为己有，数额较大的，以职务侵占罪共犯论处。③公司、企业或者其他单位中，不具有国家工作人员身份的人与国家工作人员勾结，分别利用各自的职务便利，共同将本单位财物非法占为己有的，按照主犯的犯罪性质定罪。

【案例9-2-03】甲为非国家工作人员，是某国有公司控股的股份有限公司主管财务的副总经理；乙为国家工作人员，是该公司财务部主管。甲与乙勾结，分别利用各自的职务便利，共同侵吞了本单位的财物100万元。本案中，甲、乙分别利用了各自的职务便利，而甲作为公司主管财务的副总经理，乙作为公司的财务部主管，甲在犯罪中起的作用更大一些，因此甲是主犯，二人的共同犯罪按甲的犯罪性质定罪。甲定职务侵占罪，乙是共犯，也定职务侵占罪。

（4）本罪既遂与未遂的认定。贪污罪是一种以非法占有为目的的财产性职务犯罪，与盗窃、诈骗、抢夺等侵犯财产罪一样，应当以行为人是否实际控制财物作为区分贪污罪既遂与未遂的标准。对于行为人利用职务上的便利，实施了虚假平账等贪污行为，但公共财物尚未实际转移，或者尚未被行为人控制就被查获的，应当认定为贪污罪未遂。行为人控制公共财物后，是否将财物据为己有，不影响贪污罪既遂的认定。

（5）国家出资企业工作人员在改制过程中贪污行为的认定。国家工作人员或者受国家机关、国有公司、企业、事业单位、人民团体委托管理、经营国有财产的人员利用职务上的便利，在国家出资企业改制过程中故意通过低估资产、隐瞒债权、虚设债务、虚构产权交易等方式隐匿公司、企业财产，转为本人持有股份的改制后公司、企业所有，应当依法追究刑事责任的，以贪污罪定罪处罚。贪污数额一般应当以所隐匿财产全额计算；改制后公司、企业仍有国有股份的，按股份比例扣除归于国有的部分。所隐匿财产在改制过程中已为行为人实际控制，或者国家出资企业改制已经完成的，以犯罪既遂处理。

不具备贪污罪的主体身份的人员实施上述行为的，以职务侵占罪定罪处罚；贪污罪主体以外的人员与贪污罪主体共同实施上述行为的，以贪污罪的共犯论处。在企业改制过程中未采取低估资产、隐瞒债权、虚设债务、虚构产权交易等方式故意隐匿公司、企业财产的，一般不应当认定为贪污；造成国有资产重大损失，以国有公司、企业人员失职罪，国有公司、企业人员滥用职权罪，徇私舞弊低价折股、出售国有资产罪定罪处罚。

国有公司、企业违反国家规定，在改制过程中隐匿公司、企业财产，转为改制后公司、企业所有，改制后的公司、企业中只有改制前公司、企业的管理人员或者少数职工持股，改制前公司、企业的多数职工未持股的，以贪污罪定罪处罚。

国家工作人员利用职务上的便利，在国家出资企业改制过程中隐匿公司、企业财产，在其不再具有国家工作人员身份后将所隐匿财产据为己有的，以贪污罪定罪处罚[①]。

（三）贪污罪的刑事责任

依照《刑法》第383条的规定，犯本罪的，根据情节轻重，分别依照下列规定处罚：①贪污数额较大或者有其他较重情节的，处3年以下有期徒刑或者拘役，并处罚金。②贪污数额巨大或者有其他严重情节的，处3年以上10年以下有期徒刑，并处罚金或者没收财产。③贪污数额特别巨大或者有其他特别严重情节的，处10年以上有期徒刑或者无期徒刑，并处罚金或者没收财产；数额特别巨大，并使国家和人民利益遭受特别重大损失的，处无期徒刑或者死刑，并处没收财产。

对多次贪污未经处理的，按照累计贪污数额处罚。

犯本罪，在提起公诉前如实供述自己罪行、真诚悔罪、积极退赃，避免、减少损害结果的发生，贪污数额较大或者有其他较重情节的，可以从轻、减轻或者免除处罚；贪污数额巨大或者有其他严重情节、贪污数额特别巨大或者有其他特别严重情节的，可以从轻处罚。犯本罪被判处死刑缓期执行的，人民法院根据犯罪情节等情况可以同时决定在其死刑缓期执行2年期满依法减为无期徒刑后，终身监禁[②]，不得减刑、假释[③]。

① 参见2010年最高人民法院、最高人民检察院《关于办理国家出资企业中职务犯罪案件具体应用法律若干问题的意见》。

② 终身监禁不是独立的刑种，它是对罪当判处死刑的贪污受贿犯罪分子的一种不执行死刑的刑罚执行措施。从这个意义上讲，也可以说是死刑的一种替代性措施。参见王爱立:《中华人民共和国刑法释义》，法律出版社2021年版，第852页。

③ 具体定罪量刑标准参见2016年最高人民法院、最高人民检察院《关于办理贪污贿赂刑事案件适用法律若干问题的解释》。

二、挪用公款罪

（一）挪用公款罪的概念和特征

挪用公款罪，是指国家工作人员利用职务上的便利，挪用公款归个人使用，进行非法活动，或者挪用公款数额较大、进行营利活动，或者挪用公款数额较大、超过3个月未还的行为。本罪的主要特征是：

（1）本罪侵犯的客体是复杂客体，即同时侵犯了国家工作人员职务行为的廉洁性和公共财产所有权的部分权能（主要指占有权、使用权、收益权）。犯罪对象为公款[①]，即国家、集体所有的货币资金及客户置放于金融机构的资金、用于扶贫和其他公益事业的社会捐助或者专项基金的货币资金，以及由国家机关、国有公司、企业、集体企业和人民团体管理、使用或者运输中的货币。支票、股票、国库券等有价证券，直接代表一定数额的货币，是证券形式的货币财产，也可以成为本罪的犯罪对象。如果挪用用于救灾、抢险、防汛、优抚、扶贫、移民、救济的现款或者物资归个人使用的，则应按本罪从重处罚。据此，挪用公款罪的对象不限于公款，还包括特定物。

（2）本罪的客观方面表现为行为人利用职务上的便利，挪用公款归个人使用，进行非法活动，或者挪用公款数额较大、进行营利活动，或者挪用公款数额较大、超过3个月不归还的行为。本罪的客观方面具体包括：①行为人利用了职务上的便利，即行为人利用自己主管、管理、经手公款的职权或者职务的便利条件。②挪用公款归个人使用。根据2002年全国人民代表大会常务委员会《关于〈中华人民共和国刑法〉第三百八十四条第一款的解释》，有下列情形之一的，属于挪用公款“归个人使用”：一是将公款供本人、亲友或者其他自然人使用的；二是以个人名义将公款供其他单位使用的；三是个人决定以单位名义将公款供其他单位使用，谋取个人利益的。例如，下列情形均属于挪用公款“归个人使用”：国家工作人员甲，将公款借给其弟炒股；国家机关工作人员乙，以个人名义将公款借给原来工作过的国有企业使用；某国有公司总经理丙，擅自决定以本公司名义将公款借给某国有事业单位使用，以安排其子在该单位就业。③挪用公款行为的具体表现形式包括以下三种：其一，挪用公款进行非法活动。非法活动，即挪用公款归个人

① 根据《刑法》第272条第2款的规定，国有公司、企业或者其他国有单位中从事公务的人员和国有公司、企业或者其他国有单位委派到非国有公司、企业以及其他单位从事公务的人员，利用职务上的便利，挪用本单位资金，构成犯罪的，按照挪用公款罪定罪处罚。据此，不能排除非公共资金也可以成为本罪的对象。

使用，进行国家法律、法规明令禁止的违法犯罪活动，包括犯罪活动和一般违法活动，如赌博、走私等。这种挪用公款行为构成犯罪，不受数额较大和挪用时间的限制。但根据2016年最高人民法院、最高人民检察院《关于办理贪污贿赂刑事案件适用法律若干问题的解释》，挪用公款进行非法活动的，以挪用公款3万元为追究刑事责任的起点数额。挪用公款给他人使用，只有明知使用人将公款用于非法活动的，才可认定为挪用公款进行非法活动；不知道使用人将公款用于非法活动的，则不能认定为挪用公款进行非法活动。其二，挪用公款数额较大，进行营利活动。营利活动，是指国家法律、法规允许的牟利活动，如挪用公款存入银行、用于集资、购买股票、购买国债、开商店、办工厂等。这种挪用公款行为构成犯罪，要求挪用数额较大，但不受挪用时间和是否归还的限制。根据上述司法解释，挪用公款进行营利活动的，以挪用公款数额5万元为追究刑事责任的起点数额。挪用公款给他人使用，明知使用人将公款用于营利活动的，应当认定为挪用人挪用公款进行营利活动；不知道使用人将公款用于营利活动，则不能认定为挪用公款进行营利活动。其三，挪用公款数额较大、超过3个月未还。这种挪用公款行为是指挪用公款用于非法活动、营利活动以外的用途，如建私人住宅、还债、支付医药费、购置家具等。根据上述司法解释，“数额较大”，以5万元作为起点。此外，挪用正在生息或者需要支付利息的公款归个人使用，数额较大，超过3个月但在案发前全部归还本金的，可以从轻或者减轻处罚，给国家、集体造成的利息损失应予追缴；挪用公款数额巨大，超过3个月，案发前全部归还的，可以酌情从轻处罚。可见，只要挪用公款超过3个月，不管案发前是否归还，都构成挪用公款罪，但案发前已归还的情况可以作为从宽处罚的情节。

（3）本罪的主体是特殊主体，即只能是国家工作人员。另外，根据《刑法》第185条的规定，国有金融机构工作人员和国有金融机构委派到非国有金融机构从事公务的人员挪用本单位或者客户资金的，以挪用公款罪论处。根据2000年全国人民代表大会常务委员会《关于〈中华人民共和国刑法〉第九十三条第二款的解释》，村民委员会等村基层组织人员在协助人民政府从事行政管理工作中，利用职务上的便利，挪用公款构成犯罪的，以挪用公款罪论处。

（4）本罪在主观方面表现为故意，并且具有非法挪用公款归个人使用的犯罪目的，日后准备归还。至于挪用的动机，或者为进行非法活动，或者为进行营利活动，或者出于生活上的某种需要。在挪用公款案件中，不同动机对构成挪用公款罪的成立是有影响的。

（二）挪用公款罪的认定

（1）本罪与贪污罪的界限。本罪与贪污罪主体都是国家工作人员，在主观方面都是出于故意，犯罪对象都包括公款，客观方面都利用了职务上的便利。两者的主要区别在于：①主体范围不尽相同。本罪的主体仅限于国家工作人员，而贪污罪的主体除国家工作人员外，还包括受国家机关、国有公司、企业、事业单位、人民团体委托管理、经营国有财产的人员。②犯罪对象不尽相同。本罪的犯罪对象除了7种特定款物外，一般不包括公物，而是限于公款；而贪污罪的犯罪对象则既可以是公款，也可以是公物。③客观方面表现不同。本罪在客观方面表现为行为人利用职务上的便利，挪用公款归个人使用，进行非法活动，或者挪用公款数额较大、进行营利活动，或者挪用公款数额较大、超过3个月未还；贪污罪在客观方面则表现为利用职务上的便利，以侵吞、窃取、骗取或者以其他手段非法占有公共财物的行为，贪污财物的用途对定罪没有影响。④犯罪目的不同。本罪的犯罪目的是暂时挪用公款归个人使用，具有归还的意图，而贪污罪的犯罪目的则是永久地非法占有公共财物。因此，行为人挪用公款后，犯罪目的由非法占用转化为非法占有的，如挪用公款后，携带公款潜逃的；挥霍公款，致使公款不能退还的；使用公款进行违法犯罪活动，致使公款不能退还的等，应以贪污罪论处。

（2）本罪与挪用资金罪的界限。本罪与挪用资金罪在主观方面均为故意，客观行为方式均为挪用。其区别主要在于：①犯罪主体不同。本罪的主体是国家工作人员，而挪用资金罪的主体是公司、企业或者其他单位中除国家工作人员以外的其他工作人员。受国家机关、国有公司、企业、事业单位、人民团体委托管理、经营国有财产的非国家工作人员，利用职务上的便利，挪用国有资金归个人使用构成犯罪的，应当依照挪用资金罪的规定定罪处罚，而不构成本罪。②犯罪客体和犯罪对象不同。本罪的犯罪客体是复杂客体，而挪用资金罪则仅侵犯了公司、企业或者其他单位的资金的部分所有权，属于单一客体。本罪的犯罪对象是公款和用于救灾、抢险、防汛、优抚、扶贫、移民、救济的款物；而挪用资金罪的犯罪对象既包括国有、集体公司、企业或者其他单位的资金，也包括私营公司、企业或者其他单位的资金。

（3）本罪与挪用特定款物罪的界限。本罪与挪用特定款物罪在犯罪主体，犯罪的主观方面和客观方面基本相同，其主要区别在于：①犯罪对象不同。挪用公款罪侵害的对象是公款，挪用特定款物罪侵害的对象只能是国家特定的用于救灾、抢险、防汛、优抚、扶贫、移民、救济的专项款物。②挪用的用途不同。挪用公款罪挪用的公款是归个人使用，挪用特定款物罪挪用的特定款物是作其他公用。如果挪用特定款物归个人使用，应以挪用公款罪从重处罚。③主体不尽相同。挪用公款罪的主体是国家工作人员；挪用特定款物罪的主体一般是国家工作人员，主要是掌管特定款物的主管人员或直接责任人员。

(4) 挪用公款罪的罪数与共犯。因挪用公款索取、收受贿赂构成犯罪的，或者挪用公款进行非法活动构成其他犯罪的，依照数罪并罚的规定处罚。

挪用公款给他人使用，使用人与挪用人共谋，指使或参与策划取得挪用款的，以挪用公款罪的共犯定罪处罚。

【案例9-2-04】甲恳求国有公司财务主管乙，从单位挪用10万元供其炒股，并将一块名表送给乙。乙做假账将10万元交与甲，甲表示尽快归还。20日后，乙用个人财产归还单位10万元。本案中，甲、乙勾结私自动用公款，构成挪用公款罪的共犯。同时，如果乙所收受的名表价值达到受贿罪的数额标准，则乙还构成受贿罪，依法应数罪并罚。

(5) 关于国家出资企业工作人员使用改制公司、企业的资金担保个人贷款，用于购买改制公司、企业股份的行为的处理。国家出资企业的工作人员在公司、企业改制过程中为购买公司、企业股份，利用职务上的便利，将公司、企业的资金或者金融凭证、有价证券等用于个人贷款担保的，以挪用资金罪或者挪用公款罪定罪处罚。行为人在改制前的国家出资企业持有股份的，不影响挪用数额的认定，但量刑时应当酌情考虑。经有关主管部门批准或者按照有关政策规定，国家出资企业的工作人员为购买改制公司、企业股份实施上述行为的，可以视具体情况不作为犯罪处理①。

（三）挪用公款罪的刑事责任

依照《刑法》第384条的规定，犯本罪的，处5年以下有期徒刑或者拘役；情节严重的，处5年以上有期徒刑。挪用公款数额巨大不退还的②，处10年以上有期徒刑或者无期徒刑。挪用用于救灾、抢险、防汛、优抚、扶贫、移民和救济款物归个人使用的，从重处罚。

① 参见2010年最高人民法院、最高人民检察院《关于办理国家出资企业中职务犯罪案件具体应用法律若干问题的意见》。

② 挪用公款数额巨大不退还的，是指挪用公款数额巨大，因客观原因在一审宣判前不能退还的，即主观上想还而客观上不能还的。如果主观上就想非法占有挪用款，则构成贪污罪。

三、受贿罪

（一）受贿罪的概念和特征

受贿罪，是指国家工作人员利用职务上的便利，索取他人财物，或者非法收受他人财物，为他人谋取利益，数额较大或者有其他较重情节的行为。本罪的主要特征是：

（1）本罪侵犯的客体是国家工作人员职务行为的廉洁性。犯罪对象是贿赂，贿赂的范围主要是财物，包括财产性利益。财产性利益包括可以折算为货币的物质利益如房屋装修、债务免除等，以及需要支付货币的其他利益如会员服务、旅游等。后者的犯罪数额，以实际支付或者应当支付的数额计算。

【案例9-2-05】甲知道城建局局长张某吸毒，以提供海洛因为条件请其关照工程招标，张某同意。甲中标后，送给张某50克海洛因。本案中，张某构成受贿罪。违禁品属于刑法上的"财物"，可以作为侵犯财产罪的对象，也同样可以成为受贿、贪污等犯罪的对象。

（2）本罪在客观方面表现为行为人利用职务上的便利，索取他人财物，或者非法收受他人财物，为他人谋取利益，数额较大或者有其他较重情节的行为。本罪客观方面具体包括以下三个方面的内容：

首先，行为人利用职务上的便利。利用职务上的便利，是指利用本人职务范围内的权力，即自己职务上主管、负责或者承办某项公共事务的职权所拥有的便利条件，既包括利用本人职务上主管、负责、承办某项公共事务的职权，也包括利用职务上有隶属、制约关系的其他国家工作人员的职权。担任单位领导职务的国家工作人员通过不属自己主管的下级部门的国家工作人员的职务为他人谋取利益的，也应当认定为"利用职务上的便利"。

其次，行为人索取他人财物，或者非法收受他人财物，为他人谋取利益。索取他人财物即索贿，是指行为人在公务活动中主动向他人索要财物，包括向他人勒索财物。对于索取贿赂的，不论是否为他人谋取利益，均可构成受贿罪。非法收受他人财物，是指行为人对他人给付的财物予以接受。对于被动收受贿赂的行为，必须同时具备为他人谋取利益的条件，才构成受贿罪。为他人谋取利益包括承诺、实施和实现三个阶段的行为。只要具有其中一个阶段的行为，如国家工作人员收受他人财物时，根据他人提出的具体请托事项，承诺为他人谋取利益的，就具备了为他人谋取利益的要件。明知他人有具体请托事项而收受其财物的，视为承诺为他人谋取利益。至于为他人谋取的利益是否正当，为他人谋取的利益是否实现，都不影响受贿罪的成立。2016年最高人民法院、最高人民检察院《关于办理贪污贿赂刑事案件适用法律若干问题的解释》规定，具有下列情形之一的，应当认定为"为他人谋取利益"：一是实际或者承诺为他人谋取利益的；二是明知他人有具体请托事项的；三是履职时未被请托，但事后基于该履职事由收受他人财物的。国家工作人员索取、收受具有上下级关系的下属或者具有行政管理关系的被管理人员的财物价值3万元以上，可能影响职权行使的，视为承诺为他人谋取利益。

【案例9-2-06】国家工作人员甲利用职务上的便利为某单位谋取利益。随后，该单位的经理送给甲一张购物卡，并告知其购物卡的价值为2万元、使用期限为1个月。甲收下购物卡后忘记使用，导致购物卡过期作废，卡内的2万元被退回到原单位。本案中，国家工作人员甲利用职务上的便利为某单位谋取利益后，收受他人财物的行为属于受贿既遂，至于未能利用这一财物致其失效，属于犯罪后对赃物的处置，不影响犯罪的既遂。

除索取他人财物和非法收受他人财物这两种基本形式外，受贿罪在客观方面还有两种表现形式：①斡旋贿赂。根据《刑法》第388条的规定，斡旋贿赂，是指国家工作人员利用本人职权或者地位形成的便利条件，通过其他国家工作人员职务上的行为，为请托人谋取不正当利益，索取请托人财物或者收受请托人财物的行为。斡旋受贿，符合受贿罪的数额和情节要求的，按受贿罪定罪处罚。构成斡旋受贿，需要具备以下条件：其一，行为人利用的是其他国家工作人员的职务行为。如果行为人利用的是其他不具有国家工作人员身份的公司、企业管理人员职务上的行为，那就不能构成斡旋受贿。其二，行为人利用了本人职权或者地位所形成的便利条件。利用本人职权或者地位所形成的便利条件，是指行为人利用因其职权或者地位对其他国家工作人员所形成的政治上或经济上的制约条件。如单位内不同部门的国家工作人员之间，上下级单位没有职务上隶属、制约关系的国家工作人员之间，有工作联系的不同单位的国家工作人员之间等。如果行为人利用的是与其他国家工作人员之间的单纯亲友关系，则不能成立斡旋受贿。其三，必须是为请托人谋取不正当利益。谋取不正当利益，是指谋取违反法律、法规、国家政策和国务院各部门规章规定的利益，以及谋取违反法律、法规、国家政策和国务院各部门规章规定的帮助或方便条件。如果行为人通过其他国家工作人员职务上的行为为请托人谋取的是正当利益，从中索取或者收受了请托人的财物，则不能构成斡旋受贿。②经济受贿。《刑法》第385条第2款规定，国家工作人员在经济往来中，违反国家规定，在账外私自收受各种名义的回扣、手续费，归个人所有的，应当以受贿论处。理论上将此种犯罪称为“经济受贿”。构成经济受贿，需要具备以下条件：其一，必须发生在经济往来中。其二，必须违反国家规定。违反国家规定，是指违反全国人民代表大会及其常务委员会制定的法律、国务院制定的行政法规和行政措施、发布的决定和命令。其三，将回扣和手续费归个人所有。回扣，是指在商品交易中，卖方在收取的价款中扣出一部分返还给买方或者买方经办人的现金。手续费，是多种费用的统称，如好处费、辛苦费、介绍费、酬劳费、活动费、信息费等。

此外，国家工作人员利用职务上的便利为请托人谋取利益之前或者之后，约定在其离职后收受请托人财物，并在离职后收受的，以受贿论处。国家工作人员利用职务上的便利为请托人谋取利益，离职前后连续收受请托人财物的，离职前后收受部分均计入受贿数额。

【案例9-2-07】某国家工作人员甲，在主管土地拍卖工作时向一家房地产公司通报了重要情况，使其如愿获得黄金地块。甲退休后，该公司为表示感谢，自作主张送其价值5万元的按摩床。本案中，甲与请托人没有事先约定，因而不构成犯罪。

受贿罪属于结果犯，行为人必须事实上索取或者非法收受了他人财物，并且数额较大或者情节较重的，才能构成本罪。

（3）本罪的主体是特殊主体，即必须是国家工作人员。此外，村民委员会等基层组织人员协助人民政府从事行政管理工作，利用职务上的便利，索取他人财物，或者非法收受他人财物，为他人谋取利益，构成犯罪的，应以受贿罪论处。

【案例9-2-08】甲是公立高校普通任课教师，在学校委派其招生时，利用职务便利收受考生家长10万元。本案中，甲虽是公立高校任课教师，不属于国家工作人员，但在学校委托其负责招生工作时，即掌握了公权力。换言之，此时甲应视为国家工作人员。因此，其行为应认定为受贿罪。

【案例9-2-09】乙是村委会主任，在村集体企业招投标过程中，利用职务便利收受他人财物10万元，为其谋利。本案中，乙不成立受贿罪。理由在于，根据相关司法解释，村委会主任只有在协助政府从事行政管理工作时才具备国家工作人员的身份，而在一般的工作中不具有国家工作人员的身份，因此，乙的行为不构成受贿罪，而应认定为非国家工作人员受贿罪。

（4）本罪在主观方面为故意，并且只能是直接故意。

（二）受贿罪的认定

（1）本罪与接受正当馈赠、取得合法报酬的界限。在区分受贿与接受馈赠的界限时，可从以下几个方面进行综合判断：第一，给予方与接受方是否存在亲友关系，是否存在馈赠的正当理由；第二，给予方是否要求接受方为其谋取利益，接受方是否许诺、着手或者已经为其谋取利益；第三，给予与接受的方式是否具有隐蔽性，给予与接受财物的数额与价值的大小；等等。国家工作人员在其本职工作以外，在法律、政策允许的范围内，利用业余时间为他人提供智力或者体力的劳动，获得报酬的，是合法行为，不能成立受贿罪。但是，如果国家工作人员在业余时间，利用职务上的便利为他人谋取利益，获得报酬的，则应以受贿论处。

（2）本罪与贪污罪的界限。本罪与贪污罪的主体都是特殊主体，主观方面都是故意。二者的区别在于：①犯罪主体范围不同。本罪主体只限于国家工作人员，而贪污罪的主体除国家工作人员外，还包括受国家机关、国有公司、企业、事业单位、人民团体委托管理、经营国有资产的人员。②行为方式不同。本罪的客观方面表现为行为人利用职务上的便利，索取他人财物或者非法收受他人财物并为他人谋取利益；贪污罪的客观方面则表现为行为人利用职务上的便利，使用侵吞、窃取、骗取或者其他手段非法占有公共财物。③犯罪客体和犯罪对象不同。本罪侵犯的客体在一般情况下只是公务行为的廉洁性，而贪污罪则同时侵犯公务行为的廉洁性和公共财产所有权。本罪的犯罪对象是他人的公私财物，而贪污罪的犯罪对象则是公共财物。

（3）本罪与敲诈勒索罪的界限。二者的界限一般不难区分，容易混淆的是表现为索贿形式的受贿罪与敲诈勒索罪的界限。其主要区别在于：①犯罪主体不同。本罪的主体是特殊主体，而敲诈勒索罪的主体则是一般主体。②犯罪客观方面不同。索贿必须是利用职务上的便利，敲诈勒索罪没有利用职务上的便利，这是区分二者的关键。③犯罪客体不同。以索贿方式构成的受贿罪侵犯的客体主要是公务行为的廉洁性，同时也侵犯了他人的财产权利。敲诈勒索罪侵犯的客体则主要是他人的财产权利，同时侵犯了他人的人身权利或者其他利益。

（4）本罪与非国家工作人员受贿罪的界限。本罪与非国家工作人员受贿罪在主观方面的罪过形式都是故意，客观方面都是利用职务上的便利索取或者非法收受他人财物。两者的区别在于：①犯罪主体不同。本罪的主体是国家工作人员，而非国家工作人员受贿罪的主体是公司、企业或其他单位的非国家工作人员。②犯罪的客观方面不同。本罪的受贿行为构成犯罪并不必然要求数额较大，索取他人财物构成受贿罪时也不要求为他人谋取利益；而非国家工作人员受贿罪无论是以索取他人财物还是以非法收受他人财物的方式构成该罪，都要求具有为他人谋取利益这一要件，并且索取或者收受的财物必须达到数额较大。③犯罪客体不同。本罪侵犯的客体主要是国家工作人员职务行为的廉洁性，而非国家工作人员受贿罪侵犯的客体首先是公司、企业或者其他单位的管理秩序，其次才是公司、企业或者其他单位人员职务行为的廉洁性。

（5）受贿罪共犯的认定。根据刑法关于共同犯罪的规定，非国家工作人员与国家工作人员勾结，伙同受贿的，应当以受贿罪的共犯追究刑事责任。非国家工作人员是否构成受贿罪共犯，取决于双方有无共同受贿的故意和行为。国家工作人员的近亲属向国家工作人员代为转达请托事项，收受请托人财物并告知该国家工作人员，或者国家工作人员明知其近亲属收受了他人财物，仍按照近亲属的要求利用职权为他人谋取利益的，对该国家工作人员应认定为受贿罪，其近亲属以受贿罪共犯论处。近亲属以外的其他人与国家工作人员通谋，由国家工作人员利用职务上的便利为请托人谋取利益，收受请托人财物后双方共同占有的，构成受贿罪共犯。国家工作人员利用职务上的便利为他人谋取利益，并指定他人将财物送给其他人，构成犯罪的，应以受贿罪定罪处罚①。

【案例9-2-10】交警甲和无业人员乙勾结，让乙告知高速公路上超载司机的“只交罚款一半的钱，即可优先通行”；司机交钱后，乙将交钱司机的车牌号报给甲，由在高速路口执勤的甲放行。二人利用此法共得32万元，乙留下10万元，余款归甲。甲、乙构成受贿罪共犯。

（三）受贿罪的刑事责任

本罪的法定刑属于援引法定刑模式，即借用贪污罪的法定刑。依照《刑法》第386条的规定，犯本罪的，根据受贿所得数额及情节，依照《刑法》第383条关

① 参见2003年最高人民法院《全国法院审理经济犯罪案件工作座谈会纪要》。

于贪污罪的法定刑处罚。具体标准如下：①受贿数额较大或者有其他较重情节的，处3年以下有期徒刑或者拘役，并处罚金。②受贿数额巨大或者有其他严重情节的，处3年以上10年以下有期徒刑，并处罚金或者没收财产。③受贿数额特别巨大或者有其他特别严重情节的，处10年以上有期徒刑或者无期徒刑，并处罚金或者没收财产；数额特别巨大，并使国家和人民利益遭受特别重大损失的，处无期徒刑或者死刑，并处没收财产。

对多次受贿未经处理的，按照累计受贿数额处罚。索贿的从重处罚。

犯本罪，在提起公诉前如实供述自己罪行、真诚悔罪、积极退赃，避免、减少损害结果的发生，受贿数额较大或者有其他较重情节的，可以从轻、减轻或者免除处罚；受贿数额巨大或者有其他严重情节、受贿数额特别巨大或者有其他特别严重情节的，可以从轻处罚。犯本罪被判处死刑缓期执行的，人民法院根据犯罪情节等情况可以同时决定在其死刑缓期执行2年期满依法减为无期徒刑后，终身监禁，不得减刑、假释①。

四、单位受贿罪

单位受贿罪，是指国家机关、国有公司、企业、事业单位、人民团体索取、非法收受他人财物，为他人谋取利益，情节严重的行为。

本罪侵犯的客体是国有单位及其工作人员的廉洁制度。本罪在客观方面表现为索取、非法收受他人财物，为他人谋取利益，情节严重的行为。构成本罪必须同时具备为他人谋取利益和情节严重两个条件。国家机关、国有企事业单位和人民团体在经济往来中，在账外暗中收受各种名义的回扣、手续费，并为行贿方谋取利益的，也构成本罪。本罪的主体是特殊主体，只有国家机关、国有公司、企业、事业单位、人民团体才能成为本罪的犯罪主体。本罪的主观方面只能由故意构成。单位的这种故意必须通过其直接负责的主管人员和其他直接责任人员故意索取、收受贿赂的行为体现出来。

实践中，应注意本罪的重要特征是将索取、非法收受的他人财物归单位所有。如果单位直接负责的主管人员和其他直接责任人员借单位名义索取、非法收受他人财物后私分、中饱私囊的，则不构成本罪，而应按照对个人犯受贿罪的处刑规定追究刑事责任。

① 具体定罪量刑标准参见2016年最高人民法院、最高人民检察院《关于办理贪污贿赂刑事案件适用法律若干问题的解释》。

【案例9-2-11】某法院院长告知某企业经理赵某："如给法院捐赠500万元办公经费，你们那个案件可以胜诉。"该企业胜诉后，给法院单位账户打入500万元。该法院构成单位受贿罪。

依照《刑法》第387条的规定，犯本罪的，对单位判处罚金，并对其直接负责的主管人员和其他直接责任人员，处5年以下有期徒刑或者拘役。

五、利用影响力受贿罪

（一）利用影响力受贿罪的概念和特征

利用影响力受贿罪，是指国家工作人员的近亲属或者其他与该国家工作人员关系密切的人，以及离职的国家工作人员或者其近亲属以及其他与其关系密切的人，利用影响力索取或者收受请托人财物，数额较大或者有其他较重情节的行为。

本罪侵犯的客体是国家工作人员的职务廉洁性。本罪的客观方面表现为四种法定的利用影响力受贿行为：①国家工作人员的关系密切人通过该国家工作人员职务上的行为，为请托人谋取不正当利益，索取或收受请托人财物；②国家工作人员的关系密切人利用该国家工作人员职权或者地位形成的便利条件，通过其他国家工作人员职务上的行为，为请托人谋取不正当利益，索取或收受请托人财物；③离职的国家工作人员利用本人原职权或者地位形成的便利条件，通过其他国家工作人员职务上的行为，为请托人谋取不正当利益，索取或收受请托人财物；④离职的国家工作人员的关系密切人利用该离职国家工作人员原职权或者地位形成的便利条件，通过其他国家工作人员职务上的行为，为请托人谋取不正当利益，索取或收受请托人财物。此外，索取请托人财物或收受请托人财物，必须达到数额较大或者有其他较重情节才成立犯罪[①]。本罪的主体为特殊主体，具体包括三类人：一是国家工作人员的关系密切人（如近亲属、情人等）；二是离职的国家工作人员；三是离职的国家工作人员的关系密切人。本罪的主观方面是故意。

【案例9-2-12】甲系人社局副局长，甲父让甲将不符合社保条件的几名亲戚纳入社保范围后，收受亲戚送来的3万元。甲父构成利用影响力受贿罪。

【案例9-2-13】某国企退休厂长王某（正处级）利用其影响，让现任厂长帮忙

① 2016年最高人民法院、最高人民检察院《关于办理贪污贿赂刑事案件适用法律若干问题的解释》规定，利用影响力受贿罪的定罪量刑适用标准，参照该解释关于受贿罪的规定执行。

在本厂推销某保险产品。之后王某收受保险公司3万元。王某构成利用影响力受贿罪。

（二）利用影响力受贿罪的认定

（1）本罪与（普通）受贿罪的界限。一是主体不同。本罪主体是国家工作人员的关系密切人、离职的国家工作人员及其关系密切人，后者的主体是国家工作人员。二是客观方面不同。本罪是行为人借助与其关系密切的国家工作人员的影响力受贿，后者是直接利用自身职务之便受贿。

（2）本罪与（斡旋）受贿的界限。一是主体不同。本罪主体是国家工作人员的关系密切人、离职的国家工作人员及其关系密切人，后者的主体是国家工作人员。二是影响力来源不同。本罪的影响力既可以来自国家工作人员职务和职权，也可以来自国家工作人员职权或者地位形成的便利条件，还可以来自离职国家工作人员原职权或者地位形成的便利条件；后者的影响力仅仅来自本人现任职务。

（3）本罪与受贿罪共犯的界限。两者的关键区别在于非国家工作人员与国家工作人员有无共同受贿的故意。本罪主体与国家工作人员没有共同受贿的故意，后者主体与国家工作人员有共同受贿的故意[①]。

（三）利用影响力受贿罪的刑事责任

依照《刑法》第388条之一的规定，犯本罪的，处3年以下有期徒刑或者拘役，并处罚金；数额巨大或者有其他严重情节的，处3年以上7年以下有期徒州，并处罚金；数额特别巨大或者有其他特别严重情节的，处7年以上有期徒刑，并处罚金或者没收财产。

六、行贿罪

（一）行贿罪的概念和特征

行贿罪是指为谋取不正当利益，给予国家工作人员以财物的行为。本罪的主要特征是：

（1）本罪侵犯的客体是国家工作人员职务的廉洁性和国家机关的正常活动。行贿的对象是国家工作人员。

（2）本罪在客观方面表现为行为人给予国家工作人员以财物的行为。与受贿

① 参见《刑法学》编写组：《刑法学》（下册·各论），高等教育出版社2019年版，第273—274页。

的形式相对应，行贿也分为两种情形：一是行为人主动给予受贿人以财物。在这种情况下，无论行为人意图谋取的不正当利益是否实现，均不影响行贿罪的成立。二是行为人因国家工作人员索要而被动给予其财物。在这种情况下，如果行为人是因被国家工作人员勒索而被迫交付财物，那么只有在行为人获得不正当利益的情况下，才能构成行贿罪。此外，根据《刑法》第389条第2款之规定，在经济往来中，违反国家规定，给予国家工作人员以财物，数额较大的，或者违反国家规定，给予国家工作人员以各种名义的回扣、手续费的，以行贿论处。这种特殊行贿行为，理论上称为“经济行贿”。

（3）本罪的主体是一般主体。

（4）本罪的主观方面只能是故意，目的是谋取不正当利益。根据2012年最高人民法院、最高人民检察院《关于办理行贿刑事案件具体应用法律若干问题的解释》，谋取不正当利益，是指行贿人谋取的利益违反法律、法规、规章、政策规定，或者要求国家工作人员违反法律、法规、规章、政策、行业规范的规定，为自己提供帮助或者方便条件。违背公平、公正原则，在经济、组织人事管理等活动中，谋取竞争优势的，应当认定为“谋取不正当利益”[①]。如果行贿人谋取的是正当利益，则不构成行贿罪，但受贿人可能构成受贿罪，因此，行贿罪与受贿罪之间并非一一对应的关系。

（二）行贿罪的认定

认定本罪，要区分本罪与对非国家工作人员行贿罪的界限。两者的主要区别在于：①犯罪客体和对象不同。本罪侵犯的客体是国家工作人员职务行为的廉洁性，犯罪对象只限于国家工作人员；而对非国家工作人员行贿罪侵犯的客体主要是公司、企业或者其他单位的管理秩序，犯罪对象只能是公司、企业或者其他单位中的非国家工作人员。②犯罪主体不同。本罪只能由自然人实施；而对非国家工作人员行贿罪则既可以由自然人实施，也可以由单位实施。

（三）行贿罪的刑事责任

依照《刑法》第390条的规定，犯本罪的，处5年以下有期徒刑或者拘役，并处罚金；因行贿谋取不正当利益，情节严重的，或者使国家利益遭受重大损失的，处5年以上10年以下有期徒刑，并处罚金；情节特别严重的，或者使国家利益遭受特别重大损失的，处10年以上有期徒刑或者无期徒刑，并处罚金或者没收财

① 行贿人谋取不正当利益的行为构成犯罪的，应当与行贿犯罪实行数罪并罚。

产[①]。行贿人在被追诉前主动交待行贿行为的，可以从轻或者减轻处罚。其中，犯罪较轻的，对侦破重大案件起关键作用的，或者有重大立功表现的，可以减轻或者免除处罚。

七、对有影响力的人行贿罪

对有影响力的人行贿罪，是指为谋取不正当利益，向国家工作人员的近亲属或者其他与该国家工作人员关系密切的人，或者向离职的国家工作人员或者其近亲属以及其他与其关系密切的人行贿的行为。

本罪侵犯的客体是国家工作人员的职务廉洁性。本罪的客观方面表现为三种法定的行贿行为：①为谋取不正当利益，向国家工作人员的关系密切人行贿；②为谋取不正当利益，向离职的国家工作人员行贿；③为谋取不正当利益，向离职的国家工作人员的关系密切人行贿。本罪主体是一般主体，包括自然人和单位。这里的单位可以是任何形式的单位。行贿的对象有三类：第一类是国家工作人员的关系密切人，第二类是离职的国家工作人员，第三类是离职的国家工作人员的关系密切人。本罪主观方面是故意，并且具有谋取不正当利益的目的。

【案例9-2-14】陈某欲得到一工程，送给非国家工作人员刘甲100万元，希望其能够向管理工程的副市长刘乙（刘甲胞弟）说情。刘甲将100万元现金以及陈某的请求告诉刘乙，刘乙说："钱你留着，工程我会帮助的。"陈某遂获得该工程。本案中，陈某将财物交给特定关系人刘甲，刘甲虽然与国家工作人员刘乙构成受贿罪的共犯，但陈某没有认识到该受贿共犯事实时，陈某仍然成立对有影响力的人行贿罪。故刘甲和刘乙构成受贿罪的共同犯罪，陈某构成对有影响力的人行贿罪。

依照《刑法》第390条之一的规定，自然人犯本罪的，处3年以下有期徒刑或者拘役，并处罚金；情节严重的，或者使国家利益遭受重大损失的，处3年以上7年以下有期徒刑，并处罚金；情节特别严重的，或者使国家利益遭受特别重大损失的，处7年以上10年以下有期徒刑，并处罚金。单位犯本罪的，对单位判处罚金，并对其直接负责的主管人员和其他直接责任人员，处3年以下有期徒刑或者

① 具体定罪量刑标准参见2016年最高人民法院、最高人民检察院《关于办理贪污贿赂刑事案件适用法律若干问题的解释》。

拘役，并处罚金[①]。

八、对单位行贿罪

对单位行贿罪，是指个人或单位为谋取不正当利益，给予国家机关、国有公司、企业、事业单位、人民团体以财物，或者在经济往来中，违反国家规定，给予各种名义的回扣、手续费的行为。

本罪侵犯的客体是国有单位及其工作人员的廉洁制度和国有单位的正常活动。犯罪对象是国家机关、国有公司、企业、事业单位、人民团体。本罪在客观方面表现为给予国家机关、国有公司、企业、事业单位、人民团体以财物，或者在经济往来中，违反国家规定，给予各种名义的回扣、手续费的行为。本罪的主体是一般主体，包括自然人和单位。本罪的主观方面只能是故意，并且具有谋取不正当利益的目的。

认定本罪，要将其与行贿罪以及对非国家工作人员行贿罪区分开来。本罪与这两种罪的相同点是：犯罪主体都是一般主体，主观方面都有谋取不正当利益的目的，客观方面都实施了给付钱物的行为。三者主要的不同之处是犯罪对象，本罪行贿对象是国家机关、国有公司、企业、事业单位、人民团体，行贿罪的对象是国家工作人员，对非国家工作人员行贿罪的对象则是公司、企业或者其他单位的非国家工作人员。

依照《刑法》第391条的规定，自然人犯本罪的，处3年以下有期徒刑或者拘役，并处罚金；单位犯本罪的，对单位判处罚金，并对其直接负责的主管人员和其他直接责任人员，依照自然人犯本罪的规定处罚。

九、介绍贿赂罪

介绍贿赂罪，是指向国家工作人员介绍贿赂，情节严重的行为。

本罪侵犯的客体是国家工作人员的职务廉洁性。被介绍贿赂的对象只能是国家工作人员，不包括单位。因介绍而得以行贿的，既可以是自然人，也可以是单位。本罪客观方面表现为行为人在行贿人和受贿人之间沟通、引荐、撮合、促使行贿与受贿得以实现的行为。本罪主体是一般主体。本罪的主观方面是直接故意。

① 本罪虽为行为犯，但亦受到入罪标准的制约。2016年最高人民法院、最高人民检察院《关于办理贪污贿赂刑事案件适用法律若干问题的解释》规定，对有影响力的人行贿罪的定罪量刑标准，参照该解释关于行贿罪的规定执行。单位对有影响力的人行贿数额在20万元以上的，应当以对有影响力的人行贿罪追究刑事责任。

至于行为人出于何种动机，是否因介绍贿赂而从行贿方或者受贿方得到某种利益，则不影响本罪的成立。本罪以情节严重为成立条件，虽然介绍贿赂但情节不严重的，不成立本罪。

依照《刑法》第392条的规定，犯本罪的，处3年以下有期徒刑或者拘役，并处罚金。介绍贿赂人在被追诉前主动交待介绍贿赂行为的，可以减轻或者免除处罚。

十、单位行贿罪

单位行贿罪，是指单位为谋取不正当利益而行贿，或者违反国家规定，给予国家工作人员以回扣、手续费，情节严重的行为。

本罪侵犯的客体是国家工作人员职务的廉洁性。行贿的对象是国家工作人员。本罪的客观方面表现为单位为谋取不正当利益而行贿，或者违反国家规定，给予国家工作人员以回扣、手续费，情节严重的行为。本罪的主体是单位，包括公司、企业、事业单位、机关、团体，且不仅仅局限于国有的企业、事业单位、机关、团体，也包括集体所有制企业、中外合资企业、中外合作企业、外资公司、私营企业等。本罪主观方面是故意，并且具有为单位谋取不正当利益的目的。如果因行贿取得的违法所得归个人所有，即以单位名义行贿，实际上将得到的不正当利益归个人的，实质上就是个人行贿行为，此时应以行贿罪论处，而不认定为单位行贿罪。

【案例9-2-15】经理甲为了销售本公司经营的医疗器械，安排公司监事乙在与某市立医院联系销售业务过程中，按销售金额25%的比例给该医院四位正、副院长回扣共计25万余元。本案中，该公司提供回扣的行为构成单位行贿罪。

认定本罪，要将其与行贿罪以及对非国家工作人员行贿罪区分开来。首先是主体不同。本罪的主体是单位；行贿罪的主体是自然人；对非国家工作人员行贿罪的主体既包括单位，也包括自然人。其次是犯罪对象不同。本罪与行贿罪的对象都是国家工作人员，而对非国家工作人员行贿罪的对象则是公司、企业或者其他单位的非国家工作人员。

依照《刑法》第393条的规定，犯本罪的，对单位判处罚金，并对其直接负责的主管人员和其他直接责任人员，处5年以下有期徒刑或者拘役，并处罚金。因行贿取得的违法所得归个人所有的，依照行贿罪的规定定罪处罚。

十一、巨额财产来源不明罪

巨额财产来源不明罪，是指国家工作人员的财产或者支出明显超过合法收入，差额巨大，经责令说明来源，本人不能说明其合法来源的行为。

本罪侵犯的客体是国家工作人员职务的廉洁性和公私财产的所有权。本罪的客观方面表现为不作为，即国家工作人员的财产或者支出明显超过合法收入，差额巨大，在有关机关责令行为人说明来源时，行为人不能说明其合法来源的行为。国家工作人员的财产，是指国家工作人员私人所有的房屋、车辆、存款、现金、股票、生活用品等。支出，是指各种消费以及其他开支。财产、支出明显超过合法收入，是指国家工作人员的财产、支出数额，明显超过工资、奖金、津贴以及其他依照国家规定取得的报酬的数额，不仅包括财产和支出两项总和明显超过合法收入，也包括财产或者支出其中一项明显超过合法收入的情况。行为人不能说明合法来源，包括以下情况：①行为人拒不说明财产来源；②行为人无法说明财产的具体来源；③行为人所说的财产来源经司法机关查证并不属实；④行为人所说的财产来源因线索不具体等原因，司法机关无法查实，但能排除存在来源合法的可能性和合理性的。本罪主体是特殊主体，只限于国家工作人员。本罪的主观方面是直接故意，即行为人明知其财产或者支出明显超过合法收入，差额巨大，却故意拒不说明财产的真实来源，或者有意编造财产来源的合法途径。

依照《刑法》第395条的规定，犯本罪的，处5年以下有期徒刑或者拘役；差额特别巨大的，处5年以上10年以下有期徒刑。财产的差额部分以非法所得论，予以追缴。

十二、隐瞒境外存款罪

隐瞒境外存款罪，是指国家工作人员违反国家规定，对数额较大的境外存款隐瞒不报的行为。

本罪侵犯的客体是国家工作人员的财产申报制度。客观方面表现为不作为，即行为人不履行申报数额较大的境外存款的义务。主体必须是国家工作人员。主观方面只能是故意，即行为人明知国家规定应当申报境外存款而故意隐瞒不报。

依照《刑法》第395条第2款的规定，犯本罪的，处2年以下有期徒刑或者拘役；情节较轻的，由其所在单位或者上级主管机关酌情给予行政处分。

十三、私分国有资产罪

私分国有资产罪，是指国家机关、国有公司、企业、事业单位、人民团体，违反国家规定，以单位名义将国有资产集体私分给个人，数额较大的行为。

本罪侵犯的客体是国家工作人员职务行为的廉洁性和国有资产所有权。犯罪对象是国有财产，即国家依法取得和认定的，或者国家以各种形式对企业投资和投资收益、国家向行政事业单位拨款等形成的资产。本罪客观方面表现为违反国家规定，以单位名义将国有资产集体私分给个人，数额较大的行为。以单位名义将国有资产集体私分给个人，是指由单位负责人决定，或者单位决策机构集体讨论决定，将国有资产分给单位所有职工。如果将国有资产私分给单位少数成员的，则应认定为共同贪污。本罪主体是特殊主体，只能是国家机关、国有公司、企业、事业单位、人民团体，但其刑事责任及于直接负责的主管人员和其他直接责任人员。本罪主观方面是故意，即明知是国有资产，仍有意违反国家规定，以单位名义进行私分。

依照《刑法》第396条的规定，犯本罪的，对单位直接负责的主管人员和其他直接责任人员，处3年以下有期徒刑或者拘役，并处或者单处罚金；数额巨大的，处3年以上7年以下有期徒刑，并处罚金。

十四、私分罚没财物罪

私分罚没财物罪，是指司法机关、行政执法机关违反国家规定，将应当上缴国家的罚没财物，以单位名义集体私分给个人的行为。

本罪侵犯的客体是复杂客体，既侵犯了司法机关、行政执法机关及其国家工作人员的廉洁性，同时也侵犯了罚没财物的国家所有权。本罪的犯罪对象是罚没财物，即依照法律判处罚金、罚款或者没收财产、没收违法犯罪所得、没收供犯罪所用的本人财物所取得的，应当上缴国库的财物。司法机关、行政执法机关只有私分应当上缴国家的罚没财物时，才成立私分罚没财物罪。如果私分其他国有资产，则应认定为私分国有资产罪。本罪客观方面表现为违反国家规定，以单位名义，将应当上缴国家的罚没财物集体私分给个人。如果不是以单位名义集体私分罚没财物，而是少数人利用职务上的便利私分罚没财物，则构成贪污罪。本罪主体是特殊主体，只能是司法机关、行政执法机关，但其刑事责任及于直接负责的主管人员和其他直接责任人员。本罪主观方面是故意，即明知是罚没财产应当上缴国家而故意违法私分给个人。

依照《刑法》第396条的规定，犯本罪的，对其直接负责的主管人员和其他直接责任人员，处3年以下有期徒刑或者拘役，并处或者单处罚金；数额巨大的，处3年以上7年以下有期徒刑，并处罚金。

思考题

1. 如何界定“国家工作人员”的概念和范围？

2. 如何理解贪污罪中的“利用职务上的便利”？

3. 如何理解挪用公款“归个人使用”？

4. 如何理解“斡旋受贿”？“斡旋受贿”与利用影响力受贿罪有何区别？

5. 如何理解行贿罪中的“谋取不正当利益”？

6. 如何区分私分国有资产罪与共同贪污？

阅读书目

1. 罗开卷：《贪污贿赂罪实务精解》，法律出版社2020年版。

2. 孙国祥：《贪污贿赂犯罪研究》，中国人民大学出版社2018年版。

3. 汪维才：《商业贿赂犯罪研究》，安徽人民出版社2008年版。

4. 赵秉志：《最新贪污贿赂司法解释的理解与适用》，清华大学出版社2017年版。

第十章　渎职罪

构成渎职罪的前提是“有职可渎”，因此，渎职罪的主体主要是国家机关工作人员。渎职罪既包括凡国家机关工作人员均可构成的渎职罪，如滥用职权罪、玩忽职守罪，也包括只能由享有特定职权、负有特定职责的国家机关工作人员才能构成的渎职罪，如徇私枉法罪、环境监管失职罪等。

第一节　渎职罪概述

一、渎职罪的概念和特征

刑法分则第九章规定了渎职罪。从《刑法》第397条至第419条，共37个罪名。渎职罪，是指国家机关工作人员利用职务上的便利或者徇私舞弊、滥用职权、玩忽职守，妨害国家机关的正常活动，损害公众对国家机关工作人员职务活动客观公正性的信赖，致使国家与人民利益遭受重大损失的行为。本类犯罪具有以下几个特征。

（1）渎职罪侵犯的客体是国家机关正常的管理活动。在履行职责的过程中滥用职权、玩忽职守，从而破坏了国家机关正常的管理活动，进而损害国家、社会和人民的利益。

（2）渎职罪的客观方面表现为利用职务上的便利或者徇私舞弊、滥用职权、玩忽职守，致使国家和人民利益遭受重大损失的行为。有的表现为徇私舞弊，即出于私情私利而不客观公正地履行职责；有的表现为滥用职权，即超越职权或者玩弄职权；有的表现为故意不履行职责，即故意不实施应当实施的职务行为；有的表现为失职行为，即过失不履行或不正确履行应当履行的职责。根据刑法的规定，这些行为通常只有给国家和人民利益造成重大损失时，才成立犯罪。

（3）渎职罪的主体主要是国家机关工作人员，即在国家各级立法机关、各级行政机关、各级监察机关、各级司法机关、各级军事机关中从事公务的人员，不包括在国有公司、企业中从事公务的人员。根据2002年12月28日全国人民代表大会常务委员会《关于〈中华人民共和国刑法〉第九章渎职罪主体适用问题的解释》，在依照法律、法规规定行使国家行政管理职权的组织中从事公务的人员，或者在受国家机关委托代表国家机关行使职权的组织中从事公务的人员，或者虽未列入国家机关人员编制但在国家机关中从事公务的人员，在代表国家机关行使职权时，有渎职行为，构成犯罪的，依照刑法关于渎职罪的规定追究刑事责任。

根据2002年最高人民检察院《关于企业事业单位的公安机构在机构改革过程中其工作人员能否构成渎职侵权犯罪主体问题的批复》，企业事业单位的公安机构在机构改革过程中虽尚未列入公安机关建制，其工作人员在行使侦查职责时，实施渎职侵权行为的，可以成为渎职侵权犯罪的主体。需要说明的是，并非任何国家机关的工作人员都可以成为任何渎职罪的主体，刑法的某些条文根据各种具体渎职罪的性质，对国家机关工作人员的范围进一步作出了限制。如徇私舞弊不征、少征税款罪的主体，必须是税务机关的工作人员。

关于渎职罪的主体，有两点需要注意：第一，故意泄露国家秘密罪、过失泄露国家秘密罪的主体可以是非国家机关工作人员；第二，对于军人违反职责的犯罪，在刑法有特别规定的情况下，应适用特别规定，不应认定为本章的渎职罪。

（4）渎职罪的主观方面大多数出于故意，少数出于过失，故意与过失的具体内容因具体犯罪不同而不同。本章没有目的犯。

二、渎职罪的种类

根据《刑法》分则第九章的规定，渎职罪包括37个罪名：滥用职权罪，玩忽职守罪，故意泄露国家秘密罪，过失泄露国家秘密罪，徇私枉法罪，民事、行政枉法裁判罪，执行判决、裁定失职罪，执行判决、裁定滥用职权罪，枉法仲裁罪，私放在押人员罪，失职致使在押人员脱逃罪，徇私舞弊减刑、假释、暂予监外执行罪，徇私舞弊不移交刑事案件罪，滥用管理公司、证券职权罪，徇私舞弊不征、少征税款罪，徇私舞弊发售发票、抵扣税款、出口退税罪，违法提供出口退税凭证罪，国家机关工作人员签订、履行合同失职被骗罪，违法发放林木采伐许可证罪，环境监管失职罪，食品、药品监管渎职罪，传染病防治失职罪，非法批准征收、征用、占用土地罪，非法低价出让国有土地使用权罪，放纵走私罪，商检徇私舞弊罪，商检失职罪，动植物检疫徇私舞弊罪，动植物检疫失职罪，放纵制售伪劣商品犯罪行为罪，办理偷越国（边）境人员出入境证件罪，放行偷越国（边）境人员罪，不解救被拐卖、绑架妇女、儿童罪，阻碍解救被拐卖、绑架妇女、儿童罪，帮助犯罪分子逃避处罚罪，招收公务员、学生徇私舞弊罪，失职造成珍贵文物损毁、流失罪。

第二节　渎职罪罪名分述

一、滥用职权罪

（一）滥用职权罪的概念和特征

滥用职权罪，是指国家机关工作人员滥用职权，致使公共财产、国家和人民利益遭受重大损失的行为。本罪的主要特征是：

（1）本罪侵犯的客体是国家机关的正常管理活动。

（2）本罪客观方面表现为行为人滥用职权，致使公共财产、国家和人民利益遭受重大损失的行为。滥用职权，是指超越职权的范围或者违背法律授权的宗旨，违反职权程序行使职权。首先，滥用职权应是滥用国家机关工作人员的一般职务权限，如果行为人实施的行为与其一般的职务权限没有任何关系，则不属于滥用职权。其次，行为人或者是以不当目的实施职务行为或者是以不法方法实施职务行为；在出于不当目的实施职务行为的情况下，即使从行为的方法上看没有超越职权，也属于滥用职权。最后，滥用职权的行为违反了职务行为的宗旨，或者说与其职务行为的宗旨相违背。滥用职权的行为主要表现为以下几种情况：一是超越职权，擅自决定或处理没有具体决定、处理权限的事项；二是玩弄职权，随心所欲地对事项作出决定或者处理；三是故意不履行应当履行的职责，或者说任意放弃职责；四是以权谋私、假公济私，不正确地履行职责。

【案例10-2-01】负责建房审批工作的干部柳某，徇情为拆迁范围内违规修建的房屋补办了建设许可证，房主凭此获得补偿款90万元，柳某构成滥用职权罪。

【案例10-2-02】县长郑某擅自允许未经环境评估的水电工程开工，导致该县水域内濒危野生鱼类全部灭绝，郑某构成滥用职权罪。

根据刑法的规定，滥用职权行为，只有致使公共财产、国家和人民利益遭受重大损失的，才符合犯罪客观要件。如何认定“致使公共财产、国家和人民利益遭受重大损失”？根据2012年最高人民法院、最高人民检察院《关于办理渎职刑事案件适用法律若干问题的解释（一）》，国家机关工作人员滥用职权，具有下列情形之一的，应当属于“致使公共财产、国家和人民利益遭受重大损失”：①造成死亡1人以上，或者重伤3人以上，或者轻伤9人以上，或者重伤2人、轻伤3人以上，或者重伤1人、轻伤6人以上的；②造成经济损失30万元以上的；③造成恶劣社会影响的；④其他情形。司法实践中对国家机关工作人员渎职犯罪“造成恶劣社会影响”的认定，在正确认识渎职犯罪行为侵犯的是国家机关公务的合法、公正、有效执行以及人民群众对此的信赖这一法益的基础上，一般可从以下方面予以把握：①渎职行为严重损害国家机关形象，致使政府公信力下降的；②渎职行为引发新闻媒体广泛关注，引起强烈社会反响的；③渎职行为造成大规模上访、暴力冲突等事件，影响国家机关正常职能活动的；④渎职行为诱发民族矛盾纠纷，严重影响民族团结、社会稳定的；⑤渎职行为造成其他恶劣社会影响的。

（3）本罪犯罪主体是特殊主体，即国家机关工作人员。

（4）本罪主观方面必须出于故意，即明知自己是国家机关工作人员，明知自己实施滥用职权行为，明知滥用职权行为会损害国家机关正常管理活动的开展，并且希望或者放任这种结果发生的心理状态。从滥用职权罪与故意毁坏财物罪、故意杀人罪、故意伤害罪等相协调的角度，从罪刑相适应的角度，行为人对于公共财产、国家和人民利益遭受重大损失持过失。

（二）滥用职权罪的认定

滥用职权罪与刑法另有规定的其他滥用职权犯罪之间的关系。刑法还规定了其他滥用职权的犯罪，如徇私枉法罪，民事、行政枉法裁判罪，私放在押人员罪等。这些犯罪与滥用职权罪之间属于法条竞合的关系，行为人的行为同时触犯滥用职权罪的规定和其他有关条款规定的，应当按照特别法的规定定罪处罚。

（三）滥用职权罪的刑事责任

依照《刑法》第397条的规定，犯本罪的，处3年以下有期徒刑或者拘役；情节特别严重的，处3年以上7年以下有期徒刑。国家机关工作人员徇私舞弊犯滥用职权罪的，处5年以下有期徒刑或者拘役；情节特别严重的，处5年以上10年以下有期徒刑。

二、玩忽职守罪

（一）玩忽职守罪的概念和特征

玩忽职守罪，是指国家机关工作人员玩忽职守，致使公共财产、国家和人民的利益遭受重大损失的行为。本罪的主要特征是：

（1）本罪侵犯的客体是国家机关的正常管理活动。

（2）本罪客观方面表现为行为人玩忽职守，致使公共财产、国家和人民利益遭受重大损失的行为。玩忽职守，是指严重不负责任，不履行职责或者不正确履行职责的行为。不履行职责，是指行为人应当履行且有条件、有能力履行职责，但违背职责没有履行，其中包括擅离职守的行为；不正确履行职责，是指在履行职责的过程中，违反职责规定，马虎草率、粗心大意。玩忽职守行为致使公共财产、国家和人民利益遭受重大损失的，才成立本罪。“致使公共财产、国家和人民利益遭受重大损失”的认定标准与滥用职权罪相同。

【案例10-2-03】值班警察与女友电话聊天时接到杀人报警，又闲聊10分钟后才赶往现场，因延迟出警，致被害人被杀、歹徒逃走。值班警察构成玩忽职守罪。

（3）本罪主体必须是国家机关工作人员。根据1998年全国人民代表大会常务委员会《关于惩治骗购外汇、逃汇和非法买卖外汇犯罪的决定》，海关、外汇管理部门的工作人员严重不负责任，造成大量外汇被骗购或者逃汇，致使国家利益遭受重大损失的，以玩忽职守罪论处。

根据2000年最高人民检察院《关于合同制民警能否成为玩忽职守罪主体问题的批复》，合同制民警在依法执行公务期间，属其他依照法律从事公务的人员，应以国家机关工作人员论；对合同制民警在依法执行公务活动中的玩忽职守行为，符合玩忽职守罪构成条件的，依法以玩忽职守罪追究刑事责任。

根据2000年最高人民检察院《关于属工人编制的乡（镇）工商所所长能否依照〈刑法〉第三百九十七条的规定追究刑事责任问题的批复》，经人事部门任命，但为工人编制的乡（镇）工商所所长，依法履行工商行政管理职责时，属其他依照法律从事公务的人员，应以国家机关工作人员论；如果玩忽职守，致使公共财产、国家和人民利益遭受重大损失，以玩忽职守罪追究刑事责任。

村民委员会、居民委员会等基层组织人员协助人民政府从事行政管理工作时，滥用职权、玩忽职守构成犯罪的，应当依照渎职罪的相关规定定罪处罚。

（4）本罪主观方面是过失，即行为人应当预见自己玩忽职守的行为会导致危害结果的发生，但是因为疏忽大意而没有预见，或者已经预见而轻信能够避免这种危害结果发生的心理态度。

（二）玩忽职守罪的认定

（1）玩忽职守罪与滥用职权罪的界限。二者的主要区别是：第一，行为方式不同。玩忽职守罪主要表现为以作为或者不作为的方式不履行职责或者怠于履行职责；滥用职权罪主要表现为以作为的方式超越权限处理无权处理的事务或者不顾职责的程序随心所欲地进行处理。第二，主观罪过不同。玩忽职守罪体现为过失，而滥用职权罪体现为故意。

（2）玩忽职守罪与刑法另有规定的玩忽职守犯罪的界限。刑法另有规定的具有玩忽职守性质的渎职犯罪，如过失泄露国家秘密罪，失职致使在押人员脱逃罪，国家机关工作人员签订、履行合同失职被骗罪，环境监管失职罪，传染病防治失职罪，商检失职罪，动植物检疫失职罪，放纵制售伪劣商品犯罪行为罪，不解救被拐卖、绑架妇女、儿童罪，失职造成珍贵文物损毁、流失罪等。本罪与上述犯罪是法条竞合关系，因此行为人触犯刑法另有规定的特定玩忽职守犯罪的，应当依照特别法的规定定罪处罚。

（3）玩忽职守罪与责任事故犯罪的界限。玩忽职守罪以造成重大损失为构成要件，本质上属于一种责任事故类型的犯罪，与其他责任事故类型的犯罪的不同之处在于它是公务型责任事故。玩忽职守罪与重大飞行事故罪、铁路运营安全事故罪、重大责任事故罪、重大劳动安全事故罪、危险物品肇事罪、工程重大安全事故罪、教育设施重大安全事故罪、消防责任事故罪、妨害传染病防治罪、传染病菌种、毒种扩散罪、医疗事故罪、污染环境罪等责任事故犯罪，在侵犯的客体和犯罪主体方面都是不同的。在犯罪客体方面，本罪侵犯的是国家机关的正常管理活动，后者侵犯的主要是公共安全；在犯罪主体方面，本罪的主体是国家机关工作人员，后者的主体是非国家机关工作人员，一般是企业、事业单位的负责人或者工作人员。

（三）玩忽职守罪的刑事责任

依照《刑法》第397条的规定，犯本罪的，处3年以下有期徒刑或者拘役；情节特别严重的，处3年以上7年以下有期徒刑。犯玩忽职守罪，且徇私舞弊的，处5年以下有期徒刑或者拘役；情节特别严重的，处5年以上10年以下有期徒刑。

三、故意泄露国家秘密罪

（一）故意泄露国家秘密罪的概念和特征

故意泄露国家秘密罪，是指国家机关工作人员违反保守国家秘密法的规定，故意泄露国家秘密，情节严重的行为。本罪的主要特征是：

（1）本罪侵犯的客体是国家的保密制度。

（2）本罪客观方面表现为违反保守国家秘密法的规定，泄露国家秘密，情节严重的行为。违反保守国家秘密法的规定，是指违反《中华人民共和国保守国家秘密法》及其实施条例的规定。国家秘密，是指关于国家的安全和利益，依照法定程序确定，在一定时间内只限一定范围的人员知悉的事项。本罪的成立要求情节严重。根据2006年最高人民检察院《关于渎职侵权犯罪案件立案标准的规定》，故意泄露国家秘密，涉嫌下列情形之一的，应予立案：①泄露绝密级国家秘密1项（件）以上的；②泄露机密级国家秘密2项（件）以上的；③泄露秘密级国家秘密3项（件）以上的；④向境外机构、组织、人员泄露国家秘密，造成或者可能造成危害社会稳定、经济发展、国防安全或者其他严重危害后果的；⑤通过口头、书面或者网络等方式向公众散布、传播国家秘密的；⑥利用职权指使或者强迫他人违反国家保守秘密法的规定泄露国家秘密的；⑦以牟取私利为目的泄露国家秘密的；⑧其他情节严重的情形。

（3）本罪犯罪主体是国家机关工作人员。按照刑法的规定，非国家机关工作人员犯本罪的，也以本罪定罪处罚。

（4）本罪主观方面是故意，即明知自己违反保守国家秘密法规定的行为会发生国家秘密泄露的后果，并且希望或者放任这种结果发生的心理态度。

（二）故意泄露国家秘密罪的认定

（1）本罪与为境外窃取、刺探、收买、非法提供国家秘密、情报罪的区别。二者主要区别表现在：前者的对象只能是国家秘密，后者的对象包括国家秘密与情报；前者的主体主要是国家机关工作人员，后者的主体没有特别限制；前者的行为是泄露国家秘密，后者的行为是为境外的机构、组织、人员窃取、刺探、收买、非法提供国家秘密或者情报；前者要求情节严重，后者不要求情节严重。行为人将国家秘密泄露给境外的机构、组织、人员的，同时符合故意泄露国家秘密罪和为境外窃取、刺探、收买、非法提供国家秘密罪的犯罪构成要件，属于想象竞合，应从一重罪论处。

（2）本罪与非法获取国家秘密罪的区别。二者的关键区别在于客观方面的表现不同：前者表现为将知悉的国家秘密泄露于不应知悉者的行为；后者表现为以窃取、刺探、收买方法非法获取国家秘密的行为。行为人非法获取国家秘密又故意泄露该国家秘密的，实施的两个行为分别符合非法获取国家秘密罪和故意泄露国家秘密罪的犯罪构成要件，而且两者之间存在必然的类型性关系，应当属于牵连犯，从一重罪论处。

（三）故意泄露国家秘密罪的刑事责任

依照《刑法》第398条的规定，犯本罪的，处3年以下有期徒刑或者拘役；情节特别严重的，处3年以上7年以下有期徒刑。非国家机关工作人员犯本罪的，依照上述规定酌情处罚。

四、过失泄露国家秘密罪

过失泄露国家秘密罪，是指行为人违反保守国家秘密法的规定，过失泄露国家秘密，情节严重的行为。

本罪侵犯的客体是国家的保密制度。本罪客观方面表现为行为人违反保守国家秘密法的规定，过失泄露国家秘密，情节严重的行为。“情节严重”根据2006年最高人民检察院《关于渎职侵权犯罪案件立案标准的规定》予以认定。本罪主体既包括国家机关工作人员，也包括非国家机关工作人员。本罪的主观方面是过失，即应当预见自己违反保守国家秘密法的行为会发生泄露国家秘密的后果，因为疏忽大意而没有预见或者已经预见而轻信能够避免这种结果发生的心理态度。

依照《刑法》第398条的规定，犯本罪的，处3年以下有期徒刑或者拘役；情节特别严重的，处3年以上7年以下有期徒刑。非国家机关工作人员犯本罪的，依照上述规定酌情处罚。

五、徇私枉法罪

（一）徇私枉法罪的概念和特征

徇私枉法罪，是指司法工作人员徇私枉法、徇情枉法，对明知是无罪的人而使他受追诉，对明知是有罪的人而故意包庇不使他受追诉，或者在刑事审判活动中故意违背事实和法律作枉法裁判的行为。本罪的主要特征是：

（1）本罪侵犯的客体是司法机关的正常活动和司法机关的威信。

（2）本罪客观方面表现为司法工作人员徇私枉法、徇情枉法，对明知是无罪的人而使他受追诉，对明知是有罪的人而故意包庇不使他受追诉，或者在刑事审判活动中故意违背事实和法律作枉法裁判的行为。具体包括：①对明知是无罪的人而使他受追诉。即对没有实施危害社会行为，或者对情节显著轻微危害不大，不认为是犯罪以及其他依照刑法规定不负刑事责任的人，采取伪造、隐匿、毁灭证据或者其他隐瞒事实、违背法律的手段，以追究刑事责任为目的进行侦查、起诉、审判等追诉活动。②对明知是有罪的人而故意包庇不使他受追诉。这是指对有确凿事实证明其实施犯罪的人，采取伪造、隐匿、毁灭证据或者其他隐瞒事实、违背法律的手段，故意包庇使其不受侦查、起诉或者审判。故意包庇不使受追诉的犯罪事实，既可以是全部犯罪事实，也可以是部分犯罪事实。③在刑事审判活动中故意违背事实和法律作枉法裁判。这是指枉法进行裁定、判决，使有罪判无罪、无罪判有罪或者重罪轻判、轻罪重判。

【案例10-2-04】乙的孙子丙因涉嫌抢劫被刑拘。乙托甲设法使丙脱罪，并承诺事成后付其10万元。甲与公安局副局长丁早年认识，但多年未见面。甲托丁对丙作无罪处理，丁不同意，甲便以揭发其隐私相要挟，丁被迫按甲的要求处理案件。后甲收到乙10万元现金。丁的行为构成徇私枉法罪。

（3）本罪主体是特殊主体，即司法工作人员。司法工作人员，是指有侦查、检察、审判、监管职责的工作人员。非司法工作人员与司法工作人员勾结，共同实施徇私枉法行为，可以构成徇私枉法罪的共犯。

（4）本罪主观方面是故意，即明知自己徇私枉法的行为会扰乱司法机关的正常活动和损害司法机关的威信，仍然决意实施徇私枉法行为，并且希望或者放任该危害结果发生的心理态度。徇私、徇情是犯罪动机。

（二）徇私枉法罪的认定

（1）徇私枉法罪与帮助毁灭、伪造证据罪的关系。司法工作人员通过帮助当事人毁灭、伪造证据的方法徇私枉法的，同时符合徇私枉法罪和帮助毁灭、伪造证据罪的犯罪构成要件。因为行为人只实施了一个行为，即毁灭、伪造证据的行为，属于想象竞合犯，应当从一重罪处，即以徇私枉法罪定罪处罚。

（2）徇私枉法罪与伪证罪的界限。二者区别在于：①主体不同。徇私枉法罪的主体限于有侦查、起诉、审判等司法职责的人员，而伪证罪的主体为证人、鉴定人、记录人、翻译人。②客观方面不同。徇私枉法罪限于利用司法职务的便利条件，而伪证罪则不需要利用任何职务上的便利条件。

（3）司法工作人员收受贿赂又实施徇私枉法行为的，按照《刑法》第399条第4款的规定，依照处罚较重的规定定罪处罚。

（三）徇私枉法罪的刑事责任

依照《刑法》第399条的规定，犯本罪的，处5年以下有期徒刑或者拘役；情节严重的，处5年以上10年以下有期徒刑；情节特别严重的，处10年以上有期徒刑。司法工作人员收受贿赂犯本罪，同时又构成受贿罪的，依照处罚较重的规定定罪处罚。

六、民事、行政枉法裁判罪

民事、行政枉法裁判罪，是指在民事、行政审判活动中故意违背事实和法律作枉法裁判，情节严重的行为。

本罪侵犯的客体是司法机关的正常活动。本罪的客观方面表现为在民事、行政审判活动中违背事实和法律作枉法裁判，情节严重的行为。本罪的主体是司法工作人员。本罪的主观方面是故意，即明知在民事、行政审判活动中违背事实和法律作枉法裁判会危害司法机关的正常活动，仍然决意实施该行为，并且希望或者放任这种结果发生的心理态度。

依照《刑法》第399条的规定，犯本罪的，处5年以下有期徒刑或者拘役；情节特别严重的，处5年以上10年以下有期徒刑。司法工作人员收受贿赂犯本罪，同时又构成受贿罪的，依照处罚较重的规定定罪处罚。

七、执行判决、裁定失职罪

执行判决、裁定失职罪，是指在执行判决、裁定活动中，严重不负责任，不依法采取诉讼保全措施，不履行法定执行职责，致使当事人或者其他人的利益遭受重大损失的行为。

本罪侵犯的客体是司法机关的正常活动。本罪的客观方面表现为行为人在执行判决、裁定活动中，严重不负责任，不依法采取诉讼保全措施，不履行法定执行职责，致使当事人或者其他人的利益遭受重大损失的行为。本罪主体是司法工作人员。本罪的主观方面是过失。

依照《刑法》第399条第3、4款的规定，犯本罪的，处5年以下有期徒刑或者拘役；致使当事人或者其他人的利益遭受特别重大损失的，处5年以上10年以下有期徒刑。司法工作人员收受贿赂犯本罪，同时又构成受贿罪的，依照处罚较重的规定定罪处罚。

八、执行判决、裁定滥用职权罪

执行判决、裁定滥用职权罪，是指在执行判决、裁定活动中，滥用职权，违法采取诉讼保全措施、强制执行措施，致使当事人或者其他人的利益遭受重大损失的行为。

本罪侵犯的客体是司法机关的正常活动。本罪的客观方面表现为行为人在执行判决、裁定活动中，滥用职权，违法采取诉讼保全措施、强制执行措施，致使当事人或者其他人的利益遭受重大损失的行为。本罪主体是司法工作人员。本罪的主观方面是故意。

依照《刑法》第399条第3、4款的规定，犯本罪的，处5年以下有期徒刑或者拘役；致使当事人或者其他人的利益遭受特别重大损失的，处5年以上10年以下有期徒刑。司法工作人员收受贿赂犯本罪，同时又构成受贿罪的，依照处罚较重的规定定罪处罚。

九、枉法仲裁罪

枉法仲裁罪，是指依法承担仲裁职责的人员，在仲裁活动中故意违背事实和法律作枉法仲裁，情节严重的行为。

本罪侵犯的客体是仲裁机构的正常活动。本罪的客观方面表现为在仲裁活动中故意违背事实和法律作枉法仲裁，情节严重的行为。本罪的主体是特殊主体，即在仲裁机构中承担仲裁职责的人员。本罪的主观方面是故意，包括直接故意和间接故意。

依照《刑法》第399条之一的规定，犯本罪的，处3年以下有期徒刑或者拘役；情节特别严重的，处3年以上7年以下有期徒刑。

十、私放在押人员罪

（一）私放在押人员罪的概念和特征

私放在押人员罪，是指司法工作人员私放在押的犯罪嫌疑人、被告人或者罪犯的行为。

本罪侵犯的客体是司法机关的正常活动。犯罪对象是在押的犯罪嫌疑人、被告人或者罪犯。本罪的客观方面表现为司法工作人员私放在押的犯罪嫌疑人、被告人或者罪犯的行为。私放在押人员的行为利用了职务上的便利，既可以表现为作为，也可以表现为不作为。例如，私自释放在押的犯罪嫌疑人、被告人、罪犯，或者授意、指使、强迫他人释放在押的犯罪嫌疑人、被告人、罪犯；伪造、变造有关法律文书，以使在押的犯罪嫌疑人、被告人、罪犯脱逃；为在押的犯罪嫌疑人、被告人、罪犯通风报信、提供条件，帮助其脱逃；明知罪犯脱逃而故意不阻拦、不追捕。本罪主体必须是司法工作人员。根据2001年最高人民检察院《关于工人等非监管机关在编监管人员私放在押人员行为和失职致使在押人员脱逃行为适用法律问题的解释》，工人等非监管机关在编监管人员在被监管机关聘用受委托履行监管职责的过程中，私放在押人员的，应以私放在押人员罪追究刑事责任。本罪主观方面是故意，即明知是在押的犯罪嫌疑人、被告人或者罪犯，明知自己的私放行为会使犯罪嫌疑人、被告人或者罪犯逃避监管，从而危害司法机关的正常活动，并且希望或者放任这种结果发生。

（二）私放在押人员罪的认定

私放在押人员罪与脱逃罪的共犯应加以区别。非司法工作人员帮助在押人员脱逃的，应以脱逃罪的共犯论处；司法工作人员虽帮助在押人员脱逃，但没有利用职务之便的，也应以脱逃罪的共犯论处。此外，司法工作人员私放在押人员，被释放的在押人员原则上构成脱逃罪，而不是成立私放在押人员罪的共犯。

（三）私放在押人员罪的刑事责任

依照《刑法》第400条第1款的规定，犯本罪的，处5年以下有期徒刑或者拘役；情节严重的，处5年以上10年以下有期徒刑；情节特别严重的，处10年以上有期徒刑。

十一、失职致使在押人员脱逃罪

失职致使在押人员脱逃罪，是指司法工作人员由于严重不负责任，致使在押的犯罪嫌疑人、被告人或者罪犯脱逃，造成严重后果的行为。

本罪侵犯的客体是司法机关的正常活动。犯罪客观方面表现为司法工作人员由于严重不负责任，致使在押的犯罪嫌疑人、被告人或者罪犯脱逃，造成严重后果的行为。本罪主体是司法工作人员。本罪的主观方面是过失。

依照《刑法》第400条第2款的规定，犯本罪的，处3年以下有期徒刑或者拘役；造成特别严重后果的，处3年以上10年以下有期徒刑。

十二、徇私舞弊减刑、假释、暂予监外执行罪

徇私舞弊减刑、假释、暂予监外执行罪，是指司法工作人员徇私舞弊，对不符合减刑、假释、暂予监外执行条件的罪犯，予以减刑、假释或者暂予监外执行的行为。

本罪侵犯的客体是司法机关的正常活动。本罪的客观方面表现为司法工作人员徇私舞弊，对不符合减刑、假释、暂予监外执行条件的罪犯，予以减刑、假释或者暂予监外执行的行为。应当追诉的情形，根据2006年最高人民检察院《关于渎职侵权犯罪案件立案标准的规定》予以确定。本罪主体是司法工作人员。本罪的主观方面是故意，且具有徇私的动机。

依照《刑法》第401条的规定，犯本罪的，处3年以下有期徒刑或者拘役；情节严重的，处3年以上7年以下有期徒刑。

十三、徇私舞弊不移交刑事案件罪

徇私舞弊不移交刑事案件罪，是指行政执法人员徇私舞弊，对依法应当移交司法机关追究刑事责任的案件不移交，情节严重的行为。

本罪侵犯的客体是行政执法机关和司法机关的正常活动。本罪的客观方面表现为行政执法人员徇私舞弊，对依法应当移交司法机关追究刑事责任的案件不移交，情节严重的行为。本罪的主体是行政执法人员，包括在公安、工商、税务、海关、检疫等行政机关中依法行使行政职权的国家机关工作人员。本罪主观方面是故意，即在行政执法过程中，行为人明知其执法对象的行为依法应当移交司法机关追究刑事责任而不移交，会危害行政执法机关和司法机关的正常活动，仍然决意不移交，从而希望或者放任这种危害结果发生的心理态度。

依照《刑法》第402条的规定，犯本罪的，处3年以下有期徒刑或者拘役；造成严重后果的，处3年以上7年以下有期徒刑。

十四、滥用管理公司、证券职权罪

滥用管理公司、证券职权罪，是指国家有关主管部门的国家机关工作人员，徇私舞弊，滥用职权，对不符合法律规定条件的公司设立、登记申请或者股票、债券发行、上市申请，予以批准或者登记，致使公共财产、国家和人民利益遭受重大损失的行为。

本罪侵犯的客体是国家对公司设立和登记、股票和债券发行和上市的正常管

理秩序。本罪客观方面表现为国家有关主管部门的国家机关工作人员，徇私舞弊，滥用职权，对不符合法律规定条件的公司设立、登记申请或者股票、债券发行、上市申请，予以批准或者登记，致使公共财产、国家和人民利益遭受重大损失的行为。本罪的主体是国家有关主管部门的国家机关工作人员。本罪主观方面是故意，且具有徇私的动机。

依照《刑法》第403条的规定，犯本罪的，处5年以下有期徒刑或者拘役。上级部门强令登记机关及其工作人员实施上述行为的，对其直接负责的主管人员，依照上述规定处罚。

十五、徇私舞弊不征、少征税款罪

徇私舞弊不征、少征税款罪，是指税务机关的工作人员徇私舞弊，不征或者少征应征税款，致使国家税收遭受重大损失的行为。

本罪侵犯的客体是国家税收征管秩序。本罪客观方面表现为税务机关的工作人员徇私舞弊，不征或者少征应征税款，致使国家税收遭受重大损失的行为。本罪的主体是税务机关的工作人员。本罪主观方面是故意，且具有徇私的动机。

依照《刑法》第404条的规定，犯本罪的，处5年以下有期徒刑或者拘役；造成特别重大损失的，处5年以上有期徒刑。

十六、徇私舞弊发售发票、抵扣税款、出口退税罪

徇私舞弊发售发票、抵扣税款、出口退税罪，是指税务机关的工作人员违反法律、行政法规的规定，在办理发售发票、抵扣税款、出口退税工作中，徇私舞弊，致使国家利益遭受重大损失的行为。

本罪侵犯的客体是国家发票、税收管理秩序。本罪的客观方面表现为税务机关的工作人员违反法律、行政法规的规定，在办理发售发票、抵扣税款、出口退税工作中，徇私舞弊，致使国家利益遭受重大损失的行为。本罪主体是税务机关的工作人员。本罪的主观方面是故意，且具有徇私的动机。

依照《刑法》第405条的规定，犯本罪的，处5年以下有期徒刑或者拘役；致使国家利益遭受特别重大损失的，处5年以上有期徒刑。

十七、违法提供出口退税凭证罪

违法提供出口退税凭证罪，是指国家机关工作人员违反国家规定，在提供出

口货物报关单、出口收汇核销单等出口退税凭证的工作中，徇私舞弊，致使国家利益遭受特别重大损失的行为。

本罪侵犯的客体是国家税收管理秩序。本罪的客观方面表现为国家机关工作人员违反国家规定，在提供出口货物报关单、出口收汇核销单等出口退税凭证的工作中，徇私舞弊，致使国家利益遭受特别重大损失的行为。本罪主体是税务机关以外的其他国家机关的工作人员。本罪的主观方面是故意，且具有徇私的动机。

依照《刑法》第405条的规定，犯本罪的，处5年以下有期徒刑或者拘役；致使国家利益遭受特别重大损失的，处5年以上有期徒刑。

十八、国家机关工作人员签订、履行合同失职被骗罪

国家机关工作人员签订、履行合同失职被骗罪，是指国家机关工作人员在签订、履行合同过程中，因严重不负责任被诈骗，致使国家利益遭受重大损失的行为。

本罪侵犯的客体是国家机关的正常活动。本罪的客观方面表现为国家机关工作人员在签订、履行合同过程中，因严重不负责任被诈骗，致使国家利益遭受重大损失的行为。根据2006年最高人民检察院《关于渎职侵权犯罪案件立案标准的规定》，国家机关工作人员签订、履行合同失职被骗案，涉嫌下列情形之一的，应予立案：造成直接经济损失30万元以上，或者直接经济损失不满30万元，但间接经济损失150万元以上的；其他致使国家利益遭受重大损失的情形。本罪主体是国家机关的工作人员。本罪主观方面是过失。在认定这类案件性质时，要注意区分本罪与签订、履行合同失职被骗罪的界限。二者区别就在于主体不同。本罪主体是国家机关工作人员，而后罪的主体为国有公司、企业、事业单位直接负责的主管人员。

依照《刑法》第406条的规定，犯本罪的，处3年以下有期徒刑或者拘役；致使国家利益遭受特别重大损失的，处3年以上7年以下有期徒刑。

十九、违法发放林木采伐许可证罪

违法发放林木采伐许可证罪，是指林业主管部门的工作人员违反森林法的规定，超过批准的年采伐限额发放林木采伐许可证或者违反规定滥发林木采伐许可证，情节严重，致使森林遭受严重破坏的行为。

本罪侵犯的客体是国家正常的林业管理活动。本罪的客观方面表现为林业主管部门的工作人员违反森林法的规定，超过批准的年采伐限额发放林木采伐许可

证或者违反规定滥发林木采伐许可证，情节严重，致使森林遭受严重破坏的行为。本罪主体是国家林业部门的工作人员。本罪的主观方面是故意。

依照《刑法》第407条的规定，犯本罪的，处3年以下有期徒刑或者拘役。

二十、环境监管失职罪

环境监管失职罪，是指负有环境保护监督管理职责的国家机关工作人员严重不负责任，导致发生重大环境污染事故，致使公私财产遭受重大损失或者造成人身伤亡的严重后果的行为。

本罪侵犯的客体是国家正常的环境监管活动。本罪的客观方面表现为负有环境保护监督管理职责的国家机关工作人员严重不负责任，导致发生重大环境污染事故，致使公私财产遭受重大损失或者造成人身伤亡的严重后果的行为。本罪主体是负有环境监督管理职责的国家机关工作人员。本罪的主观方面是过失。

依照《刑法》第408条的规定，犯本罪的，处3年以下有期徒刑或者拘役。

二十一、食品、药品监管渎职罪

食品、药品监管渎职罪，是指负有食品药品安全监督管理职责的国家机关工作人员，滥用职权或者玩忽职守，造成严重后果或者有其他严重情节的行为。

本罪侵犯的客体是国家正常的食品药品安全监管活动。本罪的客观方面表现为有食品药品安全监督管理职责的国家机关工作人员，滥用职权或者玩忽职守，造成严重后果或者有其他严重情节的行为。行为要件表现为：①瞒报、谎报食品安全事故、药品安全事件的；②对发现的严重食品药品安全违法行为未按规定查处的；③在药品和特殊食品审批审评过程中，对不符合条件的申请准予许可的；④依法应当移交司法机关追究刑事责任不移交的；⑤有其他滥用职权或者玩忽职守行为的。本罪主体是负有食品药品安全监督管理职责的国家机关工作人员。本罪的主观方面可以是故意，也可以是过失。在犯本罪过程中受贿的，应当以本罪和受贿罪数罪并罚。

依照《刑法》第408条之一的规定，犯本罪的，处5年以下有期徒刑或者拘役；造成特别严重后果或者有其他特别严重情节的，处5年以上10年以下有期徒刑。徇私舞弊犯本罪的，从重处罚。

二十二、传染病防治失职罪

传染病防治失职罪，是指从事传染病防治的政府卫生行政部门的工作人员严重不负责任，导致传染病传播或者流行，情节严重的行为。

本罪侵犯的客体是国家正常的传染病防治管理活动。本罪的客观方面表现为从事传染病防治的政府卫生行政部门的工作人员严重不负责任，导致传染病传播或者流行，情节严重的行为。本罪主体是从事传染病防治的政府卫生行政部门的工作人员。本罪的主观方面是过失。

依照《刑法》第409条的规定，犯本罪的，处3年以下有期徒刑或拘役。

二十三、非法批准征收、征用、占用土地罪

非法批准征收、征用、占用土地罪，是指国家机关工作人员徇私舞弊，违反土地管理法规，滥用职权，非法批准征收、征用、占用土地，情节严重的行为。

本罪侵犯的客体是国家正常的土地管理活动。本罪的客观方面表现为国家机关工作人员徇私舞弊，违反土地管理法规，滥用职权，非法批准征收、征用、占用土地，情节严重的行为。根据2001年全国人民代表大会常务委员会《关于〈中华人民共和国刑法〉第二百二十八条、第三百四十二条、第四百一十条的解释》，违反土地管理法规，是指违反土地管理法、森林法、草原法等法律以及有关行政法规中关于土地管理的规定。非法批准征收、征用、占用土地，是指非法批准征收、征用、占用耕地、林地等农用地以及其他土地。本罪主体是国家机关工作人员。本罪主观方面是故意。

依照《刑法》第410条的规定，犯本罪的，处3年以下有期徒刑或者拘役；致使国家或者集体利益遭受特别重大损失的，处3年以上7年以下有期徒刑。

二十四、非法低价出让国有土地使用权罪

非法低价出让国有土地使用权罪，是指国家机关工作人员徇私舞弊，违反土地管理法规，滥用职权，非法低价出让国有土地使用权，情节严重的行为。

本罪侵犯的客体是国家正常的土地管理活动。本罪的客观方面表现为国家机关工作人员徇私舞弊，违反土地管理法规，滥用职权非法低价出让国有土地使用权，情节严重的行为。本罪主体是国家机关的工作人员。本罪的主观方面是故意。

依照《刑法》第410条的规定，犯本罪的，处3年以下有期徒刑或者拘役；致使国家或者集体利益遭受特别重大损失的，处3年以上7年以下有期徒刑。

二十五、放纵走私罪

放纵走私罪，是指海关工作人员徇私舞弊，放纵走私，情节严重的行为。

本罪侵犯的客体是国家海关的正常管理活动。本罪的客观方面表现为海关工作人员徇私舞弊，放纵走私，情节严重的行为。本罪的主体是海关工作人员。本罪的主观方面是故意。关于本罪与走私犯罪的共犯的界限，关键在于海关工作人员与走私犯罪的行为人是否有共谋。根据2002年最高人民法院、最高人民检察院、海关总署《关于办理走私刑事案件适用法律若干问题的意见》，如果海关工作人员与走私分子通谋，在放纵走私过程中以积极的行为配合走私分子逃避海关监管或者在放纵走私之后分得赃款的，应当以共同走私犯罪追究刑事责任。海关工作人员收受贿赂又放纵走私的，应以受贿罪和放纵走私罪数罪并罚。

依照《刑法》第411条的规定，犯本罪的，处5年以下有期徒刑或者拘役；情节特别严重的，处5年以上有期徒刑。

二十六、商检徇私舞弊罪

商检徇私舞弊罪，是指国家商检部门、商检机构的工作人员徇私舞弊，伪造检验结果的行为。

本罪侵犯的客体是国家正常的商检活动。本罪的客观方面表现为国家商检部门、商检机构的工作人员徇私舞弊，伪造检验结果的行为。本罪的主体是国家商检部门或者商检机构的工作人员。本罪的主观方面是故意。

依照《刑法》第412条的规定，犯本罪的，处5年以下有期徒刑或者拘役；造成严重后果的，处5年以上10年以下有期徒刑。

二十七、商检失职罪

商检失职罪，是指国家商检部门、商检机构的工作人员严重不负责任，对应当检验的物品不检验，或者延误检验出证、错误出证，致使国家利益遭受重大损失的行为。

本罪侵犯的客体是国家正常的商检活动。本罪的客观方面表现为行为人严重不负责任，对应当检验的物品不检验，或者延误检验出证、错误出证，致使国家利益遭受重大损失的行为。本罪的主体是国家商检部门或者商检机构的工作人员。本罪的主观方面是过失。

依照《刑法》第412条的规定，犯本罪的，处3年以下有期徒刑或者拘役。

二十八、动植物检疫徇私舞弊罪

动植物检疫徇私舞弊罪，是指动植物检疫机关的检疫人员徇私舞弊，伪造检疫结果的行为。

本罪侵犯的客体是国家正常的动植物检疫活动。本罪的客观方面表现为行为人徇私舞弊，伪造检疫结果的行为。本罪的主体是动植物检疫机关的检疫人员。本罪的主观方面是故意，且具有徇私的动机。

依照《刑法》第413条的规定，犯本罪的，处5年以下有期徒刑或者拘役；造成严重后果的，处5年以上10年以下有期徒刑。

二十九、动植物检疫失职罪

动植物检疫失职罪，是指动植物检疫机关的检疫人员严重不负责任，对应当检疫的检疫物不检疫，或者延误检疫出证、错误出证，致使国家利益遭受重大损失的行为。

本罪侵犯的客体是国家正常的动植物检疫活动。本罪的客观方面表现为行为人严重不负责任，对应当检疫的检疫物不检疫，或者延误检疫出证、错误出证，致使国家利益遭受重大损失的行为。本罪主体是动植物检疫机关的检疫人员。本罪主观方面是过失。

依照《刑法》第413条第2款的规定，犯本罪的，处3年以下有期徒刑或者拘役。

三十、放纵制售伪劣商品犯罪行为罪

放纵制售伪劣商品犯罪行为罪，是指对生产、销售伪劣商品犯罪行为负有追究责任的国家机关工作人员，徇私舞弊，不履行法律规定的追究职责，情节严重的行为。

本罪侵犯的客体是国家机关正常的商品管理活动。本罪客观方面表现为对生产、销售伪劣商品犯罪行为负有追究责任的国家机关工作人员，徇私舞弊，不履行法律规定的追究职责，情节严重的行为。本罪主体是对生产、销售伪劣商品犯罪行为负有追究责任的国家机关工作人员。本罪的主观方面是故意，且具有徇私的动机。

依照《刑法》第414条的规定，犯本罪的，处5年以下有期徒刑或者拘役。

三十一、办理偷越国（边）境人员出入境证件罪

办理偷越国（边）境人员出入境证件罪，是指负责办理护照、签证以及其他出入境证件的国家机关工作人员，对明知是企图偷越国（边）境的人员，予以办

理出入境证件的行为。

本罪侵犯的客体是国家机关正常的国（边）境管理活动。本罪的客观方面表现为行为人对明知是企图偷越国（边）境的人员予以办理出入境证件的行为。本罪主体是负责办理护照、签证以及其他出入境证件的国家机关工作人员。本罪的主观方面是故意。

依照《刑法》第415条的规定，犯本罪的，处3年以下有期徒刑或者拘役；情节严重的，处3年以上7年以下有期徒刑。

三十二、放行偷越国（边）境人员罪

放行偷越国（边）境人员罪，是指边防、海关等国家机关工作人员，对明知是偷越国（边）境的人员，予以放行的行为。

本罪侵犯的客体是国家机关正常的国（边）境管理活动。本罪的客观方面表现为行为人对明知是偷越国（边）境的人员，予以放行的行为。本罪的主体是边防、海关等国家机关工作人员。本罪的主观方面是故意。

依照《刑法》第415条的规定，犯本罪的，处3年以下有期徒刑或者拘役；情节严重的，处3年以上7年以下有期徒刑。

三十三、不解救被拐卖、绑架妇女、儿童罪

不解救被拐卖、绑架妇女、儿童罪，是指对被拐卖、绑架的妇女、儿童负有解救职责的国家机关工作人员，接到被拐卖、绑架的妇女、儿童及其家属的解救要求或者接到其他人的举报，而对被拐卖、绑架的妇女、儿童不进行解救，造成严重后果的行为。

本罪侵犯的客体是国家机关的正常活动。本罪的客观方面表现为行为人接到被拐卖、绑架的妇女、儿童及其家属的解救要求或者接到其他人的举报，而对被拐卖、绑架的妇女、儿童不进行解救，造成严重后果的行为。本罪是纯正的不作为犯。本罪的主体是对被拐卖、绑架的妇女、儿童负有解救职责的国家机关工作人员。本罪的主观方面是故意。

依照《刑法》第416条第1款的规定，犯本罪的，处5年以下有期徒刑或者拘役。

三十四、阻碍解救被拐卖、绑架妇女、儿童罪

阻碍解救被拐卖、绑架妇女、儿童罪，是指对被拐卖、绑架的妇女、儿童负

有解救职责的国家机关工作人员，利用职务阻碍解救的行为。

本罪侵犯的客体是国家机关的正常活动。本罪的客观方面表现为对被拐卖、绑架的妇女、儿童负有解救职责的国家机关工作人员，利用职务阻碍解救的行为。本罪的主体是负有解救职责的国家机关工作人员。本罪的主观方面是故意。

依照《刑法》第416条的规定，犯本罪的，处2年以上7年以下有期徒刑；情节较轻的，处2年以下有期徒刑或者拘役。

三十五、帮助犯罪分子逃避处罚罪

帮助犯罪分子逃避处罚罪，是指有查禁犯罪活动职责的国家机关工作人员，向犯罪分子通风报信、提供便利，帮助犯罪分子逃避处罚的行为。

本罪侵犯的客体是国家机关的正常活动。本罪的客观方面表现为有查禁犯罪活动职责的国家机关工作人员，向犯罪分子通风报信、提供便利，帮助犯罪分子逃避处罚的行为。通风报信，是指向犯罪分子有意泄露或者直接告知犯罪分子有关部门查禁活动的部署、措施、时间、地点等情况的行为。提供便利，是指为犯罪分子提供隐蔽处所、交通工具、通信设备或其他便利条件，协助其逃避法律追究的行为。本罪主体是有查禁犯罪活动职责的国家机关工作人员，包括公安机关、国家安全机关、检察机关、审判机关中的司法工作人员。在司法实践中，查禁犯罪活动职责不仅指司法机关依法负有的刑事侦查、检察、审判、刑罚执行等职责，也包括法律赋予相关行政机关的查禁犯罪活动的职责。例如，烟草专卖局接受有关国家行政机关的委托，代表有关国家行政机关依法行使烟草专卖市场稽查和查处违反烟草专卖行为等行政执法权。烟草专卖局稽查队的工作人员在履职过程中，采用通风报信的手法，多次将突击检查假烟销售行动的部署安排透露给销售假烟的犯罪分子，致使犯罪分子逃避刑事处罚的，构成帮助犯罪分子逃避处罚罪。本罪主观方面是故意，具有使犯罪分子逃避处罚的目的。

根据1998年最高人民法院、最高人民检察院、公安部、国家工商行政管理局《关于依法查处盗窃、抢劫机动车案件的规定》，公安人员对盗窃、抢劫的机动车辆，非法提供机动车牌证或者为其取得机动车牌证提供便利，帮助犯罪分子逃避处罚的，以本罪论处。

罪与非罪的界限。有查禁犯罪活动职责的警察，向行政违法者通风报信、提供便利，帮助其逃避行政处罚，即使行政违法者实际犯有其他罪行，但违规警察实施帮助行为时不明知的，不构成本罪。

依照《刑法》第417条的规定，犯本罪的，处3年以下有期徒刑或者拘役；情节严重的，处3年以上10年以下有期徒刑。

三十六、招收公务员、学生徇私舞弊罪

招收公务员、学生徇私舞弊罪，是指国家机关工作人员在招收公务员、学生工作中徇私舞弊，情节严重的行为。

本罪侵犯的客体是国家机关的正常活动。本罪的客观方面表现为国家机关工作人员在招收公务员、学生工作中徇私舞弊，情节严重的行为。本罪的主体是国家机关工作人员。本罪的主观方面是故意，且具有徇私的动机。

依照《刑法》第418条的规定，犯本罪的，处3年以下有期徒刑或者拘役。

三十七、失职造成珍贵文物损毁、流失罪

失职造成珍贵文物损毁、流失罪，是指国家机关工作人员严重不负责任，造成珍贵文物损毁或者流失，后果严重的行为。

本罪侵犯的客体是国家对珍贵文物的管理活动。本罪的客观方面表现为国家机关工作人员严重不负责任，造成珍贵文物损毁或者流失，后果严重的行为。根据2015年最高人民法院、最高人民检察院《关于办理妨害文物管理等刑事案件适用法律若干问题的解释》，“后果严重”的情形包括：①导致二级以上文物或者五件以上三级文物损毁或者流失的；②导致全国重点文物保护单位、省级文物保护单位的本体严重损毁或者灭失的；③其他后果严重的情形。本罪主体是国家机关工作人员。本罪的主观方面是过失。

依照《刑法》第419条的规定，犯本罪的，处3年以下有期徒刑或者拘役。

思考题

1. 徇私舞弊是主观要素，还是客观要素？

2. 普通的滥用职权罪、玩忽职守罪与特殊的滥用职权、玩忽职守犯罪之间的关系是什么？

3. 滥用职权罪的罪过是什么？

4. 滥用职权罪与玩忽职守罪之间的区别是什么？

阅读书目

1. 陈兴良：《判例刑法教程》（分则篇），北京大学出版社2015年版。

2. 李忠诚：《渎职罪实体认定与程序适用问题研究》，中国检察出版社2017年版。

3. 林山田：《刑法各罪论》，北京大学出版社2012年版。

第十一章　军人违反职责罪

军人违反职责罪，实际上属于军事犯罪，也可归结为普通犯罪中的一种特殊犯罪。本类犯罪的结构在刑法分则中具有一定的特殊性，其内容也具有相对独立性。

第一节　军人违反职责罪概述

一、军人违反职责罪的概念和特征

军人违反职责罪，是指军人违反职责，危害国家军事利益，依照法律应当受刑罚处罚的行为。本类犯罪的主要特征是：

（1）本类犯罪侵犯的是国家的军事利益。军事利益，是指国家的军事设施、军事装备、国防建设、武装斗争、军事后勤供给、军事技术研究等方面的利益。军事利益是直接关系着国家安危和人民幸福的利益，是国家最基本的利益；如果国家的军事利益受到侵害，国家即受到威胁，则无法实现国家和人民的其他利益。因此，军事利益应当受到国家法律的保护。

（2）本类犯罪在客观方面表现为行为人实施了违反军人职责、危害国家军事利益的行为。违反军人职责，是指行为人不遵守国家有关军事法规命令、条例等所确定的具体职责。这些职责有些是针对所有军人的普遍性的职责，如《中华人民共和国兵役法》规定“军人必须遵守军队的条令和条例，忠于职守，随时为保卫祖国而战斗”。有些是针对特定种类的军人作出的具体规定，如战斗条令、舰艇条令等。危害国家军事利益，是指行为人违反军人职责的行为导致了对国家军事利益的侵害。军人违反职责的行为，既可以表现为作为，也可以表现为不作为，前者如逃离部队罪、阻碍执行军事职务罪，后者如遗弃伤病军人罪、玩忽军事职守罪。有的犯罪既可以由作为构成，也可以由不作为构成，如战时违抗命令罪。法定的时间、地点是本类犯罪中某些犯罪构成的必要客观条件，如“战时”“战场”等。

（3）本类犯罪的主体为特殊主体，即军人[①]。具体包括下列四类：第一，中国人民解放军和中国人民武装警察部队现役军人，包括中国人民解放军的现役军官、文职干部、士兵及具有军籍的学员和中国人民武装警察部队的现役警官、文职干部、士兵及具有军籍的学员。中国人民武装警察部队是我国武装力量的一部分，也采取兵役制。武警部队的官兵在服役期间享有军籍，履行军职。现役军人从公民被兵役机关正式批准入伍之日起，至其为部队批准退役、退休、离休或被除名、开除之日为止。在军人服役期间犯军人违反职责罪而在退役、离役之后才发现的，在没有超过追诉时效的情况下，仍应按本类犯罪处理。第二，战时预备役人员，是指执行军事任务的预备役人员。根据《中华人民共和国兵役法》的规定，预备役人员在战时拒绝、逃避征召或者军事训练，情节严重的，可成为本类犯罪的主体。第三，其他军内在编职工，主要是指执行军事任务的其他军内人员。第四，军队中的文职人员和武警部队中的文职人员，既包括管理岗位的文职人员，也包括专业技术岗位的文职人员。根据《中国人民解放军文职人员条例》的规定，文职人员，是指在军民通用、非直接参与作战且社会化保障不宜承担的军队编制岗位从事管理工作和专业技术工作的非现役人员，是军队人员的组成部分。文职人员与文职干部的最大区别在于文职人员没有军籍，而文职干部拥有正式军籍。文职人员虽不具有军队编制岗位，但是属于军队和武警部队人员的组成部分，同样从事着重要的军事工作，关乎国防安全。

（4）本类犯罪的主观方面主要为故意犯罪，少数可以由过失构成，有些犯罪还要求特定的目的，如战时自伤罪，必须以逃避作战义务为目的。

二、军人违反职责罪的种类

根据《刑法》第420条至第451条的规定，本章共列举了31个具体罪名。根据侵犯国家军事利益的不同方面，军人违反职责罪可划分为以下五类：

（1）危害作战利益的犯罪：战时违抗命令罪，隐瞒、谎报军情罪，拒传、假传军令罪，投降罪，战时临阵脱逃罪，违令作战消极罪，拒不救援友邻部队罪，战时造谣惑众罪，战时自伤罪。

（2）违反部队管理制度的犯罪：擅离、玩忽军事职守罪，阻碍执行军事职务罪，指使部属违反职责罪，军人叛逃罪，逃离部队罪，私放俘虏罪。

①《刑法修正案（十一）》第47条对军人违反职责罪的主体作了修订，将军队文职人员列为本罪的主体。

（3）危害军事秘密的犯罪：非法获取军事秘密罪，为境外窃取、刺探、收买、非法提供军事秘密罪，故意泄露军事秘密罪，过失泄露军事秘密罪。

（4）危害部队物质保障的犯罪：武器装备肇事罪，擅自改变武器装备编配用途罪，盗窃、抢夺武器装备、军用物资罪，非法出卖、转让武器装备罪，遗弃武器装备罪，遗失武器装备罪，擅自出卖、转让军队房地产罪。

（5）侵犯部属、伤病军人、平民、俘虏利益的犯罪：虐待部属罪，遗弃伤病军人罪，战时拒不救治伤病军人罪，战时残害居民、掠夺居民财物罪，虐待俘虏罪。

第二节　军人违反职责罪罪名分述

一、战时违抗命令罪

战时违抗命令罪，是指部属人员战时故意违抗命令，对作战造成危害的行为。本罪侵犯的客体是作战指挥秩序。本罪在客观方面表现为在战时对上级命令、指示故意违抗、拒不执行，并对作战造成危害的行为。违抗行为可以是作为，如进行与上级命令相悖的行动；也可以是不作为，如拒不执行救助伤员的命令等。对作战造成危害，是指因为违抗作战命令导致扰乱了我军战斗部署、损失较大，或贻误了战机，从而给敌人以可乘之机，使部队造成较大损失等。构成本罪，必须有对作战造成危害的后果。本罪的主体是军人。本罪的主观方面是故意，即行为人明知应该执行命令而故意不执行。

依照《刑法》第421条的规定，犯本罪的，处3年以上10年以下有期徒刑；致使战斗、战役遭受重大损失的，处10年以上有期徒刑、无期徒刑或者死刑。

二、隐瞒、谎报军情罪

隐瞒、谎报军情罪，是指军人故意隐瞒、谎报军情，对作战造成危害的行为。本罪侵犯的客体是军情报告秩序。本罪在客观方面表现为隐瞒、谎报军情，对作战利益造成重大危害的行为。军情，是指与军事特别是与作战有关的情况，如敌军的兵力、装备、部署、活动等情况，我军及友军的兵力、装备、部署、作战准备、战斗进展、战果战绩等情况，战区的地形、地貌、水文、气象等自然情况，以及与军事有关的政治、经济、科技等方面的情况等。军事情报机关搜集的情报，不论其内容与军事活动有无直接关系，都属军情。隐瞒军情，是指将按规定应该向上级报告的军情隐而不报。谎报军情，是指违背客观事实，将编造或者篡改的军情向上级报告，欺骗上级。本罪是选择性罪名。隐瞒、谎报军情必须对作战造成危害，才构成犯罪。本罪的主体为所有参战的军人，但主要是担负报告各种军事情况任务的通信、侦察、机要、监听、破译等人员。这些人员担负着向上级报告军情的特殊职责。其他军人在特殊情况下，也可成为本罪的犯罪主体。如担负警戒任务的哨兵，发现敌情故意隐瞒不报或者作虚假的报告，即属隐瞒、谎报军情。本罪在主观方面表现为故意。行为人因过失而谎报军情的，如果对作战危害十分严重，可按《刑法》第425条规定的擅离、玩忽军事职守罪论处。

依照《刑法》第422条的规定，犯本罪的，处3年以上10年以下有期徒刑；致使战斗、战役遭受重大损失的，处10年以上有期徒刑、无期徒刑或者死刑。致使战斗、战役遭受重大损失，在司法实践中主要是指造成我军人员重大伤亡，武器装备、军事设施和军用物资严重损失，致使战斗、战役失利，等等。

三、拒传、假传军令罪

拒传、假传军令罪，是指军人在战时拒传、假传军令，对作战造成危害的行为。本罪侵犯的客体是作战指挥秩序。本罪在客观方面表现为拒传或者假传军令，对作战造成危害的行为。军令，是指与部队军事行动有关的命令，如人员配备，部队设防，担负的战备任务，进入或者解除等级战备，受领作战任务，部队开进、集结，兵力部署，火力配置，战斗编成，协同计划，保障方案等命令。本罪是选择性罪名。无论是拒传军令还是假传军令的行为，必须是对作战造成危害的，才构成犯罪。本罪的主体是特殊主体，即只能是负有传递军令职责的军人，如通信员、机要员等。本罪在主观方面是故意，即行为人明知是应该传递的军令而拒绝传递，或者明知是虚假的军令而有意传递。

依照《刑法》第422条的规定，犯本罪的，处3年以上10年以下有期徒刑；致使战斗、战役遭受重大损失的，处10年以上有期徒刑、无期徒刑或者死刑。

四、投降罪

投降罪，是指军人在战场上贪生怕死，自动放下武器投降敌人的行为。本罪侵犯的客体是军人参战秩序和国防安全秩序。本罪在客观方面表现为在战场上自动放下武器向敌人投降的行为。“在战场上”与“战时”有所区别，前者强调的是敌我双方直接交战，彼此互有具体的作战行动，而后者仅说明是在战争时期，敌我双方不一定发生了直接的作战行动。本罪的主体为特殊主体，必须是参战的军职人员，并是具有使用武器打击敌人的行为能力的人。本罪的主观方面是故意，即行为人明知自己的行为是放弃抵抗，向敌人投降的行为而有意为之。

依照《刑法》第423条的规定，犯本罪的，处3年以上10年以下有期徒刑；情节严重的，处10年以上有期徒刑或者无期徒刑；投降敌人后，为敌人效劳的，处10年以上有期徒刑、无期徒刑或者死刑。

五、战时临阵脱逃罪

战时临阵脱逃罪，是指军人在战时临阵脱逃的行为。本罪侵犯的客体是战斗士气及作战利益。本罪在客观方面表现为在战时逃离战斗岗位或部队，逃避战场职责的行为。“战时”是本罪在客观方面的必备要件。临阵脱逃，是指在战时擅自离开战斗岗位，应该投入战斗而拒不履行战斗义务。本罪无未遂，只要行为人临阵脱逃，即构成犯罪，所以行为人逃离后又归队的，仍然构成犯罪，其归队行为可以作为量刑情节予以考虑。本罪的主体是特殊主体，为参战的军职人员，既包括直接参加战斗的军职人员，也包括参战的非直接战斗的军职人员，如医护、后勤人员等。本罪在主观方面是故意，即行为人明知应该参加战斗而有意逃脱。

依照《刑法》第424条的规定，犯本罪的，处3年以下有期徒刑；情节严重的，处3年以上10以下有期徒刑；致使战斗、战役遭受重大损失的，处10年以上有期徒刑、无期徒刑或者死刑。

六、擅离、玩忽军事职守罪

擅离、玩忽军事职守罪，是指指挥人员和值班、值勤人员擅离职守或者玩忽职守，造成严重后果的行为。本罪侵犯的客体是指挥和值班、值勤秩序。本罪在客观方面表现为擅离职守或者玩忽职守，造成严重后果的行为。擅离职守，是指行为人擅自离开正在履行职责的岗位。玩忽职守，是指行为人在履行职责的岗位上严重不负责任，不履行或者不正确履行职责。擅离职守或者玩忽职守的行为只有造成了严重后果，才能构成擅离、玩忽军事职守罪。本罪的主体为特殊主体，是军队中的指挥人员和值班、值勤人员。本罪在主观方面由过失构成。擅离职守的行为人对违反指挥和值班、值勤规章制度，擅离岗位的行为都是明知的，但对可能造成的危害后果却抱有侥幸心理，以为不会发生，所以属于过于自信的过失犯罪。玩忽职守则是因疏忽大意没有预见可能造成的危害后果，或者虽然已经预见但轻信能够避免，主观上存在疏忽大意或者过于自信两种过失心理状态。

依照《刑法》第425条的规定，犯本罪的，处3年以下有期徒刑或者拘役；造成特别严重后果的，处3年以上7年以下有期徒刑；战时犯本罪的，处5年以上有期徒刑。

七、阻碍执行军事职务罪

阻碍执行军事职务罪，是指军人以暴力、威胁方法，阻碍军队指挥人员或者值班、值勤人员执行职务的行为。本罪侵犯的客体是指挥和值班、值勤秩序。本罪在客观方面表现为行为人采用暴力或者威胁手段，阻碍军队指挥人员或者值班、值勤人员执行职务的行为。本罪侵害的对象是正在执行职务的部队指挥人员或者值班、值勤人员。本罪属于行为犯。只要行为人实施了以暴力、威胁或其他方法阻碍执行军事职务的行为，就构成犯罪。本罪的主体为特殊主体，即军人。本罪在主观方面为故意。

依照《刑法》第426条的规定，犯本罪的，处5年以下有期徒刑或者拘役；情节严重的，处5以上10年以下有期徒刑；情节特别严重的，处10年以上有期徒刑或者无期徒刑。战时从重处罚。

八、指使部属违反职责罪

指使部属违反职责罪，是指滥用职权，指使部属进行违反职责的活动，造成严重后果的行为。本罪侵害的客体是正当行使指挥权的秩序。本罪在客观方面表现为滥用职权，指使部属进行违反职责的活动，造成严重后果的行为。滥用职权，是指超越条例条令所规定的职责范围和权限，不正当地运用职务上的权力。指使部属进行违反职责的活动，是指指使部属实施违反军人的共同职责、一般职责和专业职责的行为。这些违反职责的行为从其危害程度看，包括违反军纪的行为和一般违法行为，但不包括犯罪行为。本罪的主体是特殊主体，是军队中的各级首长和其他有权指挥他人的人员。本罪在主观方面是故意。

依照《刑法》第427条的规定，犯本罪的，处5年以下有期徒刑或者拘役；情节特别严重的，处5年以上10年以下有期徒刑。

九、违令作战消极罪

违令作战消极罪，是指指挥人员违抗命令，临阵畏缩，作战消极，造成严重后果的行为。本罪侵犯的客体是军人参战秩序。本罪在客观方面表现为行为人违抗命令、临阵畏缩、作战消极，造成严重后果的行为。在和平时期违抗上级某项命令的，一般按军纪处理，不构成本罪。“临阵”包括两种情况：一是指在战场上或战斗中；二是指部队虽然尚未进入战斗，但已受领战斗任务，正待命出击的场合。本罪的主体为特殊主体。根据本条的规定，只有指挥人员才能成为本罪的主体。指挥人员，是指在部队对作战、训练、施工、抢险、救灾等活动及日常行政管理实施组织领导的人员。本罪在主观方面为故意。

依照《刑法》第428条的规定，犯本罪的，处5年以下有期徒刑，致使战斗、战役遭受重大损失或者有其他特别严重情节的，处5年以上有期徒刑。

十、拒不救援友邻部队罪

拒不救援友邻部队罪，是指在战场上明知友邻部队处境危急请求救援，能救援而不救援，致使友邻部队遭受重大损失的行为。本罪侵犯的客体是我军在战场上的友邻关系。本罪在客观方面表现为在战场上友邻部队处境危急请求救援，自己有条件组织部队前去救援而没有救援，致使友邻部队遭受重大损失的行为。本罪的主体是各级部队的指挥人员。本罪在主观方面是故意。

依照《刑法》第429条的规定，犯本罪的，对指挥人员，处5年以下有期徒刑。

十一、军人叛逃罪

军人叛逃罪，是指军人在履行公务期间，擅离岗位，叛逃境外或者在境外叛逃，危害国家军事利益的行为。本罪侵犯的客体是国家军事利益和国（边）境秩序。本罪在客观方面表现为在履行公务期间，擅离岗位，叛逃境外或者在境外叛逃，危害国家军事利益的行为。本罪的主体是军人。构成本罪的行为人逃往的国家或者地区应属于非敌对性质的，如果逃往敌对国家或地区的，应当依照投敌叛变罪论处；如果是擅离部队或者逾假不归，情节严重的，可按擅离军事职守罪、逃离部队罪等论处。本罪在主观方面是故意。

依照《刑法》第430条的规定，犯本罪的，处5年以下有期徒刑或者拘役；情节严重的，处5年以上有期徒刑；驾驶航空器、舰船叛逃的，或者有其他特别严重情节的，处10年以上有期徒刑、无期徒刑或者死刑。

十二、非法获取军事秘密罪

非法获取军事秘密罪，是以窃取、刺探、收买方法，非法获取军事秘密的行为。本罪侵犯的客体是军事秘密的安全。本罪的对象是国家军事秘密。军事秘密是国家秘密的重要组成部分，按其重要程度分为绝密、机密和秘密三级。本罪在客观方面表现为行为人以窃取、刺探、收买方法非法获取军事秘密的行为。窃取，是指行为人采取自认为不会被立即发觉的秘密方法，获取军事秘密的行为；刺探，是指行为人搜集、侦察、探听军事秘密的行为；收买，是指军职人员以金钱或财物为交换形式，从他人处获取军事秘密的行为。本罪的主体为军人。本罪在主观方面是故意。

依照《刑法》第431条的规定，犯本罪的，处5年以下有期徒刑；情节严重的，处5年以上10年以下有期徒刑；情节特别严重的，处10年以上有期徒刑。

十三、为境外窃取、刺探、收买、非法提供军事秘密罪

为境外窃取、刺探、收买、非法提供军事秘密罪，是指军人为境外的机构、组织、人员窃取、刺探、收买、非法提供国家军事秘密的行为。本罪侵犯的客体是军事秘密的安全和国防安全。本罪在客观方面表现为军人违反国家和军队的保密规定，为境外的机构、组织、人员窃取、刺探、收买、非法提供军事秘密的行为。本罪的对象只能是军事秘密。本罪属于选择性罪名。本罪与《刑法》第111条属于特别法条与一般法条的关系，因此，当触犯特殊规定时，要优先按照特殊规定论处。本罪的主体是特殊主体，即军人。本罪的主观方面是故意，即行为人明知是境外的机构、组织、人员而为其窃取、刺探、收买、非法提供军事秘密。

依照《刑法》第431条的规定，犯本罪的，处5年以上10年以下有期徒刑；情节严重的，处10年以上有期徒刑、无期徒刑或者死刑。

十四、故意泄露军事秘密罪

故意泄露军事秘密罪，是指违反保守国家秘密法规，故意泄露军事秘密，情节严重的行为。本罪侵犯的客体是军事秘密的安全。本罪在客观方面表现为违反保守国家秘密法规，故意泄露军事秘密的行为。本罪的主体是所有军人，即《刑法》第450条所规定的人员，既包括对军事秘密负有特殊保密义务的军人，如机要、通信、保密人员等，也包括所有了解军事秘密的普通军人，而且不论他们是通过职务活动了解的军事秘密，还是通过其他渠道了解的军事秘密。本罪在主观方面是故意。

依照《刑法》第432条的规定，犯本罪的，处5年以下有期徒刑或者拘役；情节特别严重的，处5年以上10年以下有期徒刑；战时犯本罪的，处5年以上10年以下有期徒刑；情节特别严重的，处10年以上有期徒刑或者无期徒刑。

十五、过失泄露军事秘密罪

过失泄露军事秘密罪，是指违反保守国家秘密法规，过失泄露军事秘密，情节严重的行为。本罪侵犯的客体是军事秘密的安全。本罪在客观方面表现为违反保守国家秘密法规，过失泄露军事秘密的行为。本罪的主体是军人。本罪在主观方面是过失。

依照《刑法》第432条的规定，犯本罪的，处5年以下有期徒刑或者拘役；情节特别严重的，处5年以上10年以下有期徒刑。战时犯本罪的，处5年以上10年以下有期徒刑；情节特别严重的，处10年以上有期徒刑或者无期徒刑。

十六、战时造谣惑众罪

战时造谣惑众罪，是指军人战时造谣惑众，动摇军心的行为。本罪侵犯的客体是战时宣传舆论秩序。本罪在客观方面表现为战时造谣惑众，动摇军心的行为。本罪的主体是军人，包括参加作战的军职人员和非参战的军职人员。本罪在主观方面是故意，即行为人明知自己向他人散布的内容是虚假的而有意为之。

依照《刑法》第433条的规定，犯本罪的，处3年以下有期徒刑；情节严重的，处3年以上10年以下有期徒刑；情节特别严重的，处10年以上有期徒刑或者无期徒刑。

十七、战时自伤罪

战时自伤罪，是指军人在战时自伤身体，逃避军事义务的行为。本罪侵犯的客体是军人参战秩序。本罪在客观方面表现为战时自伤身体，包括加重已有的伤害。本罪的主体是特殊主体，只能由军人构成。本罪在主观方面表现为故意，并且具有逃避军事义务的目的。

依照《刑法》第434条的规定，犯本罪的，处3年以下有期徒刑；情节严重的，处3年以上7年以下有期徒刑。

十八、逃离部队罪

逃离部队罪，是指军人违反兵役法规，逃离部队，情节严重的行为。本罪侵犯的客体是国家的兵役秩序。本罪在客观方面表现为行为人违反兵役法规，逃离部队，情节严重的行为。本罪的主体是特殊主体，即具有服兵役义务的现役军人，包括现役军官（警官）、文职干部、士兵和具有军籍的学员。本罪在主观方面是故意，并具有逃避服兵役的目的。

依照《刑法》第435条的规定，犯本罪的，处3年以下有期徒刑；战时犯本罪的，处3年以上7年以下有期徒刑。

十九、武器装备肇事罪

武器装备肇事罪，是指军人违反武器装备使用规定，情节严重，因而发生责任事故，致人重伤、死亡或者造成其他严重后果的行为。本罪侵犯的客体是武器装备的使用秩序。本罪的对象是各种武器装备。本罪在客观方面表现为违反武器装备使用规定，情节严重，因而发生责任事故，致人重伤、死亡或者造成其他严重后果的行为。本罪的主体为特殊主体，即只有军人才能成为本罪主体。本罪在主观方面为过失。

依照《刑法》第436条的规定，犯本罪的，处3年以下有期徒刑或者拘役；后果特别严重的，处3年以上7年以下有期徒刑。

二十、擅自改变武器装备编配用途罪

擅自改变武器装备编配用途罪，是指军人违反武器装备管理规定，擅自改变武器装备的编配用途，造成严重后果的行为。本罪侵犯的客体是武器装备的管理秩序。本罪在客观方面表现为违反武器装备管理规定，擅自改变武器装备的编配用途，造成严重后果的行为。擅自改变武器装备的编配用途，主要指在管理、使用、操作武器装备的过程中，故意违反规定或操作规程，不按上级下发的编配范围、用途、管理权限、使用程序等规定，擅自改变武器装备固定的使用方法，如将坦克吊车用于地方建筑队施工，将军用直升机用于商业宣传广告等。造成严重后果，主要是指武器装备毁损，人员伤亡，造成公私财产重大损失，影响部队执行重要任务等。本罪的主体是军人。本罪在主观方面是过失。这里的过失是指应当预见到自己违反武器装备管理规定改变武器装备编配用途的行为可能造成严重后果，由于疏忽大意而没有预见，或者已经预见而轻信能够避免，以致发生这种后果的主观心理状态。

依照《刑法》第437条的规定，犯本罪的，处3年以下有期徒刑或者拘役；造成特别严重后果的，处3年以上7年以下有期徒刑。

二十一、盗窃、抢夺武器装备、军用物资罪

盗窃、抢夺武器装备、军用物资罪，是指军人盗窃、抢夺武器装备或者军用

物资的行为。本罪侵犯的客体是部队武器装备、军用物资的所有权。本罪在客观方面表现为盗窃或者抢夺武器装备、军用物资的行为。盗窃、抢夺的对象是部队在编的、正在使用的和储存备用的武器装备或者军用物资，不包括已确定退役报废的武器装备、军用物资，因为退役报废的武器装备、军用物资已不能直接形成部队的战斗力。武器装备，是指直接用于实施和保障作战行动的武器、武器系统和军事技术器材。军用物资，是指除武器装备以外，供军事上使用的其他物资，如被装、粮秣、油料、建材、药材等。本罪为选择性罪名。本罪的主体是军人。本罪在主观方面是故意，并且具有非法占有武器装备、军用物资的目的。

依照《刑法》第438条的规定，犯本罪的，处5年以下有期徒刑或者拘役；情节严重的，处5年以上10年以下有期徒刑；情节特别严重的，处10年以上有期徒刑、无期徒刑或者死刑。

二十二、非法出卖、转让武器装备罪

非法出卖、转让武器装备罪，是指军人非法出卖、转让军队武器装备的行为。本罪侵犯的客体是部队武器装备的管理秩序。本罪客观方面表现为非法出卖、转让军队武器装备的行为。本罪的主体是军人。本罪在主观方面是故意。

依照《刑法》第439条的规定，犯本罪的，处3年以上10年以下有期徒刑；出卖、转让大量武器装备或者有其他特别严重情节的，处10年以上有期徒刑、无期徒刑或者死刑。

二十三、遗弃武器装备罪

遗弃武器装备罪，是指军人违抗命令，遗弃武器装备的行为。本罪侵犯的客体是部队武器装备的管理秩序。本罪遗弃的对象一般是行为人依法持有或者有权管理的能供部队使用的武器装备，包括虽暂时损坏但是可以修复的武器装备。本罪在客观方面表现为违抗命令，遗弃武器装备的行为。违抗命令，是指下级部属违背上级首长的作战命令、指示。遗弃武器装备，不是指一般地将武器装备丢失，而是指负有保管武器装备的义务，有保管武器装备的能力而拒不履行保管义务，违反国家对于武器装备的管理规定。遗弃武器装备，既可以是作为犯罪，也可以是不作为犯罪，即行为人可能以不管不问的手段对武器装备不履行应尽的保管义务。本罪的主体是军人。本罪在主观方面是故意，即行为人明知是部队的武器装备，仍有意予以遗弃。

依照《刑法》第440条的规定，犯本罪的，处5年以下有期徒刑或者拘役；遗弃重要或者大量武器装备的，或者有其他严重情节的，处5年以上有期徒刑。

二十四、遗失武器装备罪

遗失武器装备罪，是指军人遗失武器装备，不及时报告或者有其他严重情节的行为。本罪侵犯的客体是武器装备的使用制度。犯罪对象是各种武器装备。本罪在客观方面表现为遗失武器装备，不及时报告或者有其他严重情节的行为。本罪的主体为特殊主体，即军人。本罪在主观方面为过失。

依照《刑法》第441条的规定，犯本罪的，处3年以下有期徒刑或者拘役。

二十五、擅自出卖、转让军队房地产罪

擅自出卖、转让军队房地产罪，是指军人违反规定，擅自出卖、转让军队房地产，情节严重的行为。本罪侵犯的客体是军队房地产管理制度。犯罪对象是军队房地产。本罪在客观方面表现为违反规定，擅自出卖、转让军队房地产，情节严重的行为。军队房地产，是指由军队管理、使用的房屋及其附属设施、设备和土地、林木等。违反规定,是指违反《中国人民解放军内务条令》《中国人民解放军房地产管理条例》及其他有关军队房地产管理和使用的规定。擅自出卖、转让军队房地产行为，只有情节严重的，才能构成犯罪。本罪的主体是军队各单位的主管人员和有房地产管理职责的人员，属于特殊主体。本罪在主观方面是故意。

依照《刑法》第442条的规定，犯本罪的，对直接责任人员，处3年以下有期徒刑或者拘役；情节特别严重的，处3年以上10年以下有期徒刑。

二十六、虐待部属罪

虐待部属罪，是指处于领导岗位的军职人员滥用职权，虐待部属，致人重伤或者造成其他严重后果的行为。本罪侵犯的客体是我军官兵一致的上下级关系和部属的人身权利。本罪在客观方面表现为滥用职权，对部属进行精神上的折磨或肉体上的摧残，情节恶劣，致人重伤或者造成其他严重后果的行为。判断受虐待部属伤情轻重，一般依照刑法规定和司法部、最高人民法院、最高人民检察院、公安部拟定的《人体重伤鉴定标准》的有关规定，结合案件情况进行综合评价。本罪的主体是部队中的各级首长和有指挥权的人员，与侵害对象之间有指挥与被指挥的隶属关系。没有隶属关系的军人之间，一方凭借资历或其他有利条件，对另一方实施虐待，如老兵虐待新兵，不能以本罪论。本罪在主观方面是故意。

依照《刑法》第443条的规定，犯本罪的，处5年以下有期徒刑或者拘役；致

人死亡的，处5年以上有期徒刑。

二十七、遗弃伤病军人罪

遗弃伤病军人罪，是指军职人员在战场上故意遗弃伤病军人，情节恶劣的行为。本罪侵犯的客体是战场救护秩序。遗弃的对象必须是我方的伤病军人，不包括受伤、生病的俘虏。伤病军人不仅包括伤员，还包括因作战而患病的病员。本罪在客观方面表现为在战场上将伤病军人遗弃的行为。遗弃，是指对有条件抢救的伤病军人弃置不顾，不予抢救，一般表现为不作为的形式。在紧急情况下，对确实无条件把战场上的伤病军人抢救下来的，或者虽已抢救下来但由于客观条件的限制未予及时救助的，不应视为遗弃。遗弃行为必须发生在战场上。本罪的主体是军人。本罪在主观方面是故意，即行为人明知是伤病军人仍有意予以遗弃。

依照《刑法》第444条的规定，犯本罪的，对直接责任人员，处5年以下有期徒刑。

二十八、战时拒不救治伤病军人罪

战时拒不救治伤病军人罪，是指战时在救护治疗职位上，有条件救治而拒不救治危重伤病军人的行为。本罪侵犯的客体是我军的战场救护秩序。本罪在客观方面表现为负有救护治疗责任的军职人员战时在救治治疗职位上有条件救治而拒不救治危重伤病军人的行为。拒不救治的对象必须是我方的伤病军人。如果是受伤的俘虏，则不构成本罪。拒不救治，是指对有条件救治的伤员弃置不顾，不予抢救，一般表现为不作为的形式。本罪的主体为军队医务人员，一般是负有救护治疗职责的军职人员。本罪在主观方面是故意。

依照《刑法》第445条的规定，犯本罪的，处5年以下有期徒刑或者拘役；造成伤病军人重残、死亡或者有其他严重情节的，处5年以上10年以下有期徒刑。

二十九、战时残害居民、掠夺居民财物罪

战时残害居民、掠夺居民财物罪，是指战时在军事行动地区，残害无辜居民或者掠夺无辜居民财物的行为。本罪侵犯的客体是战时群众工作秩序。本罪的对象是战区无辜居民。战时军事行动地区，通常简称为“战区”，既包括我军作战区域，也包括我军宣布的戒严区域。本罪在客观方面表现为战时在军事行动地区，残害无辜居民或者掠夺无辜居民财物的行为。残害往往包括一系列违法犯罪的行为，如殴打、体罚、虐待、焚烧、奸淫、杀伤等。掠夺财物包括抢劫、抢夺、敲

诈勒索等。本罪是选择性罪名。本罪的主体是军人。本罪在主观方面是故意。

依照《刑法》第446条的规定，犯本罪的，处5年以下有期徒刑；情节严重的，处5年以上10年以下有期徒刑；情节特别严重的，处10年以上有期徒刑、无期徒刑或者死刑。

三十、私放俘虏罪

私放俘虏罪，是指私放俘虏的行为。本罪侵犯的客体是部队的俘虏管理秩序。本罪的犯罪对象必须是俘虏，即在战争或武装冲突中被抓获的敌方的人员。如果仅为敌方的普通百姓，则不属于本罪的犯罪对象。本罪在客观方面表现为军职人员违反战场纪律，擅自放走被俘的敌方人员的行为。私放俘虏的行为既可以发生在战时，也可以发生在战后，所以本罪没有限定为战时犯罪。本罪的主体为特殊主体，主要是对俘虏有管理责任的军职人员，也可以是其他军职人员。本罪在主观方面是故意。

依照《刑法》第447条的规定，犯本罪的，处5年以下有期徒刑；私放重要俘虏、私放俘虏多人或者有其他严重情节的，处5年以上有期徒刑。

三十一、虐待俘虏罪

虐待俘虏罪，是指虐待俘虏，情节恶劣的行为。本罪侵犯的客体是俘虏管理秩序。本罪侵犯的对象必须是俘虏。本罪在客观方面表现为军职人员对被我军俘获不再进行反抗的敌方人员实施虐待，情节恶劣的行为。虐待俘虏的行为既可以发生在战时，也可以发生在战后。本罪的主体是军人，在司法实践中多为负有看押、管理俘虏职责的军人。本罪在主观方面是故意。

依照《刑法》第448条的规定，犯本罪的，处3年以下有期徒刑。

思考题

1.刑法专章规定军人违反职责罪的根据是什么？

2.如何区分军人违反职责罪与危害国家安全罪、危害国防利益罪的界限？

3.如何理解军人叛逃罪的构成要件？

4.如何理解盗窃、抢夺武器装备、军用物资罪的构成要件？

5.我国为什么设立虐待俘虏罪？